CB069355

Homo Modernus
Para uma ideia global de raça

Denise Ferreira da Silva

Homo Modernus

Para uma ideia global de raça

Tradução
Jess Oliveira e Pedro Daher

Revisão de tradução
Denise Ferreira da Silva

Cobogó

Sumário

Tradução de *Homo modernus* como estudo,
por Jess Oliveira — 9

Incorporar o global para o fim da realidade,
por Pedro Daher — 11

Prefácio: antes do evento — 17
Glossário — 23
Introdução: uma morte anunciada — 27

1. A tese da transparência — 67

PARTE I: *HOMO HISTORICUS* — 93
2. A crítica da razão produtiva — 99
3. A peça da razão — 125
4. Poesis transcendental — 176

PARTE II: *HOMO SCIENTIFICUS* — 207
5. Nomos produtivo — 213
6. A ciência da mente — 239
7. A sócio-lógica da subjugação racial — 295

PARTE III: *HOMO MODERNUS* — 321
8. Delineando o sujeito global/ histórico — 327
9. O espírito do liberalismo — 356
10. Democracia tropical — 392

Conclusão: futuro anterior — 437
Referências bibliográficas — 458

Tradução de *Homo modernus* como estudo

> Apesar de certas habilidades — conectar, traduzir, adaptar, viajar — terem sido forjadas na experiência do porão, esta não era a questão. — FRED MOTEN E STEFANO HARNEY[1]

Tradução (de *Homo modernus*) como prática
minuciosa
(de atenção — compreensão — descomposição)
cuidadosa
(das palavras da autora, da e para a leitora)
generativa
(de encontros, portais, texto[s] em outro código linguístico permeado[s] e em outros tempos-espaços e modos, desordenação do mundo como o conhecemos...)

Tradução (de *Homo modernus*) como repetição
generosa
(conversas com a leitora no forjar de pensamentos Outra-mente)
sinestésica
(irradiação do pensamento denisiano que se sampleia sinestesicamente, enquanto desmantela cada ferramenta ontoepistemológica moderna)

---

1. Moten, Fred; Harney, Stefano. *The Undercommons: Fugitive Planning & Black Study*. New York: Minor Compositions, 2013, p. 97. Tradução livre do trecho, por Jess Oliveira.

Tradução (de *Homo modernus*) como possibilidade
poética
(de aproximação ao pensamento da autora [e] que visa à feitura de uma [po]ética tradutória irradiada de luz negra)
amorosa
(de aprendizado, de convivência)
de(s)compositora
(das antigas ferramentas/ armadilhas do sinhô)

Tradução (de *Homo modernus*) como travessia
complexa
(através das veredas do pensamento moderno)
contínua
(pois ela não acaba aqui)

A tradução (estudo) de *Homo modernus — Para uma ideia global de raça*, este marco da tradição do pensamento negro radical, constituiu um procedimento aliciante e alucinante de re-leitura de uma obra que nos leva a decompor o tempo, o espaço e a gramática de nossas políticas, teorias e demandas por justiça.

Estudar *Homo modernus* foi me aproximar do caminho trilhado por Denise Ferreira da Silva na explanação do seu pensamento e de outras de suas ferramentas de imaginação política, desenvolvidas mais detalhadamente em escritos e exercícios imaginativos posteriores à escrita desta obra. Traduzir *Homo modernus* foi um rito de passagem (nos sentidos de deslocação e de mudança) por essa *Underground Railroad* — atravessada por rotas perigosas e constantemente vigiadas (pelos pilares ontoepistemológicos do pensamento moderno, pela Academia, pelo mercado editorial, etc.) — do pensamento negro radical, rumo à imaginação.

Jess Oliveira
Berlim, agosto de 2022

Incorporar o global para o fim da realidade

Aqui estamos, com assombrações a tiracolo. Traumas globais passados e repassados, respirados e expirados. As Américas ocupadas há mais de cinco séculos por um modo de vida faminto por destruição, cego à sua própria dor e suicídio. As lógicas de um Norte Global, específico e particular, insistindo em designar os nortes planetários e do além. Danças e estratégias, malabarismos e violências, condutas e certezas. Tudo em disputa diante de um aparente caos que ensina a não repetir. Como mudar o permanecer? Como amarrar o obscuro, aquilo que é vil, provocador de morte, para principiar a(s) liberdade(s)? Afinal, a escuridão já existe, também é parte do todo, de tudo. Porém, a fé no raiar, que há de vir e aqui já está, caminha incólume perante os abusos e angústias, injustiças e traições. Traduzir a infinita complexidade da vida social do sul ao norte dos territórios das Américas, sem reduzi-la a versões oficiais ou científicas, foi a missão que a autora deste livro chamou para si. E assim também foi sendo informada a tradução do próprio trabalho — a simultaneidade total e absolutamente inseparável do agora do *global* retornando na presença que apenas é. A presença desprendida dos poderes da mente, sendo esta justamente a fagulha que leva à contínua destruição do planeta.

Desde que encontrei Denise Ferreira da Silva e seu pensamento, o global, ou a globalidade, conceito-guia desenvolvido neste livro, não dá sinais de arrefecimento. A colonização e o racial, a violência sexual, de gênero, de classe, contra os corpos classificados como "deficientes", continuam a comandar os humanos, suas relações entre si e com os mundos não humanos. O global, atrelado à realidade não apenas por disfarçar-se como tal, mas também por ditar o que são e como humanos devem existir, determina como o Eu precisa ser e fornece o guia para o relacionar-se. Ferreira da Silva é direta: a constituição da possibilidade ontológica da existência durante a longa construção filosófica, histórica e científica da Europa ocidental entre os séculos XVI e XIX se dá por meio do contínuo desenvolvimento do racial e do global, os dois atrelados conforme são estabelecidos como *realidade*. Esta mesma possibilidade ontológica mobilizada por meio da realidade cria, precisamente, as possibilidades materiais ditadas pelo desenvolvimento histórico do capitalismo. Em poucas palavras, o racial, o gênero, a sexualidade e a classe, entrelaçados, caminham consolidando o possível. Tendo isto como aprendizado principal, o processo de tradução e revisão de *Homo modernus — Para uma ideia global de raça* foi abraçado pela necessidade de lembrar sempre da intrusão do global na existência do planeta, justamente para preservar o intuito do livro: a crítica-denúncia que acredita na transformação total.

Incorporar o global significa, acima de tudo, estar atento e abandonar qualquer busca moralista. Estar atento exige abrir mão das preferências, das distinções e das aparências. Demanda o fim da diferenciação e da identidade,[2] a mais perversa e cruel das invenções modernas. Demanda a queda do reino da separação como o que é dado, o automático, o óbvio, o único real. Diante da jornada de dor e morte emplacada incessantemente pelo capitalismo, guiado pelo global e pelo racial, como este livro detalha, como é possível corporificar sem repetir? Corporizar para modificar? Não enxergar apenas o sofrer e o perecer? Encontrar, ver as pessoas e estar com elas no momento, no tempo-espaço que elas ocupam, sem projeções e atribuições? Em poucas palavras, como estar presente, sem aceitar ou rejeitar o que o momento, sempre-já determinado pelo global e suas traduções

---

2. Cf. hooks, bell. "Artists and Identity". *Artforum*, v. 54 (Summer), n. 10, 2016.

diárias, planetárias e simultâneas, traz? Assim faço (ou tento fazer): lembro-me da realidade do global para lembrar que a realidade *não é* o global. O paradoxo central criado pela modernidade e herdado por nós, isto é, a constituição da realidade única possível que não é o real, mas apenas construída e optada por ele (que, mesmo assim, continua a ser o real, empurrando o planeta para a violência total). A complexidade da condição global requer escutar e honrar o individual e o coletivo, sem distinções e com a especificidade do instante. Pede espaço para perspectivas diversas e para o entendimento do comum e do compartilhado. Reivindica a indistinguibilidade do ser. Afinal, qual benefício será atingido com a distinção e a separação? A tradução do global é o perene retorno do desaparecimento de qualquer esforço-busca pelo, para o e em torno do Eu. Portanto, a disputa é pela transformação do cenário ético-global dominado e determinado pelo capitalismo e guiado pelo *global*, um caminho marcado pelas armadilhas da moral, aquele campo que nos assombra incessantemente por clamar o Eu, o Eu, o Eu.

O que seria, portanto, o fim da realidade — o fim da realidade conforme dominada pelo global, o fim do domínio dos poderes da mente que separam e cravam? O caminho é árduo. São quase 550 anos de colonização e seus pensamentos, filosofias, ontologias, ciências, epistemologias. É difícil não acreditar na necessidade de outros 550 para desfazer as estruturas do *ser* e *existir* criadas por esses sistemas.[3] Ferreira da Silva nos deixa com a missão de "deter nosso futuro anterior", isto é, de trabalhar para o fim do racial e do global como responsáveis por guiar a existência humana. Desta forma, nos deixa com a missão de criar um mundo em que a vida em todos os

---

3. Cf. Jack Kornfield, "Planting Seeds on the Middle Path". Lá, Kornfield conta a história de A. T. Ariyaratne, professor de escola e praticante do budismo, líder da paz no Sri-Lanka diante da guerra civil que assolou o país por décadas, que sugeriu um "plano de paz de 500 anos". Disponível em: https://jackkornfield.com/planting-seeds-on-the-middle-path/.

seus aspectos, e não a violência total, seja o fundamento principal para a existência. Assim, termino esta curta nota com a esperança de que um dia o global não mais seja o guia da realidade. À espera, mais profundamente, do fim do uso da realidade como ferramenta única e exclusiva *da* e *para a* violência. Traduzir este livro é incorporar o global com destino ao seu fim.

Pedro Daher
Rio de Janeiro, agosto de 2022

Nota da tradução

Todas as traduções de citação deste livro são nossas.

Prefácio: antes do evento

> Nossa geração morreu quando nossos pais nasceram.
> — BRUNO, homem negro, 18 anos (meados dos anos de 1990)

Aquele instante... entre o disparo do gatilho e a queda de outro corpo preto, outro corpo pardo e outro... assombra este livro. O que pode ser feito? Para deter e ressignificar o modo como se lembra, reconfigura e desmantela o que jaz *por trás* desses momentos fugazes. Talvez formulando questões, possamos nomear o problema. Quais relatos se juntaram? Quando isso se tornou uma regra — uma verdade científica —, um fato da existência global, gerações morrerem em determinados momentos do início dos anos de 1960? Como tantas gerações morreram quando eu nasci? Quem morreu? Por quê? Há muitas respostas para essas perguntas. Somente escute... Leia-me...

Estou morto.

Você é uma pessoa jovem e preta. Você vive num bairro onde a criminalidade prospera. A gente tira as armas das ruas, prende bandido. Você calhou de viver no lugar com as maiores taxas de homicídio e estupro. A gente faz nosso trabalho direito. Chegamos perto do seu prédio, você parecia suspeito; nós paramos, saímos do carro com as armas e mandamos você botar as mãos na cabeça. Atiramos. Nós somos a polícia. Fomos muito bem treinados para fazer nosso trabalho.

Eu sou imigrante. Eu trabalho. Estou aqui legalmente, tenho meus documentos. Moro aqui porque é barato. Eu sou de uma família africana de elite. Por que você me matou?

Você é jovem, homem, preto. Não sabemos nada sobre elites africanas. Na África, pretos vivem em cabanas, caçando e coletando durante o dia, comendo e cantando à noite, matando uns aos outros o tempo todo. Não existe amanhã. Você tem sorte de estar aqui. Por que você está morrendo? Você é negro e jovem; você está na cadeia ou em liberdade condicional. O liberalismo diz que os Estados Unidos são uma sociedade racista. Diz que pessoas pretas e pardas estão massivamente desempregadas ou amontoadas nas funções de menor remuneração; diz que empregadores não contratam jovens negros. Vocês são a subclasse: gente sem futuro, gente que não sabe como se comportar adequadamente porque as instituições — famílias, empresas, igrejas, e por aí vai — abandonaram os guetos com a classe média, que se aproveitou das ações afirmativas para obter empregos melhores e encontrar lugares mais confortáveis para viver. Você vende drogas. Você é um estuprador. Um criminoso. Talvez você seja um terrorista. Vamos tirar você das ruas. Se a gente não prender você, vamos atirar em você, e usaremos quantas balas forem necessárias.

Eu sou fulani.

Você está nos Estados Unidos agora. Isto aqui não é a Ásia ou a África. Aqui é diferente. Alguns radicais dizem que pessoas como você não têm oportunidade. Você é preto. Nós não gostamos de pretos. Dizem que os Estados Unidos são a terra da supremacia branca. Não te contratar é apenas o começo. Você nos ajuda a criar um laço entre as pessoas brancas estadunidenses. Você faz o sistema funcionar.

Mas se eu faço isso... por que me matar? Se você só me mantiver na periferia, se eu não tenho uma escola decente, um trabalho que pague decentemente, direitos básicos de cidadania. Você tem todas as respostas. Você me conhece. Por que, mesmo assim, você precisa me matar? Ser branco já não é suficiente?

Ser branco jamais foi suficiente. Não sem ser negro.

Eu estava morto antes do meu pai nascer. Por que eu?

Neste livro, eu confronto o aparato do conhecimento — as ferramentas científicas do conhecimento racial — que produz o sujeito dessa questão. Este livro, ao desprender-se radicalmente dos modos predominantes usados para entender a subjugação racial, fornece uma reformulação da figura que está no centro dos relatos éticos modernos: o conceito do *homo modernus*, isto é, a consciência global/histórica. Contra o pressuposto de que o contexto ontológico é inteiramente constituído pelo histórico, examino como as ferramentas dos projetos de conhecimento científico do século XIX produziram a noção do racial, que institui o global como contexto ontoepistemológico — um gesto produtivo e violento necessário para sustentar a versão pós-iluminista do Sujeito como a única coisa autodeterminada. Enquanto esse argumento refigura, conforme reconstitui, todo o campo da representação moderna, seu efeito mais imediato é demonstrar como o arsenal do conhecimento, que hoje governa a configuração (jurídica, econômica e ética) global, institui a subjugação racial enquanto pressupõe e postula que a eliminação dos seus "outros" é necessária para a realização do atributo ético exclusivo do sujeito — a saber, a autodeterminação.

O como e o porquê são expostos ao longo deste livro conforme reviso o modo pelo qual escavei a representação moderna — contra argumentações condescendentes de que a própria é ontologicamente irrelevante — enquanto buscava capturar o papel produtivo que o racial cumpre no cenário pós-iluminista. Cada parte do livro descreve um momento particular desta tarefa. Primeiro, considero seu contexto de emergência, isto é, o problema ontológico não resolvido que assombrou a filosofia moderna desde o início do século XVII até o começo do XIX: como proteger o *homem* — o ser racional — dos poderes restritivos da razão universal. Minha leitura revela que isso foi realizado com a escrita do sujeito como coisa histórica e autodeterminada — uma solução temporária consolidada apenas na metade do século XIX, quando o homem se tornou um objeto do conhecimento científico. Depois, minha análise do regime de produção do racial demonstra como as ciências do homem e da sociedade abordaram esse problema ontológico fundamental através do uso da diferença racial como atributo constitutivo do Humano. Essa solução cria o enunciado central da subjugação racial: ainda que as ferramentas da razão universal (as "leis naturais") produzam e regulem as condições humanas, em cada região global elas estabelecem mentalmente (moral e intelectualmente) tipos de seres humanos distintos, isto é, o sujeito autodeterminado [*self-determined*] e seus "outros" exteriormente determinados [*outer-determined*], aqueles cujas mentes estão submetidas às suas condições *naturais* (em seu significado científico). Eu argumento que é exatamente esse enunciado que informa a tese central da sociologia das relações raciais, isto é, de que as causas da subordinação dos "outros da Europa" residem em suas características físicas e mentais (moral e intelectual), e a afirmação de que a solução para a subjugação racial requer a eliminação da diferença racial. Por fim, minha análise dos efeitos de significação do racial mostra como esse enunciado e as ferramentas científicas que o sustentam informariam a construção dominante dos sujeitos americano[4] e brasileiro. Nas articulações desses sujeitos nacionais, as ferramentas simbólicas (históricas e científicas) produzem o sujeito nacional como ser autodeterminado e delimitam a região moral (exteriormente determinada) subalterna ocupada por membros não europeus do Estado nacional.

Subjacente a este livro está o desejo de entender, após um século de enunciados moralistas que rejeitam qualquer influência do racial na existência moderna, como e por que seu efeito mais consistente parece governar a configuração global contemporânea sem ser questionado. Espero que a minha crítica da representação moderna demonstre que a força política do racial reside no fato de que ele (re)

---

4. Para enfatizar o discurso nacional, optei por "americano" quando o termo se refere ao sujeito nacional dos Estados Unidos.

produz consistentemente o enunciado fundante da ontologia moderna. Toda mobilização do racial articula o atributo exclusivo do homem, isto é, a autodeterminação, assim como cria e repudia aquilo que significa *Outra-mente*, anunciando a necessidade de sua eliminação. Por seguir essa articulação ontológica, não surpreende o fato de o atual relato predominante que explica a subjugação racial ser usado para explicar superficialmente as mortes violentas de pessoas não brancas — justamente porque as infinitas provas científico-sociais as tornam tanto esperadas (como consequência da exclusão jurídica e econômica) quanto justificadas (como o óbvio e lógico fim da trajetória de uma consciência determinada pela exterioridade). Ouço a pergunta: "Como o conhecimento científico social justifica o assassinato de pessoas não brancas?" Minha resposta é: "Como o seu arsenal explica isso?" Ofereço as páginas subsequentes como resposta provisória a tais perguntas.

Glossário

Ao descrever minha análise da trajetória do racial, uso termos já disponíveis na literatura e apresento novos conceitos. A seguir, forneço definições breves sobre os novos, com a esperança de que elas tornem o livro mais acessível. A leitora deve ficar à vontade para revisitar estas definições sempre que julgar útil.

afetabilidade: condição de subjugação ao poder natural (tanto no sentido científico quanto em seu significado leigo) e ao poder de outrem.

analítica da racialidade: aparato do conhecimento fabricado pelas ciências do homem e da sociedade.[5]

cena da regulação: relato que explica como a razão desempenha seu papel soberano enquanto poder regulador.

cena da representação: relato que explica como a razão desempenha seu papel soberano enquanto poder produtivo.

ciência (campo): região do conhecimento moderno que situa o espaço como a dimensão ontoepistemológica privilegiada, como nas disciplinas da física e química clássicas.

estratégia de engolfamento: conceitos científicos que explicam outras condições humanas como variações das encontradas na Europa pós-iluminista.

---

5. Cf. Silva, Denise Ferreira da. "Towards a Critique of the Socio-Logos of Justice: The Analytics of Raciality and the Production of Universality". *Social Identities*, v. 7, n. 3, 2001, pp. 421-54.

estratégia de intervenção: métodos, técnicas e procedimentos usados pelas ciências do homem e da sociedade, que destacam a forma como elas apreendem outros modos de existência humana como variações das condições da Europa pós-iluminista.

estratégia de particularização: categorias de seres humanos utilizadas pelas ciências do homem e da sociedade.

Eu afetável: construção científica das mentes não europeias.

Eu transparente: homem, o sujeito, a figura ontológica consolidada no pensamento da Europa pós-iluminista.

história (campo): região do conhecimento moderno que presume o tempo como a dimensão ontoepistemologicamente privilegiada, como na história e nas humanidades.

nomos interiorizado: formulações que enunciam a razão como reguladora exterior que funciona a partir dos limites da mente racional.

nomos produtivo: conceito da razão que a descreve como produtora e reguladora do universo.

nomos universal: primeiro conceito da física, articulado no século XIX, sobre a razão como reguladora exterior do universo.

palco da exterioridade: modo através do qual o conhecimento científico descreve o cenário dos fenômenos naturais.

palco da interioridade: cenário em que a filosofia (assim como a história e outras disciplinas das humanidades) situa os fenômenos humanos.

poesis interiorizada: formulações filosóficas que descrevem a razão como a força produtiva que opera primeira e principalmente a partir dos limites da mente racional.

poesis transcendental: reescrita de Hegel da razão como força transcendental.

poesis universal: formulação da razão como produtora interior soberana do universo.

tese da transparência: presunção ontoepistemológica que rege o pensamento pós-iluminista.

texto moderno (texto histórico, nacional e científico): conceito usado aqui para capturar a economia de significação especificamente moderna.

Introdução: uma morte anunciada

> O ser do homem não somente não pode ser compreendido sem a loucura, como não seria o ser do homem se não trouxesse em si a loucura como limite de sua liberdade.
> — JACQUES LACAN, *Escritos*

O que o louco de Nietzsche já sabe ao gritar "busco por Deus"? O que ele quer dizer quando afirma que o "assassinato" de Deus desencadeou uma história "mais eminente que toda a história até então"? Por que ele pergunta: "Não estamos vagando através de um nada infinito?"; "a noite não nos sitia cada vez mais?".[6] Eis o que ele sabe, e o que quem o escuta não tem interesse em ouvir: o grande feito, isto é, a constituição do Homem, do Sujeito, após o término da triunfante trajetória da Razão, também prenunciou seu futuro desaparecimento. Ele sabe que a discussão filosófica responsável por consolidar o Homem no centro da representação moderna também liberou armas poderosas que acabaram por ameaçar seu atributo mais precioso. Por quê? Ora, o que cai nas garras da Razão ao tornar-se objeto da mesma não tem lugar no reino da Liberdade.

Embora o louco de Nietzsche reconheça que o arsenal que produziu o *Eu transparente* ameaça sua liberdade, ele parece ignorar que

---

6. As citações anteriores são da parábola do (homem) louco, de Friedrich Nietzsche. Cf. Nietzsche, Friedrich. *The Gay Science*. New York: Vintage, 1974, p. 181.

a razão — a força poderosa que anunciara que o Homem foi além do horizonte de sua existência finita — produz mais que um ser humano limitado. Pois essa "Vontade de Verdade" produtiva autoriza a "criação" de diversos e variados tipos de seres humanos, assim como instituiu sujeitos *diferentes* diante da universalidade, ao mobilizar o conceito do racial, a arma poderosa que produziu o homem e seus "outros" como sujeitos que olham fixamente para o horizonte de sua existência finita. A crítica contemporânea do pensamento moderno, assim como o louco, apresenta uma análise limitada do pensamento moderno porque ignora o papel do racial na produção do Humano. Do outro lado do terreno da crítica, as investigações informadas pelas teorias raciais contemporâneas sobre as narrativas produtivas científicas e históricas, e sobre como ambas consistentemente aprisionam "os outros da Europa" fora da trajetória do Sujeito que emergiu na Europa pós-iluminista, também oferecem uma análise incompleta. Nenhuma corrente teórica, acredito, encara a tarefa necessária: considerar como as duas narrativas produtivas da representação moderna — *história* e *ciência* — atuaram juntas para estabelecer o lugar do sujeito. Ou seja, em nenhuma das correntes teóricas a análise do racial efetua, de fato, uma crítica completa do campo da representação moderna.

"Por que encarar uma tarefa tão absurda?", a leitora pode pensar. "Por que retornar a antigas ansiedades morais e intelectuais?" Minha resposta é simples: eu não sinto nenhum conforto intelectual ou moral ao desconsiderar o racial como conceito científico. Estou convencida de que o desafio mais importante para a crítica do pensamento moderno exige deslocar a posição ontoepistemológica privilegiada da história ao encarar a ciência como o domínio fundamentalmente responsável por produzir a verdade do homem [*truth of man*]. Portanto, é necessário um gesto radical que abra espaço para uma posição crítica ao deslocar a transparência, isto é, o predicado de que o homem desfruta desde sua instituição como o único ser autodeterminado. Consequentemente, este gesto também requer a criação de um arsenal crítico capaz de, simultaneamente, identificar a ciência e a história como momentos na produção do homem e de não repetir a lógica da descoberta nem a *tese da transparência*.

Nas páginas deste livro, a leitora encontrará minha tentativa de enfrentar esse desafio. Isto é, desenvolver uma crítica da representação moderna conduzida pelo desejo de compreender o papel desempenhado pelo racial no pensamento moderno. Eu traço diversos enunciados filosóficos, científicos e nacionais para identificar as estratégias de significação que produziram o homem e seus outros. Ou seja, forneço um mapeamento da *analítica da racialidade*: uma descrição do seu contexto de emergência, as condições que a produziram e os efeitos de significação do arsenal conceitual criado pelos projetos científicos que buscavam descobrir a verdade do homem. Ao rastrear a analítica da racialidade, identifico a produtividade do racial e seu entrelaçamento com o surgimento da globalidade, um contexto ontológico que funde traços corporais, configurações sociais e regiões globais específicas, e que reproduz a diferença humana como irredutível e insuprassumível. Assim, eu desafio o privilégio ontológico concedido à historicidade e forneço um relato da representação moderna que refigura o Sujeito como *homo modernus*. Ou seja, demonstro como as armas produtivas da razão, isto é, as ferramentas da ciência e da história, constituem o homem e seus outros como seres histórico-globais.

Iniciei este projeto porque estava insatisfeita com as "explicações" sobre subjugação racial fornecidas pela sociologia das relações raciais. A questão se tornou ainda mais urgente quando percebi que o relato sociológico sobre a subjugação racial continua informando a configuração global contemporânea: a diferença cultural, isto é, o modo de representação da diferença humana pressuposto e (re)produzido pela sociologia das relações raciais, se tornou o ponto de partida óbvio para organizar as demandas por justiça global, bem como para punir os subalternos globais. A partir do meu desejo de entender as condições que proporcionaram o surgimento dessa faca de dois gumes e do meu esforço em não repetir a tese da ideologia dominante, criei um relato sobre a subjugação racial que não pode ser dissociada da subjugação global, um relato que se recusa tanto a ressuscitar o Sujeito (universal), quanto a escrever seus outros como seres entorpecidos, ingênuos (inocentes) e (historicamente) particulares. Em vez disso, eu proponho que os indícios da morte do Homem — a proliferação das "ontologias e epistemologias" subalternas (raciais, étnicas, pós-coloniais) — indicam que os poderes do sujeito continuam conosco, que as estratégias da Vontade de Verdade, isto é, as ferramentas da ciência e da história, permanecem sendo as armas produtivas da subjugação global.

O cemitério

O "argumento ontológico" de Santo Anselmo é basicamente o seguinte: se um ser supremo, infinito, eterno e perfeito pode ser concebido, e se Deus é um ser infinito e eternamente perfeito, Deus tem que existir. Entretanto, mesmo antes dos primeiros sinais de seu fim, o sujeito — o ser autodeterminado que sozinho ocuparia o trono da "perfeição" no fim do século XVIII — nunca pôde ser descrito da mesma maneira. Ainda que a autoevidência tenha se tornado atributo exclusivo do homem, nem a infinidade, nem a eternidade podiam fazer parte de suas atribuições, justamente porque ele é um ser totalmente mundano, global e finito. Apesar disso, quando os rumores sobre a sua morte começaram a ser ouvidos, muitos pareceram surpresos, como se tivessem esquecido a herança que lhes estava guardada. Após a morte do divino autor e governante na Europa do fim do século XVIII, o louco lamentou: "Não era de se esperar que uma entidade inferior tivesse o mesmo iminente destino?". Afinal de contas, os enunciados filosóficos que elevaram a razão de sua posição como atributo exclusivo da mente ao posto de reguladora soberana da ciência e da história — isto é, a única responsável por e capaz de determinar a verdade e a liberdade — situaram esse processo inteiramente dentro das fronteiras espaciais e temporais da Europa pós-iluminista. Além disso, apesar de já ter sido afirmado que o processo que se completou quando a "essência" transcendental do homem foi reificada sempre abarcou outros modos e momentos de ser humano, os apóstolos da razão proclamaram que nunca antes e em nenhum outro lugar uma figura parecida com o homem existira. Logo, se o Sujeito, isto é, a coisa que atualiza a razão e liberdade, nasceu em algum momento (no espaço e no tempo), também não teria de eventualmente morrer?

O fato de que a morte do sujeito não resultaria em sua aniquilação completa talvez fosse menos evidente. Não me refiro aqui a como Verdade e Ser, os predicados exclusivos do sujeito, estavam sendo invadidos pelos seus outros, já que exatamente a "fragmentação" de tais predicados levou muitos observadores a anunciar a morte do sujeito. Entretanto, o que ainda não foi reconhecido é como essa invasão contradiz as forças produtivas das próprias ferramentas que esculpiram e constituíram o lugar do sujeito. Isto é: durante a década de 1980, na universidade, ao "aprender" sobre a morte dele, eu ficava incomodada com os relatos nostálgicos sobre tal morte prematura e inesperada. As metanarrativas do sujeito pareciam não ter qualquer relevância para as batalhas no meu canto do globo. A relevância imediata da liberdade e da razão parecia ter sido perdida na maioria dos relatos sobre sua morte. Eu não conseguia entender a importância dessa perda para aquelas de nós que lutávamos para derrubar uma ditadura militar em vigor há 19 anos no Brasil. Eu era jovem. As transformações que acompanharam o anúncio da morte do sujeito também eram jovens. O que não percebemos de imediato foi o quanto aquele momento no Brasil era parte de um evento que transcorria em tantos outros lugares. A crise das metanarrativas da cultura ocidental de Lyotard[7] e o anúncio do "fim da modernidade" feito por Vattimo[8] estavam acontecendo ao redor mundo: pessoas negras ativistas no Rio de Janeiro, ao lado de artistas do grafite em Nova York, lideranças Indígenas em Vancouver e populações alvo da racialização em outras regiões do globo tinham, de alguma maneira, mudado a produção e a circulação do conhecimento; escritos do feminismo negro nos Estados Unidos propunham novas articulações sobre "verdade" e "ser", desafiando simultaneamente os cânones científicos e literários e defendendo a legitimidade de suas próprias narrativas locais.[9] Além disso, não há dúvidas que artistas de hip-hop, rappers e breakdancers também tiveram participação na perda do papel "integrativo" por parte da cultura. Ao "buscar remuneração",[10] tais artistas *mercadorizaram* a cultura, ajudando a reescrever a lógica do capitalismo[11] e as fundações do conhecimento.[12] Nós tínhamos algo a ver com a crise da ciência; nós, os outros do homem, estávamos perturbando a história: nossas palavras e feitos desencadearam o dilema da "ordem moderna".

---

7. Lyotard, Jean-François. *The Postmodern Condition: A Report on Knowledge*. Minneapolis: University of Minnesota Press, 1984.
8. Vattimo, Gianni. *The Transparent Society*. Baltimore: Johns Hopkins University Press, 1992.
9. Carby, Hazel. *Reconstructing Womanhood: The Emergence of the African-American Woman Novelist*. New York: Oxford University Press, 1987; Collins, Patricia Hill. "The Social Construction of Black Feminist Thought". In: *Signs*, v. 14, n. 4, 1989, pp. 745-73; Wall, Cheryl. *Changing Our Own Words*. New Brunswick, N.J.: Rutgers University Press, 1989.
10. Kelley, Robin. *Yo' Mama's Disfunktional! Fighting the Cultural Wars in Urban America*. Boston: Beacon, 1997.
11. Jameson, Fredric. *Postmodernism, or The Cultural Logic of Late Capitalism*. Durham, N.C.: Duke University Press, 1991.
12. Lyotard, 1984.

Entretanto, ao tentarem entender esse evento global, intelectuais da pós-modernidade e da globalização só puderam anunciar a morte do sujeito.[13] Não é de se surpreender que analistas sociais tenham descrito a situação como o início de uma nova dimensão na luta política — a política da representação, ou seja, a batalha pelo reconhecimento da diferença cultural — que registrou a queda das metanarrativas da razão e da história que foram responsáveis por compor a representação moderna. Ao revisitar esse momento, parece óbvio que analistas sociais, ao lerem o evento como a proliferação de "razões" e "histórias" menores, mobilizariam a ascensão da cultura para descrever o cenário. Afinal, a cultura era o único atributo que tinham conferido a esses outros que, repentinamente, estavam falando; os outros, que anteriormente eram descritos como sem razão e fora da história. Como era de se esperar, os antropólogos, responsáveis por fabricar a cultura como conceito científico, se adiantaram, reconhecendo a ameaça ao seu campo. Uma parte desse grupo recebeu a crise com alívio, já que esta oferecia a oportunidade de reescrever o projeto da disciplina.[14] Daquele momento em diante a antropóloga poderia

---

13. De acordo com Lyotard (1984, p. 15), as mudanças no conhecimento registraram o desmantelamento da "ordem moderna", "a dissolução do vínculo social e a desintegração das coletividades sociais ao estado de uma massa composta de átomos individuais", resultando na necessidade de forjar uma nova base para o vínculo social e para a legitimação do discurso científico. Ele sugere (1984, p. 66) que, a partir de então, a interação social passa a ser baseada na aceitação da heterogeneidade e multiplicidade de meta-argumentos (argumentações com metaprescritivos) que limitam as circunstâncias de suas próprias formulações.
14. Para os autores, "tal reescrita não se distanciaria muito dos princípios do desejo antropológico. No esforço para aprimorar os tão almejados relatos do 'ponto de vista nativo', esses experimentos aplicam estratégias textuais distintas para apresentar ao público leitor explicações mais ricas e complexas sobre a experiência dos sujeitos. Essas etnografias da experiência, como as chamamos, de modo geral, buscam novas maneiras de demonstrar o que significa ser uma pessoa samoana, pertencer ao povo ilongote ou ao povo balinês para convencer o público leitor que a cultura é mais importante do que se pensa".

dividir seu fardo com seu objeto: ouvíamos com frequência que os "nativos" da contemporaneidade poderiam e deveriam representar a si mesmos, e que ela, finalmente, poderia ocupar (de maneira crítica) sua posição privilegiada.[15]

O problema é que essa emancipação epistemológica parecia dessincronizada com a herança ontológica deixada pelo conceito. Como Lisa Lowe[16] notou: a cultura se "tornou o meio do *presente* [e] o local que media o *passado*, através do qual a história é entendida como diferença, fragmentos, choques e flashes de disjunções".[17] Apesar disso, a fala do outro nunca poderia ser uma "voz" inteiramente *histórica*, pois a diferença cultural também é produto das ferramentas científicas da razão. Logo, recompor *o cultural* de maneira verdadeiramente emancipatória também requer uma confrontação crítica com a universalidade científica e como esta institui os espaços da história, uma manobra radical que poucas pessoas parecem dispostas a fazer. Michael Taussig[18] traduz essa necessidade ao argumentar: "Com a conquista e colonização europeias, esses espaços de morte [espaços simbólicos constituídos pelo terror e pela tortura] se misturam em uma amálgama de significantes fundamentais que entrelaçam a transformadora cultura do conquistador com a do conquistado." Ao reescrever a cultura, a antropologia pós-moderna conseguiu remover a rigidez, o confinamento e a "autoridade etnográfica" do conceito — uma manobra que posiciona os objetos do desejo antropológico no nicho ontológico confortavelmente operado pela historicidade, um

---

Cf. Marcus, George; Fischer, Michael. *Anthropology as Cultural Critique*. Chicago: University of Chicago Press, 1986, p. 43.
15. Clifford, James. *The Predicament of Culture*: Twentieth-Century Ethnography, Literature, and Art. Cambridge, Mass.: Harvard University Press, 1988.
16. Cf. Lowe, Lisa. *Immigrant Acts: On Asian American Cultural Politics*. Durham, N.C.: Duke University Press, 1996, p. 6.
17. Grifos da autora.
18. Cf. Taussig, Michael. *Shamanism, Colonialism, and the Wild Man*. Chicago: University of Chicago Press, 1987, p. 5.

movimento que apenas pode ser celebrado se esquecermos a cumplicidade da disciplina com as suas ferramentas (conceitos, teorias e métodos) na produção desses "espaços da morte".

Por outro lado, para grande parte da sociologia, a morte do Sujeito ameaçava (o início de) uma crise ontoepistemológica assustadora.[19] Porém, ao contrário de boa parte de sua "parentela" da antropologia, um grupo significativo de sociólogos decidiu agarrar-se às barras da jaula de sua disciplina, rejeitando as descrições pós-modernas do fim da "ordem (social ou moral) moderna", isto é, da ordem histórico-universal.[20] De modo previsível, a epistemologia e a ontologia

---

19. O desafio imposto pelas mudanças internas e externas à "ordem social" parecia exigir que a unidade de análise da disciplina, isto é, o Estado-nação, fosse redefinido (Robertson, 1992). Em relação às reconfigurações internas, o desafio foi reconhecido até mesmo pelo grupo que acolheu as mudanças externas. Nicholson e Seidman (1995, p. 7), por exemplo, escreveram que "se convenceram que as mudanças nas culturas públicas da esquerda, particularmente o surgimento e desenvolvimento de novos movimentos sociais e seus choques com as tradições marxistas e liberais Iluministas, são um dos pontos cruciais para entender a formação de teorias pós-modernas nos Estados Unidos e talvez em outros lugares".
20. Entre esses sociólogos está Habermas (1984), para quem a solução é um novo "contrato social": se a razão universal deixou de ser uma fundação inquestionável, talvez ela possa prover uma base situacional, como mediadora de atos de fala dissidentes usados por diversas comunidades comunicativas. Outros tentaram remoldar o objeto da sociologia — possivelmente o indício mais evidente da resistência —, redefinindo a "sociedade moderna" como simultaneamente altamente individualizada e espacialmente ilimitada. A recusa de Giddens (1990) de relacionar a morte do sujeito com o "fim da modernidade" ilustra esse ponto quando ele argumenta que a fase mais recente do capitalismo surgiu a partir da expansão mundial das instituições modernas e da intensificação dos valores modernos, como o individualismo. Contudo, essa época era dominada pelo cultural e, por isso, qualquer nova ontologia social era obrigada a incluir as "histórias" que se desdobraram em inúmeras localidades para assim poder dar conta da proliferação de "normas" e "valores" e reconhecer o globo como espaço compartilhado (Robertson, 1992). Apesar de considerar a teoria pós-moderna "anárquica", Habermas (1987) reconhece que ela permanece influenciada pelo hegelianismo. Outro grupo enfatizou o problema da inconsistência. Rosenau (1992, p. 176), por exemplo, escreve que o desprezo do pós-modernismo em

seguiram caminhos mais familiares, já que a divisão aqui era entre relatos antagônicos sobre a ordem social ou moral em surgimento, sobre a ordem global — relatos que produzem o mundo como pequena comunidade ou como um todo moral fragmentado. Entretanto, independentemente das posições assumidas, intelectuais da globalização, da cultura global e do consumismo descreviam um processo que ecoava o relato durkheimiano do surgimento da "civilização moderna", um relato amarrado à difusão da mídia de massa, à expansão dos meios de transporte e ao crescimento do consumo.[21] Portanto, ao contrário da antropologia que entrou numa batalha interna para redefinir o seu projeto, a sociologia, de modo geral, se agarrou às suas bases disciplinares[22] e revisitou debates que pareciam pertencer a um passado muito distante.

Estudantes em minhas turmas de graduação, na primeira década deste século, diretamente envolvidas na luta por justiça global, não entendem quando menciono a morte do sujeito. "Quem morreu?", perguntam, exigindo explicações. Após minha surpresa inicial, geralmente tento explicar por que a significância política da sua morte advém exatamente da irrelevância ontoepistemológica da sua morte: o sujeito pode estar morto, eu explico, mas seu fantasma — as ferramentas e matérias-primas usadas para montá-lo — permanece conosco.

---

relação ao desenvolvimento de uma teoria é inconsistente porque "um posicionamento antiteórico é ainda um posicionamento teórico" e o mesmo ocorre com a crítica da razão já que a "desconstrução [...] é um processo altamente lógico, racional e analítico".
21. Featherstone, Mike (ed.) *Global Culture: Nationalism, Globalization, and Modernity.* London: Sage, 1990; Featherstone, Mike. *Consumer Culture and Postmodernism.* London: Sage, 1991.
22. Os volumes editados por Featherstone (1990) e King (1997) oferecem um exemplo de como sociólogos e outros teóricos lidaram com a "mudança global".

Um espírito profano

Sempre que tentava explicar como as narrativas produtoras do sujeito tornam sua morte irrelevante, ficava ainda mais convencida de que o poder da diferença cultural advém de como este conceito reconfigura os conceitos de racial e de nação — instrumentos que constituíram os sujeitos políticos descritos em relatos da pós-modernidade e da globalização.[23] Afinal de contas, aquela geração com a qual eu estava lidando em sala de aula presenciou a volta das discussões em torno da economia política, desencadeada por mobilizações contra a reorganização da economia global conduzida pelo neoliberalismo,[24] que coincidiram com a institucionalização de relatos pós-modernos e globais sobre mudança cultural, que pode ser notada nas recentes estipulações lançadas por organizações governamentais e não governamentais internacionais que declaram o multiculturalismo e a diversidade como os novos parâmetros a serem estabelecidos na busca pela justiça social. Essa nova agenda jurídico-moral global (responsável por conferir a mesma importância ética aos direitos das mulheres

---

23. Em Silva (2004b), argumento que o racial organiza o discurso contemporâneo dos direitos humanos, pois permite que alguns espaços sociais sejam inscritos, como pode ser visto na campanha contra a mutilação genital de mulheres, como dimensões de resistência à incorporação dos princípios que governam a contexto político global; neste caso, a equidade de gênero.
24. Apesar dessa reorganização estar acontecendo desde a década de 1980 em cidades dos Estados Unidos e diversos outros lugares, o Brasil e outros países do Sul Global já estavam familiarizados com os efeitos desastrosos das políticas de ajuste estrutural impostas pelo Fundo Monetário Internacional (FMI), pelo Banco Mundial e pelo antigo G-7. Entretanto, o surgimento de análises críticas que abordam esses processos político-econômicos e ponderam sobre seus impactos na formação de projetos emancipatórios no Sul Global é recente (Bauman, 1998; Touraine, 1997; Harvey, 2000). Contudo, isso não indica uma ruptura radical porque as preocupações com a economia política também apareceram nas "abordagens culturais" mais antigas encontradas principalmente, mas não somente, na antropologia, como argumentei anteriormente.

e aos direitos culturais que antes era atribuída somente às declarações originais dos direitos humanos) não serve somente de guia geral para iniciativas governamentais — como, por exemplo, ações afirmativas e políticas de diversidade —, ela também estabelece uma obrigação ética: as reformas jurídicas e sociais devem ser informadas pelo multiculturalismo. Ou seja, as políticas públicas devem incluir minorias raciais e étnicas não apenas jurídica e economicamente, mas também de um modo que as reconheça como possuidoras de uma diferença cultural.

O que é que conecta essas "pequenas narrativas [históricas]" que abarrotam o salão simbólico pós-moderno, cuja ascensão barulhenta simultaneamente anunciou a queda da nação e a reinstituiu como força política, senão trabalhadoras e trabalhadores que sustentam a economia global e aquelas pessoas cujas tradições se tornaram o alvo dos paladinos globais que lutam em nome da liberdade e dos direitos humanos? O que conecta as *maquiladoras* em Tijuana; pessoas imigrantes e refugiadas, sem vistos, oriundas da Ásia, África, América Latina e Oriente Médio, que se penduram embaixo de trens de alta velocidade que cruzam a Europa; pessoas semelhantes no México que atravessam sorrateiramente cercas de arame farpado e fogem de tiros na fronteira Sudoeste dos Estados Unidos; famílias camponesas famintas nos campos de refugiados no Sudão e em Angola; a mãe palestina em luto pela morte de mais um filho; adolescentes negros e morenos[25] assassinados por policiais em Los Angeles, Rio de Janeiro e Caracas? Exasperada, eu me pergunto: por que não é óbvio que, apesar da onipresença da diferença cultural, o racial e a nação ainda regem a realidade global exatamente devido à sua relação com

---

25. Em inglês: *Black and brown*. *Brown*, aqui, designa pessoas latinas, pessoas do Sudeste Asiático, do Sul Asiático (Índia e Paquistão), bem como pessoas do Oriente Médio.

os descritores ontológicos — universalidade e historicidade — resolvidos na figura do Sujeito?[26]

Não entendemos como o racial governa a configuração global contemporânea, eu argumento no capítulo 7, porque o principal relato sobre a subjugação racial — a lógica sócio-histórica de exclusão — (re)produz os poderes do Sujeito ao reescrever a diferença racial como significante da diferença cultural. Esse construto pressupõe o que Foucault[27] chamou de "a concepção de poder jurídico-político", que informa tanto o liberalismo quanto o materialismo histórico e produz análises da subjugação (dominação ou opressão) que a constrói como mera exclusão da universalidade, como resultado de estratégias sócio-históricas (culturais ou históricas) impróprias motivadas por traços físicos (sexuais ou raciais). Consequentemente, ao articular um projeto emancipatório, o subalterno racial está sempre-já inscrito como sujeito histórico que finalmente passa a fazer parte da representação ao se tornar um Eu transparente. Desta maneira, essa formulação ensaia a transparência, isto é, a pressuposição ontológica moderna, pois mobiliza a universalidade e a historicidade como os descritores ontológicos modernos privilegiados, o que sugere que a emancipação racial ocorre quando a inclusão (jurídica e econômica) dos outros raciais [*racial others*] e de suas vozes (representações históricas e culturais) finalmente concretiza a universalidade em configurações sociais pós-modernas.

Minha tarefa neste livro é demonstrar como esse relato usa descritores ontológicos modernos autorizados; neste caso, a exclusão da universalidade e historicidade, as quais constroem o racial como

---

26. Em breve ficará evidente que, quando faço essa pergunta, não penso no racial como elemento da "estrutura social global" ou do "sistema mundial global", como faz Winant (2001). Meu objetivo é mirar o racial como estratégia simbólica, um elemento de significação que antecedeu e instituiu as configurações que esses conceitos sociais científicos abordam.
27. Foucault, Michel. *Power/ Knowledge*. New York: Pantheon, 1980.

suporte problemático (baseado em instinto, tradição ou preconceito) para as estratégias de poder propriamente modernas. Além disso, quero demonstrar como essa "explicação" sobre a subjugação social simplesmente descreve como o racial, ao lado de outras categorias sócio-históricas, produz a exclusão sem de fato explicar como e por que o faz. A seguir, eu descrevo essa tendência compartilhada por estudos feministas e raciais críticos, que ocorre porque se apoia na lógica sócio-histórica de exclusão e no relato sobre subjugação social advinda desta.

Os limites da historicidade: raça e classe

Em "Race, Articulation, and Societies Structured in Dominance",[28] Stuart Hall propõe o uso da noção gramsciana de formação social nos estudos sobre raça porque o conceito permite analisar as "especificidades históricas" do racismo que passam despercebidas quando ele é articulado como estrutura universal e imutável. A análise sócio-histórica, ele propõe, permite uma investigação sobre como o racismo funciona em diferentes cenários que possuem histórias coloniais e escravagistas distintas, como este muda com o passar do tempo e como opera em conjunto com outras relações sociais. Essa perspectiva nos permite, sobretudo, contestar as explicações simplistas sobre a relação entre racismo e estruturas econômicas ao demonstrar, por exemplo, como as necessidades da escravidão explicam o surgimento de formulações de superioridade racial, em vez do contrário. Nessa argumentação, o racismo não seria mais concebido

---

28. Hall, Stuart. "Race, Articulation, and Societies Structured in Dominance". *In*: Baker Jr., Houston A.; Diawara, Manthia; Lindeborg, Ruth H. (eds.). *Black British Cultural Studies*. Chicago: University of Chicago Press, [1980] 1996, pp. 16-60.

como algo que precisa ser prontamente descartado e substituído pelo conceito moderno apropriado. Em vez disso, ele é recentralizado como ferramenta teórica necessária para qualquer análise sobre sociedades multirraciais.

No espírito desta proposta de Hall, análises críticas da subjugação racial formam um acervo significativo que, apesar de permanecer entrelaçado aos principais conceitos e articulações da sociologia das relações raciais, fornece uma abordagem nitidamente diferente desta. Seus trabalhos não se encaixam numa subdisciplina específica — afinal, é um projeto consistentemente interdisciplinar. Porém, essas obras são bastante coerentes entre si, a ponto de serem identificadas como campo de pesquisa específico que chamo de Estudos Críticos Raciais e Étnicos (ECRE). O livro *Racial Formation in the United States: from the 1960s to the 1990s* [A formação racial nos Estados Unidos: da década de 1960 à de 1990], de Michael Omi e Howard Winant,[29] é o divisor de águas nesse campo. Os autores definem a formação racial como processo "sócio-histórico" através do qual categorias e significados raciais são permanentemente produzidos e contestados na incessante batalha política por determinar como a sociedade deve ser organizada, governada e representada.[30] "Raça", Michael Omi e Howard Winant[31] argumentam, "é um conceito que significa e simboliza conflitos e interesses sociais referindo-se a diferentes tipos de corpos humanos"; é "um conjunto instável, complexo e 'descentralizado' de significados sociais sendo constantemente transformado

---

29. Omi, Michael; Winant, Howard. *Racial Formation in the United States: From the 1960s to the 1990s*. London, New York: Routledge, 1994.
30. Esta é uma apropriação do conceito gramsciano de formação social, ao lado de outros conceitos do materialismo histórico, tais como hegemonia, guerra de manobra [*war of maneuver*], guerra de posição [*war of position*] e afins — para situar a produção material (econômica) numa totalidade histórica, isto é, uma totalidade na qual o cultural se torna um momento crucial na configuração política das formações capitalistas modernas.
31. Omi; Winant, 1994, p. 55.

pela luta política". Para abordar como a raça entrelaça estrutura social e representação, os autores[32] apresentam o conceito de "projetos raciais" e o definem como "uma interpretação, representação ou explicação simultânea sobre as dinâmicas raciais e um esforço para reorganizar ou redistribuir recursos de acordo com linhas raciais específicas". Isto é, os projetos raciais são ideologias que competem entre si na arena política; além disso, também fornecem uma base comum para a "identificação racial" e explicações para as diferentes posições na estrutura social dos Estados Unidos.

Embora a abordagem materialista histórica de Omi e Winant, a qual reescreve raça como conceito sócio-histórico, retarde o modo descritivo pelo qual o termo é usado nos Estados Unidos, o *status* ontoepistemológico privilegiado que esta dá à historicidade constitui um problema: se todo e qualquer princípio histórico (cultural ou ideológico) sempre interpreta algo estrutural, qual seria o referente estrutural-material para um projeto racial?[33] Afinal, Omi e Winant não estão afirmando que raça existe apenas na mente de indivíduos "mal-informados" que desvirtuam diferenças raciais, ou que ela seja produzida por capitalistas ávidos por lucro. Para os autores, raça é um princípio da configuração social moderna, um significante social, um construto simbólico que identifica certas condições sociais como "formações raciais". O ponto que quero salientar é o seguinte: se a diferença racial antecede a raça (o conceito sócio-histórico), há duas opções: esta seria um elemento empírico (como aparece em análises quantitativas) ou estaria ligada a outro significante. Embora tente evitá-lo, Omi e Winant articulam a diferença racial como traço corporal substantivo, um referente empírico (mas não material) de significação social. Logo, ao repetirem o gesto eticamente

---

32. Omi; Winant, 1994, p. 56.
33. No capítulo 7, mostro como essa questão já perturbava as primeiras abordagens sobre a subjugação racial.

correto de negar à raça qualquer realidade biológica (científica), eles falham em demonstrar por que a diferença racial — que consiste em uma apropriação do corpo humano pela significação científica — constitui uma dimensão central da representação social.

Incorporada então à análise histórica, a diferença racial — considerada de outra forma como diferença irrelevante ("vazia") entre corpos — é transformada em fenômeno; quero dizer: torna-se o referente empírico dos significantes científico-sociais. Ao se deparar com esse quadro, a analítica social crítica, sempre desconfiada com relação ao empiricismo, não tem opção a não ser escrever o racial como ferramenta simbólica imprópria [unbecoming symbolic aid] que opera no que (sem sua participação) funcionaria de acordo com os mecanismos modernos adequados (sócio-históricos) de exclusão da universalidade econômica e jurídica. Isso está evidente na descrição feita por Hall[34] da raça como qualificadora do conceito de classe. Ele argumenta:

> Raça é o que determina como o trabalho de homens e mulheres negras é distribuído como agentes econômicos na dimensão das práticas econômicas e as lutas de classe que decorrem desse processo. Além disso, raça também determina o modo pelo qual as frações das classes trabalhadoras negras são reconstituídas através da representação política [...] como forças políticas no "teatro da política" — e as lutas políticas que resultam desse movimento; e na maneira pela qual classe é articulada como "sujeitos" coletivos e individuais de ideologias em processo de articulação (ascensão) — e nas batalhas sobre ideologia, cultura e consciência em decorrência desse processo.[35]

---

34. Hall, [1980] 1996, p. 55.
35. Por exemplo: o uso de formação racial de Gilroy (1987) para examinar o "novo racismo" britânico em meados dos anos 1980 escolhe negar qualquer significado à raça. Ao examinar o surgimento dessa nova estratégia "ideológica" e a "crise de representação" que ela provoca, Gilroy apresenta uma estratégia analítica que estrutura a subjugação racial usando a linguagem do

Ou seja, apesar de não ser mais culpado do que outras perspectivas teóricas históricas, o materialismo histórico resiste a qualquer tipo de articulação do racial como estratégia de poder inerentemente moderna (pós-iluminista). Os limites da historicidade também são facilmente encontrados na genealogia do racismo proposta por Balibar, que reduz raça a um elemento (simbólico) que coopera com o nacionalismo e/ ou com o conceito de classe. Ele argumenta que a ideia de raça, inicialmente um significante de casta que circulava entre a aristocracia europeia, agora circula entre as classes trabalhadoras, nas quais o racismo "tende a produzir [...] o equivalente a um confinamento de castas para pelo menos uma parte da classe trabalhadora", garantindo a "maior restrição possível sobre a mobilidade social".[36] Inteiramente capitalista, do século XIX em diante, o racismo seria incorporado a outros mecanismos simbólicos de exploração de classe como ferramenta ideológica extra imposta pela classe dominante sobre as classes exploradas.

O relato da subjugação racial que informa o projeto dos ECRE está comprometido porque segue a norma moral instituída após a Segunda Guerra Mundial que exige a eliminação de *racial* do dicionário político moderno. Precisamente porque a lógica de exclusão sócio-histórica supõe que a diferença racial e as estratégias simbólicas (culturais ou ideológicas) de exclusão que ela acarreta não fazem parte do programa ético moderno, ela é capaz de escrever o racial apenas como suporte ilegítimo da subjugação (econômica) de classe. Ao dizer isso, pode parecer que já descartei o bebê proverbial, porque em vez de me juntar ao grupo que escava configurações sociais

---

materialismo histórico, na qual a diferença racial se torna o efeito do racismo, um processo sócio-histórico. Este gesto desloca o referente biológico da raça ao construir a "diferença de raça" como "significante vazio".
36. Balibar, Étienne; Wallerstein, Immanuel. *Race, Class, and Nation: Ambiguous Identities*. London: Verso, 1991, p. 212.

contemporâneas para coletar amostras de racismo, decidi examinar a diferença racial, o conceito (ideológico ou cultural) supostamente "falso", que a crítica social rejeita ao colocar aspas em torno do termo *raça*. Eu poderia justificar essa escolha listando e desconstruindo argumentos dos ECRE para demonstrar como o campo usa repetidamente o relato sobre a subjugação racial descrito aqui. Entretanto, em vez de me dedicar a esse exercício superficial, prefiro demonstrar como esse foco na exclusão limita nosso entendimento sobre como o racial funciona concomitantemente ao gênero, esta outra ferramenta crítica crucial que também é assombrada pela diferença corpórea. Como argumentarei em breve, essa limitação ocorre devido ao empenho que os estudos feministas também depositam na lógica de exclusão sócio-histórica.

Um estranho casal: raça e gênero

Intelectuais feministas enfrentam dificuldades para desenvolver explicações adequadas sobre como raça e gênero trabalham em conjunto para constituir sujeitos sociais subalternos.[37] Parte dessa dificuldade, acredito, ocorre porque o gênero aborda a exclusão (da universalidade jurídica) com mais facilidade que o racial, exatamente

---

37. Essa discussão lida primordialmente com as pesquisas da Academia estadunidense sobre gênero e feminismo por dois motivos: primeiro, porque as mulheres não brancas nos Estados Unidos desafiaram a construção de um sujeito universal mulher há mais tempo e com mais ênfase do que as pesquisadoras brancas de classe média que construíram *essa sujeita* e, segundo, porque, apesar de eu reconhecer a riqueza e agudeza das intervenções feministas ocidentais, majoritariamente francesas, e ainda que meu projeto seja informado por essas críticas, ele se distancia dessa corrente, já que a minha crítica da autoconsciência privilegia a exterioridade como o momento determinante na significação.

devido à maneira pela qual a subjugação de mulheres é articulada nos enunciados fundadores do pensamento moderno:[38] apesar de, a princípio, o papel da mulher na reprodução (física) parecer explicar de imediato seu confinamento à vida doméstica, a subjugação de gênero encontra amparo na reescrita liberal do patriarcado como um momento jurídico-moral governado pela "lei natural (divina)", um domínio político subordinado às "leis da sociedade". Da formulação da "sociedade política" lockiana à articulação de "lei civil" hegeliana, o patriarcado, como modo de poder, circunscreve a esfera doméstica, o espaço onde mulheres são trancafiadas, mantendo-as, porém, dentro do corpo político criado pelo sujeito político racional: o homem dono de propriedades, governante do lar e cidadão.[39] Articulando assim o seu papel, esses argumentos fundadores postulam a subjugação da mulher de acordo com conceitos (divinos) acerca do natural e do universal. Essa noção foi posteriormente deslocada por articulações do século XIX de "leis da natureza" quando a razão foi consolidada como a base primordial para os relatos ontoepistemológicos modernos. Logo, embora o corpo da mulher também tenha se tornado alvo do escrutínio das ferramentas científicas do século XIX, a diferença biológica (cientificamente apresentada) se manteve uma base secundária para a subjugação de gênero. Isto é, apesar de se apoiar em ideias relativas

---

38. Por exemplo: o argumento de Scott (1999, p. 2) de que "gênero [...] significa conhecimento da diferença sexual [...] [como] uma compreensão produzida por culturas e sociedades pautadas em relacionamentos humanos, nesse caso, relacionamentos entre homens e mulheres" parece ser compatível com a sua tentativa de recuperar os efeitos do gênero na constituição da classe trabalhadora europeia do século XIX. Isto é, "homens" e "mulheres" continuam sendo seres encontrados em todas as partes, já que são anteriores aos (apesar de suas representações os constituírem) processos históricos.
39. Pateman, Carole. *The Sexual Contract*. Stanford, Calif.: Stanford University Press, 1988.

à "natureza", a subjugação de gênero, ao contrário da subjugação racial, não pressupõe uma explicação científica da diferença física.[40] Por essa razão, durante as décadas de 1960 e 1970, pesquisadoras feministas podiam supor (sem qualquer dilema moral) que a diferença sexual serviu como o princípio universal (empírico) óbvio da subjugação de mulheres.[41] Nos anos 1980, entretanto, durante o auge da política da representação, ao mobilizar "experiência" e "diferença" para reescrever o gênero como categoria sócio-histórica — isto é, resgatando-o das perigosas ideias "naturalizantes" estabelecidas pela diferença sexual —, o projeto de intelectuais feministas foi imediatamente abalado por argumentos de que o gênero também tem sua própria tendência universalizante.[42] Feministas ocidentais e não ocidentais não brancas recusaram que suas diferenças fossem

---

40. Talvez essa distinção seja o que Wittig (1981) argumenta quando contesta a ideia de que "mulheres são um grupo natural", um tipo de "grupo racial".
41. Por exemplo: as primeiras antropólogas feministas imediatamente admitiram (mas não teorizaram) a ubiquidade do patriarcado ao escolherem a diferença sexual como o referente "empírico" dos sistemas de gênero e ao atribuírem as variadas subjugações de gênero à diferença cultural (Ortner e Whitehead, 1981). Para uma crítica sobre como essa "naturalização", que supõe uma concepção específica do corpo e da reprodução, impede que compreendamos outros modos de escrever a mulher enquanto sujeito social, ver Oyèrónkẹ́ Oyěwùmí (1997).
42. Por exemplo, De Lauretis (1987, p. 1) propõe que o sujeito social "é instituído, com gênero, mas definitivamente não apenas a partir da diferença sexual e sim através de representações linguísticas e culturais; um sujeito (é) 'gender-izado' [en-gendered] ao experienciar relações de raça, classe e sexuais. Um sujeito, portanto, não é unificado, é múltiplo, não exatamente dividido, mas sim paradoxal". Contudo, como Bhavnani (2001 p. 2) argumenta: "Diferença se tornou o termo central através do qual muitas pesquisadoras feministas questionam as bases dos projetos feministas intelectuais", fazendo com que uma estratégia perigosa que recupera "diferenças" mais antigas e outras irrompa para delinear "experiências" distintas. Como Smith (1991, p. 45) defende, "No momento em que as feministas anglo-estadunidenses e homens negros estadunidenses começaram a repensar o terreno material dos seus projetos, eles demonstraram sua volta à terra, digamos, ao invocarem as experiências específicas e os textos de mulheres negras".

absorvidas por uma experiência da mulher universal. Elas insistiam no reconhecimento de raça, classe e cultura como eixos da subjugação[43] — uma manobra muito bem realizada por Chandra Mohanty, uma das críticas mais aguçadas do feminismo branco, que declarou:

> Quero reconhecer e explorar analiticamente os laços entre as histórias e lutas das mulheres do Terceiro Mundo contra o racismo, sexismo, colonialismo, imperialismo e capitalismo de monopólio. Logo, o que estou propondo é uma "comunidade imaginada" entre as lutas sociais no Terceiro Mundo [...] com (suas) histórias e localidades sociais distintas tecidas através das diferentes formas de oposição política aos modos de dominação que são igualmente disseminados e sistêmicos.[44]

Apesar de relativamente recente naquela época, a trajetória da teoria de gênero cobriu um terreno significativo — desde a categoria divina e natural de "mulher", que produz o sujeito global feminino excluído via naturalização, até a concepção analítica de gênero, na

---

43. No discurso feminista não ocidental, a "política da experiência" também abordou a economia política. Como Bhavnani (2001, pp. 2-3) diz, "Muitas mulheres do Norte — não brancas ou não — estão percebendo que as lutas anticoloniais e das mulheres do Terceiro Mundo são fundamentais para se entender como a subordinação de gênero é simultaneamente reproduzida e contestada em toda a parte". Algumas teóricas encararam o desafio através do conceito de *diáspora*, que articula conexões entre suas próprias trajetórias e das mulheres não brancas no Terceiro Mundo. Collins (1989, p. 756), por exemplo, indica uma "posição feminista afrocentrada", uma posição ontoepistemológica que reconhece como a raça e o gênero delineiam a "experiência" de mulheres negras, que demonstra como o afrocentrismo instituiu um conjunto de valores que surgiu das condições materiais de África e da diáspora negra e que reconhece que as mulheres ao redor do mundo experienciam a "opressão patriarcal através da economia política das condições materiais da (impostas pela) sexualidade e reprodução".
44. Mohanty, Chandra T. "Cartographies of Struggle: Third World Women and the Politics of Feminism". *In*: Mohanty, Chandra T.; Russo, Ann; Torres, Lourdes (eds.). *Third World Women and the Politics of Feminism*. Bloomington: Indiana University Press, 1991b, p. 4.

qual articulações sócio-históricas sobre diferença e experiência delineiam a exclusão imposta à mulher e buscam a inclusão de suas trajetórias determinadas por outros mecanismos excludentes. Além disso, o campo testemunhou um rico debate sobre a representação do sujeito patriarcal subalterno.

Todavia, acredito que o complicado relacionamento entre raça e gênero ainda precisa ser reconhecido, especialmente o modo como esses dois princípios de exclusão social formam um par insolitamente compatível: ambos especificam processos sócio-históricos, se referem a mecanismos culturais ou ideológicos complementares que subordinam mulheres e pessoas não brancas e determinam o modo particular pelo qual mulheres não brancas experienciam essa subordinação. Contudo, argumento que esse casamento oficiado no inferno patriarcal dificultou o trabalho teórico necessário para compreender como esse par produz a mulher não branca como sujeito subalterno.

Na segunda metade do século XX, um acervo considerável foi construído por intelectuais que usaram diferença e experiência para abordar os efeitos simultâneos de raça e gênero. Poucas pessoas se arriscam a usar um dos termos sem mencionar o outro, pois se tornou senso comum o fato de que nenhum dos dois é capaz de descrever adequadamente todas as dimensões da trajetória sócio-histórica de um sujeito. Mais raras são as que vão além da afirmação de que essas categorias operam como princípios excludentes na trajetória social de mulheres não brancas;[45] isto é, a maior parte das análises se resume aos efeitos do gênero na raça ou da raça no gênero. Ou seja: se

---

45. Crenshaw (1995, p. 358), por exemplo, apresenta o conceito de interseccionalidade para investigar "os diversos modos pelos quais a interação entre raça e gênero molda as experiências de mulheres negras no mercado de trabalho". Contudo, ao analisar o acesso desigual oferecido às mulheres não brancas aos mecanismos legais (jurídicos) e institucionais contra a discriminação de gênero, a interseccionalidade apenas descreve como cada uma dessas dimensões — raça, *status* de imigração e afins — opera para impedir o acesso de mulheres às provisões já existentes.

entrelaçada ao gênero, a raça produz exclusão de gênero adicional; se entrelaçado à raça, o gênero produz exclusão racial adicional; e assim por diante.[46]

Estou sugerindo, portanto, que essa lógica de exclusão sócio-histórica, responsável por tornar o racial e o patriarcal um par perfeito, também dificulta nossa compreensão de como gênero e raça trabalham conjuntamente para constituir um tipo específico de sujeito subalterno. Como Joan Scott[47] constata, o conceito de historicidade que informa os textos sobre a experiência de mulheres, pessoas negras e homossexuais limita nossa compreensão das trajetórias dessas coletividades subalternas. Justamente porque a maior parte das análises que privilegia a experiência e a diferença falha em examinar o poder discursivo, elas acabam por reproduzir a própria lógica que articulou a autoridade do sujeito, a figura epistemológica contra a qual elas escrevem o outro na história. Ao notar que esse método deriva da separação entre linguagem e experiência, o que leva à naturalização da primeira, a autora defende uma estratégia de interpretação histórica que "historicize os termos usados para representar a experiência e, assim, historicize a própria 'experiência'".[48] Em outras palavras, a manta transcendental do Sujeito e a experiência imanente (naturalizada) de seus subalternos foram tecidas com o mesmo fio "essencialista", pois as estratégias críticas dominantes produzem o subalterno como amostra do "indivíduo", ou seja, do ser histórico-liberal.

---

46. Uma exceção notável é o debate promovido por Espiritu (1997) em relação à maneira pela qual as mudanças na legislação de imigração dos Estados Unidos, que passou a controlar o fluxo imigratório de mulheres asiáticas, moldaram as relações de gênero dentro da população asiático-estadunidense. Entretanto, a análise de Espiritu evita os efeitos da exclusão porque ela demonstra como as leis de imigração produziram uma (configuração específica [asiático-estadunidense] de) formação patriarcal.
47. Scott, Joan W. "The Evidence of Experience". In: Critical Inquiry, v. 17 (Summer), 1991, pp. 773-97.
48. Ibidem, p. 795.

Para além do dilema teórico que o racial cria para as estratégias críticas contemporâneas que se apoiam no materialismo histórico — o trabalho escravo e o trabalho forçado, por exemplo, foram considerados produtivos, porém nunca foram totalmente integrados ao arsenal materialista histórico —, o aspecto mais preocupante das análises sobre a intersecção entre raça, classe e gênero é que elas usam essas categorias como ferramentas descritivas. Por isso, em vez de tentar evitar a acusação de ignorar gênero e classe ao renarrar os modos como ambos aprofundam a exclusão racial, eu decidi seguir a sugestão feita por Scott. Contudo, ao fazer isso, não vou revisitar a história para indicar como o racial, de forma isolada e concomitante à classe e ao gênero, provoca a exclusão da universalidade em diversos momentos sócio-históricos. Em vez disso, eu tento envolver-me no trabalho analítico de base necessário para estabelecer uma explicação crítica que vai além de listar como cada categoria promove exclusão. Logo, eu examino como o racial, combinado com outras categorias sociais (gênero, classe, sexualidade, cultura, etc.), produz sujeitos modernos que podem ser excluídos da universalidade (jurídica) sem provocar qualquer tipo de crise ética. Como uma das questões que guiam este livro é o motivo pelo qual o racial continua a constituir uma estratégia prolífica de poder, apesar de ser moralmente abominado, é necessário mapear o terreno simbólico que o racial compartilha com as outras ferramentas que as narrativas históricas e científicas usaram para entalhar o lugar do sujeito.

A trindade simbólica

Ao analisar práticas e produtos coletivos, qual dos dois sentidos de cultura deve ser usado? O significado normativo, que se refere a padrões e valores, produtos e práticas (música clássica, ópera, etc.) que distinguem a cultura moderna? Ou o significado descritivo, que se refere à particularidade, que escreve a coletividade como consciência (geo-histórica) unificada? Seguindo os argumentos de Bourdieu,[49] sugiro que só é possível entender o significado de cultura, independentemente do sentido escolhido, se o significado antropológico for abordado. É nesse espaço que tanto o significado normativo quanto o descritivo estão entrelaçados com dois outros conceitos que compartilham com o cultural a tarefa de constituir sujeitos modernos: o racial e a nação. Ambos têm sido usados há séculos para descrever coletivos humanos. Contudo, a trajetória de cada um como ferramenta moderna de significação — ou seja, como significantes nos textos da ciência e da história — é muito mais curta, e seu ritmo intensificou-se enormemente durante os últimos 50 anos, a ponto de ser difícil estabelecer seus limites significativos e efeitos simultâneos.

Muito do que faço nos capítulos deste livro, o mapeamento da analítica da racialidade, é tentar desembaralhar essa confusão conceitual ao delimitar os contornos de significação do racial e estabelecer como ele difere do cultural e da nação ao delinear as regiões de significação — no caso, a ciência e a história — dentro das quais essas ferramentas produtivas modernas prosperam. Essa estratégia, crucial para qualquer análise crítica sobre seus efeitos significativos, me permite traçar as trajetórias pós-iluministas dos três conceitos. Ao fazê-lo, eu demonstro como, em meados do século XIX, (a) a ciência do homem mobilizou um arsenal que estabeleceu a autoconsciência como efeito de determinantes científicos (a saber, as leis de "fecundação" e "hereditariedade") e (b) a nação foi consolidada como o conceito que instituiu as entidades políticas modernas enquanto sujeitos históricos (morais), ou seja, unificados pelos princípios expressos na sua língua comum, religião, arte e assim por diante, e como, no século XX, (c) o cultural ascendeu a

---

49. Bourdieu, Pierre. *Distinction: A Social Critique of the Judgment of Taste*. Cambridge, Mass.: Harvard University Press, 1984.

conceito científico que escreveu a mente como coisa histórica. Porém, apesar de ter oferecido alívio moral, essa solução não deslocou e ainda repetiu os efeitos da significação do racial.[50] Resumindo: porque o cultural não é assumidamente nem o racial nem a nação, seu espaço ontoepistemológico, nos dois sentidos identificados por Bourdieu, determina efeitos de significação que ultrapassam as fronteiras que os três compartilham entre si.

O que torna essa análise crítica de base necessária é precisamente o fato de que, no final do século XX, o cultural parece ter destronado a nação e o racial, tornando-se o significante político dominante. Antes desse momento, o racial e a nação guiaram a construção do principal sujeito político moderno — isto é, o Estado-nação — e foram apropriados ao redor do mundo por sujeitos subalternos em alianças transnacionais e transcontinentais contra o colonialismo e o imperialismo.[51] Todavia, somente no fim dos anos 1960 a nação passaria a moldar projetos de emancipação racial. Há muitos estudos, por exemplo, sobre como as guerras anticoloniais no continente africano influenciaram os movimentos (nacionalistas) *Black Power*, Chicano, Indígena e ásio-estadunidense nos Estados Unidos — movimentos que não lutavam simplesmente por inclusão, mas também pela transformação radical da configuração social dos EUA. Entretanto, até onde eu saiba, ninguém perguntou por que o racial não pôde se tornar o conceito fundamental de um projeto emancipatório que pudesse, entre outras coisas, recuperar a "história [negra] e nossa identidade daquilo que deve ser chamado

---

50. Stocking, George. *Race, Culture, and Evolution*. New York: Free Press, 1968.
51. Cf. Von Eschen, Penny. *Race against Empire: Black Americans and Anticolonialism, 1937-1957*. Ithaca, N.Y.: Cornell University Press, 1997; Brock, Lisa; Fuertes, Digna Castañeda. *Between Race and Empire: African-Americans and Cubans before the Cuban Revolution*. Philadelphia: Temple University Press, 1998.

de terrorismo cultural" e "o direito de criar nossos próprios conceitos através dos quais podemos nos definir, bem como determinar nossa relação com a sociedade e ter esses conceitos reconhecidos", o que é a "primeira necessidade de um povo livre e o primeiro direito que qualquer opressor suspende", como Ture e Hamilton[52] escreveram. Tudo indica que a raça (o significante científico-social) não pôde sustentar esses projetos exatamente por esses movimentos desejarem mais do que a inclusão e dedicarem seus esforços para alcançar a fugaz Terra Prometida da autodeterminação — isto é, a transparência. Assim, na década de 1960, intelectuais e ativistas de grupos de pessoas negras, *chicanas*, indígenas e asiáticas mobilizaram a nação, o significante histórico, para escrever a trajetória do sujeito subalterno racial como Eu transparente. Se esse era o trajeto inevitável do racial e da nação, é difícil afirmar. Levar em consideração até que ponto os dois estavam destinados a se encontrar nos discursos políticos do século XX é relevante apenas porque essas lutas emancipatórias — as quais juntaram conceitos que refiguraram diferentes modos de representar sujeitos modernos — tiveram vida muito curta.[53]

Durante as duas décadas que se seguiram, o cultural ocupou as lacunas dos projetos nacionalistas, guiando as tentativas de recuperar as "histórias particulares" das coletividades subalternas raciais. Na década de 1970, por exemplo, pessoas negras estadunidenses olhavam para pessoas africanas e para as populações negras da América Latina e do Caribe, reivindicando um passado histórico comum na escravidão, com o intuito de fabricar uma "cultura" negra para além

---

52. Ture, Kwame; Hamilton, Charles V. *Black Power*. New York: Random House, [1967] 1992, p. 35.
53. Ao dizer isso, em hipótese alguma diminuo o fato de esses projetos raciais ou nacionalistas também terem sido vítimas de uma repressão violenta, sistemática e incessante por parte do aparato policial dos Estados Unidos.

das fronteiras dos Estados Unidos.⁵⁴ Entretanto, encarando essas doces dádivas das lutas nacionalistas dos anos de 1960, estava o destino amargo de prosperar em uma conjuntura que não mais aceitava projetos "essencialistas". Nos anos de 1980, ápice da política da representação — após o desejo nacionalista e diversas outras promessas da década de 1960 terem sido descartadas —, o cultural consolidou-se como o companheiro histórico do racial.⁵⁵ Durante aquele período, a política cultural [*cultural politics*] encontrou vários desafios, e o multiculturalismo, o mais sério deles, prossegue até hoje como guia da agenda oficial para justiça global.⁵⁶ Essa apropriação do multiculturalismo pela agenda neoliberal é especialmente preocupante, porque adota a lógica de exclusão sócio-histórica como aquela que corretamente explica a subjugação social (racial, étnica, de gênero), além de aceitar a proliferação de reivindicações por reconhecimento de diferença cultural como prova do fracasso da assimilação.⁵⁷ Desta forma, ela normaliza reivindicações de diferença cultural com argu-

---

54. Cf. Karenga, Ron M. *Introduction to Black Studies*. Los Angeles: University of Sankore Press, 1993; Asante, Molefi K. *The Afrocentric Idea*. Philadelphia: Temple University Press, 1987; Howe, Stephen. *Afrocentrism: Mythical Pasts and Imagined Homes*. London: Verso, 1998.
55. Cf. Gilroy, Paul. *Small Acts: Thoughts on the Politics of Black Culture*. London: Serpent's Tail, 1993a; Gilroy, Paul. *The Black Atlantic: Modernity and Double Consciousness*. Cambridge, Mass.: Harvard University Press, 1993b; Baker Jr., Houston A.; Diawara, Manthia; Lindeborg, Ruth H. (eds.). *Black British Cultural Studies*. Chicago: University of Chicago Press, 1996; Kelley, Robin. *Yo' Mama's Disfunktional! Fighting the Cultural Wars in Urban America*. Boston: Beacon, 1997.
56. A "institucionalização" da diferença cultural dentro das formulações do pluralismo cultural (Parekh, 2000) pode ser vista no relatório do Programa de Desenvolvimento Humano 2004, da ONU. Para outro ponto de vista sobre as formas pelas quais a diferença cultural opera na atual configuração global, ver Silva (2005).
57. Mabry, Philip. "We're Bringing Them Home: Resettling Vietnamese Amerasians in the United States". Ph.D. dissertation, University of Pittsburgh, 1996; Silva, Denise Ferreira da. "'Bahia Pêlo Negro': Can the Subaltern (Subject of Raciality) Speak?". In: *Ethnicities*, v. 5, n. 3, 2005, pp. 321-42.

mentos aparentemente críticos aos antigos projetos de "assimilação", mas mantém intacto o argumento anterior feito pela sociologia das relações raciais acerca da "exterioridade" dos "outros da Europa", ou seja, o biológico da diferença racial é substituído pelo sociológico da diferença cultural, num movimento de significação que encarcera os "outros da Europa" numa transparência confinada. Assim como as explicações pós-modernas enviaram a antiga formulação do cultural ao exílio ético para fazer companhia ao racial, os "outros da Europa" abraçaram uma estratégia emancipatória fadada ao fracasso, a saber, o projeto de produzir e interpretar artefatos que apresentam sua trajetória sócio-histórica particular como a de viajantes subalternos a caminho da transparência.

Aquilo que na política cultural prejudica a agenda emancipatória pós-moderna se baseia numa correção: como qualquer pessoa que trabalha com números sabe, quando duas variáveis independentes se afetam mutuamente, o resultado da regressão linear é tendencioso. Do mesmo modo, a equação do racial e do cultural compromete os projetos da política cultural porque o efeito dos dois conceitos científicos, responsáveis por produzir "significados e seres" determinados por forças exteriores, é sobredeterminado. Por isso, apesar da articulação pós-moderna do cultural ter removido sua "limitação e fixidez", ao descrever a política cultural negra, sua antiga versão ressurge. Além disso, essa articulação ressuscita a diferença racial e cria uma cultura negra duplamente "fixa" e "limitada" — isto é, duplamente determinada. Gilroy,[58] por exemplo, identifica esse efeito no que chama de visão "étnico-absolutista" da cultura negra.[59] Infelizmente, a alternativa proposta por Gilroy

---

58. Gilroy, 1993b, p. 3.
59. Ele acusa essas abordagens — especificamente a do afrocentrismo — de reproduzir o "inclusivismo cultural", que "normalmente constrói [constróem] a nação como objeto etnicamente homogêneo e invoca[m] a etnia uma segunda vez nos procedimentos hermenêuticos, mobilizados com o intuito de decifrar

não se sai melhor. O "Atlântico Negro", que ele oferece como uma abordagem alternativa para a política cultural negra e que se baseia numa formação transnacional, transatlântica, na qual o inglês é o idioma predominante, erra na mesma direção (histórica). Segundo Gilroy,[60] os homens negros intelectuais estadunidenses que viajavam pelo Atlântico no início do século XX compartilhavam o "desejo de transcender tanto as estruturas do Estado-nação quanto as restrições da etnia e da particularidade nacional" e parecem ter desejado exatamente o que afirmavam rejeitar. Em outras palavras, as duas tendências que Gilroy identifica repetem os temas fundamentais da representação moderna. Eu admito que ele reconhece que a "política da realização" abriga o "espírito" do projeto liberal, a saber, a universalidade jurídica. Porém, por que ele não reconhece que a sua articulação da "política da transfiguração" — que marca o "surgimento de desejos, relações sociais e modos de associação qualitativamente novos de interpretação e resistência na comunidade racial, e também entre esse grupo e seus opressores do passado"[61] — nada mais faz do que produzir um Eu transparente com *blackface*? Se retirarmos o seu muito bem construído disfarce comunicativo habermasiano pós-moderno ou moderno, quão diferente é seu relato sobre a cultura negra, se comparada com os de autores que ele cita por usarem conceitos como "interiorismo cultural" [*cultural insiderism*] ou "absolutismo étnico"? Não muito, eu temo.

Isso, eu argumento neste livro, é o efeito da tese da transparência, a suposição ontológica que controla a universalidade e a historicidade, os descritores sociais que sobreviveram à morte do Sujeito. A permanência da tese da transparência no centro dos relatos críticos

---

seu conteúdo cultural distinto" (1993b, p. 3). Isto é, para ele, essas abordagens reivindicam a especificidade histórica (nacional, cultural, étnica) para marcar os limites [*boundaries*] do sujeito negro.
60. Gilroy, 1993b, p. 19.
61. *Ibidem*, p. 37.

sobre a subjugação racial e nos "pós"-mapeamentos da configuração global é claramente vista na reconstrução pós-moderna do cultural. Apesar do projeto paternalista de dar "voz" ou "agência" aos seus objetos, as intenções da antropologia pós-moderna eram (como sempre) as melhores. A reavaliação crítica da fixidade e limitação produzida pela versão científico social do cultural também diminuiu a "autoridade etnográfica" da disciplina. O cultural continua autorizando, entranto, a (re)escrita dos "outros da Europa" como tais. Mas, desta vez, como sujeitos encarcerados pela diferença cultural.

Porque pressupõem a transparência, isto é, a premissa ontológica dominante, as descrições etnográficas que articulam os subalternos globais como "outro" cultural (re)produzem o efeito de significação do racial que inscreve tudo que é específico à Europa pós-iluminista como significante do sujeito: o Eu transparente. O cultural, ao ser usado para capturar os produtos e práticas de coletividades não brancas/ não europeias, gera um tipo de transparência que é contraproducente, como é o caso da "comunidade de interpretação racial" (e sua "política de transfiguração" contracultural) articulada por Gilroy. Não importa quão fluido, híbrido e ilimitado o cultural pareça numa dada formulação, quando mobilizado na apresentação de uma coletividade, a qual o racial já inscreveu como subalterna, ele adquire um sentido descritivo que não pode e nem é capaz de manifestar interioridade, assim como se dá com a nação, o significante histórico. Essa incapacidade ocorre precisamente porque o cultural permanece inteiramente dentro do terreno de significação científica (antropológico). Por causa disso, ele reforça os efeitos de significação do racial: determinação através de forças exteriores. Resumidamente, o cultural não pode constituir um Eu transparente (interior/ temporal), ou seja, autodeterminado.

Talvez sejamos mais (pós-)modernas do que gostaríamos. Mas será que isso nos permite que sejamos descuidadas ao especificarmos como esse dilema informa nossos projetos emancipatórios? Acredito que a tarefa urgente envolva abordar o racial como estratégia política moderna, em vez de tentar, novamente, ressuscitar a lógica de exclusão sócio-histórica. As possibilidades de analisar os mecanismos e efeitos da exclusão não são ilimitadas. Não existem infinitas maneiras de se explicar o fracasso de projetos emancipatórios que mobilizaram raça, nação e cultura, justamente porque não temos muita certeza sobre o que acontece quando esses conceitos são usados juntos ou de forma isolada. Certamente, a escrita do racismo como algo que modifica estratégias históricas (culturais ou ideológicas) legítimas tem sido produtiva. Infelizmente, essa formulação preserva a socio-lógica da exclusão [*sociologic of exclusion*], responsável por transformar a exterioridade [*exteriority*], que o racial refigura como ferramenta científica, em um marcador substancial (pré-conceitual, pré-histórico) da exterioridade [*outsideness*] dos "outros da Europa". Contudo, mais importante que isso, como argumento mais adiante, é o fato de que, ao se retratar o racial como categoria sócio-histórica, reproduzem-se os apagamentos que (trans)formaram a diferença racial em um significante de diferença cultural: (re)produz-se a noção de não europeus como "outros" e (re)identificam-se as estratégias excludentes (instintivas, culturais, ideológicas) que a presença desses "outros" provoca como ilegítimas em relação às configurações sociais (morais) modernas pós-iluministas.[62]

Por isso, para se entender a atual configuração global e lidar com o dilema enfrentado pela crítica contemporânea ("pós-moderna") e pelas teorias raciais, é necessário destrinchar como o racial, o cultural e a nação instituem sujeitos modernos, mapeando os contextos em que surgiram, descrevendo as condições que os criaram e delimitando seus efeitos de significação. Já passamos da hora de abandonar formulações do racial que o constroem como ferramenta

---

62. Silva, Denise Ferreira da. "Towards a Critique of the Socio-Logos of Justice: The Analytics of Raciality and the Production of Universality". *Social Identities*, v. 7, n. 3, 2001, pp. 421-54.

teórica espúria. Nessas formulações, seu papel é o de reforçar os efeitos constitutivos de estratégias políticas modernas que funcionam apropriadamente quando não contaminadas pelo racial. Esse é o caso da formulação de Balibar[63] acerca do racismo. Ele o define como "um suplemento inerente ao nacionalismo, *sempre um excesso*, mas sempre indispensável para sua constituição, e mesmo assim, sempre insuficiente para concluir seu projeto".[64] Para Balibar, racismo e nacionalismo são princípios que instituem coletividades políticas através do binário inclusão/ exclusão: sua formulação da "reciprocidade histórica" desses princípios articula o racismo como algo que permite a constituição das fronteiras internas e externas de uma coletividade unificada por meio de ideologias e práticas nacionalistas. Todavia, encerradas nesse argumento — ao qual meu resumo não faz justiça — estão questões como: por que o nacionalismo precisa ser suplementado pelo racismo? O que há na nação e no racial que os fazem caminhar de mãos dadas? Por que os dois trabalharam juntos até mesmo em cenários nos quais a diferença racial não exclui, onde o "outro" racial é um genuíno "mesmo" nacional? Por que o cultural atravessa tão facilmente as fronteiras que compartilha com os dois?

A relevância dessas perguntas não pode e nem deve ser ignorada na esperança pelo momento de êxtase moral — que é anterior aos equívocos do racismo e está além deles —, quando a transparência descreverá uma configuração social na qual o racial não mais funcionará. Apesar das boas intenções, essa esperança impede que compreendamos as condições de produção dos sujeitos globais contemporâneos, que compreendamos como eles vêm a existir. Pois já sabemos que os conceitos usados para os descrever — isto é, o racial, o nacional e o cultural — cumprem a mesma tarefa de significação: produzir coletividades como tipos específicos de sujeitos

---

63. Balibar; Wallerstein, 1991.
64. *Ibidem*, p. 54. Grifo meu.

modernos. Contudo, cada conceito possui efeitos de significação muito distintos: (a) o racial produz sujeitos modernos como efeito da determinação exterior, instituindo uma diferença irreduzível e insuprassumível; (b) a nação produz sujeitos modernos como efeito da determinação histórica (interior), presumindo uma diferença que é resolvida dentro de uma essência transcendental (temporal) que se desdobra; mas (c) os efeitos do cultural são mais complexos porque este pode significar um dos dois ou ambos. No segundo sentido identificado por Bourdieu, isto é, o descritivo, o cultural é praticamente indistinguível da nação porque supõe que uma "consciência coletiva" é representada em produtos artísticos, religiosos e afins. No primeiro sentido, entretanto, o normativo, o cultural recupera o racial na medida em que a distinção entre "alta cultura" e "baixa cultura" pressupõe "civilização", conceito inicialmente utilizado pelas ciências do homem e da sociedade — antropologia e sociologia — para articular a particularidade da Europa pós-iluminista.[65] O cultural, repito, não é um disfarce da nação e muito menos o racial sob um pseudônimo — independentemente do alívio moral que substituir raça por etnia possa trazer. Ainda assim, o cultural reproduz os efeitos de significação de ambos. Contudo, muitas de nós ignoramos isso porque esperamos que o racial seja politicamente relevante apenas por operar como princípio extra de exclusão na configuração social — que, do contrário, seria completamente transparente — governada pela universalidade e pela historicidade.

De onde vem o racial?

"O Sujeito morreu!", nos disseram. Então, por que sua estratégia de poder mais eficaz ainda continua conosco? A tarefa central des-

---

65. Elias, Norbert. *The Civilizing Process*. New York: Pantheon, 1982.

te livro é mapear a analítica da racialidade: traçar seu contexto de emergência, descrever suas condições de produção e delimitar os efeitos de significação do arsenal que estabelece a autoconsciência como efeito de um determinante externo. Embora essa estrada siga apenas um dos momentos da trajetória do sujeito, ou seja, o único efeito de um (auto)determinante interior, eu identificarei as mais prolíficas estratégias modernas de poder mobilizadas para delinear seu lugar e isso mostrará por que sua morte, inúmeras vezes anunciada, não significou sua aniquilação. Portanto, meu primeiro passo, a elaboração do argumento sobre o modo como a transparência dificulta a compreensão da subjugação racial, opera como prelúdio ao mapeamento do contexto de emergência da analítica da racialidade, isto é, à escavação do terreno filosófico moderno que criou os enunciados usados para montar o Eu transparente, a figura que está no centro da representação moderna.

Na parte I, introduzo o *texto moderno,* concebido como estratégia analítica para descrever a representação moderna como contexto ontoepistemológico composto de estratégias de significação produzidas por dois campos: a ciência e a história. Minha escavação das articulações fundacionais do pensamento moderno identifica formulações filosóficas que reproduzem o esquema cartesiano da autoconsciência como o único existente a desfrutar da autodeterminação — em outras palavras, da capacidade de refletir de modo independente sobre sua essência ou existência —, o que exige um processo audacioso de articulação e repúdio da importância ontoepistemológica da coisa estendida,[66] isto é, do corpo. Depois, identifico como essa formulação de autodeterminação é ameaçada quando dois modeladores da ciência moderna mobilizam o *nomos universal* — o governante que restringe o "mundo das coisas" —, uma versão da razão que abre a possibilidade de reescrever o homem como sujeito à determinação de

---

66. N. da T. *Res extensa.*

forças exteriores, como coisa afetável. Analisando os enunciados dos séculos XVII e XVIII, identifico o surgimento nas ontologias sociais do nomos universal e da *poesis universal*, ou seja, duas versões diferentes da razão, uma que a descreve como força reguladora e outra que a descreve como força produtiva, respectivamente. Essas articulações são evidentes em (re)apresentações do "eu" como algo autodeterminado, como as de Locke, Leibniz, Kant e Herder, nas quais se nota um esforço de adiar a ameaça colocada pelo modelo científico da universalidade. Nos seus textos, eu identifico enunciados que produzem duas cenas da razão, dois relatos ontológicos sobre como esta desempenha o papel regulador ou produtor universal do "mundo dos homens": a *cena da regulação*, que apresenta a universalidade como descritor jurídico, e a *cena da representação*, que apresenta a historicidade como descritora moral.

Argumento que tais textos, que articulam e repudiam as coisas estendidas, protegem a construção da mente como a única coisa autodeterminada, ao montarem dois palcos — o da interioridade e o da exterioridade —, nos quais a razão desempenha seu papel soberano: no *palco da exterioridade*, ela atua como a regente exterior das coisas afetáveis e, no *palco da interioridade*, ela é a força que guia a produção humana de conhecimento e cultura. Esses textos tentaram assegurar a interioridade, o lugar que o homem sempre ocupou no pensamento ocidental, como evidenciado na noção kantiana do Transcendental e na formulação herderiana do Histórico. Nenhum deles, contudo, conseguiu solucionar a ameaça anunciada no enunciado cartesiano fundante, o qual postula a razão universal como a base do privilégio ontoepistemológico atribuído à mente. Foi apenas com a intervenção hegeliana, a qual consolidou a representação moderna, que o delineamento completo da autoconsciência solucionou essa ameaça. A figura central dessa formulação é o "Espírito", o Eu transcendental (interior ou temporal) que guia a *poesis transcendental*, a versão hegeliana da peça da razão. É nessa figura que encontro a articulação da tese da transparência, o pressuposto ontoepistemológico que guia a representação moderna. Hegel reconstruiu o Sujeito como o Eu transparente, a entidade cujo surgimento ele localizou na Europa pós-iluminista, onde (como um momento no espaço e no tempo) o Espírito completou sua trajetória autoatualizante. O que me permite delinear o campo da representação moderna, o palco da exterioridade, o contexto do surgimento da analítica da racialidade — ou seja, o arsenal que apenas no século XIX articulou a autoconsciência como efeito das ferramentas do conhecimento científico — é justamente essa investigação sobre as subsequentes modificações da autoconsciência, bem como sobre cada versão da razão universal que essas modificações acarretam.

Na parte II, eu identifico outra versão da razão universal, o *nomos produtivo*, articulado pela ciência da vida — o projeto de conhecimento que se torna um elemento central do regime de produção da analítica da racialidade. Mais especificamente, eu demonstro como o nomos produtivo inaugura a possibilidade de remoldar a autoconsciência no palco da exterioridade quando ele descreve como a razão universal desempenha seu papel regulador e produtivo no domínio específico da natureza — isto é, a natureza viva — que o homem compartilha com outras coisas vivas. Aqui eu focalizo os primeiros projetos — a ciência do homem, a antropologia e as relações raciais — que mobilizaram ferramentas científicas para descobrir a verdade do homem. Seguindo as propostas da ciência da vida, cada campo articula um arsenal que produz dois tipos de sujeitos modernos quando conectam configurações corporais e mentais específicas a diferentes regiões globais: o sujeito da transparência, para quem a razão universal é uma guia interior, e sujeitos da *afetabilidade*, para quem a razão universal permanece uma força exterior que os governa. Da primeira vez que é articulado pela ciência do homem até o momento em que o campo das relações raciais pensa o racial como conceito sociológico — introduzindo a sócio-lógica da subjugação racial —, eu traço a construção do arsenal que descreve a trajetória dos "outros da Europa" como um movimento em direção à obliteração. Em outras palavras, minha leitura indica que a racialidade, enquanto instrumento do nomos produtivo, é uma ferramenta eficaz precisamente devido à maneira pela qual seus dois principais significantes — o racial e o cultural — fornecem um relato sobre a diferença humana, no qual a particularidade continua sendo irredutível e insuprassumível — ou seja, uma particularidade que não se dissiparia com o desenvolvimento do "Espírito". Minha leitura também sugere que esse arsenal, pertencente ao palco da exterioridade, não é mais capaz de adiar a ameaça representada pela razão universal, isto é, que esta necessariamente produz sujeitos modernos como seres relacionais. Com isso, a analítica da racialidade instaura outro contexto ontológico, a globalidade, no qual a particularidade das configurações mentais e sociais encontradas na Europa pós-iluminista somente pode ser sustentada se comparada com as existentes em outras regiões do globo.

Na parte III, analiso os efeitos de significação da racialidade, descrevendo como ela produz sujeitos modernos. Para realizar esta tarefa, escolho textos que tentaram escrever sobre duas das primeiras sociedades pós-coloniais — Estados Unidos e Brasil — como sujeitos políticos modernos. Além disso, identifico estratégias que pertencem a ambos os contextos ontológicos, isto é, à historicidade e à globalidade. Minha leitura dos textos sobre as nações estadunidense e brasileira, produzidos entre os anos 1890 e 1930, indica que o espaço do sujeito (interior/temporal) nacional é estabelecido pelo aparato da analítica da racialidade para garantir que seus habitantes não brancos e não europeus (os "outros" afetáveis da Europa) não determinem sua posição no contexto global. Isto é, eu demonstro como o sujeito subalterno racial é posicionado diante do espaço ético habitado pelo sujeito nacional legítimo. Eu mostro como nos Estados Unidos as articulações da diferença racial estabelecem a particularidade da nação como manifestação do desejo (liberal) europeu. Além disso, eu traço como essas articulações produzem a lógica da exclusão como modo de subjugação racial que estabelece pessoas indígenas, negras e asiáticas como sujeitos que não são abarcadas pelos princípios que governam a configuração social estadunidense, isto é, pela universalidade e pela autodeterminação. No Brasil, a miscigenação cria um sujeito nacional assombrado pelo desejo por um objeto ardiloso que é a europeidade (branquitude). Na minha leitura, eu indico como a mobilização da miscigenação como significante histórico permite a escrita do sujeito brasileiro, o sujeito democrático, apesar dos argumentos científicos que o consideravam inviável. A partir dessa explicação, surge um modo de subjugação racial governado por uma lógica de obliteração que não pode ser entendida por meio da teoria dominante da sócio-lógica da exclusão, exatamente porque a última se assenta sobre a aniquilação da racialidade para que a (re)instituição de uma configuração social moderna transparente seja possível. Ao mostrar como as estratégias científica e históricas são apropriadas nos textos que instituem tanto o sujeito nacional quanto seus outros subalternos, eu revelo como os sujeitos políticos, os objetos das narrativas pós-modernas e da globalização, são constituídos pelas mesmas ferramentas que instituíram o sujeito falecido. Ao fazer isso, esse mapeamento da analítica da racialidade remolda a figura do sujeito moderno como *homo modernus,* o efeito dos significantes que se referem aos dois contextos ontológicos que constituem a representação (pós-iluminista) moderna: a historicidade (aquele figurado no conceito de nação) e a globalidade (aquele instituído pelo conceito do racial) pós-iluminista.

1. A tese da transparência

> Parece-me gente de tal inocência que, se nós entendêssemos a sua fala e eles a nossa, seriam logo cristãos, visto que não têm nem entendem crença alguma, segundo as aparências. E, portanto, se os degredados que aqui hão de ficar aprenderem bem a sua fala e os entenderem, não duvido que eles, segundo a santa tenção de Vossa Alteza, se farão cristãos e hão de crer na nossa santa fé, [...] porque certamente esta gente é boa e de bela simplicidade. E imprimir-se-á facilmente neles qualquer cunho que lhe quiserem dar, visto que Nosso Senhor lhes deu bons corpos e bons rostos, como a homens bons. E Ele nos para aqui trazer creio que não foi sem causa.
> — PERO VAZ DE CAMINHA, "Carta a El-Rei Dom Manuel"

Em vez da conversão das almas "dessas" pessoas, o que se deu cerca de trezentos anos mais tarde foi a catalogação de suas mentes, que produziu as estratégias de poder que governam as condições contemporâneas globais. A maior parte dos primeiros textos coloniais, como a carta de Pero Vaz de Caminha ao rei Dom Manuel, escrita em 1º de maio de 1500, relata conquistas, são cartas e diários que oferecem o ponto de vista do viajante europeu, que caracterizam o "nativo" inicialmente como "inocente" e "bruto" e posteriormente como "irracional" e "selvagem", que narram as adversidades das viagens, a beleza e riqueza das recém-apropriadas terras reais, e que explicam a necessidade de ensinar aos nativos a não "revelar suas *vergonhas* com a mesma inocência que mostram seus rostos" e a temer a Deus. Cada narrativa apresenta um evento político, um movimento duplo de deslocamento e engolfamento, no qual o "ser" ["*being*"] do conquistador e o do nativo surgem submetidos ao divino regente e autor. Relatos posteriores sobre a conquista europeia descreveram esse evento político como um momento no tempo, um fato histórico. No entanto, a conquista europeia sobre o continente americano é, sobretudo, espacial, ou seja, é um evento global: a imigração de europeus para as Américas e outras partes do planeta e o engolfamento dos nativos, de suas terras e seus recursos naturais. Por essa razão, porque a apropriação jurídica e econômica de outras terras e recursos naturais conduzida pela Europa necessitou desde o começo da apropriação simbólica dos nativos (os povos indígenas), não se pode ignorar que o início da colonização sempre-já foi mediado por uma reorganização da gramática moderna e pela implantação dos projetos de conhecimento que estudam o homem como objeto, algo que transcorreu durante os primeiros trezentos anos após o "primeiro encontro". Pois foi somente no período pós-iluminista, quando a razão finalmente tomou o lugar do governante e autor divino para se tornar a governante soberana do homem, que a diferença humana se tornou o produto de uma ferramenta simbólica, o conceito do racial, mobilizado em projetos para descobrir a verdade do homem que (trans)formou o próprio globo em um contexto ontológico moderno.

Antes de descrever como mapeei a representação moderna com o intuito de identificar o contexto de surgimento, as condições de produção e os efeitos de significação do racial, neste capítulo eu indico como a lógica de exclusão sócio-histórica divide o campo da crítica da ontologia moderna em duas metades: intervenções pós-modernas e teoria racial crítica. Acredito que tanto a crítica pós-moderna do pensamento moderno quanto a teoria racial crítica confrontam o desafio crucial de descrever como os sujeitos subalternos globais emergem na representação. Contudo, apesar de ambas avaliarem corretamente que o simbólico é um momento privilegiado do poder moderno, a lógica de exclusão sócio-histórica as impede de destrinchar completamente os mecanismos de significação e subjugação modernos, uma manobra necessária se o objetivo é entender por que não há nenhuma crise ética mesmo diante dos consistentes, numerosos e recorrentes indícios de que os "outros da Europa" não fazem parte da universalidade e autodeterminação, isto é, dos princípios que regem as configurações sociais pós-iluministas. Afinal, precisamente porque essa explicação predominante sobre a subjugação racial mantém a pressuposição de que o racial não pertence ao pensamento moderno, ela impede que esses pares, como os do ditado,[67] se desloquem até o ponto onde se encontram. Apesar de poder ser atribuída a diferenças teóricas e metodológicas, me parece que essa divisão reflete uma profunda semelhança: até nas análises críticas pós-modernas que contestam a transparência, a lógica de exclusão sócio-histórica (re)produz a versão do sujeito pós-iluminista.

Durante os últimos cinco séculos, europeus e seus descendentes cruzaram o planeta seguidas vezes apropriando-se de terras, recursos naturais e trabalho. Esses deslocamentos, sem dúvida, instauraram as formações econômicas e jurídicas globais que a história e as ciências sociais descreveram com os conceitos de colonialismo, imperialismo, modernização e globalização. Entretanto, embora saibamos muito sobre os determinantes da subjugação racial, ainda penamos para descrever com precisão como o racial constitui os "outros da Europa" como sujeitos subalternos. Essa falha em compreender como o racial produz sujeitos modernos (apesar de termos certeza que o faz) se deve à maneira como o compreendemos. Pois

---

67. "*Never the twain shall meet*", ditado usado quando se quer fazer referência a duas coisas ou seres extremamente diferentes, e por isso inconciliáveis.

subjacentes à lógica de exclusão sócio-histórica estão a rejeição do projeto de conhecimento geralmente chamado de "racismo científico", ou "teorias raciais", e a insistência em atribuir a emergência da noção de raça ao fato de que, na Europa do século XIX,[68] a ciência

---

68. Esse argumento apareceu em todas as críticas do século XX sobre a ciência do homem, mas apareceu com mais ênfase nas produzidas depois da Segunda Guerra Mundial. Numa das primeiras dessas críticas, Jacques Barzun (1938, p. 60) argumenta que o "pensamento sobre raça" (race thinking) é uma forma de conhecimento que obteve sua "verdade" a partir de sua aceitação geral. Em outras palavras, ele argumenta que a antropologia do século XIX presumiu, em vez de demonstrar "cientificamente", a difundida "convicção de que a mente é simplesmente correlata à estrutura fisiológica". O exílio do pensamento sobre raça num esconderijo da mente humana, afastado do locus da razão, persiste nas críticas posteriores. Ao rejeitarem sua "objetividade" e enfatizarem as fontes "emotivas" do pensamento sobre raça, essas críticas posicionam o racial num terreno lamacento coberto simultaneamente pela ciência e pela política, pela "verdade" e pela "ideologia". Raça, Ashley Montagu (1964, p. 71) argumenta: é uma mistura infeliz de "interesse" e "raciocínio emotivo"; basicamente, uma falácia científica: "é artificial, [...] não corresponde aos fatos [...], leva à confusão e perpetuação do erro e [...], por todos esses motivos, não tem sentido, ou, na verdade, o sentido que possui é falso". Uma década depois, Léon Poliakov (1974) descreveu o pensamento sobre raça do século XIX como a expressão moderna de um padrão psicológico intrinsecamente europeu, a partir do qual o "mito ariano" — um "mito de origem" — infiltrou-se na investigação científica e se tornou a base para as ideologias políticas do século XIX. Ao colocar o pensamento sobre raça fora do contexto objetivo (científico) de significação, isto é, classificando-o como erro, convicção, crença subjetiva, essas críticas constroem o termo raça como algo incômodo, algo ilegítimo e indesejado, uma mácula de erro em, do contrário, abençoadas e "verdadeira-mentes" modernas. Segundo Nancy Stepan (1982, p. XVII), a ciência do século XIX foi usada para sustentar um tipo de pensamento explicitamente — mas, sobretudo, implicitamente — "racista": um episódio infeliz no qual "crenças inconscientes" dominaram um empreendimento, do contrário, científico. "Preconceitos" pessoais, ela argumenta, deram origem à "ciência ruim", não à "pseudociência", e, assim, levaram "muitos cientistas excelentes do passado [a acreditar] que raças biológicas eram o segredo para os problemas mais importantes da época". Em suma, "a língua, conceitos, métodos e autoridade da ciência", Stepan (1982, p. IX) argumenta, "foram usados para sustentar a crença de que determinados grupos humanos eram intrinsecamente inferiores a outros, de acordo com alguns critérios socialmente definidos, como a inteli-

foi confiscada por elementos (psicológicos, culturais, ideológicos) "subjetivos", isto é, por "crenças" e "preconceitos" anacrônicos e ilegítimos, os quais ela erroneamente ratificou.[69] Inquestionavelmente uma repetição do desejo moderno por liberdade e verdade, o enunciado que desqualifica e invalida esse antigo projeto de conhecimento não alcançou seu objetivo — eliminar o racial do vocabulário moderno —, porque não se preocupou em analisar como este constitui a gramática moderna.

Por isso, eu decidi tomar o caminho menos explorado e confrontar o racial como construto científico. Entretanto, não me interessa se os enunciados da ciência do homem são ou não são verdadeiros, não estou preocupada com a avaliação de métodos e teorias, e muito menos sigo a lógica da descoberta. Aqui atendo ao aparato que o racial rege, a analítica da racialidade, a qual considero como o regime (simbólico) produtivo que estabelece a diferença humana como efeito da razão universal. Minha análise do contexto de surgimento, das condições de produção e dos efeitos de significação do racial indica como a escrita dos sujeitos modernos no período pós-iluminista também exigiu o uso de ferramentas científicas, de estratégias políticas de engolfamento simbólico que transformam configurações sociais e corporais em expressões sobre como a razão universal produz a diferença humana. Ao fazer isso, minha análise oferece um relato

---

gência ou comportamento 'civilizado'" (grifo meu). Guillaumin (1995, p. 95), por exemplo, observa que "o vínculo causal entre fatores mentais e físicos foi subsequentemente deduzido *a posteriori*, numa tentativa fanática de racionalizar essa ideia, que resultou na afirmação de um vínculo causal, [então] apresentado como a característica peculiar da doutrina racista". Gould (1981), por exemplo, rejeita o argumento de que as "teorias raciais" se originaram a partir de inclinações subjetivas (discriminatórias) individuais de cientistas e lembra que, antes de serem puramente "objetivos", qualquer trabalho científico está inserido nas suas condições culturais e sociais.
69. Stepan, Nancy. *The Idea of Race in Science*. Hamden, Conn.: Anchor Books, 1982.

sobre a subjugação racial que desloca a historicidade, isto é, o contexto privilegiado pós-iluminista, e situa a tese da transparência, ou seja, o relato ontoepistemológico que institui "ser e significado" como efeitos da interioridade e da temporalidade. Essa leitura fornece o delineamento de um outro contexto ontoepistemológico, a globalidade, na qual "ser e significado" surgem como efeitos da exterioridade e da espacialidade, quero dizer, as quais governam a diferença humana quando esta é apresentada através dos mecanismos de significação científica. Ao mostrar como o Eu transparente, que a historicidade pressupõe e (re)produz, sempre-já surge em disputa com "outros", que simultaneamente constituem e ameaçam sua prerrogativa ontológica, minha leitura desloca a tese da transparência e remolda o sujeito moderno como *homo modernus*, o ser histórico global produzido com as ferramentas usadas pelos dois campos da representação moderna, isto é, a história e a ciência.

Partidas parciais

Meu ponto de entrada nesse campo fraturado é a questão onipresente que, acredito, toca ambas as críticas pós-modernas e as críticas raciais teóricas: que tipo de relato teórico do cenário político contemporâneo, com seus respectivos critérios para reivindicações epistemológicas e éticas, evitaria a repetição dos efeitos excludentes das grandes narrativas científicas e históricas modernas? Essa questão se apresentou quando, ao considerar como remapeamentos pós-modernos do social que privilegiam a pluralidade e a contingência — como, por exemplo, o de Laclau e Mouffe[70] — contribuem para a compreensão da subjugação racial, eu não consegui localizar sujei-

---

70. Laclau, Ernesto; Mouffe, Chantal. *Hegemony and Socialist Strategies.* London: Verso, 1985.

tos subalternos raciais no quadro social representado.[71] Seriam os subalternos raciais "momentos" (posições subjetivas discursivamente instituídas) ou "elementos" ("partes antagônicas") nesta rearticulação do social como "totalidade estruturada"? Sob quais condições e quais tipos de "fixações parciais" os subalternos raciais adentram (como "momento") nesse campo discursivo e/ ou escapam dele (como "parte antagônica")? Ou seria a racialidade uma fixação "total", isto é, a única característica sempre-já presente do próprio campo, que nesse caso ou contradiria tal explicação sobre o social, ou os forçariam a nomeá-la como racial? Com essas perguntas irrespondíveis, não estou apontando uma falha no projeto teórico de Laclau e Mouffe em si. Afinal, eles apresentam uma noção de subjetividades ou identidades constituídas diferencialmente (abertas e incompletas), sem observar se e como a formulação sobre "diferença" que o projeto mobiliza reinstitui a transparência, e, consequentemente, a "categoria 'sujeito'

---

71. Em *Hegemonia e estratégia socialista*, Ernesto Laclau e Chantal Mouffe (1985) fornecem uma resposta pós-marxista convincente para essa questão ao retratarem o espaço social (pós-moderno) como terreno constituído por sujeitos instituídos relacionalmente ou diferencialmente envolvidos com a luta política. Eles reescrevem o social enquanto um campo discursivo (simbólico), uma "totalidade estruturada" contingente — porém, sem uma fundação fixante ou transcendental — na qual as "identidades" relacionais são determinadas entre si ("superdeterminação") e pelas regras não delimitadas ("fixações parciais") que as instituem como "posições diferenciais". Essa explicação pós-estruturalista sobre o social introduz uma reformulação do projeto político da esquerda, a "democracia radical", que, de acordo com Laclau e Mouffe (1985, p. 176), não tem como objetivo "renunciar à ideologia liberal democrática, mas, pelo contrário, busca aprofundar e expandir a democracia radical e plural". Por reconhecer e estar comprometida com "o caráter irredutível [da] diversidade e pluralidade", eles afirmam, sua abordagem sobre o social "[força] o mito de uma sociedade transparente e racional a recuar progressivamente em direção ao horizonte do social, [que] se torna um 'não espaço', o símbolo da sua própria impossibilidade" (Laclau e Mouffe, 1985, p. 191). Ao discutirem a reconfiguração do político, eles identificam um processo que "se estende desde as lutas dos trabalhadores do século XIX até as lutas das mulheres, inúmeras minorias raciais e sexuais e diversos grupos marginais" (p. 181).

como essência unificada e unificadora" que eles[72] buscam deslocar. Acredito que isso ocorra porque a lógica de exclusão sócio-histórica — e a tese da transparência que esta pressupõe — conjura o sujeito a partir do momento em que os textos críticos (re)produzem os outros raciais como seres históricos já diferencialmente constituídos antes de sua entrada nos espaços políticos modernos onde se tornam sujeitos subalternos.

Indo direto ao ponto: porque não confrontam o regime de produção desses sujeitos (pós-modernos) subalternos, isto é, os sujeitos da diferença cultural, teorias críticas pós-modernas e raciais acabam lhes atribuindo um tipo de transparência autoderrotada. Por exemplo, em "Restaging the Universal: Hegemony and the Limits of Formalism" [Reencenando o universal: hegemonia e os limites do formalismo], Judith Butler[73] retorna à teoria de Hegel e oferece uma explicação sobre hegemonia que, ao deslocar a universalidade, reescreve o sujeito como coisa inerentemente social (histórica ou contingente). Ela acusa a noção lacaniana de "sujeito incompleto" de Laclau e Mouffe de perpetuar uma fundação "quase" kantiana (formal ou universal) que coloniza a reformulação do conceito de hegemonia dos autores ao reinstituir um certo *particular* (o Ocidente) como limitação universal, excluindo outros particulares que a sustenta. A solução de Butler é voltar a Hegel, no qual ela encontra uma reformulação do Eu universal como sempre-já comprometido com a pluralidade que caracteriza o social, o domínio do concreto, do particular, do contingente, etc., o qual ela mobiliza para sustentar sua própria versão (liberal) de hegemonia.[74] As vantagens que Butler

---

72. Laclau; Mouffe, 1985, p. 181.
73. Butler, Judith. "Restaging the Universal: Hegemony and the Limits of Formalism". *In*: Butler, Judith; Laclau, Ernesto; Žižek, Slavoj (eds.). *Contingency, Hegemony, Universality*. London: Verso, 2000, pp. 11-43.
74. "Meu entendimento sobre hegemonia", ela explica, "advém do fato de que seu momento normativo e otimista consiste nas possibilidades de fazer com

encontra em sua imagem hegeliana do cenário pós-moderno aparecem de maneira mais explícita em sua articulação sobre como esta solucionaria o desafio que a diferença cultural coloca para um projeto feminista global.

Apesar de insistir reiteradamente que os particulares excluídos constituem o Universal, Butler oferece uma leitura incompleta, pois não indica como os excluídos — os mesmos que o projeto quase universal lacaniano não consegue recuperar — figuram na "verdadeira universalidade" articulada por Hegel. Butler argumenta que justamente por não seguir a trajetória da autoconsciência hegeliana até o momento de resolução, o último movimento da trajetória do Espírito, a noção de individualidade (concreta, contingente, etc.) de Hegel imediatamente inclui o tipo de particularidade (histórica) que o conceito de diferença cultural institui.[75] Como? Por meio da tradução. Segundo ela, "Sem a tradução, o próprio conceito de universalidade não é capaz de atravessar as fronteiras linguísticas que reivindica"; portanto, qualquer reivindicação universal assim concebida — aqui ela está se referindo ao feminismo internacional — corre o risco de repetir uma "lógica colonial e expansionista". Não é de se surpreender que seu uso da diferença cultural, que celebra a historicidade como a base de um projeto político global ético (intrinsecamente bom, justo), dificulta sua versão sobre o discurso feminista global, que, ao contrário do feminismo angloacadêmico, seria capaz de "[superar] o proble-

---

que as promessas democráticas que existem nos conceitos-chave do liberalismo sejam expandidas e assim tornem-se mais inclusivas, mais dinâmicas e mais concretas" (Butler, 2000, p. 13).

75. Ela argumenta que o conceito hegeliano de universalidade não é capaz de se "apoiar facilmente numa noção de uma cultura única, já que o próprio conceito de universalidade exige um entendimento de cultura como uma relação de troca e uma tarefa de tradução" e, fazendo assim, é, portanto, "necessário entender a noção de uma 'cultura' discreta e entitativa como essencialmente outra para si mesma, num relacionamento de definição com a alteridade" (Butler, 2000, pp. 24-5).

ma que as culturas locais apresentam para o feminismo internacional [que] não entende a característica paroquial das suas próprias normas". Sem explicar por que culturas locais abertas e fluidas precisariam de tradução e como essas "fronteiras linguísticas" foram produzidas, Butler posiciona a crítica pós-colonial no *front* da batalha contra o feminismo imperialista. Ela parece ter aprendido com esses críticos autocognoscentes que "ao enfatizar a localização cultural da universalidade percebe-se que [...] não é possível existir uma noção operacional de universalidade que não assuma o risco da tradução".[76]

Definitivamente, o debate pós-moderno parece preso às oposições constitutivas da modernidade. Onde procurar uma alternativa se tudo o que está sendo oferecido é ou um antigo relato (o conceito de dominação, no qual um universal [abstrato] autodescrito impossibilita qualquer oposição transformadora através da exclusão fundante de culturas locais [concretas]), ou um novo relato (com o conceito de hegemonia, o qual ocupa o campo político pelos "outros do Ocidente" já constituídos pela diferença cultural e explica sua subjugação como efeito da identificação de uma cultura local particular [Ocidental] com o Universal)? Caso optemos pelo universal "abstrato", a particularidade se tornará um incômodo, o elemento que precisa ser excluído para que um relato universal possa ser sustentado; caso optemos pelo universal "concreto", a particularidade prosperará. Contudo, um projeto político viável precisará necessariamente se apoiar em sempre-já outros (linguísticos ou culturais) históricos que vão ajudar na própria emancipação ao desempenharem o papel de "tradutores culturais", cuja função é informar ao seu "outro" (feminista ocidental) universal como este (universal) funciona em sua sociedade, na dimensão suspensa de suas "culturas locais", onde, antes de entrar na luta política pela hegemonia, seu povo descansa pacífica e inadvertidamente na transparência cultural.

---

76. Butler, 2000, p. 35.

Quando estratégias históricas, como cultura e ideologia, são os únicos guias da missão crítica, elas necessariamente produzem sujeitos (interiores-temporais) transparentes; quando construtos científicos, como a diferença cultural, cumprem o mesmo papel, eles facilmente reposicionam os "outros da Europa" diante da transparência. Ou seja, a historicidade não é capaz de dissipar seus próprios efeitos de poder, não consegue instituir sujeitos que signifiquem Outra-mente. Com isso, o que estou sugerindo é que a subjugação racial não deve ser concebida como um processo de *outrização* [*othering*], de exclusão, no qual um já "outro" histórico racial ou cultural se torna um *locus* de projeção de características indesejáveis, as quais, uma vez especificadas, revelam a base ideológica (falsa ou contraditória) sobre a qual a particularidade europeia foi construída. A meu ver, sem uma investigação sobre como o racial e o cultural (como significantes científicos) instituem os sujeitos que agora inundam o salão global, quer dizer, sem um engajamento crítico com o poder (produtivo) disciplinar além da nomeação dos sujeitos da interioridade que Foucault rastreia, esses remapeamentos críticos do social continuarão, na melhor das hipóteses, irrelevantes para o projeto de abolição da subjugação racial. Qualquer crítica da configuração global (jurídica, econômica e moral) atual, regida incontestavelmente pela racialidade, que queira contribuir para este objetivo deve confrontar a universalidade e a historicidade e necessita de oferecer um exame profundo, para além do simples diagnóstico de falhas de aplicação da universalidade (jurídica e econômica) sustentado pelas promessas da historicidade. Em vez de desenvolver projetos de inclusão, a análise racial da globalidade tentaria virar a tese da transparência de cabeça para baixo. Pois o que limita o entendimento sobre como o cultural e o racial regem juntos a configuração global contemporânea, como instituem sujeitos modernos privilegiados e sujeitos modernos subalternos, é precisamente a falha em abordá-los como significantes produtivos (científicos).

O "véu" histórico

Seguindo a lógica da exclusão sócio-histórica, a teoria racial crítica escreve o subalterno racial como excluído [*barred*] da universalidade e da concepção de humanidade (o sujeito autodeterminado da história) que a tese da transparência sustenta. Isso não seria um problema se, como Fanon nos ensinou, a posição que esse sujeito habita pudesse ser apreendida nos relatos ontológicos que a tese da transparência autoriza. Mesmo assim, nas escritas sobre o sujeito negro encontra-se consistentemente um Eu transparente enterrado sob escombros históricos (culturais ou ideológicos)[77] à espera de estratégias críticas que removeriam as autorrepresentações negativas que este absorve do discurso racista prevalente.[78] Sem dúvida, a violência simbólica e concreta (escravização, linchamentos, brutalidade policial) marca nossa trajetória de sujeitos subalternos modernos. No entanto, o privilégio dado à historicidade limita relatos tais como o de Cornel West,[79] sobre o construto do "'véu' histórico", que escreve o sujeito negro como efeito da "interiorização" da violência

---

77. A literatura nessa área é enorme. Não estou afirmando que a analisei inteiramente. Essa avaliação deriva de uma leitura de textos de crítica histórica, sociológica e literária, assim como de romances de autorias negras estadunidenses.
78. Em *The Melancholy of Race* [A melancolia da raça], Anne Cheng (2001) indica como a inscrição do sujeito subalterno racial na interioridade pode somente produzir um relato de perda. Apesar de argumentar que a melancolia é um atributo do ego racial, assim sugerindo a ideia de que o racial institui tanto o dominante quanto o subalterno, ao privilegiar a exclusão e a interioridade, a questão proposta por Cheng (2001, p. 14) acerca da "subjetividade do objeto melancólico" apenas é capaz de reescrever o ego subalterno racial como nostálgico pela transparência que o mesmo perdeu, um efeito que se torna ainda mais evidente em seu argumento de que a melancolia da raça é a versão psíquica do dilema estadunidense, uma marca de como a presença de não europeus contradiz o compromisso da nação com a liberdade e afins.
79. West, Cornel. "Black Strivings in a Twilight Civilization". *In*: Gates, Henry L.; West, Cornel (eds.). *The Future of the Race*. New York: Vintage, 1997, pp. 53-114.

limitada.⁸⁰ O que está sob o véu? Um sujeito racial, um sujeito negro soberano, o qual precede e resiste à trajetória moderna das pessoas negras? Se é assim — se antes da violência racial existe um sujeito negro desfrutando plenamente sua "humanidade", prosperando em sua existência autodeterminada (interior ou temporal), e capaz de se recusar a "interiorizá-la" e performá-la —, por que não o faz? Eu acredito que esse desejo de levantar o véu com o intuito de revelar um sujeito negro original autodeterminado falha por não considerar uma questão crucial: como a branquitude passou a significar Eu transparente e a negridade veio a significar o contrário? Exatamente por não fazer esta pergunta, a metáfora do véu repete a lógica de exclusão sócio-histórica, a estratégia crítica que inscreve tanto negridade quanto a branquitude como "matéria-prima" e não como produtos das estratégias modernas de poder. Além disso, o relato de West (re)produz o sujeito negro como um Eu patológico (afetável), isto é, uma autoconsciência assombrada pelo próprio (irrealizável) desejo pela transparência.

---

80. Em "Black Strivings in a Twilight Civilization" [Aspirações negras numa civilização crepuscular], Cornel West (1997, p. 80) argumenta que o dilema da cultura negra resulta da necessidade de sobreviver sob condições estruturais e ideológicas construídas sobre a exclusão "de pessoas negras da família humana em prol da ideologia branca supremacista". "A *invisibilidade* e a *anonimidade* negra", ele escreve, "capturam uma condição que permeia todas as dimensões da experiência negra — existencial, social, política e econômica — decorrente do 'véu' histórico (escravidão, período Jim Crow e segregação) que separa os mundos negro e branco". Esse "véu" apaga a "humanidade negra", a "individualidade negra", a diversidade e a heterogeneidade porque transforma as pessoas negras em objetos das fantasias da branquitude: "entidades exóticas e transgressoras, hiperssexuais ou animais criminosos". Além de fazer com que a comunicação entre pessoas negras e brancas seja impossível, o "véu" produz sujeitos que "vivem em dois mundos para sobreviver, [enquanto] os brancos não precisam entender ou viver no mundo negro para conseguirem sobreviver" (West, 1997, p. 86. Grifo do autor). Dessa necessidade de sobrevivência, ele argumenta, resulta a supressão da raiva negra e a "interiorização" perversa das fantasias da branquitude: "depois de interpretar o papel e usar a máscara no mundo branco, uma pessoa pode aceitar a visão do mundo da branquitude sobre ela mesma" (West, 1997, p. 87).

Enfim, a metáfora do véu reproduz o efeito de poder da lógica de exclusão sócio-histórica — a qual, como demonstro na parte II deste livro, é uma ferramenta poderosa da analítica da racialidade. Esse efeito é o condicionamento da emancipação racial à obliteração da diferença racial. Em seu livro *Against Race* [Contra a raça], Paul Gilroy[81] oferece o melhor exemplo dos efeitos perversos provocados por esse desejo de resgatar a figura do subalterno racial e retorná-la à humanidade ilimitada. Repetindo o gesto liberal de reivindicar a remoção do racial da gramática política moderna, Gilroy anuncia que o fim da raça já está em curso, graças à promessa da manipulação genética de alterar radicalmente os corpos e à comodificação do corpo masculino negro como objeto de consumo da classe média branca. No entanto, o impulso de celebrar essa "emancipação" do corpo (racial) desvanece quando a leitora descobre a resposta para a questão de como a biotecnologia promove a libertação da raça na interpretação de Gilroy da "trágica história de Henrietta Lacks" — a trabalhadora negra estadunidense cujas células cervicais foram cruciais para o avanço nas pesquisas sobre câncer. Esse caso, para Gilroy, exemplifica a mudança de "biopolítica da 'raça'" para "nanopolítica", e o fato da negridade de Lacks ser irrelevante para a pesquisa médica aponta para uma redefinição da ideia de humanidade, já que o "reconhecimento da unidade indissolúvel (indivisível) de toda a vida ao nível dos materiais genéticos" desloca a ideia de "diferenças *raciais* específicas".[82] Seria muito fácil apenas apontar quão irônico é o fato do desejo humanista necessitar da ciência (genética) para novamente denunciar a irrelevância científica da raça. Contudo, acredito que seja mais interessante apontar para o fato desse desejo não ser capaz de reduzir ou suprassumir a *materialidade* (corpo e posição social) da mulher negra economicamente despossuída, materialidade que

---

81. Gilroy, Paul. *Against Race: Imagining Political Culture beyond the Color Line.* Cambridge, Mass.: Belknap Press, Harvard University Press, 2000.
82. *Ibidem*, p. 20. Grifo do autor.

resiste aos poderes libertadores da "transfiguração", "comodificação" e biotecnologia.

Como as células cervicais de Henrietta Lacks foram parar em pesquisas científicas? Por que o biólogo celular da Universidade Johns Hopkins não viu problema ético em se apropriar das células de Lacks sem o consentimento dela? Como a transformação de vizinhanças negras economicamente despossuídas em áreas de teste garantiu o avanço das pesquisas sobre saúde pública naquela universidade? O que as células não revelam é como a mulher subalterna racial tem sido constantemente (re)produzida como um tipo de ser humano não contemplado pela universalidade jurídica e pela autodeterminação. O fato de Henrietta Lacks ser mulher a posiciona sob a lei (divina ou natural) patriarcal, distante do domínio das leis da entidade política. Além disso, sua negridade também a produz como radicalmente distinta do sujeito pressuposto pelos princípios éticos que regem as configurações sociais modernas. Apesar dos avanços facilitados pelas células que foram roubadas de Lacks, muitas mulheres ainda morrem de câncer cervical ao redor do mundo, mas elas não morrem da mesma maneira. Mulheres não brancas economicamente despossuídas, como Lacks, morrem com mais dor e sem esperança. Além de não terem condições financeiras de acessar nem mesmo tecnologias básicas disponíveis para a prevenção e tratamento de câncer cervical, em muitos casos (como no do programa federal brasileiro de tratamento de câncer para pacientes economicamente despossuídas), quando conseguem ter acesso às tecnologias, elas são tratadas como meras cobaias. Isso não ocorre porque a negridade determina o tipo de célula que vai crescer em seus corpos, mas porque determina como elas vivem com câncer ou morrem de câncer. O fato das células cancerígenas não indicarem pele escura ou narizes achatados somente pode ser considerado emancipatório se esquecermos, ou minimizarmos, o contexto político no qual os materiais de laboratório serão coletados e os benefícios da pesquisa sobre biotecnologia serão distribuídos.

Inspirado ou não pelo humanismo, qualquer relato ontoepistemológico crítico que se apoie na tese da transparência ignorará as condições de produção dos sujeitos modernos, a maneira pela qual o arsenal da "Vontade de Verdade" moderna — as ferramentas da razão — institui sujeitos (jurídicos, econômicos, éticos) sociais, os homens e mulheres que produzem e reproduzem (e as instituições que regulam) suas próprias trajetórias sociais. Independentemente do que possa ser dito sobre a posição crítica de Gilroy, ela se agarra às promessas da historicidade e universalidade, que fomentam os desejos de humanistas pós-modernos por um futuro transparente e pós-racial: "a interação política foi banida", lamenta Gilroy,[83] "dos espaços nos quais as 'raças' nascem". Eu pergunto: o que restaria ao projeto de justiça social ou justiça global se os sujeitos modernos fossem libertados da racialidade? Essa não é uma pergunta simplesmente retórica. Ela exige uma crítica do pensamento moderno que lide com o conhecimento científico como uma dimensão produtiva de poder extremamente importante; uma crítica que investigue como o racial, isto é, o significante científico, produz sujeitos sociais posicionados de modos distintos diante das instituições que a tese da transparência sustenta.

Talvez já seja evidente para a leitora que a resposta à pergunta sobre o que existe atrás do véu é mais complicada do que parece; pelo menos quando se considera a pessoa subalternizada (devido à classe econômica, à raça, ao gênero), cuja morte física — assim como foi para Henrietta Lacks — é apenas o efeito mais óbvio do desejo pós-iluminista pela transparência e das estratégias de significação históricas e científicas que a (re)produzem. Pois a tranquilidade moral com a qual a lógica de exclusão sócio-histórica descreve a subjugação racial advém de como essa lógica (re)produz a tese da transparência ao traduzir a obliteração do tipo de particularidade que a subjugação racial postula em uma demanda de obliteração do racial (o significante que institui essa mesma particularidade) — um gesto que persiste

---

83. Gilroy, 2000, p. 41.

em reinstituir o sujeito transparente da ciência e da história, ou seja, em repetir o nome próprio do homem. Por esse motivo, afirmo que somente uma escavação do pensamento moderno — uma análise da economia de significação regida pela tese da transparência e pela analítica da racialidade — possibilitará projetos ontoepistemológicos críticos e o princípio ético que geralmente os acompanha, os quais podem contribuir para o projeto por justiça global.

O nomear do homem

Recentemente, um número considerável de teóricos raciais enfrentou este desafio, reunindo exemplos de formulações filosóficas sobre a universalidade jurídica e a humanidade que excluem os "outros da Europa". Embora ainda prisioneiras da lógica de exclusão sócio-histórica, suas pesquisas indicam por que a resposta para a questão de como o racial opera como estratégia de poder está enterrada nos textos fundadores do pensamento moderno.[84, 85]

---

84. Cf. Fitzpatrick, Peter. *The Mythology of Modern Law*. New York: Routledge, 1992; Goldberg, David Theo. *Racist Culture*. Oxford and Cambridge: Blackwell, 1993; Goldberg, David Theo. *The Racial State*. Oxford: Blackwell, 2002; Mills, Charles. *The Racial Contract*. Ithaca, N.Y.: Cornell University Press, 1997; Eze, Emmanuel C. *Achieving Our Humanity: The Idea of a Postracial Future*. New York: Routledge, 2001.

85. Em *A mitologia na lei moderna,* por exemplo, Peter Fitzpatrick (1992) demonstra como tais construções sustentam o mito do progresso responsável por instituir a construção paradoxal da lei como autônoma e socialmente constrita. Essa construção da lei moderna, ele argumenta, se apoia numa concepção do sujeito (social) como alguém autônomo e socialmente constrito, uma contradição que foi resolvida no século XIX, com a figura do "nativo": "o selvagem não evoluído [que] continua a existir no sujeito civilizado como seu contrário e que provoca um autocontrole disciplinar" (Fitzpatrick, 1992, p. 131). Isto é, o sujeito civilizado (moral ou legal) que compartilha a autonomia da lei também é uma coisa que se autorregula constantemente convocado para domar o "selvagem", aquele que simultaneamente ameaça e constitui o que é descrito como o fator que distingue as configurações sociais modernas.

Entretanto, apesar desses intelectuais terem explorado como o racial delimita o alcance das noções de Direito e Humanidade, ainda não colocaram a questão de como o racial produz os princípios que esses conceitos contêm — isto é, a universalidade e a autodeterminação. Como exatamente o racial (re)produz a uni-

---

Ao seguir uma estrada ligeiramente diferente, no livro *Racist Culture* [Cultura racista], David Theo Goldberg (1993) identifica nos textos liberais fundacionais formulações que colocam o nativo fora do alcance da universalidade. Ao rastrear a articulação de enunciados sobre a diferença moral dos "outros da Europa" desde o pensamento grego antigo, ele demonstra como "os outros da Europa" são colocados fora da moralidade liberal, tanto através de exclusões explícitas quanto da implícita articulação do momento social como fora do alcance de seu escopo. Em *The Racial State* [O Estado racial], Goldberg (2002) fornece uma análise mais direta sobre como a raça é mobilizada pela instituição moderna mais importante: o Estado. Ele apresenta a noção de "Estado racial" para investigar como a raça constitui e é constituída pelo Estado moderno. Concentrando-se majoritariamente, mas não apenas, no poder do Estado de excluir, Goldberg mapeia as diferentes formas de dominação racial, caracterizando os modos pelos quais o Estado utiliza a racialidade como ferramenta para a diferenciação interna. "Raça", ele argumenta, "se impõe à outridade [*otherness*], [é] a tentativa de explicá-la, conhecê-la, controlá-la [...]. Porém, de modo paradoxal, uma vez configurada racialmente com a modernidade, a ameaça torna-se ainda maior, e especialmente carregada, porque ao ser nomeada racialmente, no sentido de que é nomeada como ameaça [...], a concepção racial do Estado se torna a definição racial do aparato, do projeto, das instituições responsáveis por gerenciar essa ameaça, com o intuito de mantê-la afastada ou, em última instância, de contê-la — mas também (e paradoxalmente) para mantê-la. Outras racializações do pensamento liberal e do seu sujeito legítimo apareceram recentemente. Por exemplo, contra a ideia de que o racial contradiz os princípios liberais, em *The Racial Contract* [O contrato racial], Charles Mills (1997, p. 3) introduz a "teoria do contrato racial" para descrever como um contrato entre os brancos instalou a "supremacia branca" como sistema de "dominação racial". Em *Achieving Our Humanity* [Alcançando nossa humanidade], Emmanuel Eze (2001) demonstra como vínculos entre a filosofia moderna e a história natural anteciparam articulações posteriores sobre raça que excluem os não europeus da concepção de humanidade. Ele argumenta que as "viagens e explorações" europeias, que descartaram as fantasias medievais sobre quem habitava as terras distantes, criaram questões ontológicas que "foram respondidas por filósofos [...] com instinto etnocêntrico e etnocentrismo racial" (Eze, 2001 p. 16).

versalidade da lei? Como o racial pode se reconciliar com a autodeterminação, o privilégio ético que a historicidade garante à humanidade? Levantar essa questão, temo eu, poderia provocar uma inquirição da universalidade e da autodeterminação — uma manobra muito arriscada, aparentemente. Dito de outra maneira, a crítica pós-moderna do pensamento moderno e a teoria racial recusam-se a abandonar a tese da transparência, o que evidentemente prejudica o entendimento do racial como estratégia de poder. Não estou insinuando que a crítica pós-moderna e teoria crítica racial adotem a transparência com entusiasmo; acredito que é justamente porque se agarram à sóciológica da exclusão que a tese da transparência as infesta sorrateiramente.

Talvez uma discussão sobre um dos textos que pode ser colocado no centro do campo crítico ajude a elaborar esse argumento. Em *A Critique of Postcolonial Reason* [Crítica da razão pós-colonial], Gayatri Chakravorty Spivak[86] traça como a exclusão dos "outros da Europa" dos textos filosóficos fundadores da modernidade produziu a narrativa ética (cultural) que instituiu a figura do homem. Nos textos de Kant, Hegel e Marx, a autora encontra manobras retóricas nas quais a articulação e expulsão do "informante nativo" — a que ela se refere como "a negação do [seu] afeto"[87] — instituíram "o nome do Homem", a manobra simbólica que sustenta desde então os diversos momentos de dominação jurídica e econômica europeia sobre as outras regiões do globo — colonialismo, neocolonialismo, imperialismo e assim por diante. Essas "grandiosas narrativas ['alemãs'] de autorrepresentação cultural", ela argumenta, fornecem a base "para a narrativa de gerenciamento de crise", isto é, "a fabricação 'científica' de novas representações do eu [*self*] e do mundo que viabilizam

---

86. Spivak, Gayatri Chakravorty. *A Critique of Postcolonial Reason*. Cambridge, Mass.: Harvard University Press, 1999.
87. *Ibidem*, pp. 4-5.

os *álibis* para a dominação, exploração e violação epistêmica que ocorrem após o estabelecimento da colônia e do império".[88] O que quero destacar no relato de Spivak é como ela deixa escapar que essas "narrativas mestras" constituem o contexto de surgimento do racial ao imediatamente descartá-lo como um simples "álibi" — uma construção ideológica, uma representação falsa do relacionamento entre homem e o "informante nativo" — para a exploração econômica e a dominação jurídica.

Eu me pergunto: por que a "fabricação 'científica'" foi necessária se as "narrativas mestras" já haviam excluído [*foreclosed*] o "outro do homem"? Se "a perspectiva (im)possível [...] [do] informante nativo" já foi inscrita (nos "textos fundadores da autorrepresentação ético-política europeia") em seu fracasso em substituir o significante legítimo do homem,[89] a "fabricação 'científica'" (cujas aspas necessariamente a declaram falsa) do outro parece desnecessária. A menos que o que foi excluído das narrativas mestras tenha algum tipo de essência ou existência "verdadeira" prístina (pré-colonial), anterior à sua exclusão, antes de se tornar a "marca da expulsão" que a falsa ciência fabricaria posteriormente.[90] Pois, caso se abdique do desejo por um Real que contenha um Eu histórico (subalterno cultural), tomando o Simbólico como o momento de produção do Eu transparente e do seu outro, a fábrica científica precisará ser levada a sério como o *locus* específico

---

88. Spivak, 1999, p. 7. Grifo meu.
89. *Ibidem*, p. 9.
90. A explicação através da exclusão sobre os textos filosóficos fornecida por Spivak não explora como esse gesto significativo inaugura um momento na significação fálica na qual o "outro" se torna constituinte do "Eu", cuja emergência ele mascara. Lacan (1998, p. 564) descreve a exclusão como a estrutura significativa na qual o significante, o Outro, fracassa porque não exibe as características que o constituiriam como significante legítimo daquilo a que ele supostamente deveria corresponder (ao "Nome-do-Pai"); aqui, o significante legítimo surge como "simples furo, o qual, pela carência do efeito metafórico, provocará um furo correspondente no lugar da significação fálica".

que produziu o "nome do Homem" e dos "outros", que falham como seus significantes, e será necessário perguntar como as estratégias científicas, os álibis que sustentam a dominação jurídica racial e colonial, bem como a exploração econômica, povoam o espaço global com uma variedade de sujeitos modernos, que não são anteriores nem contemporâneos ao homem, mas que foram produzidos com a mesma matéria-prima reunida durante a sua longa gestação.

Ao descrever como as estratégias do materialismo histórico atuam na configuração global contemporânea, Spivak demonstra como elas, tais como a noção de ideologia, forneceram críticas parciais da (auto) representação moderna. Spivak argumenta que

> Em vários disfarces, elas ainda habitam e inibem nossas tentativas de superar as limitações que nos são impostas pela mais nova divisão do mundo, à medida que o Norte continua a "ajudar" o Sul ostensivamente — assim como o antigo imperialismo "civilizou" o Novo Mundo — a assistência crucial do Sul para o Norte, mantendo o estilo de vida insaciável por recursos naturais do último está excluída para sempre. Nos poros desse livro encontra-se a sugestão que o exemplo contemporâneo do informante nativo em exclusão é a *mulher* mais pobre do Sul.[91]

A minha proposição é a seguinte: somente quando renunciarmos ao desejo de incluir "culturas locais", através do desvelamento da verdade e/ou do reconhecimento da história, será possível lidar com as questões que a subjugação racial impõe: qual é o contexto ontológico habitado pelo Eu transparente e pelos "outros" que o constituem e interrompem? Sob quais condições eles emergem enquanto tais, como dominantes e subalternos, isto é, como sujeitos políticos? Enfrentar essas questões certamente teria impedido Spivak de adotar inteiramente o materialismo histórico, mas também evitaria uma confluên-

---

91. Spivak, 1999, p. 7. Grifo da autora.

cia que acabaria por desempenhar outra exclusão preocupante. Estou me referindo à confluência indicada na conexão imediata entre ideologia e economia política sagazmente combinadas no conceito de "axiomáticas do imperialismo" que Spivak articula, o qual evita o confronto com a heterogeneidade dos "oprimidos".

Diante das alianças com o imperialismo e o capitalismo global baseadas em gênero e interesses econômicos, os dominantes e subalternos globais ou pós-coloniais (econômicos e jurídicos), que Spivak examina, também são sujeitos raciais, isto é, são efeitos da racialidade. Pois as vantagens de uma posição crítica que raspa as rasuras [*erasures*], o lugar do silêncio, uma posição crítica que evita a reinstituição de um sujeito transparente ao reescrever o "informante nativo" como "nome para aquela marca produzida pela expulsão do nome do Homem — uma marca que desenha a impossibilidade de relações éticas"[92] — podem ser perdidas se não se reconhece que o mapeamento jurídico e econômico do espaço global é apenas um dos momentos da relação política que constitui a Europa e seus outros. Embora essa relação litigiosa tenha sido eclipsada pelos interesses patriarcais comuns do colonizador e do colonizado (não tenho certeza se isso é uma bênção ou uma maldição para as teorias feministas), o privilégio conferido à economia política e ao patriarcado ignora as sutilezas do cenário político-global contemporâneo.

Como é possível mapear um contexto político no qual os interesses políticos e econômicos dos Estados Unidos escolhem o Paquistão (islâmico) como aliado na sua "guerra ao terrorismo (islâmico)" e na dominação das mulheres muçulmanas, ao mesmo tempo em que permitem que a violência contra pessoas muçulmanas na Índia e na Palestina continue e que pessoas árabes cristãs, latinas, negras de pele mais clara, sul-asiáticas e judias com a pele ligeiramente mais escura se tornem vítimas do "combate ao terror", no *front* doméstico

---

92. Spivak, 1999, p. 6.

da guerra? Independentemente de quais significantes religiosos ("antigos") ou geopolíticos sejam invocados nas formulações sobre o que é o "mau" no século XXI, a figura conspícua do homem moreno (com ou sem barba) em aviões indica como o racial facilmente anula interesses políticos e econômicos, assim como as fronteiras nacionais, regionais e globais. O que o "pós-colonial", o "Sul" e a "mulher mais pobre do Sul" descritos por Spivak têm em comum além de serem economicamente explorados e juridicamente dominados pelo "Norte"? Como as estratégias retóricas que ela identifica estão relacionadas às exclusões explícitas sublinhadas por Goldberg, Mills, Eze,[93] etc.?[94] Narciso nunca deveria ter olhado para a própria face, estou convencida disso. Que o engolfamento político-econômico (o capitalismo nas formas de colonialismo, imperialismo ou globalização) e político-simbólico (o racial e o cultural) do globo produzem as mesmas pessoas (povos) e lugares, "os oprimidos", "os dominados", "os subalternos" e "o Sul", parece uma verdade indiscutível que deve ser deixada em paz, senão não restará uma posição autoconfiante para a teórica crítica ocupar. Afinal, a ubiquidade das ferramentas da analítica da racialidade na gramática político-global contemporânea ameaça a radicalidade das

---

93. Goldberg, 1993; Mills, 1997; Eze, 2001.
94. Um considerável número de intelectuais já destacou essas exclusões em representações filosóficas do continente africano como o "coração das trevas", que deveria ser eliminado, salvo ou ignorado. Como Mudimbe (1988) argumentou, a maioria das abordagens modernas sobre a África seguem o postulado hegeliano de que a Europa era a única solução para resgatar os africanos de sua "selvageria" intrínseca, por meio de "conversão cultural e espiritual" ou subjugação permanente. Além disso, o continente africano também foi construído como espaço que guarda riscos evidentes (canibalismo) ou latentes (vírus letais). É exatamente isso que Brantlinger (1986, p. 194) reconhece como percepções britânicas sobre o continente durante o século XIX: "[Eles] inclinavam-se a ver a África", argumenta, "como um centro maléfico, uma parte do mundo dominada por uma 'escuridão' demoníaca ou barbárie, representada sobretudo pela escravidão e canibalismo, e o exorcismo dessa realidade era responsabilidade deles".

críticas político-econômicas e a honradez de enunciados (anti)raciais que defendem a universalidade e a humanidade "reais" e verdadeiramente inclusivas (ao contrário das "ideológicas", "falsas") exatamente porque elas desempenham o papel crucial de reescrever seus lugares de origem de forma pertinaz.

Uma análise do poder produtivo

Apesar de reconhecer a importância dos enunciados feitos por Hobbes, Locke, Hume, Kant e Hegel que colocam explicitamente não europeus fora da trajetória da razão universal, não creio que eles foram suficientes para instituir a subjugação racial. Para mapear o *locus* no qual os sujeitos subalternos globais atuais surgem, uma pergunta precisa ser feita: após a consolidação do reino da razão no século XIX, que novo arsenal simbólico-político iria acompanhar os aparatos de dominação jurídica e expropriação econômica dos "outros da Europa"? Minha resposta é a seguinte: depois que a morte do autor e regente divino transformou a conversão num modo inadequado de engolfamento, somente a universalidade científica passou a ser capaz de produzir uma posição ética consistente com a universalidade e a autodeterminação, os atributos que os primeiros filósofos modernos conferiram ao homem. Minha análise dos enunciados fundacionais do pensamento moderno separa-se das abordagens feitas pela crítica pós-moderna e pela teoria racial exatamente porque estou interessada nas ferramentas mais sutis, porém mais poderosas, da subjugação racial, as quais a lógica da exclusão socio-histórica (e suas metáforas resilientes "consciência dupla", "o véu" e "a linha de cor") não são capazes de explicar com precisão devido ao privilégio que conferem à historicidade — aquilo que nutre os projetos de um futuro "pós-racial" no qual a expansão da universalidade finalmente incluiria os "outros da Europa" na concepção de "ser humano" que a tese da transparência produz. Justamente por ser a subjugação racial um efeito do desejo que inscreve a Europa pós-iluminista na transparência e necessariamente por ela exigir a obliteração dos "outros da Europa", estratégias históricas não são capazes de ajudar a tarefa crítica.

Como estou convencida de que o arsenal crítico ainda carece de uma análise da representação moderna que considere esse contexto ontoepistemológico um regime produtivo regido pela razão universal, a estratégia analítica que apresento nos capítulos subsequentes deste livro conduz uma escavação do pensamento moderno através da qual reúno os enunciados que prepararam o terreno para a formulação do aparato produtivo que governa a configuração política contemporânea global. Muito parecida com as escavações foucaultianas da episteme moderna, a análise crítica da representação moderna que eu proponho difere da definição de análise kantiana porque considera não apenas os princípios e condições, mas também as consequências do conhecimento, isto é, seus efeitos políticos (produtivos). Ao mapear a representação moderna, como quem perde o terreno confortável proporcionado por uma exterioridade [outsideness] concreta e/ou ideológica, tenho consciência do risco (e da necessidade, devo acrescentar) de "cair de volta nas garras daquilo que está sendo desconstruído", como Jacques Derrida[95] disse. Obtenho desse risco o limite crítico necessário para enfrentar aquilo que não permite que nada fique fora de sua determinação, com o objetivo de reunir alguns dos enunciados que organizam o pensamento moderno que, quando colocados um contra o outro, se tornam ferramentas úteis para escavar o terreno da transparência.

Minha pequena contribuição para esse projeto é situar as ferramentas da analítica da racialidade, quer dizer, descrever o contexto

---

95. Derrida, Jacques. *Of Grammatology*. Baltimore: Johns Hopkins University Press, 1976, p. 14.

de emergência, o regime de produção e os efeitos de significação do aparato produtivo instituído pelas estratégias científicas de significação que transformaram os descendentes dos "nativos" do passado em sujeitos subalternos modernos. Deste modo, espero destrinchar as contradições que assombram as análises críticas sobre subjugação racial que, apesar de reconhecerem a importância política do racial, acabam por repetir o mantra moral que descreve o racial como extrínseco à gramática ético-política moderna. Para fazê-lo, eu enfrento a questão antecipada (mas não contemplada) pelo lamento por mentes científicas que permitiram que "preconceitos" e "ideologias" colonizassem o domínio da "verdade": por que foi e ainda é necessário mobilizar um conceito que delimita a transparência se o seu determinante transcendental não tem limites, se engloba tempo e espaço, aqui e acolá, passado e futuro, tudo e todos os lugares?

Acredito que essa questão exige que o racial seja posicionado no cerne da crítica da representação moderna, um movimento que deveria se iniciar com um relato sobre como a universalidade científica institui o homem. Meu ponto de partida é o reconhecimento de que a historicidade é assombrada. E não é porque o homem abriga em seu âmago o fantasma de um "outro" "ser" histórico. Eu mobilizo uma caixa de ferramentas analítica que descentraliza a tese da transparência, a suposição ontológica que ainda rege o arsenal crítico, com o intuito de produzir uma contraontologia moderna, isto é, um relato do Eu transparente que demonstra como ele pode emergir — num relacionamento sempre-já conflituoso com seus outros.

PARTE I
Homo historicus

A ontologia, quando se admite de uma vez por todas que ela deixa de lado a existência, não nos permite compreender o ser do negro. Pois o negro já não precisa ser negro, mas precisa sê-lo diante do branco. Alguns teimarão em nos lembrar de que a situação tem duplo sentido. Respondemos que isso é falso. O negro não tem resistência ontológica aos olhos do branco.
— FRANTZ FANON, *Pele negra, máscaras brancas*

Em seu relato do "fato da negridade", Frantz Fanon sugere uma formulação do sujeito moderno na qual a fala [*speech*] anuncia a anterioridade do texto, da linguagem, da escrita — uma promessa que não se enfraquece mesmo quando ele rejeita a dialética mas abraça a escatologia para recolocar a humanidade no horizonte da emancipação racial. Apostando nessa promessa, eu encontro no relato fanoniano[96] da subjugação racial indícios para reescrever a peça moderna de um modo que reconciliaria seus enunciados aparentemente contraditórios: "O homem negro *não* é um *homem*"[97] e "O negro *não existe. Não mais* que o branco".[98] Seguindo a estrada que Fanon vislumbrou, mas não tomou, aqui eu escavo os textos que fundam o pensamento moderno. Neles, eu coleto os contornos de dois contextos ontoepistemológicos: aquele que Fanon refuta, no qual o homem negro não pode significar, e aquele produzido pela analítica da racialidade, no qual o homem negro e o homem branco emergem como significantes de uma diferença irredutível. Nessa escavação, encontro os enunciados que me permitem situar a tese da transparência, isto é, a suposição ontológica que conduz a representação moderna. Eu identifico e reúno os componentes de significação histórica e científica reunidos nos relatos sobre a razão universal que irromperam no século XIX — a narrativa hegeliana da trajetória do "Espírito" e os projetos científicos

---

96. Fanon, Frantz. *Black Skin, White Masks.* New York: Grove, [1952] 1967.
97. *Ibidem*, p. 9. Grifo meu.
98. *Ibidem*, p. 231.

que tentaram "descobrir" a verdade do homem — e que consolidaram a razão como regente soberana ou produtora da representação moderna.

Minha descrição do contexto de surgimento da analítica da racialidade sugere que os avisos da mente não racional antecipam a versão do drama moderno que Fanon vislumbra, mas não segue. Apesar de provavelmente tê-lo adivinhado, o louco de Nietzsche nunca disse que o assassinato de "Deus" condenou o sujeito a ser assombrado pela razão universal. A filosofia moderna é movida pela necessidade de reconciliar a concepção da razão como a nova regente soberana do universo com o atributo mais estimado do homem, a autodeterminação. Ao seguir a trajetória da autoconsciência desde seu esboço inicial, eu indico por que o racial viria a constituir uma estratégia de poder tão prolífica. Eu demonstro como os enunciados que a escrevem como a coisa que prospera no palco da interioridade delineiam simultaneamente outro momento ontoepistemológico: o palco da exterioridade. De modo previsível, a poesis transcendental hegeliana, responsável por consolidar a autoconsciência como coisa interior/ temporal, o Eu transparente, aquele que sempre-já sabe que abriga aquilo que não é ele mesmo, também faz com que a mobilização do racial no século XIX seja tanto possível quanto necessária. Sem aquele outro momento, no qual "ser" sempre é menos que, e mais longe de, um "outro ser" — quero dizer, sem a exterioridade/ espacialidade —, a prioridade ontológica da coisa interior/ temporal não teria sentido, como Derrida[99] argumentou. Pois o racial surge nos projetos de conhecimento que pressupõem a universalidade científica, para os quais a razão universal desempenha o papel de um determinante exterior. Dito de outra maneira, na representação moderna, o racial governa a globalidade, quer dizer, o contexto ontológico no qual o homem surge como coisa

---

99. Derrida, 1976.

exterior ou espacial. Agora, esse contexto escapa a análises críticas do pensamento moderno exatamente porque a força ética da tese da transparência não permite a descentralização da historicidade exigida que o avistamento da globalidade exige.

O que a leitora encontrará nos capítulos seguintes não é nem um exercício arqueológico e genealógico foucaultiano, nem uma mobilização direta da desconstrução derridiana, é algo entre os dois: um mapeamento do contexto de emergência da analítica da racialidade, o arsenal científico que repetidamente reescreve a autoconsciência e configurações sociais da Europa pós-iluminista na transparência. Entretanto, ao fazê-lo, eu também demonstro como a analítica da racialidade realiza aquilo que assombra o pensamento moderno desde a ascensão inicial da razão universal, isto é, a escrita da mente como efeito de um determinante exterior [*outer determination*], sempre-já diante de, em uma relação, lutando com/ contra seus "outros", ou seja, uma versão do Eu autodeterminado que necessariamente significa Outra-mente.

2. A crítica da razão produtiva

> O fantasma tem os próprios desejos, por assim dizer, que figuram a complexa socialidade de uma formação determinante que parece inoperante (como a escravidão) ou invisível (como o capitalismo racial e patriarcal), mas que mesmo assim está viva e imposta. Entretanto, a força do desejo do fantasma não é apenas negativa. Também não é somente incumbida de assombrar palavras, marcas ou gestos de dominação e dano encenados. O fantasma nunca é outro ou alteridade meramente como tais. Ele gesta (assim como Beloved)[100] possibilidades ainda não cumpridas, gesta o algo a ser feito que o presente titubeante exige. Esse algo a ser feito não é um retorno ao passado, mas um acerto de contas com a repressão no presente, um acerto de contas com o que perdemos, mas que nunca tivemos.
> — AVERY GORDON, *Ghostly Matters* [O fantasmagórico importa]

Seguir o fantasma, buscando os tesouros perdidos que anuncia — isto é, as oferendas amaldiçoadas da razão que refiguram coisa nenhuma [*no-thing*] — requer uma exploração do terreno que ele assombra: a recuperação do local onde o Eu transparente e seus "outros" surgem como tais, necessariamente um diante do outro. Minha tarefa neste capítulo é descrever a posição analítica e a caixa de ferramentas que utilizo para escrever a representação moderna Outra-mente. Ambas permitem recompor a representação moderna como o texto moderno, uma apresentação do simbólico

---

100. N. da T. Referência à protagonista do romance *Amada*, de Toni Morrison.

que descreve o "ser e significado" ["*being and meaning*"] que a razão universal institui como efeitos das estratégias produtivas que simultaneamente pressupõem e instituem uma relação de conflito — nos termos em que Marx,[101] Schmitt[102] e Foucault[103] a representam, isto é, como um momento da existência humana definida pela (possibilidade da) violência. Com o texto moderno, a recuperação da significação científica me permite descrever o sujeito político moderno como efeito do simbólico, ou seja, da violência produtiva; e porque suspende [*brackets*] a tese da transparência (e com ela o banimento moral que acarreta refutações imediatas da racialidade), essa abordagem demonstra que o racial, como ferramenta da razão produtiva, produz tanto o Eu transparente quanto seus outros como sujeitos políticos modernos.

Com certeza, eu me vali do arsenal crítico disponível para delimitar a posição analítica e reunir as ferramentas necessárias para completar essa tarefa. Sem dúvida, as minhas principais fontes são a crítica foucaultiana do poder/ conhecimento e a análise derridiana da significação. Ambas permitem que eu demonstre como a razão universal, a regente soberana da representação moderna, institui os sujeitos que habitam a configuração global contemporânea. Para quem não se sente confortável com essa reconciliação das formulações críticas de Foucault e Derrida, só posso dizer uma coisa: não estou inventando a roda. No livro *Em defesa da sociedade*, Michel Foucault[104] propõe uma explicação sobre o político que indica que esses dois críticos pós-modernos pensavam de modo paralelo. Durante as aulas que serviram de base para o livro, ele apresentou a ideia de

---

101. Marx, Karl. *Selected Writings in Sociology and Social Philosophy.* Translated by T. B. Bottomore. New York: McGraw, 1956.
102. Schmitt, Carl. *The Concept of the Political.* New Brunswick, N.J.: Rutgers University Press, 1976.
103. Foucault, Michel. *Society Must Be Defended.* New York: Picador, 2003.
104. *Ibidem.*

"guerra das raças" contra o poder disciplinar e a teoria da soberania, destacando assim outro momento do poder moderno.[105] Apesar de a "guerra das raças" foucaultiana ser frequentemente lida como uma referência imediata à noção do racial desdobrada no século XIX — e ele, de fato, sugere isso —, eu prefiro lê-la como uma metáfora que permite a Foucault resgatar uma concepção sobre o poder como "relacionamento de força" e, assim, recuperar a possibilidade da violência como uma dimensão do conceito do político. Ele pergunta: "Se o poder é, de fato, a implementação e desdobramento de um relacionamento de força, em vez de analisá-lo com noções de rendição, contrato e alienação, ou analisá-lo em termos funcionais, ou seja, como a reprodução das relações de produção, não deveríamos analisá-lo, acima de tudo, através das noções de conflito, confrontação e guerra?"[106] Ao considerar uma resposta afirmativa para essa questão, Foucault faz uma manobra que sugere um modo de análise do poder que me parece semelhante à investigação de Jacques Derrida sobre a significação e à crítica da representação articulada por Emmanuel Levinas. Esse modo de análise entende a violência como uma dimensão do poder que está além da formulação liberal do político, que restringe o uso da força ao Estado e só considera como atos políticos de violência aqueles que miram o Estado. Essa reconciliação é simples-

---

105. Entretanto, ao contrário de Foucault, eu não vejo continuidade entre o conceito do racial articulado no fim do século XIX e a noção francesa do século XVII de "luta de raça". Isso porque Foucault descreve o social como "basicamente articulado em torno de duas raças", isto é, organizado com base na "ideia de que esse conflito entre duas raças está presente na sociedade como um todo" (2003, p. 60). Insisto que a noção de raça mobilizada nos enunciados políticos, como, por exemplo, nos do Nazismo — que operam, conforme Foucault argumenta, "como um princípio de exclusão e segregação e, acima de tudo, como um modo de normalizar a sociedade" (2003, p. 6) — é informada pela reformulação científica do racial conduzida no meio do século XIX, na qual a razão universal constitui a fundação essencial para os enunciados sobre a diferença humana.
106. Foucault, 2003, p. 15.

mente uma resolução do conceito foucaultiano de poder produtivo, do conceito de escritura derridiano e da articulação levinasiana da representação enquanto "violação parcial". Com essas ferramentas, eu delineio uma posição crítica e reúno um arsenal analítico que encara a globalidade como um contexto ontológico, no qual o sujeito da razão universal emerge como um efeito dos atos de violência, força ou poder produtivos, como uma coisa exteriormente determinada, sempre-já num relacionamento com outros (im)possíveis.

Crítica da "verdade" produtiva

Na crítica de Michel Foucault ao pensamento moderno, encontro a sugestão de que se atendermos à significação científica poderemos situar a historicidade (interioridade-temporalidade), a descritora ontológica que a tese da transparência autoriza. Quando aborda a episteme moderna, a representação moderna como regime de significação comandado pela "Vontade de Verdade", a análise foucaultiana do poder demonstra como o conhecimento institui o sujeito, isto é, como o Eu transparente, o sujeito da liberdade, é simplesmente um efeito das regras de produção da verdade, do modo de poder que, segundo Foucault,[107] "produz efeitos" ao nível do desejo e do conhecimento. Ao descrever como os "discursos de verdade" produzem sujeitos modernos — quando diz que essas coisas fundamentalmente políticas são "assujeitadas à produção da verdade e [apesar disso] não podem exercer poder, a não ser através da produção da verdade" e que "nós *devemos* falar a verdade"[108] —, ele apresenta uma noção de poder produtivo que é adicionada aos momentos jurídico e econômico privilegiados respectivamente pelas ontologias liberal e

---

107. Foucault, 1980, p. 69.
108. *Ibidem*, p. 93. Grifo do autor.

histórico-materialista. Entretanto, apesar da sua análise sobre poder/conhecimento — que eu nomeio de *produtividade* —, sugerir considerar o racial como parte do arsenal do regime moderno de "verdade" ela não o faz porque, além do explícito eurocentrismo (já identificado em um grande número de intelectuais), ela mantém a interioridade como a característica distintiva do homem.

O que estou argumentando aqui é que Foucault limita sua crítica da historicidade a um questionamento da temporalidade, a qual é apenas uma das dimensões distintivas do Eu transparente. Em *As palavras e as coisas*, quando descreve a emergência da episteme moderna, Foucault mobiliza o que chama de "analítica da finitude"[109] — o envelopamento das coisas do mundo pela temporalidade, que institui o homem como o sujeito soberano e o objeto privilegiado do conhecimento. Embora destaque que a apreensão das "coisas do mundo" também resulta daquilo que no homem é "finito" — o contingente, o "empírico, positivo (corpo e linguagem)" —, Foucault leva essa análise só até a realização de que o positivo é continuamente levado de volta para dentro da "figura do Mesmo".[110] Fundamentada na suposição de que o pensamento (reflexão) retorna e reduz tudo aquilo que toca à temporalidade do sujeito do conhecimento (interior) autodeterminado — a mente cognoscente, ou seja, o momento transcendental do homem —, a análise foucaultiana não é capaz de analisar como o conhecimento (ciência) aborda os seres humanos e configurações sociais como fenômenos, isto é, como coisas estendidas "empíricas" (exteriores/ espaciais). O que não tem lugar na descrição foucaultiana da "analítica da finitude" — devido à decisão de não navegar o território aberto pela sua própria crítica da ontologia moderna — é uma consideração de como as mudanças no conheci-

---

109. Foucault, Michel. *The Order of Things: An Archeology of the Human Sciences*. New York: Vintage, 1994.
110. *Ibidem*, p. 315.

mento estão relacionadas aos momentos econômicos e sexuais do poder/ desejo moderno.[111]

Exatamente porque remete à intersecção de dois momentos políticos produtivos — o econômico e o sexual —, que mobilizam o desejo europeu ao redor do globo, o racial indica que qualquer crítica da figura no centro da representação moderna precisa lidar com a interioridade, característica que exibe desde que foi articulada nos enunciados fundadores do pensamento ocidental. Em *A história da sexualidade*,[112] as ponderações de Foucault sobre raça e sexo referentes de poder mostram por que ele não seguiria essa linha de investigação. Embora a biopolítica indique o momento no qual o maquinário do racial e o arsenal da sexualidade se encontram, Foucault não persegue esse tema porque, para ele, o racial pertence a outro modo de poder, aquele que não opera através da produção das mentes, a saber: a "simbólica do sangue". A partir "da segunda metade do século XIX", ele argumenta, "a temática do sangue era, às vezes, chamada para emprestar todo o seu peso histórico para vivificar o tipo de poder político que se exerce através dos dispositivos de sexualidade. O racismo tomou forma nesse ponto [...] [e] foi então que toda uma política do povoamento [...] e uma longa série de intervenções permanentes ao nível do corpo, das condutas, da saúde, da vida quotidiana, receberam [...] cor e justificação em função da preocupação mítica de proteger a pureza do sangue e fazer triunfar a raça".[113] Não foi uma limitação empírica que impediu Foucault de considerar a formulação do racial produzida no século XIX em sua crítica

---

111. Conforme Eze (2001) demonstra, a episteme moderna emergente não só pressupunha como também discutia as relações de exploração entre os europeus e os povos que habitavam as já constituídas zonas de implantação do desejo europeu. Além disso, Stoler (1995) indica que o espaço colonial estava cativado por ansiedades que exigiam a aplicação de tecnologias e mecanismos sexuais para manter os limites da europeidade [*Europeanness*].
112. Foucault, Michel. *The History of Sexuality: An Introduction*. Vol. 1. New York: Vintage, 1978.
113. *Ibidem*, p. 149.

do pensamento moderno. Embora essas limitações sejam significativas, como Stoler[114] indicou em sua investigação sobre como o discurso sobre raça participa na formação da sexualidade europeia burguesa, o que o impediu foi sua crítica parcial da representação.[115] Em sua análise da "verdade", Foucault questiona a autodeterminação através do argumento kantiano de que a razão universal, e não a dimensão emancipatória, é a governante (interior) ou produtora da liberdade.[116] Meu ponto é: por situar aquilo que escapa dos poderes redutivos do

---

114. Stoler, Ann L. *Race and the Education of Desire*. Durham, N.C.: Duke University Press, 1995.
115. Em *Race and the Education of Desire* [Raça e a educação do desejo], Ann L. Stoler (1995) aborda os limites do mapeamento da "analítica da sexualidade" de Foucault e mostra como operações simultâneas entre "as tecnologias da sexualidade" e "obsessões raciais" nos espaços coloniais foram cruciais na formação da sexualidade burguesa europeia. A análise de Stoler certamente contribui para entendermos como o império figura na construção da sexualidade burguesa constituída através da regulação dos efeitos do desejo sexual, que nunca estão tão distantes do desejo econômico. Entretanto, o mais importante é que sua análise das tecnologias da sexualidade e dos discursos raciais holandeses, franceses e britânicos também indica como "o discurso sobre raça" persiste em sustentar investidas cujo objetivo é produzir um "Eu" ["*self*"] europeu sob permanente ameaça, tanto nas colônias quanto em casa. Ela escreve: "A produção e distribuição dos desejos no discurso sobre a sexualidade no século XIX foram filtradas através de — e talvez até mesmo padronizadas por — um conjunto anterior de discursos e práticas que figuram majoritariamente em tecnologias imperiais de governo. A civilização podia ser defendida da transgressão ao invocar a razoável lógica da raça" (Stoler, 1994, p. 194).
116. Estou sugerindo que, como Dreyfus e Rabinow (1982) argumentam, apesar de Foucault certamente afastar o estruturalismo, a fenomenologia e a hermenêutica quando recusa atribuir uma fundação (formal ou histórica) ao significado, o *antifundacionalismo* foucaultiano não é uma rejeição radical da interioridade (como aquilo que marca a unicidade do *homem*), pois a concepção de Foucault sobre o poder produtivo (como regras de formação discursiva) assemelha-se à formulação da razão kantiana como a ordenadora interior transcendental das coisas (algo que discuto na parte II). Isto é, o relato foucaultiano do conhecimento enquanto o ordenador interior do homem, o regulador e produtor dos desejos, ainda ignora aquilo que o homem compartilha com as coisas.

"Mesmo" num domínio que ainda não havia sido mapeado pelo pensamento moderno (o em-si mesmo, o inconsciente, etc.), a escavação conduzida por Foucault não alcança o espaço onde a particularidade europeia é simplesmente um efeito das estratégias dessa governante produtiva. Por isso, apesar de ter fornecido uma contribuição crucial para a crítica da representação moderna, seus desdobramentos da tese da produtividade permanecem limitados porque Foucault não desafia a prerrogativa ontológica da interioridade, a qual guia as narrativas que posicionam o homem na transparência.[117] Se ele tivesse abandonado a interioridade, teria contribuído para o nosso entendimento sobre como a força produtiva do racial advém da espacialidade assombrante que ele localiza no âmago do pensamento moderno — algo que ele nunca explorou totalmente.[118]

---

117. Por que a transparência resiste à crítica da ontologia moderna? Em "Pode o subalterno falar?", Gayatri Chakravorty Spivak (1994) oferece uma resposta poderosa a essa pergunta. Analisando uma conversa entre Foucault e Deleuze justapondo as (re)formulações sobre poder e desejo que os dois, respectivamente, conduziram, ela identifica um movimento duplo: tanto o oprimido quanto o intelectual crítico do Ocidente tornam-se transparentes, o que acaba por reintroduzir o sujeito cuja irrelevância ambos celebram. Ela argumenta que a ocultação do "posicionamento geopolítico" dos intelectuais críticos do Ocidente combinada à "oposição esquemática entre interesse e desejo" revela a amalgamação [*conflation*] de dois significados da representação (o político e o simbólico). Ela argumenta que enquanto o apagamento da posição dos intelectuais críticos (re)produzem o sujeito transparente, a amalgamação dos dois significados da representação faz com que a ideologia e economia política não sejam confrontadas porque, a partir de agora, supõe-se que o subalterno, o outro, finalmente entrou na representação, na transparência.

118. Em "In modern thought" [No pensamento moderno], Foucault (1994, p. 340) destaca: "O que se revela na fundação da história das coisas e da historicidade própria ao homem é a distância que cria um vácuo dentro do Mesmo, é o hiato que o dispersa e o reúne nos dois extremos dele mesmo. É essa profunda espacialidade que permite ao pensamento moderno conceber o tempo — conhecê-lo como sucessão, prometê-lo a si mesmo como realização, origem e retorno".

O horizonte da morte

O que a análise foucaultiana do poder (como poder disciplinar e um "relacionamento de força") indica, mas não aprofunda, é exatamente a posição analítica que recupera a extensão (exterioridade-espacialidade) dos enunciados que delineiam a historicidade como o único e exclusivo horizonte de existência do homem. Essa é a única posição analítica a partir da qual é possível desmantelar a interioridade, exatamente por causa do modo pelo qual ela aborda um horizonte ontológico que não pressupõe um "ser" que preceda o contexto que compartilha com "aquilo que não é", quer dizer, com "outros seres". De que posição o Eu transparente combate aquilo que delimita seu lugar particular? Partindo da posição analítica crítica que delimitei, eu localizo o contexto ontológico no qual o Sujeito *existe/ é* diante do horizonte da morte, ou seja, a globalidade, o descritor ontoepistemológico governado pelo racial, aquele através do qual "o científico" tenta descobrir a verdade do homem. A partir daí, vou demonstrar como o racial sustenta a escrita da Europa pós-iluminista como o momento da transparência. Conforme essa posição crítica descentraliza a historicidade, isto é, o contexto ontoepistemológico que a tese da transparência institui, ela desloca a interioridade, o portal para a autodeterminação,[119] para remoldar a representação moderna, apresentando-a como um contexto de poder produtivo, cujas estratégias de significação da representação moderna instituem o sujeito como um efeito de dois contextos ontoepistemológicos, a saber, a historicidade e a globalidade, instituídas respectivamente pelos textos da história e da ciência.

---

119. A noção de espacialidade que uso é significativamente diferente da usada em textos mais recentes que abordam espaço, lugar e localização como categorias sociais. Apesar de não serem utilizações explícitas da construção de espaço de Lefebvre (1991), elas parecem compartilhar a suposição de que o espaço é um efeito de processos históricos.

Em *Gramatologia,* Jacques Derrida (1976) oferece uma análise da significação que permite o entalhe dessa posição analítica crítica. Sua manobra decisiva foi rejeitar a prerrogativa simbólica conferida à *interioridade,* isto é, a presunção de uma conexão imediata (transparência) entre fala e verdade. Ao conferir a prioridade significativa ao traço — o vínculo instável entre significante e significado —, ele fornece uma explicação sobre a significação que indica a possibilidade de recuperar a exterioridade das vísceras do Sujeito Transcendental de Hegel.[120] Ao propor que a espacialidade (a escritura, a *différance*) é o local fundamental da significação e subjetificação, Derrida adiciona ao arsenal crítico uma ferramenta que rejeita este referente absoluto, isto é, o Eu transcendental, que precede e institui a significação. Deste modo, ele reescreve o Eu transparente (interior/ temporal) como um efeito da diferenciação ou relacionalidade, do regime simbólico no qual "ser e significado" surgem sempre-já na exterioridade e na violência, advindo do apagamento de outros seres e significados (im)possíveis que o traço tenta em vão significar. A espacialidade proporciona a possibilidade de recuperar dos escombros dos enunciados fundadores da representação moderna os efeitos de seus atos violentos produtivos, ou seja, aquilo que, segundo a tese da transparência, o sujeito não é e sem o qual não pode ser.

Através da reconciliação da noção foucaultiana de produtividade com seu próprio enquadramento do político como "relação de for-

---

120. "O traço (puro)", Derrida anuncia, "é (a) diferença [*differánce*]. Ele não depende de qualquer plenitude sensível, audível ou visível, fônica ou gráfica. Ele é, ao contrário, a condição de tal plenitude. Embora não exista, embora não esteja nunca presente fora de toda a plenitude, sua possibilidade é moralmente, por direito, anterior a tudo que chamamos de signo" (1976, p. 62). Logo, ao manter a possibilidade de um-outro [*an-other*] dentro da própria estrutura, o signo sempre se refere a outro signo, outra possível estrutura de significação, outra estrutura de diferença. Portanto, é impossível existir um significado transcendental cuja existência é a não significação.

ça", que me permite resolvê-las ambas na articulação derridiana da espacialidade, eu identifiquei uma posição analítica que centraliza relações, determinação exterior, ou seja, coexistência, contemporaneidade e contenção. Deste ponto de vista, eu confronto os sujeitos modernos como efeitos de um arsenal político-simbólico que os situa sempre-já diante do horizonte da morte. Esse horizonte instituído pela espacialidade não abriga "Eus" e os outros que possam ser resolvidos — reduzidos ou suprassumidos — com explicações dialéticas, fenomenológicas ou psicanalíticas de negação ou projeção. Justamente porque "ser e significado", nesse contexto, resultam do diferimento, do adiamento, do apagamento de possíveis outros "seres e significados" — que somente podem ser avistados no traço, aquilo que produz e ameaça a significação —, o contexto ontoepistemológico que a espacialidade delimita desloca a interioridade com o intuito de estabelecer a exterioridade como a regente da significação. Antes que a leitora tente resolver essa questão na direção de uma investigação sobre o nada [*nothingness*], eu repito que não estou construindo a morte enquanto negação, isto é, como sempre-já compreendida pelo *ser* — como, por exemplo, no enunciado sartriano "O ser é *isso*, e, fora disso, *nada*",[121] o que consistiria em outro ensaio da narrativa hegeliana do "Espírito", que escreve o ser, a autoconsciência, como o que sempre-já é tudo o que não é ele mesmo. Também não estou escrevendo uma versão "pós" (colonial, moderna ou racial) da passagem hegeliana do senhor e do escravo, porque não estou pressupondo a autoconsciência enquanto um Eu transparente que precisa contender com outro-transparente sempre-já racial ou cultural. Isto é: eu não suponho que os que estão em conflito, os sujeitos políticos, precedem o próprio surgimento na representação. Ao contrário, eu os concebo como políticos porque

---

121. Sartre, Jean-Paul. *Being and Nothingness*. New York: Washington Square Press, [1943] 1984, p. 36. Grifo do autor.

eles emergem na significação, que, como Derrida sugeriu, pressupõe e inaugura uma "relação de força".

Mais especificamente, eu extraio da crítica de Levinas[122] à representação moderna o enunciado de que o impulso para compreender o "Outro" [*Autrui*] necessariamente estabelece uma relação com um-outro [*an-other*] ser que se torna tanto um "objeto da representação" quanto um "interlocutor". Levinas afirma que falar do Outro pressupõe a possibilidade de falar com o Outro; significa invocar o Outro, que é, por si só, um momento produtivo. Logo, no enunciado de Levinas, encontro a indicação de que estratégias político-simbólicas modernas podem ser lidas como atos produtivos que se endereçam (articulam e renegam) (a)o Outro e, ao fazê-lo, instituem a "face do outro". Apesar dessa posição analítica reconhecer a produtividade como uma dimensão de significação científica, ela também a lê como um gesto parcialmente violento, isto é, como engolfamento. Em outras palavras, eu leio o outro com o intuito de marcar a escrita dos "outros da Europa" em um modo de representação que privilegia a interioridade. Leio a representação moderna como um regime que produz seres que (re)figuram, ao passo que diferem, o Outro — "o único ser cuja negação não pode anunciar-se senão como total: como *homicídio*". Esse "Outro [...] é aquilo que escapa à compreensão no outro (*autrui*) [...] aquilo que não posso negar parcialmente, com violência, ao compreendê-lo no horizonte da existência em geral e o possuindo".[123] Eu não leio a representação moderna como uma apropriação ou obliteração total do Outro, ou seja, aquele modo de ser que permanece fora da representação, cuja existência tanto a ameaça quanto institui. Totalmente mantido diante do horizonte da morte,

---

122. Levinas, Emmanuel. *Basic Philosophical Writings.* Bloomington: Indiana University Press, 1996.
123. *Ibidem,* p. 9.

esse Outro, eu argumento, pressagia uma outra ontologia: ele é o "Outro da [narrativa do] Mesmo". Como tal, refere-se ao modo de representação — diante do pensamento moderno — aquele ao qual pertence a distinção entre interioridade e exterioridade, e, por esta razão, indica que a razão universal só pode exercer seu poder soberano como força produtiva.

Abordando o racial como a ferramenta político-simbólica que institui o global ele mesmo como um significante ontoepistemológico, eu não leio o "outro do homem" como outro Eu histórico (interior-temporal), como Chakrabarty[124] lê. A posição crítica analítica que adoto não pressupõe seres (interiores) preexistentes ou coexistentes, cujo apagamento (textual) permite a escrita da Europa na transparência. Meu alvo é a significação científica, ou seja, aquilo que o pensamento moderno definiu como o momento da exterioridade. Meu intuito é mapear as condições que fazem com que os "outros da Europa" sejam representados como tais e indicar por que esse exercício é necessário se o objetivo for reescrever as configurações sociais modernas Outra-mente. A recusa a repetir a desaprovação ética da significação científica como um lugar de produção da verdade do homem me permite dar prioridade analítica ao horizonte da morte. Pois os significantes da morte que reúno se referem exatamente àquilo que o pensamento moderno considera ser o momento de determinação exterior — precisamente porque, como Derrida sugeriu, eles produzem uma narrativa sobre diferença que não é suprassumível nem reduzível ao Eu transcendental. Isto é, o Eu e os (atuais, possíveis ou potenciais) outros que institui surgem um diante do outro: em contenção, numa relação que sempre-já presume o horizonte da morte. Por esse motivo, a re-

---

124. Chakrabarty, Dipesh. *Provincializing Europe*. Princeton, NJ: Princeton University Press, 2000.

cuperação da exterioridade, do momento de determinação exterior, permite a articulação de um argumento contraontológico que lê a representação moderna como um aparato político-simbólico, isto é, simultaneamente violento e produtivo.

Ao delimitar o espaço ontoepistemológico que a dupla exterioridade-espacialidade institui, eu tomo emprestado e reformulo a tese de Roland Robertson,[125] para quem "globalidade"[126] seria uma dimensão privilegiada de diferenciação, quer dizer, "as condições

---

125. Robertson, Roland. "Globalization: Time-Space and Homogeneity-Heterogeneity", p. 27. *In*: Featherstone, Mike; Lash, Scott; Robertson, Roland (eds.). *Global Modernities*. London: Sage, 1995, pp. 25-44.

126. Apesar de reconhecer que as "sociedades ocidentais" foram participantes fundamentais nos processos que levaram à criação de um mundo progressivamente globalizado, Robertson observa que a interação entre diferentes "civilizações", diferentes "culturas", foi determinante para esse processo. Ele contesta as narrativas sobre as condições globais que escrevem a globalização como um progresso de homogeneização ou heterogeneização; como o momento no qual o globo inteiro passou a ser regido por princípios modernos, da gradativa desaparição da "diferença cultural" (a diferença entre "modernos" e "outros") (Giddens, 1990); como uma cena marcada pela coexistência de outros "seres" históricos (princípios e práticas culturais díspares) que poderia indicar (conforme abordagens pós-modernas indicaram) o fim do projeto moderno; ou como o parque de diversões de cidadãos cosmopolitas camaleônicos. Segundo Robertson, a globalização não é resultado da justaposição de entidades "homogêneas" autoenclausuradas, mas conceitos de "identidade coletiva" são majoritariamente produzidos dentro e a partir dessas interações. Concentrando-se principalmente no contexto europeu, Robertson diferencia diversas "fases" do processo de globalização, nas quais "graus de densidade e complexidade" eram uma função de conceitos "particularistas" e "universalistas", como o "nacionalismo" e a "Humanidade", por exemplo. Na cultura global contemporânea, entretanto, a intersecção das reivindicações por "universalidade" a partir de reivindicações por "particularidade" é a responsável por produzir a complexidade: "elas se unificaram, em relação à universalidade da experiência e, cada vez mais, à expectativa da particularidade, por um lado, e à experiência e, gradativamente, à expectativa da universalidade, por outro" (1990, p. 102). Contudo, por privilegiar "particularidade" e "universalidade" como os eixos através dos quais os processos de diferenciação ocorrem, Robertson não investiga as condições de produção da universalidade e da particularidade.

gerais que facilitaram a difusão geral da modernidade". Minha versão do conceito, entretanto, mantém, mas inverte, a relação entre as condições ontoepistemológicas contemporâneas e a modernidade que Robertson sugere. Em vez do contexto das reivindicações por universalização e diferenciação, eu mobilizo a globalidade para situar a historicidade (o posicionamento ontológico autorizado), para (re)configurá-la como *um* dos momentos a partir dos quais é possível traçar a emergência de sujeitos modernos. Desta maneira, eu apresento uma descrição crítica que demonstra como significantes científicos permitem e perturbam a escrita legítima do homem, na figura do sujeito pós-iluminista europeu, o único existente a desfrutar do privilégio da transparência. Pois irei mostrar como na assemblagem desse contexto ontológico — ou seja, a globalidade, o horizonte da morte —, a significação científica mobilizou o racial para produzir sujeitos modernos que surgem na exterioridade/afetabilidade e que existem entre dois momentos de violência: (a) *engolfamento*, isto é, "negação parcial", o ato violento produtivo de nomear, a apropriação simbólica que os produz, inaugurando uma *relação* exatamente porque, no regime de representação que a interioridade governa, a significação científica institui sujeitos insuprassumíveis e irredutíveis, e (b) *assassínio,* aniquilação total, o momento que oblitera a relação necessária, mas assombrosa, entre o Eu instituído pelo desejo pela transparência (autodeterminação) e os afetáveis (que a catalogação científica das mentes institui), os "outros da Europa" sempre-já em desaparecimento. Quando o racial escreve os europeus e os "outros da Europa" como sujeitos da exterioridade, ele constitui o corpo, as configurações sociais e as regiões globais como significantes da mente. Portanto, o racial é um efeito e uma ferramenta do ato violento produtivo que engendra o global como um contexto moderno de significação; aquele que remete a um modo de existir *diante* da historicidade, do horizonte da vida, quer dizer, do contexto ontológico que a tese da transparência produz.[127] Enfim, a mobilização do racial como uma arma política/ simbólica institui a globalidade como um *outro* contexto ontológico.

Logo, minha crítica da representação moderna recupera o Global como o contexto de significação constituído pelas materializações (efeitos e produtos) das estratégias de significação científicas. Apesar de reconhecer a centralidade do corpo humano, minha leitura da ciência do homem vai mostrar que o racial, como um significante da diferença mental irredutível e insuprassumível, é relevante para marcar a diferença entre as configurações sociais da Europa pós-iluminista e as outras que lhe eram contemporâneas e coexistiam com ela, quero dizer, visto que transforma os conquistadores religiosos e nativos do passado em sujeitos modernos, coisas raciais (biológicas), definindo as fronteiras daquilo que não tem início nem fim, sem deslocar a tese da transparência. Ao des-

---

127. Além do mais, meu retrato da configuração global contemporânea não privilegia o movimento, ou seja, a possibilidade de mover-se daqui para lá mais rapidamente — o apogeu da "presença", talvez apenas superado pelo acesso conferido à "voz" ao significado transcendental —, enfatizada em narrativas sobre as condições globais contemporâneas. Isso pode ser visto, por exemplo, no argumento de que a distância entre "aqui e ali" tornou-se irrelevante e, mais importante, que estar "ali", espacialmente falando, também se tornou irrelevante e insignificante por causa da quase velocidade da luz dos sistemas abstratos (Giddens, 1991), ou que "tempo e espaço" se tornaram "heterogêneos" (Harvey, 1989, p. 204). Não leio essas abordagens como um impulso universalizante, como lê Fitzpatrick (2001), mas como uma reutilização de uma dicotomia moderna, isto é, "universal/ tempo" *versus* "particular/ espaço", e a tese da transparência que ela pressupõe. Pois essas distinções entre os "globais" e os "locais" contemporâneos simplesmente reinstituem o abismo ao escreverem os "locais" como os que ainda não se juntaram ao globo transparente ou como os que não desejam, ou que não têm permissão para fazê-lo, como é o caso das análises político-econômicas. Nelas, a tese da transparência proíbe qualquer investigação sobre como o racial tem sido absolutamente crucial no processo de escrita da particularidade do local (sempre-já espacial) e do global (sempre-já autopresente) (Bauman, 1998).

crever a globalidade como o horizonte da morte, eu destaco como o privilégio ético e ontológico da tese da transparência, que surge com a narrativa de Hegel do "Espírito" autoatualizado, a qual constitui "seres e significados" que contemplam somente o horizonte da vida, necessita e rejeita os "Eus" e os outros que a analítica da racialidade produz. Pois o racial constitui uma estratégia político-simbólica efetiva exatamente porque os sujeitos que ele institui estão situados diferencialmente, a saber, na globalidade. Enquanto os "outros da Europa" contemplam o horizonte da morte, encarando a obliteração inevitável, o racial mantém o Eu transparente na autodeterminação (interioridade) sozinho diante do horizonte da vida e desatento ao fato da razão universal governar sua existência porque ele sempre-já tem o conhecimento (controle e emulação) dela. Não é de se surpreender que as análises críticas da subjugação racial não conseguem explicar os efeitos de poder do racial. Dispersos diante da historicidade, os efeitos da racialidade são inacessíveis ao arsenal informado pela lógica de exclusão sócio-histórica exatamente porque a última assume que a tese da transparência constitui a única pressuposição ontológica moderna.[128]

Lendo Outra-mente

A partir da posição analítica demarcada pela produtividade e pela espacialidade, eu prefacio minha abordagem do racial como uma

---

128. Talvez este projeto compartilhe o que Marx considerou o erro hegeliano fundamental: a crença de que a atividade (produtiva) é um monopólio da mente racional (e seus produtos). Meu argumento é que, assim como a produção econômica, a produção simbólica — a representação — também é um processo político. Eu herdo essa perspectiva das versões do materialismo histórico do século XX, como a de Williams (1977) e a de Gramsci (1999).

estratégia moderna político-simbólica com perguntas que a leitora talvez considere contraproducentes, como, por exemplo: O que precisa ser articulado no texto do Homem, mas que nunca pode se tornar seu *locus* de emergência? O que precisa ser diferido, pois, do contrário, irromperia de uma maneira que tornaria a fala do Eu transparente problemática? Como abandonam a proteção moral que a historicidade oferece, essas questões guiaram meu rastreamento da trajetória da autoconsciência — desde o seu esboço no enunciado inaugural cartesiano, que mantém a mente na interioridade, até a sua consolidação na formulação hegeliana do Eu transcendental; assim eu percebi que a exterioridade era constantemente articulada para escrever sua particularidade, mas que também era imediatamente repudiada para que a característica exclusiva do Eu transcendental, isto é, a autodeterminação, não desaparecesse. Ao retornar aos enunciados fundacionais do pensamento moderno, reuni formulações que me permitiram circunscrever o local que a exterioridade ocupa no pensamento moderno. Ao reaproximar essas formulações, eu reconfigurei a representação moderna como o conceito do texto moderno, porque demonstro como a peça da razão é descrita em dois momentos de significação, o palco da interioridade e o palco da exterioridade, cujas estratégias constituem as "metanarrativas" (da história e da ciência) nas quais sujeitos modernos emergem.

O texto moderno permite que eu descentralize a tese da transparência enquanto descrevo os gestos de significação, a saber: deslocamento, negação e engolfamento, que abordam a exterioridade como um momento ontológico (im)possível. Ao ler os enunciados fundadores do pensamento moderno, mobilizados entre os séculos XVII e XIX, eu tomo emprestado de Jacques Lacan[129] "deslocamento"

---

129. Lacan, Jacques. *Écrits: A Selection*. New York: Norton, 1977.

e "negação", ferramentas simbólicas que simultaneamente articulam e repudiam significantes do Nome do Pai, para descrever os gestos de significação mobilizados na descrição de como a razão universal desempenha seu papel soberano.[130] Cada uma dessas estruturas

---

130. Ao descrever a economia inconsciente (simbólica) em *Escritos*, Jacques Lacan (1998) indica que as duas primeiras estruturas simbólicas, deslocamento e negação, referem-se ao modo de significação que não se baseia na tese da transparência. Lacan demonstra que, enquanto descritores sobre como o sujeito emerge no Simbólico, tanto deslocamento quanto negação capturam um momento específico de fracasso da significação fálica, isto é, momentos nos quais a rede de significantes não institui o "Eu" como um sujeito transparente. No deslocamento (metonímia), Lacan explica, a identificação é interrompida conforme a conexão entre os significantes falha porque o outro — como o significante do Nome do Pai — não tem a capacidade de resolver o desejo do sujeito. Na negação, por outro lado, o significante (o outro) é declarado não existente; segundo Lacan: a negação é a declaração do próprio significante anulado; em outras palavras, o sujeito afirma a própria coisa que nega. Cada um desses movimentos exemplifica a reescrita lacaniana do sujeito, sua crítica das descrições cartesiana e hegeliana do "Eu" que representam como o sujeito do enunciado — até o ponto em que a fala anuncia a (im)possibilidade de uma (imediata) significação (de transparência) — e seus outros, como efeitos de significação, surgem simultaneamente dentro de um determinado arranjo de significantes. O que me interessa é que, na descrição de Lacan sobre essas estruturas de significação, o próprio fracasso tem um efeito produtivo. Ele institui tanto o sujeito quanto o outro que, para poder representar equivocadamente o Nome do Pai, precisa ser trazido para dentro da representação (articulado) através do seu fracasso (repudiado). Além disso, o sujeito, instituído pelo traço de significação que interrompe/ produz a significação, irrompe no Simbólico como um Eu assombrado. Contudo, o sujeito não é assombrado porque um outro (cultural, racial ou de gênero) que foi expulso ameaça retornar dentro do real, mas sim porque, como Žižek (2000, pp. 119-20) descreve de maneira interessante, o "próprio 'sujeito' não é *nada além do fracasso da simbolização*, da sua própria representação simbólica — o sujeito não é nada 'além' desse fracasso, ele surge através desse fracasso, e o *objet petit a* [o "outro"] é simplesmente uma positivação/ personificação desse fracasso" (ênfase no original). Aliás, esta leitura das estruturas simbólicas de Lacan segue o argumento de Žižek (2000), contrário ao de Butler (2000), de que, em vez de sugerir que a forma está enraizada num conteúdo particular, o momento da exclusão pressupõe particularidades que já existiam. Lacan escreve a diferença sexual como impossível, não "como um conjunto fixo de

simbólicas me permite demonstrar como o esforço em assegurar a característica exclusiva da autoconsciência, isto é, a autodeterminação — ou seja, a capacidade de saber e decidir sobre a própria essência e existência — resulta no delineamento das duas regiões simbólicas, o palco da interioridade e o palco da exterioridade, nas quais a razão universal desempenha seu papel soberano. Eu irei demonstrar que o desafio dos primeiros filósofos modernos consistia em encontrar uma maneira de sustentar a escrita do homem como uma coisa (interior) autodeterminada num modo de pensamento baseado na afirmação da possibilidade do *conhecimento com certeza*, isto é, a premissa da universalidade científica, para estabelecer que a mente tem acesso a, se relaciona com e é afetada por coisas que não são ela mesma, ou seja, coisas exteriores, e, mesmo assim, essas coisas não têm qualquer influência sobre o que determina a essência ou existência da mente. Assim, podemos dizer que eles foram capazes de repetidamente deixar de escrever o "Eu" como uma coisa afetável. Em outras palavras, o enunciado que inaugura a representação moderna tem se sustentado graças ao diferimento — deslocamento e negação — do momento da "Coisa", do "Outro", quero dizer, às recorrentes articulações e repúdios daquilo que não é a coisa *interior*, graças, enfim, a repetidas atribuições de falta de relevância ontoepistemológica ao que falha em significar autodeterminação (as coisas exteriores). Nesses enunciados fundadores, eu encontrei os componentes de duas regiões simbólicas da representação moderna: (a) o palco da exterioridade,

---

oposição simbólica 'estática e inclusão/ exclusão' [...], mas sim como a indicação de um entrave, de um trauma, de uma questão em aberto, de alguma coisa que resiste a toda e qualquer tentativa de simbolizar-lá" (Žižek, 2000, p. 110). Deste modo, ele aproxima a abordagem sobre significação de Lacan e a de Derrida (1976). Contudo, acredito que Derrida, diferentemente de Lacan, exatamente por privilegiar a fala na sua descrição do traço instável, destaca com mais sucesso como a irredutibilidade do traço instável faz com que a transparência seja uma pressuposição ontológica problemática.

onde a razão desempenha seu papel soberano como nomos universal — nesse espaço, ela é a força reguladora (restritiva) que governa as coisas do mundo que estão assujeitadas à determinação exterior, isto é, as coisas afetáveis; e (b) o palco da interioridade, onde a razão universal desempenha seu papel soberano como poesis universal, o poder produtivo (representativo) que institui as ferramentas que habitam a mente do homem.

Quando me volto aos enunciados de Hegel, eu descrevo a consolidação desses dois palcos através do terceiro gesto simbólico, o engolfamento, que transforma a exterioridade em um momento da versão da razão universal que Hegel mobiliza, isto é, a poesis transcendental, que consolida a tese da transparência como a suposição ontoepistemológica dominante. Eu argumento que essa reconciliação possibilitou os projetos de conhecimento do século XIX que finalmente localizaram a autoconsciência no palco da exterioridade. É nesse momento que encontro o surgimento do racial como uma *estratégia de engolfamento*, a estratégia político-simbólica que apreende o corpo humano e as regiões globais como significantes que demonstram como a razão universal constitui diferentes tipos de autoconsciência, isto é, como um efeito das ferramentas produtivas que instituem diferenças irredutíveis e insuprassumíveis.

Então, com a noção de engolfamento, eu descrevo como sujeitos modernos surgem a partir da mobilização simultânea de duas estratégias de significação que correspondem a duas regiões da representação moderna, a saber: (a) o *campo da história*, cujo modo de significação específico eu capturo com o conceito de *texto histórico*, no qual o sujeito surge como um efeito do desdobramento da poesis transcendental, na qual a historicidade (interioridade-temporalidade) constitui o contexto ontológico privilegiado, e (b) o *campo da ciência*, cujo modo de significação específico eu capturo com o conceito de *texto científico*, no qual a autoconsciência e configurações sociais são representadas como efeitos das ferramentas do nomos produtivo, no qual a globalidade (exterioridade-espacialidade) constitui o contexto ontológico privilegiado. Com o texto moderno, eu proponho uma leitura da representação moderna que recupera o racial como uma arma político-simbólica, uma estratégia de engolfamento, cujo efeito crucial é produzir corpos humanos e regiões globais como significantes da peça produtiva da razão universal. Cada um dos textos corresponde a uma perspectiva a partir da qual eu abordo a analítica da racialidade: (a) a análise de seu contexto de emergência, a qual eu reconfiguro ao mobilizar o texto moderno na escavação de seus enunciados fundadores; (b) a análise de suas condições de produção, que eu analiso como a noção de texto científico, a qual guia minha análise dos projetos de conhecimento do homem e da sociedade que, ao mobilizarem o racial como uma ferramenta do nomos produtivo, constituem a globalidade como um contexto ontológico; e (c) a análise de seus efeitos de significação, na qual eu mobilizo a noção de texto histórico, a qual presume a historicidade como o contexto de surgimento dos sujeitos modernos, como no caso das narrativas nacionais. A minha análise das figurações pós-coloniais da coisa histórico-jurídica — num tipo particular de texto histórico, a saber, o *texto nacional* — mostra como os sujeitos políticos modernos emergem da articulação simultânea de significantes científicos e históricos.

A partir de uma posição analítica que lida com a representação moderna como um contexto político-simbólico composto por estratégias de engolfamento, eu demonstro como a escrita do nome próprio do homem, a escrita do Eu transparente, também é um efeito da racialidade. Pois escolho *engolfamento* para descrever os efeitos produtivos das estratégias de significação (científicas e históricas) modernas exatamente porque, como metáfora espacial, esse termo suspende momentaneamente a tese da transparência, a suposição ontológica consolidada na poesis transcendental hegeliana. Por situar o poder e o desejo no "lugar do intervalo" — que, como Luce

Irigaray[131] propõe, transmite uma sensação de "deslocamento do sujeito ou do objeto nas suas relações de proximidade ou distância" —, o engolfamento (como uma explicação sobre o poder produtivo ou violência "parcial") abre uma posição crítica que não inscreve os sujeitos modernos e as configurações sociais na transparência. O engolfamento, usado aqui por fazer referência a um dos possíveis relatos do poder/ desejo feminino, suspende a narrativa falocêntrica — informando os conceitos de poder através das noções de dominação, penetração e opressão — que escreve a Europa pós-iluminista como o último ato da peça da razão universal que resolve, esconde ou dissipa todo o resto no autodesdobramento do Eu transcendental. Por esse motivo, porque o gesto que engole (trans)forma sem destruir, a crítica do engolfamento não escreve os nativos de outrora como "Eus" *afetáveis*, nem desvela os sinais do-que-foi-antes como resistência, um gesto que tenta recuperar o nativo como sempre-já sendo uma autoconsciência, uma coisa histórica, um-outro Eu transparente menor. Como os conquistadores e nativos de outrora foram (trans)formados pela analítica da racialidade, o aparato político-simbólico que os esculpe como sujeitos globais, espero que esta crítica da representação moderna mostre como o racial, exatamente por ameaçar e garantir a coerência e consistência da tese da transparência, necessariamente institui o Eu transparente e seus outros como sujeitos instáveis — portanto, o racial anuncia (a possibilidade de) narrativas ontoepistemológicas que não (re)produzam as regiões da transparência e as regiões da afetabilidade que compõem a configuração global contemporânea.

---

131. Irigaray, Luce. *An Ethics of Sexual Difference.* Ithaca, N.Y.: Cornell University Press, 1993, p. 8.

A seguir...

Embora a minha rejeição da lógica da exclusão sócio-histórica possa constituir uma violação ética, as páginas seguintes vão mostrar que não se trata de uma ruptura radical com a representação moderna. Quando remoldo a representação moderna como texto moderno, tento apagar a distinção (que assombra a "pós"-crítica do pensamento moderno) que força a escolha entre universalidade e historicidade. Essa distinção — que, a propósito, não acho irrelevante — só se tornou significativa quando ambas (universalidade e historicidade) foram compreendidas pelo princípio da transcendentalidade apresentado pela versão hegeliana da razão transcendental, a qual subsume a exterioridade à interioridade. Meu argumento é que a universalidade e a historicidade apenas ganham autoridade ética quando a transparência é adotada como um atributo das coletividades que ambas instituem como sujeitos modernos, seja como atributo da razão (como a base para os atos de fala de Habermas), seja como um atributo das "culturas locais" traduzíveis (de Butler), ou até mesmo das novas subjetividades políticas (de Laclau e Mouffe). Enfim, essas apresentações das coletividades morais, unificadas pela racionalidade (universalidade) ou pela contingência (historicidade), pressupõem a tese da transparência porque supõem que a interioridade detém tudo que é necessário para fabricar sujeitos modernos.

É por isso que nenhum remapeamento radical da configuração global contemporânea deveria rearranjar a universalidade e a historicidade ou se apoiar nelas. Como os subalternos globais hoje habitam o lugar ético que o arsenal da racialidade produz — quero dizer, voltados para o horizonte da morte, eles estão perigosamente postos diante do momento da transparência —, a tarefa crítica urgente é lidar com o regime de significação que compõe esse horizonte de existência. Como contribuição a essa tarefa, reconhecendo os poderes produtivos da "Vontade de Verdade" moderna, em particular o arsenal e os efeitos da significação científica, aqui eu mapeio o texto moderno, o contexto de significação produzido por ela. Entre outros resultados, este mapeamento do contexto de emergência do arsenal da racialidade desloca a tese da transparência, isto é, da suposição ontológica que informa tanto (a) as críticas da universalidade jurídica, que mobilizam a lógica de exclusão sócio-histórica para explicar a subjugação social quanto (b) as análises raciais críticas que se baseiam na historicidade, críticas que tentam levantar "o véu" e exibir o subalterno racial na transparência. Esse gesto demanda a recuperação da universalidade científica das águas da poesis transcendental, responsável por instituir a transcendentalidade como o princípio ético que guia a escrita da consciência e configuração social da Europa pós-iluminista na transparência. Conforme escavo o local da razão que a peça da razão científica compõe, ou seja, o palco da exterioridade, encontro o regime de produção da racialidade nos projetos científicos que tentam descobrir como as "leis da natureza" produzem configurações mentais e sociais. Demonstrarei que sem esse arsenal político-simbólico seria impossível manter o que a poesis transcendental promete, mas não pode cumprir, porque ela é restringida pela interioridade, isto é, pela delimitação do momento da transparência. Pois o arsenal da racialidade garante exatamente isso ao produzir tanto (a) os sujeitos (subalternos) afetáveis, que podem ser excluídos da universalidade jurídica sem que qualquer crise ética ocorra, quanto (b) as coisas autodeterminadas que deveriam desfrutar das garantias oferecidas e protegidas pelo princípio da universalidade que supostamente governa as configurações sociais modernas.

Foi precisamente a desatenção à forma como a universalidade científica rege estratégias de subjugação racial que permitiu a celebração ou o luto pela morte do Sujeito, que marcou a década de 1980 — quero dizer, os gestos apressados que reconstruíram os outros culturais (da modernidade) como sujeitos transparentes menores. Décadas depois, esses subalternos (histórico) culturais, ainda assujeitados à expropriação econômica, deparam-se com a força da lei (universalidade jurídica) quase que exclusivamente na sua forma punitiva, através do policiamento de imigrantes e refugiados e da ameaça da arrogante violência neoimperial. Assombrado pelo que se encontra diante dele, este livro enuncia suas próprias limitações. Entretanto, não reivindico ingenuidade. Meu projeto existe somente por causa dessas críticas recentes do pensamento moderno — incluindo as contribuições pós-modernas, pós-estruturais e feministas e os melhores exemplos de escritas pós-coloniais (com todas as suas justaposições/ sobreposições) que descentralizam e "provincializam" a Europa. Minha esperança é levar a tarefa crítica adiante, através de um embate com a representação moderna que não permaneça preso aos seus termos. Não afirmo ter encontrado uma posição crítica fora da representação moderna. Eu simplesmente ofereço uma contraontologia moderna, isto é, uma escavação seletiva do pensamento moderno que busca por aquilo que precisa ser diferido, mas jamais obliterado, nas construções do Eu transparente, o *homo historicus*, com o intuito de escrever a trajetória deste último Outra-mente.

3. A peça da razão

> O que busco na fala é a resposta do outro. O que me constitui como sujeito é minha questão. Para me fazer reconhecer pelo outro, só pronuncio aquilo que foi com vistas ao que será. Para encontrá-lo, chamo-o por um nome que ele deve assumir ou recusar para me responder. Eu identifico a mim mesmo na linguagem, mas apenas ao me perder nela como objeto. O que se realiza em minha história não é o passado simples daquilo que foi, uma vez que ele já não é, nem mesmo o perfeito composto do que tem sido naquilo que sou, mas o futuro anterior do que terei sido para aquilo em que me estou transformando.
> — JACQUES LACAN, *Escritos*

O que a história realiza quando "vir-a-ser" se desdobra diante do horizonte da morte? Exatamente por apresentar uma resposta a essa pergunta, o "fato da negridade" de Frantz Fanon oferece um ponto de partida poderoso para a crítica da transparência. Porém, não como a historicidade dominante impõe, ao descrever um sujeito negro ou branco com o olhar amedrontado, trêmulo, atrás do véu da transparência elusiva. Seja o que for que a negridade ameace levar para a representação (moderna), tornará a fala do homem uma, e apenas uma, referência possível ao contexto ontológico no qual o negro e o branco surgem enquanto tais. Pois se o sujeito do "problema racial" é uma "dupla consciência", como W. E. B. Du Bois descreve, ele o é somente porque anuncia um "outro" homem, cujo surgimento reanima, como o enunciado de Fanon evoca, a assombração que institui a autoconsciência, convidando a um retorno aos enunciados fundadores da representação moderna para recuperar as formulações que articularam o sujeito.

Minha tarefa neste capítulo é descrever o primeiro momento dessa escavação, ou seja, o mapeamento do contexto de emergência da analítica da racialidade. Aqui eu mostro como o horizonte da morte foi montado com enunciados que descrevem a forma pela qual a razão desempenha seu papel soberano. Desde os primeiros passos da trajetória ascendente da autoconsciência, começando pelo enunciado inaugural de Descartes, eu rastreio os gestos de significação, isto é, deslocamento e negação, que simultaneamente garantiram a prerrogativa ontoepistemológica da mente e asseguraram que ela seria escrita como uma coisa interior num universo de representação sustentado pela reconstrução científica da razão como regente universal (exterior). Eu demonstro como a articulação e o repúdio das coisas exteriores em considerações ontoepistemológicas diferem da ameaça de que a mente seria submetida ao novo soberano, o nomos universal, introduzido ao pensamento ocidental pelos organizadores da ciência moderna. Ao lidar com o dilema da autoconsciência, eu identifico nos enunciados filosóficos do século XVII como o deslocamento da exterioridade ocorre na fabricação das duas cenas usadas em descrições do desempenho do papel soberano pela razão: (a) a cena da regulação, na qual a razão se torna o nomos universal, uma força restritiva ou reguladora, refigurada pela universalidade, e (b) a cena da representação, na qual a razão se torna um poder produtivo, refigurada pela historicidade. Essas cenas me ajudam a reunir as formulações que compõem dois momentos ontoepistemológicos, a saber, o palco da exterioridade e o palco da interioridade, montados a partir das descrições de como a mente e as coisas da natureza estão situadas diante da razão universal. Cada palco corresponde a uma região de significação — ciência e história, respectivamente — que, juntas, compõem a representação moderna. Nas reescritas das cenas da razão no século XVIII, eu identifico outro gesto, a negação da exterioridade, no enunciado que afirma que a razão universal apenas atua no universo porque as ferramentas de conhecimento e os pilares da moralidade residem exclusivamente na mente humana:[132] na reformulação kantiana da cena da regulação, que se dá quando Kant localiza as condições de possibilidade para o conhecimento científico no Entendimento, e na reformulação de Herder da cena da representação, que se dá quando ele postula que na reflexão e na linguagem residem as condições de possibilidade para a unidade moral. Nesse momento da filosofia moderna, eu localizo a montagem inicial do palco da interioridade, no qual os temas do Transcendental e do Histórico consolidam a universalidade e a historicidade como as descritoras ontoepistemológicas privilegiadas. Embora nas articulações de Kant e Herder a universalidade e a historicidade obtenham atributos que serão refigurados quando estas são mobilizadas nos relatos ontoepistemológicos modernos, elas só são autorizadas quando resolvidas na formulação hegeliana, a qual transforma a peça da razão na poesis transcendental, ou seja, ao descrever o autodesdobramento e a autorrepresentação do Eu transcendental.

Com essa refiguração da representação moderna, torna-se possível situar o rearranjo epistemológico, isto é, a fabricação da analítica da racialidade, o momento no qual a autoconsciência finalmente

---

132. Muitas pessoas já reconheceram sua engenhosidade: como sua reescrita da autoconsciência apropria-se de enunciados anteriores e simultaneamente significa uma realização única, enquanto fundamenta essa reescrita em fundações anteriores do pensamento moderno. Certamente, a genialidade de Hegel fica evidente ao, através da noção do espírito, fornecer a fundamentação moral que as formulações liberais não possuíam (Habermas, 1987) e resolver a oposição entre razão e paixão, natural e humano, e assim por diante (Taylor, 1975).

adentra o palco da exterioridade com os projetos de conhecimento do homem e da sociedade mobilizados cerca de trezentos anos após o enunciado inaugural cartesiano. Nenhuma das versões da peça da razão universal — como demonstro neste e nos próximos capítulos — possibilitou que as ferramentas da razão científica fossem utilizadas para "descobrir" a "verdade" da coisa interior. Pois a asserção da primazia ontoepistemológica da razão científica dependia tanto da sua intimidade com esse novo rearranjo do logos quanto da necessidade da razão de permanecer uma reguladora (exterior) universal, da qual advém a particularidade da representação moderna. Nem mesmo as formulações hegelianas que resolvem o *nomos* e a *poesis* na poesis transcendental — responsáveis por, como mostro no próximo capítulo, remoldar a autoconsciência como *homo historicus,* o Eu transparente (interior-temporal) — são capazes de dissipar totalmente essa ameaça fundamental. Logo, não surpreende que, algumas décadas depois, o próprio *homo historicus* se tornaria objeto da razão científica nos projetos de conhecimento do século XIX dedicados a descobrir a verdade do homem. Meu mapeamento do contexto de emergência da analítica da racialidade identifica e expõe a exterioridade no cerne da poesis transcendental de Hegel. Sem esta preparação do terreno, que recupera o campo da ciência como um domínio de produção de estratégias político-simbólicas, seria impossível efetuar a descrição dos efeitos de significação do racial e especificar o papel que ele desempenha quando mobilizado nas narrativas ontológicas modernas. Enfim, com este rearranjo dos enunciados fundadores da representação moderna, eu componho os dois horizontes ontológicos, a historicidade e a globalidade, com o intuito de remoldar a autoconsciência como *homo modernus*, isto é, como o produto dos dois arsenais — as narrativas históricas e científicas — da razão produtiva.

O dilema da autoconsciência

Embora a autoconsciência tenha sido esboçada em enunciados que rejeitaram considerações metafísicas e religiosas, o *homo historicus*, o Eu transparente, deve sua posição ontoepistemológica privilegiada aos filósofos modernos. Durante trezentos anos, eles tentaram manter a mente fora do alcance das determinações advindas da toda-poderosa razão. Para fazer isso, os filósofos modernos reescreveram repetidamente a premissa fundamental do pensamento ocidental, a saber: a primazia ontoepistemológica da interioridade. A tarefa autoimposta pela filosofia ocidental — expor a "verdade das coisas" — só se tornou possível depois que Parmênides estabeleceu a distinção entre as coisas apreendidas pelos sentidos e as coisas como entidades [*ón*], ou seja, apreendidas pela mente [*noûs*], postulando assim a conexão fundamental entre *ón* e *noûs*. Assim os enunciados que atribuem supremacia ontoepistemológica à mente, à coisa interior, foram consolidados com a distinção de Platão sobre um mundo dos fenômenos (as aparências enganadoras) e um mundo das ideias (a "verdadeira essência" das coisas) e com a especificação articulada por Aristóteles sobre as ferramentas necessárias para conhecer as coisas como entidades. Logo, percebe-se que desde o início a prerrogativa da mente como uma coisa que conhece se basearia numa suposta intimidade com o logos (razão e palavra). Apenas mais tarde em sua trajetória, nos escritos de estoicos como Epíteto e Cícero, e nos textos de Santo Agostinho, que a autodeterminação seria adicionada enquanto característica (moral) exclusiva da coisa racional. A meu ver, a necessidade de assegurar essa característica exclusiva foi precisamente o que ocupou os filósofos modernos a partir do momento em que a razão foi remoldada como a regente e produtora secular do universo, como uma força restritiva ou reguladora exterior. Foi essa refiguração da razão que ameaçou transformar a mente em mais uma outra coisa do mundo.

Seguindo o postulado aristotélico de que a vida feliz é a vida do "homem racional", os estoicos declararam que o "homem virtuoso" vive de acordo com a natureza (racional) divina, que a autodeterminação (autosuficiência e a autodisciplina) distingue a boa vida.[133] No Estoicismo, a razão e a liberdade caminham juntas porque a mente participa da natureza do autor e regente divino, que é "a força vital que criou todas as coisas nesse universo internamente conectado" e "a inteligência cósmica, que governa o universo de dentro".[134] É a partir desse postulado que advém o lugar único do ser humano entre outras criaturas, pois somente ele pode ter uma "vida virtuosa", uma existência racional, autodeterminada e autodisciplinada. No século XV, a fusão do catolicismo e do estoicismo feita por Santo Agostinho transformou a racionalidade (autorregulação) e a vontade (autodeterminação) em atributos exclusivos da alma, a dimensão interior dos seres humanos a partir da qual eles puderam acessar, daquele momento em diante, o autor e regente divino judaico-cristão. Para Agostinho, só seria possível vencer a luta pela autodeterminação através do abandono das paixões corporais. Afinal, a alma racional

---

133. Para o filósofo romano Cícero (1994), a virtuosidade moral é possível porque a "natureza e a razão" conferiram aos seres humanos a capacidade de compreender a causalidade. Eles aplicam essa habilidade ao examinarem suas próprias condutas e assim garantem uma alma moralmente boa, que não é influenciada por "circunstâncias externas", "livres de todas as paixões [...], de toda e qualquer emoção, desejo ou medo que possam perturbá-la" (Cícero, 1994, p. 34). Para Epiteto, o "homem virtuoso" opta pela mente sobre o corpo e assim concretiza sua natureza ao exercer a vontade, a faculdade da mente humana que guia as faculdades menos importantes (os sentidos) do corpo. Pois a autodisciplina, como qualidade da vontade, a capacidade que a mente tem de tomar decisões, de escolher um determinado plano de ação independentemente de determinantes exteriores, é uma dádiva do regente divino, de Zeus, que deu aos homens uma "porção da nossa divindade, esta faculdade do impulso de agir e não agir, da vontade de possuir e vontade de evitar" (citado em Albert et al., 1969, p. 85).
134. Albert, Ethel M.; Denise, Theodore C.; Peterfreund, Sheldon P. *Great Traditions in Ethics*. New York: Van Nostrand Reinhold, 1969, p. 86.

encontra a liberdade quando a vontade humana realiza a si mesma na vontade do criador sobrenatural.[135] No século XVII, a relação entre razão e liberdade se tornou central quando a autodeterminação da mente foi ressignificada numa reformulação da busca pela "verdade das coisas".[136] A partir de então, para se chegar ao *conhecimento com certeza*, não era mais possível se apoiar num autor e regente sobrenatural, nem em propriedades comuns compartilhadas pela mente e outras coisas do mundo. Agora, o homem só poderia se basear na intimidade da mente com a razão, o que era sua qualidade exclusiva como coisa autocognoscente, para sustentar o argumento de que somente ele poderia decifrar a totalidade ordenada das coisas criadas, o universo designado pela vontade racional divina, isto é, a natureza.

Ao rastrear a trajetória da autoconsciência, reúno enunciados que, ao reescreverem a intimidade da mente com a razão universal, atestam sua autodeterminação e buscam assegurá-la na interioridade, na qual ela (a mente) não é afetada pelas determinações da regente secular ou pelas coisas estendidas que a regente (razão universal) regula e controla. O que demonstrarei é como esse gesto inaugura uma assombração: a possibilidade de a exterioridade ad-

---

135. No ensaio "Que é liberdade?", Hannah Arendt ([1960] 2000) argumenta que a narrativa de Agostinho produz uma interiorização do poder e da liberdade de uma maneira que não existe na filosofia ocidental antiga e, desse modo, marca a concepção moderna do político como o momento da alienação da liberdade. "Se o homem possui vontade", destaca Arendt (p. 452), "ela sempre parece surgir como se duas vontades estivessem presentes no mesmo homem, duelando para dominar sua mente. Portanto, a vontade é tanto poderosa quanto impotente, livre e não livre".

136. Filósofos medievais, como Tomás de Aquino, Duns Scotus e William de Occam, também lidavam com esses temas: criação, lei natural (universal ou divina), racionalidade, conhecimento e livre-arbítrio, e assim por diante. Contudo, apesar de indagarem como a alma racional era capaz de partir da compreensão dos universais e da multiplicidade das coisas e tentarem indicar o que distingue os seres humanos das outras coisas criadas, produzindo assim distinções no "mundo dos homens", para eles, o acesso à "verdade" de que a mente gozava era guiado pelo criador e regente sobrenatural do universo.

quirir a prioridade ontológica. Isso ocorre porque na ciência, que é a versão da busca pela "verdade" na qual o pensamento moderno baseia sua particularidade, o *conhecimento com certeza*, isto é, o "verdadeiro" conhecimento, depende tanto do (a) uso do corpo humano, a dimensão exterior do sujeito do conhecimento através da qual ele se relaciona com as coisas que busca conhecer, quanto da (b) reescrita da razão como a fundação (exterior) universal compartilhada pela mente e por essas coisas. Como o pensamento ocidental desde o início atribuiu ao corpo posição e qualidades inferiores (extensão, matéria, o concreto, etc.), ao mesmo tempo que escrevia a mente de modo que ela significasse as qualidades legítimas do logos (pensamento, forma, o abstrato, etc.), não é surpreendente que a reescrita do homem na interioridade tenha demandado o repúdio do corpo humano e de tudo que compartilha seu atributo principal, isto é, a extensão.[137] Embora consistente e, admito, necessário, esse gesto não foi suficiente. Já que a irrelevância ontoepistemológica do cor-

---

137. Embora eu reconheça que a minha discussão nesta parte do livro aborda um tema já tratado por muitos filósofos e teóricos da contemporaneidade, como, entre outros, Richard Rorty (1979) e Slavoj Žižek (1999), eu decidi não lidar diretamente com suas leituras da filosofia moderna e suas noções da autoconsciência (sujeito, a mente, "eu"), porque isso tornaria minha tarefa de fornecer uma narrativa concisa sobre como a articulação e o repúdio da exterioridade têm sido crucial para a manutenção do dualismo que sustenta a noção da mente — ou do mental, conforme Rorty parece preferir — que organiza a representação moderna praticamente impossível. O *cogito* tem sido denunciado ou rejeitado com o intuito de ser fragmentado e depois remontado em diversos outros-lugares (não ocidentais), sob muitos disfarces e com vários propósitos diferentes, e, às vezes, contraditórios. Na medida em que meu projeto também é uma repetição do desejo de exorcizar esse espectro, eu não o visualizo como outra denúncia ou rejeição da coisa pensante, e sim como algo mais próximo do projeto de Žižek (1999, p. 2), no qual ele argumenta que a crítica pós-moderna do pensamento moderno é assombrada pelo fantasma cartesiano e explicitamente retorna ao *cogito* para tentar desenterrar o "o contrário esquecido, o miolo excessivo do *cogito*". Entretanto, diferentemente de Žižek, não estou interessada nas implicações ou efeitos psicológicos ou analíticos do reposicionamento do sujeito na cena da morte.

po humano teve que ser reproduzida em todo enunciado articulado posteriormente, cada um deles repetiu esse gesto, essa escrita da diferença que a mente representa em relação ao corpo humano e às coisas do mundo. Entretanto, ao fazê-lo, cada enunciado reinvocou aquilo que permanecia afastado, fora, do lugar da forma [*seat of form*] ou "espírito". Consequentemente, os enunciados que esboçam o palco da interioridade como a propriedade privilegiada da autoconsciência também esboçam o palco da exterioridade (natureza), o domínio habitado pelas coisas estendidas e, portanto, afetáveis, que o conhecimento científico aborda; ou seja, a dimensão que ameaça assinalar um lugar para o homem e assim minar sua escrita como interioridade (racional/ autodeterminada).

A coisa interior

Eu encontro no delineamento da autoconsciência um enunciado que estabelece a primazia ontoepistemológica da *interioridade*, novamente reafirmando que a capacidade da mente de conhecer com certeza apoia-se na sua intimidade com o *logos*. Em *Meditações metafísicas*, René Descartes[138] inaugurou o relato moderno da mente autodeterminada, num enunciado que funde ser e conhecimento a partir do momento em que ele confere primazia ontoepistemológica ao *res cogitans*, à coisa pensante. Das coisas que existem, essa é a única cuja essência está na capacidade de determinar, de "decidir sobre", sua própria essência e existência. Em outras palavras: o enunciado inaugural cartesiano une ser e verdade quando a ontologia e a epistemologia são resolvidas num ato (formal) puramente interior, isto é, o pensamento. Esse feito exigiu um gesto significativo ousado: o

---

138. Descartes, René. *Meditations on First Philosophy*. Cambridge: Cambridge University Press, [1641] 1986.

deslocamento da exterioridade, a declaração da sua irrelevância ontoepistemológica, em duas formulações que articulam e repudiam coisas (exteriores/ afetáveis) estendidas. Na primeira formulação, Descartes reafirma a irrelevância ontológica daquilo que no homem não compartilha o privilégio da mente: o corpo humano. Apesar de descrever o homem como uma composição entre mente e corpo, ele postula que "simplesmente por saber que eu existo e, ao mesmo tempo, ver que absolutamente nada mais pertence à minha natureza ou essência a não ser o fato de eu ser uma coisa pensante, eu posso afirmar corretamente que a minha essência consiste somente no fato de que sou uma coisa pensante [...]. Logo, é certo que sou distinto do meu corpo e posso existir sem ele".[139] Esse enunciado simultaneamente articula e repudia o corpo humano, já que reconhece sua necessidade de definir, mas afirma a inabilidade do próprio corpo em significar, a essência e existência do homem.

Entretanto, a afirmação da primazia ontológica da coisa interior — a mente — não soluciona a principal preocupação de Descartes: estabelecer a capacidade da mente de *conhecer com certeza* as coisas estendidas (materiais, sensíveis, etc.). A segunda formulação postula que tudo fora e diferente da mente não desempenha qualquer papel no processo de determinar o ser e a verdade. Ou seja, a declaração da irrelevância ontoepistemológica das coisas estendidas exige outras três etapas que estabelecem a supremacia epistemológica da coisa pensante: (a) o enunciado de que a afetabilidade do corpo humano e das coisas os transformam em, respectivamente, uma ferramenta não confiável e a base do conhecimento; (b) a afirmação de que somente o pensamento (reflexão, entendimento, julgamento) desempenha o papel determinante no conhecimento; e (c) a determinação de um conjunto de critérios formais para a verdade e para sua justificativa. A afirmação da primazia ontoepistemológica da interioridade

---

139. Descartes, [1641] 1986, p. 54.

exige que o conhecimento não dependa nem de um corpo humano, através do qual o sujeito se relaciona com o que busca conhecer, ao receber impressões das coisas — ou seja, sendo afetado —, nem das próprias coisas exteriores. Primeiro, Descartes postula: o que pode ser conhecido *com certeza* não são as características mutáveis e não confiáveis das coisas: formato, sabor, cheiro e afins, ou seja, os atributos apreendidos através dos sentidos, mas sim suas qualidades (abstratas) permanentes (o fato de serem "estendidas, flexíveis e móveis"), as quais só podem ser compreendidas pela mente racional. "Pois o conhecimento da verdade sobre tais coisas parece pertencer somente à mente", ele argumenta. Logo, ele erra ao tratar essas impressões "como critérios confiáveis para o julgamento imediato sobre a natureza essencial dos corpos localizados fora de nós".[140] Segundo, Descartes também rejeita volições e emoções ao postular que a busca pela certeza no conhecimento, a busca pela "verdade", é somente da alçada do intelecto; assim, ele tenta estabelecer por que a verdade ou a falsidade somente se relacionam aos julgamentos, isto é, às operações do intelecto. Apenas essas duas categorias fazem parte da resolução que ele encontrou para o problema da certeza. Terceiro, ao determinar o critério da (a base para a) verdade, Descartes postula que o único critério para a verdade reside naquilo que a mente é capaz de perceber tão "clara e distintamente" quanto como percebe a si mesma e ideias matemáticas. Entretanto, porque a coisa pensante, a coisa interior, ou seja, o homem, é uma substância formal finita e imperfeita, ela não pode constituir a única premissa para a asserção da verdade. Para alcançá-la, a mente depende do regente e autor divino, que, a partir de então, é transformado numa figura racional, isto é, na ideia (forma) da perfeição, a essência e a causa daquilo que é apreendido pela mente com clareza e distinção, ou seja, a verdade. É dessa "substância suprema" que a mente recebe as percepções claras

---

140. Descartes, [1641] 1986, p. 57.

e distintivas, as características abstratas das coisas estendidas (comprimento, formato, movimento, etc.), objetos matemáticos e afins.[141]

Ao delinear a autoconsciência, Descartes remolda a mente como o Eu formal, a coisa pensante, a única base para qualquer narrativa ontológica e epistemológica. Essa recentralização da mente, a coisa interior, é alcançada através de três manobras que efetuam o deslocamento da exterioridade: (a) o repudio ontológico do corpo humano através do argumento de que apenas o pensamento define a existência e essência do homem; (b) a desqualificação epistemológica do corpo humano e das coisas que o afetam; e (c) o repúdio ontoepistemológico da "matéria": do conhecimento, das coisas estendidas (exteriores ou afetáveis), cuja essência e existência são determinadas pela divindade, que a partir de então perde qualquer aspecto sobrenatural, tornando-se forma. Essas formulações, que articulam e repudiam as coisas exteriores num texto preocupado com as condições de possibilidade de conhecer (saber) a "verdade das coisas", indicam por que foi necessário escrever o fracasso da exterioridade em significar o modo legítimo ("verdadeiro") do ser do homem: a atribuição da afetabilidade — isto é, a falta de capacidade do homem para decidir sobre sua própria essência e existência —, ou seja, a determinação exterior. Em outras palavras, Descartes precisa articular as coisas estendidas (o corpo humano e os objetos sensíveis do conhecimento), escrevendo suas irrelevâncias ontoepistemológicas para que o homem, o sujeito do conhecimento, não se torne uma coisa cuja existência e essência também são determinadas exteriormente, isto é, não seja uma coisa afetável. No entanto, o homem é uma coisa do mundo, pois seu corpo o situa naquilo que não pode ser resolvido na qualidade distintiva da mente: a interioridade. Além disso, ele também pertence à exterioridade, onde ele é e existe como qualquer outra coisa afetável do mundo; assim, como o homem não é nem existe sem seu corpo, a

---

141. Descartes, [1641] 1986, p. 48.

exterioridade continuaria a ser um fantasma a assombrar todas as remoldações posteriores da autoconsciência.

Nem o desprezo pelo pensamento grego nem a rejeição pelo cristianismo do corpo humano evitaram o "retorno" da exterioridade nas intervenções que reasseguram a primazia ontoepistemológica da mente. Tampouco o deslocamento inaugural da exterioridade feito por Descartes a impediu de retornar nas remoldações posteriores do "Eu", por uma simples razão: sem a ideia das coisas exteriores, a interioridade — o atributo distintivo da mente — não pode ser articulada. Até o século XVII, essa necessidade aparecia nos pares opostos: mente/ corpo, razão/ sensação, forma/ matéria, que estabeleciam o acesso da mente ao ser e ao significado, ao Logos ou a Deus. Entretanto, na filosofia moderna, essa necessidade se tornou uma ameaça que só podia ser adiada através de enunciados que garantissem a intimidade da mente com a razão universal, ao mantê-la fora do palco no qual ela performa a peça do poder. Isso acontece porque o pensamento moderno é sustentado por uma abordagem da verdade — o conhecimento científico — que se apoia justamente na possibilidade de lidar com as coisas exteriores. Em outras palavras: no pensamento moderno, o repúdio ontoepistemológico da exterioridade torna-se uma necessidade.[142]

A razão científica

Depois das "descobertas" de Copérnico, Galileu e Kepler, a "Vontade de Verdade" não abordaria a coisa-em-si nem contemplaria as

---

142. Na formulação grega, o corpo já foi apresentado como uma ferramenta útil, porém dispensável, do conhecimento; em *Física*, Aristóteles afirma que o conhecer resulta das descobertas de "princípios, condições ou elementos"; já a "percepção sensória" lida com as generalidades.

intenções do autor do universo. Buscando mais do que descrever a textura do universo, o conhecimento, através da ciência, lidaria com os movimentos (afetações) das coisas, isto é, os efeitos (materiais) das ações, da peça da vontade racional que ordena o universo. Apesar de não rejeitarem o postulado de Aristóteles de que o conhecimento deveria abordar os princípios, condições e causas, os escritores da razão científica não estavam preocupados com "ser", "essência" e "causas finais". Os enunciados que delineiam o campo da ciência, pelo contrário, estabelecem que o sujeito do conhecimento está interessado naquilo que determina que o "mundo das coisas" apareça como tal, buscando descobrir como a razão universal (ou seja, o poder ou força que o governa) funciona, porque isso ajudaria no projeto de submeter à vontade humana as coisas que existem. Encontro aqui a montagem do palco da exterioridade, no qual a razão desempenha o papel da força (restritiva ou reguladora) exterior que governa como as coisas aparecem, aquilo que faz com que afetem a si mesmas (mudança) e umas às outras (movimento). Ou seja, no nomos universal, essa primeira articulação da razão como soberana secular — na universalidade científica —, o sujeito do conhecimento permanece fora do escopo do conhecimento, pois a verdade da autoconsciência permanece além do alcance das ferramentas do conhecimento. No entanto, exatamente porque o sujeito do conhecimento contou com aquilo que ele compartilha com as coisas, isto é, seu corpo, para conhecer o mundo das coisas, ele tornou possível que a autoconsciência também fosse subordinada à regente poderosa, quer dizer, fosse remoldada como uma coisa afetável. Uma possibilidade que só pôde ser explorada cerca de dois séculos depois pelos escritores da racialidade, depois que Hegel resolveu "causas" em "essências", "verdade" em "ser" (existência) e, sobretudo, exterioridade em interioridade, ao (re)escrever a mente do homem como produto, ferramenta e matéria-prima da mente transcendental. No delineamento do campo da ciência, a mente não se torna uma coisa como qualquer outra, ou receptáculo da informação divina. Nele, a mente apropria-se das impressões coletadas pelo corpo afetável e combina os poderes especiais que recebe do autor e regente divino (o entendimento e a vontade), para buscar as ferramentas, as "leis", que ele usa no ordenamento de suas criações menores, isto é, as coisas da natureza.

Em *Novum Organum*, Francis Bacon[143] fornece um plano geral para a tarefa científica. Ao repudiar explicitamente as preocupações clássicas e medievais com a metafísica e a religião,[144] ele argumenta que o objetivo do conhecimento é expandir o poder humano, descobrir as "causas formais" que operam no mundo das coisas para tornar possível a replicação de seus efeitos. Bacon afirma:

> Ainda que na natureza, de fato, nada exista além de corpos individuais que performam atos puros individuais, segundo uma lei fixa na filosofia, essa mesma lei, sua investigação, descoberta e explicação, é a fundamentação, tanto do conhecimento como da operação. E é desta lei, com suas causas, de que eu falo quando discorro sobre a Forma.[145]

Para desvelar essa lei, o sujeito cognoscente se apoia naquilo que compartilha com os fenômenos que investiga: seu próprio corpo afetável, que aqui se torna um instrumento da mente racional. Bacon argumenta:

> Os sentidos, que são a porta do intelecto, são afetados apenas pelos indivíduos. As imagens daqueles indivíduos — as impressões realiza-

---

143. Bacon, Francis. *New Organon*. New York: Liberal Arts Press, [1620] 1960.
144. A linguagem e a confiança do antigo discurso científico e do projeto colonial europeu — especificamente a ênfase no movimento, na descoberta e no controle — respaldam o argumento de Foucault sobre o relacionamento fundamental entre o conhecimento moderno e o conceito de político. E, mesmo assim, por cerca de duzentos anos, o conhecimento científico não seria mobilizado para explicar as diferenças entre europeus e outros habitantes do espaço global.
145. Bacon, [1620] 1960, pp. 119-20.

das nos sentidos — fixam-se na memória e adentram-na, no primeiro momento, inteiras e inalteradas, exatamente como surgem. A mente humana, então, revê e pondera sobre elas; e, logo após, simplesmente as repete ou produz imitações extravagantes delas, ou as analisa e classifica.[146]

Ao contrário do Eu formal cartesiano, cuja busca por apreender a ordem do universo prospera na abstração desatenta, o sujeito científico abraça a imersão no confuso e indiferenciado mundo das coisas. Como na significação científica a afetabilidade (conceito que uso para refigurar mudança ou movimento) desempenha um papel central, o deslocamento da exterioridade como um momento ontoepistemológico só poderia ser executado através de duas formulações que perigosamente reescrevem a natureza como a cena da regulação. Primeiro, o corpo humano é simultaneamente invocado e repudiado como um instrumento necessário do conhecimento. Para lidar com o jogo das aparências, o sujeito do conhecimento conta com seu corpo, mais precisamente, com os sentidos, os quais tornam-se as ferramentas apropriadas para identificar e reunir (nos fenômenos do universo) as impressões que a mente usaria para descobrir as leis que governam o mundo das coisas. Segundo, os objetos imediatos do conhecimento (os fenômenos do universo), cuja observação daria acesso à ordem da natureza, também são simultaneamente nomeados e repudiados como meros "efeitos". Enfim, em busca das causas escondidas, invisíveis e fixas, a física apresenta o mundo das coisas, o domínio da matéria, como sendo habitado por coisas afetáveis, ou seja, seres assujeitados à determinação exterior. Nesse momento, concebem-se as causas, as leis da natureza, como comandos restritivos, isto é, como as ferramentas da razão, as forças (objetivas ou abstratas) exteriores que afetam as coisas e

---

146. Bacon, [1620] 1960, pp. 292-3.

determinam como elas se afetam entre si. Ao reescreverem a razão como a força secular reguladora que atua sobre todas as coisas que existem, os articuladores da ciência transformam a natureza em posse de um poder que atua somente como lei, ou seja, como nomos universal.

A partir de então, a coisa pensante é capaz de descobrir os segredos da natureza e também de traduzi-los nos instrumentos abstratos (matemáticos) que criou, porque ela é feita dos mesmos materiais que o regente divino usou para ordenar o universo. O sujeito do conhecimento, além de estar interessado naquilo que reúne com os sentidos, na experiência, isto é, nos acontecimentos confusos e contingentes do mundo das coisas, também concebe esses eventos como os efeitos diversos e particulares de causas gerais, as leis da natureza, as forças mobilizadas pela vontade racional (divina). Quando volta sua atenção para a matéria em movimento (afetável), o sujeito do conhecimento busca decifrar as regularidades, isto é, as expressões particulares, os efeitos dos atos do nomos universal. Porém, não é determinado pelo que busca conhecer, nem o determina. O conhecimento continua a ser o resultado das ferramentas abstratas (formais) que a mente produz para descobrir como a razão, como força *exterior* (universal), controla e regula as mudanças e os movimentos [*affections*] característicos das coisas do mundo: enfim, a exterioridade governa a significação científica. Em *Os princípios matemáticos da Filosofia Natural*, Isaac Newton[147] traduz os movimentos do universo para a linguagem abstrata do conhecimento, a matemática, ou seja, o instrumento crucial da física moderna ou o estudo das causas eficientes que governam o jogo das aparências. A física, ou "filosofia experimental", como Newton a chama, está interessada em causas e efeitos; ela se move do particular para o universal e sabe que, embora a natureza possa

---

147. Newton, Isaac. *Principia*. Amherst, N.Y.: Prometheus Books, [1686] 1995.

guardar mistérios maiores do que as leis do movimento, estes estão além do seu alcance. Como ele escreve:

> Nessa filosofia, proposições particulares são inferidas a partir dos fenômenos e depois transformadas em proposições gerais através da indução. Foi então que a impenetrabilidade, a mobilidade e a força impulsiva dos corpos, bem como as leis do movimento e da gravitação foram descobertas. E, para nós, é suficiente que a gravidade, de fato, existe e atua de acordo com as leis que explicamos e serve abundantemente para explicar todos os movimentos dos corpos celestiais e dos nossos oceanos.[148]

O que encontro nos enunciados que constroem a razão como nomos universal, ou seja, como a lei (a vontade soberana), é a escrita do mundo das coisas, a fabricação da natureza como o palco da exterioridade: o *plenum* passa a ser habitado por coisas em movimento, os corpos, que obedecem a forças ou poderes invisíveis que determinam como eles afetam e como são afetados por outros corpos. Isto é, o nomos universal apresenta uma concepção do universal como lei (regulação) e uma concepção do particular na qual as coisas não importam em si mesmas, mas sim como objetos da vontade exterior que regula ou controla seus movimentos [*affections*] Contudo, apesar de privilegiar a afetabilidade, a universalidade científica constrói as relações que observa nos fenômenos como feitos de uma força (restritiva ou reguladora) ordenadora universal, isto é, uma lei. Em outras palavras: na significação científica, a exterioridade rege dois postulados: (a) o enunciado que define o pensamento moderno, que diz que a razão é a soberana exterior e, portanto, universal, do mundo das coisas, e um atributo da mente do *homem*; e, consequentemente, (b) o enunciado que define o conhecimento científico,

---

148. Newton, [1686] 1995, pp. 292-3.

que diz que a natureza, a partir de então encarada como o próprio universo ordenado por uma força secular, é habitada por coisas afetáveis e exteriormente determinadas, ou seja, aquelas cujas mudanças (movimentações internas) e movimentos (movimentações externas) resultam dos atos soberanos da regente compartilhado por ambas. Apesar de confirmar a capacidade da mente de *conhecer com certeza*, da qual ela deriva por ser a única coisa existente que possui razão, mesmo se pudesse ter certeza apenas das causas de movimentos (internos e externos), a descoberta das leis da natureza marca o início do movimento de ascensão da razão universal que inaugura uma ameaça: a possibilidade, a partir de então, de que a ordem do mundo dos homens seja simplesmente um efeito de uma vontade (reguladora e restritiva) exterior.

As cenas da razão

Quando descrevi o esboço cartesiano da autoconsciência, eu destaquei como a possibilidade da mente conhecer o que está fora (as coisas exteriores) com certeza sustenta a escrita da autodeterminação da mente. Entretanto, essa possibilidade só seria estabelecida quando os articuladores da significação científica removeram o regente e produtor divino das considerações sobre o conhecimento ao afirmarem a capacidade da coisa pensante de sozinha, decifrar os funcionamentos do regente secular do mundo das coisas. Como os primeiros formuladores da universalidade científica mobilizaram a versão da peça da razão como nomos universal, seu gesto radical foi o de abandonar a investigação das questões sobre Essência e Ser. Como era de se esperar, a mesma manobra que inaugurou um momento radicalmente diferente no pensamento ocidental, isto é, a filosofia moderna, não excluiu — na verdade, imediatamente demandou — considerações sobre como o nomos universal opera no "mundo dos homens" e nas entidades coletivas constituídas pela única coisa racional existente.

Lendo as remoldações da autoconsciência sob esta nova configuração do pensamento ocidental, no século XVII, eu identifico duas narrativas de como a razão universal desempenha seu papel soberano: através da cena da regulação e através da cena da representação. Cada uma corresponde aos atributos do soberano divino — vontade e desígnio — que, nesse momento, estava começando a ser removido da arena da verdade pela razão. Em ambas as cenas, o deslocamento da exterioridade e a reafirmação de sua irrelevância ontológica são realizadas no enunciado de que a racionalidade, a dádiva divina ao homem, garante à coisa da interioridade a capacidade de conhecer e emular a vontade ou desígnio do criador — ao contrário das coisas meramente afetáveis. Na versão da cena da regulação de Locke, a mobilização da versão da peça da razão, entendida aqui como os afazeres do nomos universal, permite a formulação de uma outra versão da universalidade: a universalidade jurídica. Ainda desempenhando o papel de regente exterior, nesta versão, a razão universal opera ao restringir ou regular as coisas racionais — as quais detêm dois poderes que os objetos do conhecimento científico não possuem: o entendimento e a vontade; ou seja, as coisas racionais podem compreender e decidir a seguir e emular a vontade divina. Embora a articulação da universalidade jurídica tenha permitido uma ontologia social que desloca a reivindicação do monarca de um poder divino e afirme que os seres humanos têm a capacidade e o direito de decidir sobre as bases e a direção da sua existência social, a ideia de que a possibilidade da vida coletiva é dada pela lei (regulação exterior) constitui uma ameaça grave à "liberdade interior" atribuída à mente pela moralidade estoica. Essa ameaça não foi insignificante. Nos enunciados de Leibniz, eu identifico o delineamento da cena da representação, em que essa ameaça é abordada através do retorno às ponderações sobre as "causas finais", ou seja, sobre Essência e Ser. O que encontro nessa articulação é outra versão da peça da razão, a poesis universal. Nesta, as coisas existentes (o homem e as coisas do mundo) tornam-se a atualização da "força" autoprodutiva e a "essência" única, ambas colocadas pelo autor divino na interioridade de cada coisa criada, isto é, nas "almas" e "mônadas".

Nas cenas da razão, identifico os delineamentos das duas descritoras — universalidade e historicidade — correspondentes às ontologias sociais que, a partir do século XIX, guiaram as narrativas da configuração social moderna e constituíram o sujeito político moderno como a coisa jurídico-moral. As duas descrições foram consolidadas separadamente no século XVIII quando Kant e Herder reescreveram essas cenas com o intuito de situar a peça da razão universal inteiramente na interioridade. Entretanto, elas somente foram reconciliadas com a versão de Hegel, a poesis transcendental, que resolveu a regulação em representação, nomos em poesis — ou seja, a solução que consolida a tese da transparência como a suposição ontoepistemológica moderna privilegiada.

A cena da regulação

Quando a autoconsciência é remoldada como sujeito jurídico, o "indivíduo" surge como a unidade ontológica básica, como a vontade racional que abraça a regulação *exterior* para proteger sua vida e autodeterminação.[149] Em *Dois tratados sobre o governo,* John

---

149. Apesar de ter certeza de que não preciso justificar minha opção por Locke para mapear a ontologia liberal e a remoldagem da autoconsciência na cena de regulação, algo precisa ser dito sobre o porquê de eu não abordar os enunciados de Locke (e de outros) à luz do projeto colonial, sobre o qual suas formulações são comentários indiretos e no qual alguns (como o próprio Locke) participaram ativamente. Diferentemente de Fitzpatrick (1992),

Locke[150] especifica o modo particular pelo qual a vontade do autor e regente divino opera no "mundo dos homens", isto é, na "sociedade política". Não o faz, contudo, antes de repudiar, no primeiro tratado, o argumento que baseia a autoridade política numa ordenação divina e de, no segundo tratado, excluir qualquer possibilidade de conceber o ordenado mundo dos homens como algo que emerge da maneira como a significação científica produz o mundo das coisas. Rejeitando a descrição de Hobbes do "estado da natureza", que seria forjado pela competição entre os indivíduos movidos por um desejo incontrolável, Locke oferece uma explicação acerca das condições sob as quais o político emerge, na qual o *homem* já está assujeitado a um tipo de regulação universal, quer dizer, a lei divina da "autopreservação". Diante desta, ele não é um habitante intrinsecamente afetável do mundo das coisas (no

---

Goldberg (1995) e Eze (2001), eu localizo o surgimento da noção do racial como o que configura o presente espaço global, posteriormente, no século XIX. Mesmo que, como Goldberg (1995) argumenta, o enunciado de Locke que conecta racionalidade e igualdade pressuponha uma correlação entre cor e (ir)racionalidade, o que justificaria a escravidão africana, essa correlação não pode ser equiparada à conexão entre mente, corpo e localização global produzida pelo racial porque, como discuto na parte III deste livro, o racial demandou a mobilização das ferramentas da razão científica para sustentar as ideias e práticas que mantinham os não europeus fora do alcance dos princípios morais modernos. Isto é, eu reconheço, como Fitzpatrick (1992) argumenta, que a coisa racional — sob a túnica do sujeito legal (jurídico) — necessitou da articulação de um domínio da selvageria (violência ilimitada e não regulada) que a lei abordou e no qual os "nativos" eram localizados, até o século XIX, quando os europeus e os "nativos" foram apreendidos por categorias de diferença racial e, posteriormente, quando os "nativos" passaram a ser chamados de "primitivos", "tradicionais" e assim por diante, as decisões legais (jurídicas) sobre as relações entre os europeus e seus outros não podiam se apoiar em enunciados que presumem a necessidade (no sentido kantiano) da subjugação racial. Como Forbes (1993) demonstra, o uso de determinados termos antes do século XIX, como "mulato", "de cor", "preto (negro)", etc., não nos dá o direito de supor que eles já carregavam os significados que lhes seriam conferidos posteriormente.
150. Locke, John. *Two Treatises of Government*. New York: Hafner, [1690] 1947.

palco da exterioridade), mas uma coisa autodeterminada capaz de, em sua interioridade, conhecer e seguir os mandamentos do seu divino criador.

Três atributos do homem, de acordo com Locke, comprovam que a "lei natural (vontade divina)" o brindou com a autodeterminação: a igualdade, a liberdade e a propriedade. Primeiro, Locke[151] argumenta que, antes da instituição da "sociedade política", o homem existia num estado de "igualdade no qual todo o poder e jurisdição eram recíprocos", no qual todos "nasciam com as mesmas vantagens da natureza e com o uso das mesmas faculdades" e

> também deveriam ser iguais entre si sem qualquer subordinação ou subjugação; a não ser que o senhor e mestre de todos decidisse, através de qualquer manifesta declaração da sua vontade, posicionar um acima do outro e assim conferir ao primeiro, através de uma nomeação clara e evidente, um direito incontestável ao domínio e soberania.

Segundo, ao contrário do mundo das coisas, no qual o nomos universal opera a partir de fora (já que as coisas não têm qualquer poder de decisão sobre a aplicação ou direção de seus poderes intrínsecos), no mundo dos homens a regulação opera a partir de dentro. No "estado da natureza",[152] Locke argumenta, os homens existem num "estado de liberdade perfeito para ordenarem suas ações e se desfazerem de suas posses e pessoas como quiserem, desde que dentro dos limites da lei da natureza, sem terem de pedir licença ou dependerem da vontade de qualquer outro homem". Afinal, o homem, afirma Locke, dentro desse estado de perfeição, tem o direito, conferido pela razão, de garantir "sua própria preservação" e a do "resto da humanidade", um direito que ele usa apenas para sua própria proteção. Terceiro, com base no argumento de que cada ser humano é regido somente pela

---

151. Locke, [1690] 1947, p. 122.
152. *Ibidem*, p. 126.

"(divina) lei da natureza" — pois "todo homem tem a propriedade da sua própria pessoa; a esta (propriedade) ninguém tem qualquer direito a não ser ele mesmo" —, Locke articula uma noção de propriedade privada que, além da vida e da liberdade, inclui todas as coisas que um ser humano modifica ao seu redor. "O trabalho do seu corpo e seu trabalho manual", Locke argumenta, "são apropriadamente dele. Logo, o que quer que ele remova das condições fornecidas e deixadas pela natureza, ele mistura com o seu trabalho e une a algo que é dele e, assim sendo, transforma em sua propriedade".[153]

Ao descrever esses atributos, que são universais porque o divino autor e regente os confere igualmente a todas as criaturas racionais, Locke introduz a noção de "indivíduo" como unidade moral básica — aquele ser que decide e age de acordo com a vontade divina, a qual, naquele momento, mantém-se como a única determinante moral, ou seja, a medida da virtude e da perfeição. Enfim, é porque sua ação é restringida somente pela vontade divina através da lei da "autopreservação" que a coisa pensante retém a autodeterminação. Contudo, nesse movimento, a noção de autodeterminação ganha outro significado. Pois, assim como a narrativa do nomos universal privilegia os determinantes de ação, a escrita da singularidade do homem demanda o enunciado de que a mente também possui poderes ativos, atributos que ela compartilha com o regente da natureza, a saber: a vontade e o entendimento. Esses atributos, de acordo com Locke, comprovam a liberdade do homem já que ele as usa juntamente com o seu poder e sua capacidade de decidir (modelar e controlar), ou seja, de determinar, o curso de suas ações. Previsivelmente, a questão fundamental dessa ontologia social centra-se em entender por que a coisa autodeterminada se sujeita a um regente exterior, à "sociedade política"? Porque, Locke responde, ao reconhecer que um "indivíduo" pode desejar apropriar-se da vida, da liberdade e das posses de outrem

---

153. Locke, [1690] 1947, p. 134.

— o que instituiria um "estado de guerra" que poderia levar a um "estado de escravidão", isto é, à condição de viver sob o poder absoluto de outro indivíduo —, os indivíduos entenderam a necessidade de criar uma regulação além da lei natural (divina). Estar livre "do poder arbitrário e absoluto é tão necessário quanto essencial à preservação do homem, a ponto dele não se distanciar dessa condição, a não ser através de algo que acabe simultaneamente com sua preservação e sua vida", por isso, ao decidir (livremente) pelo sacrifício de seu poder de executar a "lei de autopreservação", a coisa racional não faz mais do que seguir uma determinação divina; enfim, o corpo político [*body politic*] é consequência de atos livres, independentes e racionais, cujo objetivo é garantir, em vez de impedir, a autodeterminação. "Porque a lei, em sua verdadeira concepção", Locke argumenta,

> não é tanto uma limitação, mas a direção de um agente livre e inteligente a perseguir seu interesse adequado, e não prescreve nada além do que o bem-estar geral dos que vivem sob a lei [...]; a finalidade da lei não é abolir ou conter, mas preservar e amplificar a liberdade. Em todas as situações de seres criados aptos à lei, onde não há lei, não há liberdade".[154]

Na descrição de Locke da sociedade política, isto é, o corpo artificial instituído pelos indivíduos, encontra-se uma articulação da primeira descritora ontológica moderna: a *universalidade*, apresentada em termos de eficacidade (causa eficiente) abstrata ou lei. Nessa descrição, a autodeterminação sustenta uma ontologia social que produz o mundo ordenado dos homens como uma cena de (auto) regulação, ou seja, como unidade jurídica (legal). A "sociedade política", Locke argumenta, surge a partir do consentimento dos "indivíduos", isto é, a partir de decisões racionais e livres que criam um corpo racional artificial: a "sociedade política", cuja função é executar

---

154. Locke, [1690] 1947, p. 132.

e administrar regras que preservam a propriedade individual (vida, liberdade e bens) ao punir atos de vontades desenfreadas. O que leva os indivíduos a constituir o corpo político é simplesmente o fato de reconhecerem a necessidade da determinação exterior para a preservação da vida, da liberdade e da propriedade. Essa articulação não possui qualquer noção de unidade metafísica ou religiosa (de origem ou causa final), mas baseia-se, segundo Locke, no julgamento, que é apenas a obediência à "lei (divina) natural da autopreservação".[155] Apesar de, como um corpo (racional) jurídico, a "sociedade política" deter a "autoridade de tomar decisões sobre controvérsias e punir criminosos", Locke argumenta que o poder político advém da

> determinação e vontade da maioria; pois é apenas o consentimento dos indivíduos de uma comunidade que a torna tal e, como é necessário que um corpo mova-se em uma direção, é necessário que o corpo mova-se de acordo com a maior força que o carrega, o que, nesse caso, é o consentimento da maioria.[156]

Pelo fato desse sacrifício ser consequência de uma decisão (livre) racional — isto é, do consentimento estar submetido às expressões da vontade e determinação da maioria (a regras exteriores), que o são porque se aplicam indiscriminadamente a todos os integrantes do corpo político —, não constitui uma renúncia da autodeterminação, da capacidade de projetar, tomar decisões e controlar as próprias ações.

Na cena da regulação, o deslocamento da exterioridade ocorre através do postulado de que, na racionalidade, o atributo (herdado divinamente) "natural" distintivo do homem, reside a condição da possibilidade de existência social. Apesar das leis instituídas restringirem as ações dos indivíduos, prevenindo e punindo apenas aqueles que afetam a liberdade do outro, os determinantes da liberdade re-

---

155. Locke, [1690] 1947, p. 163.
156. *Ibidem*, p. 169.

sidem dentro do homem — na mente, que, ao contrário dos corpos da natureza (que não possuem pensamento, vontade ou arbítrio), foi presenteada com a autodeterminação. Percebe-se que, frequentemente, a afetabilidade não detém qualquer importância ontológica, já que a racionalidade, instituída através de leis (universais), mede as relações entre os integrantes da sociedade política. Apesar de imposta por uma vontade exterior, o corpo jurídico (coletivo) — a sociedade política — é simplesmente uma instituição, uma criação da coisa pensante, a única capaz de tomar decisões por reconhecer e apreciar a necessidade de assujeitar-se à determinação exterior. A versão de Locke da ontologia liberal protege a autodeterminação do *homem* ao reescrever a determinação exterior (das leis que ordenam corpo político) como efeito das decisões (interiores e racionais) dos indivíduos. Entretanto, esse enunciado não é capaz de eliminar o perigo apresentado pela escrita da razão como nomos universal. Assim como os articuladores da ciência abandonam (o desejo de descobrir a essência da) coisa-em-si, no texto de Locke, o indivíduo sacrifica mais do que o poder de executar a ordem divina. Pois de acordo com críticas antigas e recentes do nomos universal, a ontologia liberal também abdica da dádiva divina mais cara ao homem, a que comprova a profunda intimidade de que os seres humanos desfrutam tanto com o divino autor quanto uns com os outros.

A cena da representação

A representação (*autopoesis*), exatamente por ser o talento que floresce no *homem* por causa da participação *dele* na natureza divina, é recuperada na versão da razão como força universal produtiva. Nos enunciados de Leibniz, o universo se torna um efeito de coisas fundamentalmente interiores, "almas" ou "mônadas", que compartilham o poder produtivo do divino autor e contribuem para a realização do seu desígnio, ao atualizarem, manifestarem e demonstrarem as qualidades intrínsecas e únicas que cada uma recebeu do autor divino.[157] Em diversos ensaios reunidos em *Philosophical Essays*, G. W. Leibniz[158] recupera o que seus contemporâneos — Descartes, Newton e Locke, entre outros — abandonaram ao rejeitarem a metafísica. Leibniz lamenta que, ao tentarem entender como a vontade divina é mobilizada, eles não tenham compreendido por que ela é como é. Ao explorar como os motivos divinos estão inscritos na textura do universo, Leibniz reescreve a peça da razão como poesis universal, articulando assim um enunciado que consolida a temporalidade como um momento ontoepistemológico legítimo. Ao recuperar a noção aristotélica de substâncias simples, Leibniz define as mônadas — "substâncias individuais", "almas" ou "espíritos" — como as criaturas

---

157. Ao escolher Leibniz para ilustrar como uma crítica à razão científica destaca a moralidade, a temporalidade e a produtividade (como o poder de atualizar o possível e o potencial), não estou sugerindo que ele foi o primeiro filósofo moderno a lidar com essas qualidades da mente. Conforme Negri (1991, p. 190) assinala, esses temas também aparecem na metafísica de Spinoza quando ele aborda o relacionamento entre a liberdade e o tempo. Numa leitura que recupera os potenciais emancipatórios do sistema de Spinoza, Negri (1991, p. 48) descreve a *Ética* como a "bíblia moderna em que os diversos patamares teóricos descrevem um caminho para a libertação, iniciando-se a partir da inescapável e absoluta existência do sujeito a ser liberado, vivendo a estrada da sua práxis em termos ontológicos, e, assim, repropondo a teoria a cada deslocamento subsequente da práxis". Um enunciado que respalda a complexidade de Spinoza porque sua *Ética*, conforme Taylor (1975, p. 16) argumenta, também chamou a atenção dos românticos na Alemanha e de Hegel, privilegiada exatamente como o contexto do "sujeito finito" — uma "força vital universal", como ele assinala. Contudo, eu leio Leibniz em vez de Spinoza por uma razão simples: ao confrontar o retrato científico do universo para recuperar o divino como uma força produtiva — diferentemente de Spinoza, que começa com o enunciado de que Deus é a única substância —, Leibniz imediatamente localiza essa produtividade ("força interior") no núcleo das coisas. Esse gesto desloca ainda mais as apropriações medievais da noção aristotélica de substância que, acredito, ainda informa a *Ética* de Spinoza.
158. Leibniz, Gottfried Wilhelm. *Philosophical Essays*. Indianapolis: Hackett, 1989.

básicas dotadas de três características inter-relacionadas, a saber: "a diferença intrínseca", "a força interior", e a autoprodutividade. Ele argumenta que todas as coisas existentes e exteriores são atualizações de "almas" "intrinsecamente diferentes" autorrepresentativas (produtivas ou em desenvolvimento), efeitos do desdobramento de suas "forças interiores", cujo objetivo é a perfeição, isto é, a realização do desígnio divino. Com essa articulação, ele remolda o universo (o "mundo das coisas" e o "mundo dos homens") como a cena da representação, uma narrativa da peça da razão que descreve todas as coisas existentes como atualizações da "força interior" e "diferença intrínseca" abrigadas em suas próprias "almas" ou "espíritos". Pois "o universo", Leibniz postula, "é, de certa maneira, multiplicado tantas vezes quantas forem as substâncias existentes, e a glória de Deus é igualmente multiplicada por todas as representações inteiramente diferentes da sua obra".[159]

Nessa versão da peça da razão, o deslocamento ontoepistemológico da exterioridade ocorre quando o universo se torna o mero receptáculo de tudo que é possível e potencial, tudo que sempre-já está na interioridade. Esse enunciado recupera a interioridade completamente, como "diferença intrínseca" (particularidade interior) e "força interior" (determinação interior), sem descartar a afetabilidade. Ao mesmo tempo, porque os determinantes do movimento agora residem nas coisas-em-si mesmas e porque, quando a mudança entra no horizonte do tempo e o desenvolvimento (autoprodução) substitui o deslocamento, a afetabilidade (um atributo das coisas estendida, quer dizer, exteriores ou espaciais) não terá qualquer papel na determinação (na explicação da essência e existência) das coisas. Na cena da representação, a relação entre o universal (razão) e o particular (coisas) muda consideravelmente: a "diferença intrínseca" não corresponde somente a uma posição no universo, mas também ao que cada coisa particular ("alma") adiciona ao universo. Mais importante:

---

159. Leibniz, 1989, p. 42.

o universo torna-se um palco de atualizações, no qual a "diferença intrínseca" se torna real, o que é um efeito da "força interior" de cada coisa particular; isto é, as coisas existentes não são abordadas como "efeitos", como reações a ou consequências de uma força exterior ou de relações com outras coisas. Embora cada coisa particular seja um produto de uma força universal, cada uma também é autoprodutiva e "interiormente" determinada, isto é, cada uma é afetada somente pela força que seu núcleo abriga. "Cada substância", Leibniz postula, "possui, de alguma maneira, o caráter da sabedoria infinita e onipotente de Deus e o imita dentro de sua capacidade";[160] cada substância "inclui de uma vez por todas tudo que pode vir a acontecer com ela".[161] E, ainda mais importante, cada uma "é como um mundo em separado, independente de todas as outras coisas, exceto de Deus. Portanto, todos os nossos fenômenos, isto é, todas as coisas que podem acontecer conosco, são apenas consequência do nosso ser".[162] Além disso, ele afirma que cada coisa particular é uma "unidade de multiplicidade", tanto por compreender e representar, a partir de uma posição particular, todas as coisas existentes do universo quanto por abrigar todas as coisas (possíveis e potenciais) futuras. Além de cada uma corresponder a um modo particular de representar o universo, elas se afetam somente como peças de um quebra-cabeça infinito, porque substâncias "atuam umas sobre as outras e são obrigadas a, de certa maneira, acomodarem-se entre si".[163] Por último: a natureza de Leibniz não é estática. Na verdade, é uma ordem contingente, um desdobramento contínuo composto por coisas que se autoproduzem e autotransformam de modo independente. Remoldada como poesis universal, aqui a razão universal desempe-

---

160. Leibniz, 1989, p. 42.
161. *Ibidem*, p. 44.
162. *Ibidem*, p. 47.
163. *Ibidem*, p. 48.

nha o papel de um poder produtivo, o princípio que guia a realização temporal, o existir, da força singular que a razão situa na interioridade de cada coisa específica.

Ao considerar como a poesis universal opera no mundo dos homens, Leibniz introduz o elemento central da segunda descritora ontológica, isto é, a historicidade, cuja função é demonstrar que a unidade social é contingente de acordo com a moralidade, ou seja, com os princípios coletivos que cada ser humano abriga em sua própria "alma" ou "espírito" inteligentes. A "alma inteligente", Leibniz postula,

> sabendo ser o que é — por ter a capacidade de proferir a palavra "Eu", uma palavra tão repleta de significados —, além de se manter e subsistir metafisicamente, realizando essa tarefa com mais complexidade que os outros, também se mantém a mesma moralmente e constitui a mesma pessoa. Pois é a memória ou o conhecimento desse eu [self] que a torna capaz de punir e recompensar.[164]

Na cena da representação, emerge uma ontologia social na qual o "Eu" ganha atributos ignorados na articulação cartesiana e deslocados na apropriação conduzida por Locke do nomos universal. Por um lado, este adquire uma "essência", uma "diferença intrínseca" e "determinação interna". Sendo autoprodutiva e abrangendo simultaneamente a totalidade das coisas existentes (atuais), possíveis e potenciais, bem como suas transformações, a coisa interior deixa de ser mera coisa abstrata, formal (pensamento), e torna-se uma coisa que representa (reproduz) a si mesma no tempo, isto é, uma coisa temporal. Previsivelmente, nessa articulação o repúdio do corpo humano é tão ontologicamente decisivo quanto é epistemologicamente consistente. Com praticamente nenhuma relevância para o conhecimento, o corpo humano torna-se um simples ajudante para a realização dos desígnios da "alma". De acordo com Leibniz, o corpo "acomoda-se à alma para

---

164. Leibniz, 1989, p. 65.

as situações nas quais se pensa que a alma age externamente".[165] Por outro lado, na cena da representação, o individual é resolvido no coletivo, já que a liberdade "individual" torna-se sempre-já um efeito da determinação interior do coletivo.

Na sua remoldagem do "Eu" como uma coisa autorrepresentante, Leibniz destaca três dimensões que foram desconsideradas pelos escritores responsáveis por articular o social como um corpo (autorregulador) jurídico, a saber: (a) *moralidade*, a perspectiva de que a autoconsciência é fundamentalmente responsável por suas ações; (b) *representabilidade,* a perspectiva da particularidade, da individualidade, na qual a "diferença intrínseca" corresponde a um ponto de vista particular, a representação do universo; e (c) *temporalidade*, que além de ser articulada como memória e percepções insensíveis da continuidade, o passado, também é pensada de modo que cada mente ou alma sempre-já abrigue seu próprio futuro, ou seja, suas atualizações possíveis e potenciais.[166] Com essas três dimensões, ele delineia uma ontologia social baseada na historicidade (interioridade-temporalidade). Ao resolver liberdade em moralidade e representabilidade — "força interior" e "diferença intrínseca", isto é, a interioridade — Leibniz reescreve a autoconsciência, o "Eu", como uma coisa moral, sem permitir qualquer apreciação dos relacionamentos entre os integrantes do todo social. Na cena da representação, a liberdade (autodeterminação) se torna a "força interior" nas atualizações do "fim" divino ("diferença intrínseca"). Toda coisa existente,

---

165. Leibniz, 1989, p. 211.
166. Leibniz vai além de recuperar o que foi abandonado na cena da regulação. Ao retornar à metafísica, ele introduz os temas da contingência e da infinidade, assim escrevendo a força como uma força ilimitadamente criativa — é por isso que acredito que esses temas desaparecem nas versões posteriores da *poesis* universal. Como a minha discussão dos enunciados de Leibniz tem a ver com o modo pelo qual os temas centrais do diálogo filosófico moderno postergam a afetabilidade, não vou discutir suas noções de contingência e infinidade porque ambas levariam a um campo da crítica à razão que se concentraria na noção de poder ou da própria força.

especialmente a coisa racional, não é nem existe como um efeito da determinação exterior, pois cada uma move-se no sentido de atualizar sua força (exclusiva) interior. A moralidade, em conformidade ao desígnio divino, guia as narrativas ontológicas que constroem as ações e ideias humanas como atualizações da sabedoria divina, em vez de meras expressões da vontade divina. Nos séculos seguintes, a *historicidade*, introduzida nessa versão da peça da razão universal (poesis universal) como uma descritora ontológica, vai se tornar uma preocupação das filosofias morais e de projetos de conhecimento que buscaram nos fatos e representações do passado dos seres humanos atualizações dos "fins" (causas finais), isto é, os princípios que guiam a ação humana.[167] Nessa escavação inicial do contexto de surgimento da analítica da racialidade, ou seja, do texto moderno, eu reuni, nas cenas da razão — a cena da regulação e a cena da representação — enunciados que asseguram a autoconsciência na interioridade através do deslocamento da exterioridade, enunciados que negam às coisas exteriores qualquer relevância ontoepistemológica. Ainda que em ambas as cenas a razão universal permaneça uma manifestação da figura do divino regente e criador, em cada uma a afirmação de que a autoconsciência articulada é uma coisa com razão sustenta a prerrogativa ontológica da mente. Em cada cena, a ameaça à autodeterminação da mente, anunciada na articulação da razão científica, é contida em gestos de significação que produzem a afetabilidade como efeito de apenas um determinante exterior (nomos) ou interior (poesis), a saber: a razão universal. Quando, no século seguinte, os filósofos do Iluminismo escolheram o nomos universal, em vez da poesis universal, para anunciar o ápice da trajetória do homem, novas versões das cenas da razão foram mobilizadas, as quais, ao consolidar a interioridade como o local a partir do qual a razão universal desempenha seu papel soberano, garantiram a autodeterminação da mente sem abdicar daquilo que distingue o pensamento moderno.

---

167. Taylor, Charles. *Hegel.* Cambridge: Cambridge University Press, 1975.

O palco da interioridade

Ninguém contesta que a Era do Iluminismo consolidou a razão científica como a força responsável por um "progresso" e "desenvolvimento" intelectual, moral e econômico.[168, 169] Lendo Condorcet[170] e outros filósofos franceses iluministas que desprezavam a metafísica da coisa pensante cartesiana e louvavam os feitos dos ingleses articuladores da ciência, é possível encontrar diversos enunciados que apregoam a queda do divino autor e regente e celebram o fato da razão universal finalmente tornar-se a única responsável por guiar a mente humana na estrada do "progresso" e da "felicidade".[171] Meu mapeamento de dois enunciados que consolidam o maior feito da razão universal, a formulação de Kant do Transcendental e a narrativa de Herder do Histórico, destaca outro gesto audacioso: a negação da exterioridade, isto é, a afirmação de sua inexistência como um momento ontoepistemológico. Embora cada enunciado reescreva uma das versões da peça da razão (o nomos universal e a poesis universal, respectivamente) — e a correspondente cena da razão que explica como a própria

---

168. Cassirer, Ernst. *The Philosophy of the Enlightenment.* Boston: Beacon, 1951.
169. Isso foi chamado de o "desencantamento do mundo", o momento no qual a "matéria, finalmente, seria controlada sem qualquer ilusão de que ela teria poderes de regência ou intrínsecos, ou qualidades escondidas". (Horkheimer e Adorno, 2001, p. 6).
170. Condorcet, Marquis de. "The Future Progress of the Human Mind." *In*: Kramnick, Isaac (ed.) *The Portable Enlightenment Reader.* New York: Penguin, 1995, pp. 26-38.
171. "A Razão", como Cassirer (1951, p. 13) observa em sua análise clássica do Iluminismo, passa a ser "a força intelectual original que guia a descoberta e a determinação da verdade [...]. [O] século XVIII como um todo entende a razão neste sentido; não como um corpo sólido de conhecimento, princípios e verdades, mas como um tipo de energia, uma força que só é totalmente passível de compreensão em sua agência e efeitos. O que a razão é e o que pode fazer pode nunca ser conhecimento através de seus resultados, mas apenas através de sua função".

opera no universo —, ambos declaram a inexistência da exterioridade ao postularem que, precisamente por causa da maneira pela qual opera na interioridade como um atributo da mente, o regente secular e produtor do universo constitui o mestre soberano das narrativas epistemológicas e ontológicas. Em outras palavras: as formulações de Kant e Herder consolidam, respectivamente, a universalidade e a historicidade como as descritoras privilegiadas da configuração social moderna. Assim, elas completam a montagem do palco da interioridade, através de enunciados que afirmam que a razão desempenha o papel de uma força reguladora ou produtiva por causa do modo pelo qual ela o faz no (na mente do) homem.

Minha leitura vai demonstrar que nem a identificação das ferramentas do transcendental feita por Kant nem a nomeação (indicação) dos pilares do histórico realizada por Herder forneceram uma solução definitiva para a ameaça instaurada pela afetabilidade, porque nenhum dos dois gestos pôde renunciar à exterioridade. Tanto o sujeito do conhecimento de Kant quanto o sujeito moral de Herder moldam a mente como sempre-já mediada pelo determinante (exterior) universal, isto é, a razão universal. Tudo o que alcançam, com suas reformulações das cenas da razão, é o adiamento da ameaça ao postularem mais uma vez que o homem, por ser uma coisa que possui razão e por ser afetado somente por algo que existe dentro dele, continua a ser a única coisa da razão que desfruta de autodeterminação. Meu argumento, portanto, é o seguinte: nenhum dos dois é capaz de abdicar da fundamentação da liberdade na razão, que é necessária e instável exatamente porque requer a montagem completa do palco da exterioridade (um feito que somente seria alcançado no século seguinte, pelos articuladores da analítica da racialidade), a qual permite situar, representar (pensar e imaginar), a Europa pós-iluminista apenas como um "outro" momento (*locus* espaço-temporal) qualquer da existência humana, a tarefa que o racial vem desempenhando desde o século XIX.

As ferramentas do transcendental

Ao remoldar o nomos universal como a razão (pura) transcendental, Kant assegura a universalidade — "objetividade e necessidade" — dos enunciados da "verdade" mesmo quando ele situa as ferramentas da razão científica totalmente na interioridade. Em *Crítica da razão pura*, Kant afirma a soberania da razão num enunciado que repudia, mais uma vez, sem cerimônia e de forma sistemática, tanto o autor divino e regente quanto a metafísica das ponderações epistemológicas. Sobretudo ao situar as condições de possibilidade do conhecimento antes e para além da percepção dos sentidos, argumentando que noções como *tempo, espaço, substância, totalidade* e afins são as ferramentas que a "razão pura" fornece ao entendimento, Kant estabelece que, a partir de então, o conhecimento científico pode progredir independentemente das preocupações subjetivas (psicológicas) e puramente empíricas, bem como sem princípios advindos somente delas. Com uma articulação que resolve o questionamento da certeza reaberto por Hume, Kant afirma não apenas a capacidade da mente de conhecer as "leis" que governam a atuação dos fenômenos, de "descobrir" os atos da razão no palco da exterioridade (na natureza) mas também de conhecê-las *a priori*, isto é, antes e além da experiência. "Não se pode duvidar que todo conhecimento começa com a experiência", Kant afirma no início da Primeira Crítica. Porém, ele completa: "Isso não quer dizer, em hipótese alguma, que tudo emerja da experiência". A tarefa autoatribuída por Kant, portanto, é a de descrever as condições de possibilidade de um tipo de conhecimento que seja "inteiramente independente da experiência e das impressões dos sentidos".[172] Esse conhecimento *a priori*, por não necessitar de uma base física (cor-

---

172. Kant, Immanuel. *Critique of Pure Reason*. Buffalo, N.Y.: Prometheus, [1781] 1990, p. 1.

poral), sobrenatural (o divino autor e regente) ou metafísica para a mente que conhece e para as coisas a serem conhecidas, depende somente de mediadores, ou seja, das ferramentas do nomos universal, que existem somente na mente.

Nessa leitura da articulação de Kant do nomos universal, estou interessada em seus enunciados acerca da universalidade científica. Na verdade, reúno na reescrita kantiana da cena da regulação o delineamento do palco da interioridade como o único e legítimo local a partir de onde a razão desempenha seu papel de força reguladora do "mundo das coisas", visto que elas dizem respeito ao conhecimento. Nesse movimento, não há um repúdio à afetabilidade como um momento crucial do conhecimento científico, mas sua resolução na interioridade através do enunciado que afirma que as condições necessárias para as percepções dos sentidos, as "intuições puras" do espaço e do tempo, residem na mente. Kant argumenta que:

> O tempo é a condição formal, *a priori*, de todo e qualquer fenômeno. O espaço, como forma pura da intuição externa, está limitado a ser somente uma condição *a priori* dos fenômenos exteriores. Por outro lado, *porque todas as representações, tenham ou não coisas exteriores que as sirvam de objeto, em si mesmas, como determinações da mente, pertencem ao nosso estado interno*; e porque esse estado interno está sujeito à condição formal da intuição interna, isto é, ao tempo — o tempo é uma condição *a priori* de todo e qualquer fenômeno —, a condição *imediata* de todos os fenômenos internos e, portanto, a condição que *media* todos os fenômenos externos.[173]

Embora ele postule que o espaço é a condição de possibilidade para representar as coisas externas (exteriores), os objetos do conhecimen-

---

173. Kant, [1781] 1990, pp. 30-1.

to, Kant aprofunda a noção de que o conhecimento é um efeito da interioridade ao situar todos os fenômenos no tempo. Kant continua:

> Se sou capaz de dizer, *a priori*, [que] "todos os fenômenos exteriores estão no espaço e são determinados *a priori* de acordo com relações de espaço", também posso, a partir do princípio do sentido interior, afirmar universalmente que "todos os fenômenos em geral, isto é, todos os objetos dos sentidos, estão no tempo e existem necessariamente em relações de tempo".[174]

Em *Prolegómenos a toda a metafísica futura*, Kant argumenta categoricamente que a exterioridade, como uma condição para o conhecimento, é sempre-já um efeito das ferramentas da mente. A manobra kantiana crucial é tornar os sentidos (o corpo humano) irrelevantes ao conhecimento quando afirma que os fenômenos, ou seja, as coisas que afetam os sentidos, já foram modificados pelas "intuições puras" do tempo e do espaço. Portanto, a experiência aborda as coisas como "objetos de (uma) experiência possível", como a natureza, por exemplo, que engloba "a existência das coisas até o ponto em que são determinadas de acordo com a lei universal";[175] ou melhor, a experiência é o que "denota a conformidade à lei das determinações da existência das coisas em geral".[176] Pois antes mesmo de serem vistas, tocadas ou sentidas pelo corpo humano, e até mesmo antes de deslocarem, obliterarem ou modificarem outra coisa, porque são objetos do conhecimento, as coisas exteriores já são um efeito da razão reguladora. Nesses enunciados, eu encontro um gesto radical: a negação, a declaração da inexistência ontoepistemológica das coisas

---

174. Kant, [1781] 1990, pp. 30-1. Grifos do autor.
175. Kant, Immanuel. *Prolegomena to Any Future Metaphysics*. Indianapolis: Liberal Arts Press, [1783] 1950, p. 44.
176. *Ibidem*, p. 45.

exteriores, isto é, a afirmação de que, enquanto objetos do conhecimento, enquanto fenômenos, elas são apenas efeitos das ferramentas interiores da "razão pura".

Duas outras formulações assinalam o repúdio da exterioridade como uma dimensão do conhecimento. Primeiro, Kant postula que a exterioridade em si mesma não diz respeito ao conhecimento, porque o conhecimento aborda os fenômenos, que são efeitos da "intuição pura" do espaço. A partir de então, a espacialidade deixa de ser um atributo da coisa-em-si e passa a pertencer à mente; é a "intuição pura" que nos permite conceber "um objeto fora de nós", que faz com que tenhamos uma noção de exterioridade. A "intuição pura" é, resumidamente, a condição (interior) de possibilidade dos fenômenos. Kant afirma: "Se partirmos das condições subjetivas, sob as quais só podemos obter a intuição externa ou, em outras palavras, através das quais somos *afetados* por objetos, a representação do espaço não tem qualquer significado".[177] Com esse enunciado, Kant repudia o de Bacon, de que a afetabilidade, ou seja, a percepção sensorial não mediada, é um necessário primeiro momento no conhecimento científico. Sem a mediação do observador racional, nenhum corpo discreto, nenhuma coisa (exterior/ afetável) estendida, nada que poderia afetar ou ser afetado pelo sujeito do conhecimento ou qualquer outra coisa existente, possui qualquer relevância para o conhecimento. Segundo, a negação da exterioridade é aprofundada quando Kant situa o próprio sujeito do conhecimento científico no tempo. Para ele, a "intuição pura" que permite à mente conceber a coexistência, a sucessão, a mudança e o movimento também fornece a própria experiência da interioridade; logo, não é apenas uma condição dos fenômenos, mas a condição de possibilidade da representação em geral. "Porque todas as representações", ele argumenta,

---

177. Kant, [1783] 1950, p. 26. Grifo meu.

tenham elas ou não coisas exteriores como objetos, ainda em si mesmas, como determinações da mente, pertencem ao nosso estado interno; e porque esse estado interno é sujeito às e determinado pelas condições formais de sua intuição interna, isto é, ao tempo — o tempo é a condição *a priori* de todos e quaisquer fenômenos —, a condição *imediata* de todos os fenômenos internos e a condição *mediata* de todos os fenômenos externos.[178]

Deste modo, Kant apresenta uma narrativa da autoconsciência como o Eu cognoscente na qual a própria autodeterminação é sempre-já um efeito da ferramenta mais poderosa do nomos universal, o tempo.[179]

---

178. Kant, [1783] 1950, p. 30. Grifos do autor.
179. A tentativa de Kant não pode ser subestimada. Para Taylor (1975, p. 355), isso marca a quebra de Kant com os conceitos clássicos de espaço como uma "propriedade das coisas" e como "uma realidade substancial". A propósito, eu retorno aos comentários de Taylor sobre as diferenças entre a apropriação do espaço hegeliana e kantiana para indicar como a negação da exterioridade ocorre nas formulações kantianas. "Kant", Taylor (1975, p. 355) argumenta, "está correto, à sua maneira, ao dizer que [o espaço] é uma forma simples. Porém, ele está errado, como de costume, ao pensar sobre isso de modo subjetivo. O espaço não é meramente subjetivo; é uma forma, no sentido de ser uma abstração pura, a realidade abstrata pura do natural, o externo; e, portanto, precisa ser preenchido". Taylor sugere que o que distingue a noção hegeliana de espaço é precisamente a recuperação da externalidade, da exterioridade, do espaço (e do tempo, por sinal) "como condições das coisas", o que, como veremos no capítulo 4, foi crucial para sua própria remoldagem da razão universal. Deleuze (1984), por outro lado, sugere que Kant inaugurou uma fenomenologia que nega o que desde sempre foi a fundamentação do homem, isto é, a experiência imediata da própria interioridade. "Para Kant", Deleuze (1984, p. XX) argumenta, "a questão é sobre a forma do tempo em geral, que distingue entre o ato do 'Eu' e o ego ao qual esse ato é atribuído [...]; o tempo desloca-se para dentro do sujeito, com o objetivo de diferenciar o Ego [*Moi*] do 'Eu' [*Je*] dentro de si. É nessa forma que o 'Eu" afeta o ego, ou seja, a forma pela qual a mente afeta a si mesma [...] a 'forma da interioridade', além de significar que o tempo é interno a nós, também significa que a nossa interioridade divide constantemente nós de nós mesmos, nos divide ao meio: uma divisão em dois que nunca se completa, já que o tempo não tem fim".

Na narrativa do *nomos interiorizado*, a autoconsciência é, mais uma vez, concebida como uma coisa formal. Porém, diferentemente da esquematização de Descartes, isso não ocorre porque a coisa pensa, mas porque a mente também é determinada por uma ferramenta do transcendental, a saber: a "intuição pura" do tempo.

> Se a faculdade da autoconsciência é apreender o que existe na mente, ela necessariamente o afeta e, desta maneira, produz sozinha uma intuição do Eu [*self*]. Porém, a forma dessa intuição, que existe na constituição original da mente, determina, nas representações do tempo, o modo pelo qual as diversas representações devem combinar a si mesmas na mente, já que o sujeito intui a si mesmo imediata e espontaneamente, todavia de acordo com o modo pelo qual a *mente é internamente afetada*, e, consequentemente, como *ela aparece,* e não *como ela é*.[180]

Nesse enunciado, Kant molda tanto a autoconsciência quanto as coisas exteriores, ou seja, os objetos do conhecimento, como fenômenos, assujeitados a um regente universal que opera na mente. Portanto, ele submete tanto a possibilidade de conhecer as coisas em si mesmas quanto a autodeterminação da mente ao nomos universal, já que a afirmação da essência e existência do Eu formal cartesiano também é um efeito de uma ferramenta da razão científica, isto é, da "intuição pura" do tempo. Do ponto de vista da trajetória da razão universal, esse enunciado é bem-sucedido pois parece unir a autoconsciência e as coisas do mundo de uma maneira que não contesta o atributo exclusivo da primeira (autoconsciência). Afinal de contas, a fundamentação universal da verdade, a partir de então, existe totalmente na interioridade. Para a coisa autodeterminada, que inicia sua trajetória sob uma ameaça (isto é, a determinação exterior) inaugurada por sua necessidade de declarar-se (essência e

---

180. Kant, [1783] 1950, p. 41. Grifos meus.

existência) uma coisa da razão, a qual, no fim das contas, compartilha o mesmo terreno com as coisas do mundo, não poderia haver vitória mais amarga.

Os pilares do histórico

A maior contribuição de Herder, do ponto de vista da trajetória da autoconsciência, foi sua reformulação da poesis universal, que também recupera os atributos da mente, isto é, os sentimentos e as sensações, ignorados pelas narrativas do nomos universal.[181] O que vejo em suas formulações é uma revisão da cena da representação, na qual a autoconsciência é remoldada como uma coisa moral numa ontologia social que atribui vínculos sociais à linguagem, à religião, à cultura e afins. Focalizando o "autodesenvolvimento" coletivo, a versão da peça da razão de Herder performa a negação da exterioridade ao (a) submeter a determinação e a diferença individuais e coletivas internas aos princípios dirigentes e unificadores atualizados nos produtos e instituições culturais e (b) introduzir uma ontologia social baseada no Histórico, que constitui o sujeito coletivo, a nação ou o povo, como efeito da temporalidade. Nos textos reunidos em *Philosophical Writings,* Herder acusa repetidamente a filosofia moderna de ter fracassado na sua missão mais importante. Hostil aos feitos da razão científica e aos charmes do entendimento kantiano (sua lógica

---

181. O fim do século XVIII testemunhou uma proliferação de críticas ao Iluminismo que, como a de Rousseau, por exemplo, sugeriram versões do homem que buscavam uma base para a moralidade e para uma ontologia social fora da narrativa liberal dominante. Minha opção pela crítica de Herder não foi feita porque desprezo as análises de seus contemporâneos, mas porque suas formulações abordam os aspectos mais cruciais do Iluminismo. Herder, como Taylor (1975, p. 13) nos lembra, "reage contra a antropologia do Iluminismo e a sua visão objetificada da natureza humana, sua dependência da razão científica e assim por diante".

sem espírito [*spiritless*] e preocupação com as regras do mundo das coisas), Herder defendia uma filosofia do "entendimento saudável". Tal filosofia reconheceria que "o povo" possui um discernimento sobre o bom e o correto e que sua tarefa autoconferida é contribuir para "o [auto]desenvolvimento moral [*Bildung*] do (espírito do) povo". É na reescrita da poesis universal conduzida por Herder que se pode descobrir o que essa teoria moral, que busca o desenvolvimento completo do "espírito" humano e não meramente o aperfeiçoamento do entendimento, tem em vista: delinear a história como o movimento da vida, como "autodesenvolvimento" (autorrepresentativo), cuja centralização da linguagem na construção da autoconsciência produz a coisa pensante como um ser com "espírito", isto é, dotado de força interna (produtiva).

Ao reescrever a cena da representação, Herder delineia a significação histórica descrevendo o sujeito moral como sempre-já um efeito dos princípios que guiam a trajetória temporal de um povo, ou seja, as "forças e inclinações" expressas na língua e nos símbolos, isto é, os produtos culturais. Eu selecionei três enunciados que indicam como a versão da poesis universal de Herder escreve o sujeito moral como uma coisa (universal, interior ou temporal) histórica. No primeiro, Herder adiciona a linguagem à reflexão e à liberdade para ressaltar a unicidade dos seres humanos, um gesto que remolda a autoconsciência como uma coisa intrinsecamente moral (social). Herder[182] argumenta que a linguagem e a reflexão são necessidades porque, como uma coisa social, o ser humano precisa comunicar suas sensações, sentimentos e paixões e, além disso, como os sentidos dos seres humanos são "inferiores em nitidez", suas "forças de representação" e necessidade de representação são mais amplas.[183] Ele alega

---

182. Herder, J. G. *Philosophical Writings*. Cambridge: Cambridge University Press, 2002, p. 66.
183. *Ibidem*, p. 83.

que essa incompletude decreta que a razão, a liberdade e a linguagem constituem necessariamente a "diferença intrínseca" humana, engendrando assim a autoconsciência, isto é, a coisa interior, uma coisa capaz de reflexão e representação (linguagem).[184] Apesar de postular que a poesis universal — ou a "mãe natureza", para usar seus termos — produz os seres humanos como coisas *com* sentimentos e sensações, Herder não as constrói como coisas *de* sentimentos e sensações. Ele enuncia:

> Não posso pensar o primeiro pensamento humano, não posso organizar o primeiro juízo consciente numa sequência, sem entrar num diálogo, ou sem me esforçar para entrar num diálogo, na minha alma. Portanto, o primeiro pensamento humano, pela sua própria natureza, nos prepara para sermos capazes de entrar em diálogos com os outros! A primeira marca característica que aprendo é uma palavra característica para mim e uma palavra de comunicação para os outros![185]

A negação da exterioridade aqui resulta do fato de Herder situar as condições para a unidade social ou moral na mente e da reescrita

---

184. Herder, 2002, p. 87.
185. Ele escreve a "diferença intrínseca" humana de acordo com a representação da natureza fornecida pela razão científica. Herder identifica quatro "leis da natureza do ser humano": (1) "o ser humano é um ser ativo e que pensa livremente, cujas forças operam de modo progressivo. Portanto, ele é uma criatura de linguagem" (Herder, 2002, p. 127); (2) "o ser humano é, destinadamente, uma criatura de grupo, de sociedade. Logo, a formação progressiva de uma língua torna-se natural, essencial e necessária para ele" (Herder, 2002, p. 139); (3) "assim como a espécie humana como um todo não poderia permanecer [como] um único grupo, igualmente não poderia ter uma única língua. Então, assim surge a formação de diferentes línguas nacionais" (Herder, 2002, p. 147); e (4) "assim como, muito provavelmente, a espécie humana [*Geschlecht*] constitui um único todo progressivo com uma só origem dentro de um único magnífico lar-economia, da mesma forma todas as línguas também, e com ambas toda a cadeia da civilização" (Herder, 2002, p. 154).

da sensação como um momento de sua própria representação, quer dizer, esta última não seria mais efeito das coisas sobre o ser humano: o "ser humano sensorial sente do seu modo todas as coisas advindas de fora de si mesmo e assinala o eu com a imagem dele, a impressão dele".[186]

No segundo enunciado, Herder estabelece categoricamente a temporalidade como o momento de atualização das "inclinações e forças" que distinguem e unificam um determinado povo ou nação. Por um lado, ele delineia o histórico como o terreno em que a humanidade atualiza sua "diferença intrínseca", que reúne como cada nação específica contribuiu para a *Bildung* humana. No que diz respeito à espécie humana, Herder afirma: "a natureza uniu uma nova cadeia: as tradições de povo para povo! 'Deste modo, as artes, a ciência, a cultura e a língua refinaram a si mesmas durante a magnífica progressão do trajeto das nações' — o vínculo mais sofisticado para aprofundar a formação [das nações] escolhido pela natureza".[187] Por isso, ele aconselha o historiador a buscar na diversidade do ciclo de um povo "um fio e um plano de formação [*Bildung*] para desenvolver no coração humano, pouco a pouco, determinadas inclinações e forças que as pessoas anteriormente, e por estarem seguindo outro caminho, não conseguiam enxergar".[188] Pois a filosofia do "entendimento saudável" ajuda na formação humana (autodesenvolvimento) porque traça as diversas criações de cada povo específico, através de sua trajetória, para identificar as inclinações que correspondem ao seu destino. Ao nomear seu projeto "geografia da humanidade" ou "física da história", Herder sugere que, apesar dessas criações terem se espalhado pelo globo, elas são fundamentalmente coisas do tempo; sozinho, o histórico compreende a universalidade da diferenciação. No terceiro

---

186. Herder, 2002, p. 97.
187. *Ibidem*, p. 160.
188. *Ibidem*, p. 269.

enunciado, para compreender as atualizações da força humana autoprodutiva, separadas espacial e temporalmente, Herder reapresenta a figura do autor divino como "modelo exemplar", sustentando assim seu argumento de que uma autoridade interiorizada fornece a base para a unidade moral de uma determinada nação e da humanidade. Ao fundir os dois momentos do divino, isto é, o autor e o regente, resolvendo-os na "família", Herder indica como a autoridade patriarcal assegura a unidade moral. "Independentemente de onde o pai original tire suas cognições, inclinações e ética", ele enuncia, "seja lá quais ou quantas sejam, um mundo ao nosso redor e um mundo da posteridade já se formaram, e formaram-se solidamente com essas inclinações e ética meramente através da observação do seu quieto, impetuoso e eterno divino exemplo!".[189] Enfim, esses movimentos lidam com a questão da diferença (moral) humana, a solucionam, sem reestabelecer a exterioridade como o determinante da universalidade da diferenciação.

A negação da exterioridade, ou seja, a afirmação de sua impossibilidade como um determinante da particularidade de uma nação ("diferença intrínseca"), ocorre quando Herder postula que o princípio da autoridade patriarcal — que informa a tradição de um povo — governa a história humana, ou seja, "o progresso na inclinação da espécie humana", que começou no despótico e desprezado "Oriente", onde ele situa a "infância da humanidade", as origens da unidade moral, nos "tais preconceitos e impressões da formação".[190] Lá, ele encontra os *"pilares fundamentais* de todas as coisas que devem ser construídas posteriormente sobre eles, ou que já foram construídas com as *sementes* através das quais todas as coisas posteriores e mais fracas, independentemente de quão gloriosas sejam consideradas,

---

189. Herder, 2002, p. 274.
190. *Ibidem*, p. 276.

se desenvolvem".[191] A partir daí, ele segue os degraus ascendentes do progresso que a humanidade seguiu, como por exemplo a criação da agricultura pelo povo egípcio, a invenção do comércio pelos fenícios, o apreço pela beleza e pela razão dos gregos, até chegar ao mundo romano, que forneceu à humanidade a "arte de governar pelo estadismo, a arte militar e o direito internacional dos povos".[192] Embora note que em cada um desses momentos históricos circunstâncias geográficas modificaram as conquistas herdadas, Herder está preocupado em entender como cada povo as transforma de acordo com suas próprias inclinações particulares (novas). Começando seu argumento pela "infância" no Oriente, ele descreve a "diferença intrínseca" da humanidade, isto é, a autorrepresentação, como marcada pela apropriação e transformação de produtos inventados pela coletividade, ou seja, sua tradição, de acordo com as inclinações específicas de cada coletividade.

Nos enunciados de Herder, eu percebo a estruturação dos pilares do histórico, a consolidação da historicidade como uma descritora ontológica moderna através da recuperação dos sentimentos, emoções e inclinações, na remoldagem da autoconsciência como um Eu (racional ou representativo) moral. Nessa versão da poesis universal na qual a razão guia a força produtiva do "autodesenvolvimento" humano, o Histórico torna-se o significado tanto da poesis universal (da humanidade) quanto da poesis particular (das nações e dos indivíduos). Apesar de compartilhar o "autodesenvolvimento", ou seja, a marca (humana) universal, o modo como coletivos realizam as "inclinações" e as "disposições" do "coração humano" seria influenciado por fatores externos dependentes da "terra" e do "lugar", já que cada nação, por ter o próprio "centro de felicidade em si mesma", o desenvolverá autonomamente. Além disso, essa universalização da diferen-

---

191. Herder, 2002, p. 277. Grifos do autor.
192. *Ibidem*, p. 290.

ciação também aprofunda a unidade da nação. O contato com outros povos faz surgir o "preconceito" que, segundo Herder, tem o papel de "forçar os povos a se unirem nos próprios centros, [de torná-los] mais resolutos em suas raízes tribais, a florescerem mais o próprio tipo, a serem mais apaixonados, e, portanto, mais felizes nas suas próprias inclinações e propósitos".[193] Nessa articulação da cena da representação, a particularidade de cada nação constitui apenas um efeito possível e potencial da "diferença intrínseca" humana.

Não esqueçamos que Herder escrevia contra a doentia razão científica celebrada pela Europa "iluminada" e que sua narrativa sobre a poesis universal é uma reescrita das noções de humanidade e "progresso", os temas favoritos de seus contemporâneos. Com essa narrativa, ele contesta o que considera a articulação de um "preconceito" europeu por esses mesmos contemporâneos — como indicado quando pergunta se seria o "tom universal, filosófico e amigável do nosso século [...] um juiz tão especial a ponto de julgar, condenar ou magnificamente *ficcionalizar* sua ética de acordo somente com seus próprios juízos".[194] Claro que o aspecto nobre dessa versão da peça da razão só se torna evidente quando contrastado com a arrogância do Iluminismo de se autodeclarar o fim (o objetivo final) da história humana e a sua reivindicação de ser capaz de compreender a história em sua totalidade como uma tarefa do nomos universal. O que quero destacar é como a formulação do Histórico de Herder é concretizada no enunciado que reescreve a peça da razão ao situar a poesis universal na mente do homem. Deste modo, sua remoldagem da autoconsciência é capaz de adiar a afetabilidade de forma persistente, através da interiorização da poesis, ou seja, da concepção do social, da unidade moral, como um efeito dos princípios que guiam o coletivo e que são, sobretudo, produto da capacidade da mente de

---

193. Herder, 2002, p. 297.
194. *Ibidem*, p. 299.

representar. Precisamente por Herder resolver a "unidade e diversidade" das nações (e suas culturas específicas) na interioridade, nem o uso da geografia como base para a "diferença intrínseca" nacional, nem a percepção da arrogância do Iluminismo destacados por ele, e tampouco seu reconhecimento dos efeitos letais dos projetos coloniais que o Iluminismo sustenta, puderam evitar que sua versão da historicidade fosse apropriada na reformulação antropológica do cultural conduzida no século XX, num momento posterior do desejo colonial europeu.

A dádiva da razão

Em seu esboço da autoconsciência, Descartes reafirma a prerrogativa ontoepistemológica da coisa interior e a situa seguramente na autodeterminação com o enunciado de que apenas a coisa racional é capaz de desvendar como a razão institui (funda e ordena) a natureza, ou seja, a construção que engloba tudo o que a razão busca conhecer — a terra e o cosmos, o corpo e a alma, as regras e os princípios — isto é, o universo (criado) ordenado. Quando os articuladores da ciência remoldaram a razão como nomos universal, a reivindicação ao *conhecimento com certeza* foi sustentada com a afirmação de que o sujeito pode "descobrir" as forças, "leis fixas (imutáveis)", que governam os movimentos das coisas (exteriores e afetáveis) estendidas. A partir de então, o acesso à verdade do mundo das coisas depende exatamente daquilo que o homem compartilha com as coisas que ele busca conhecer, isto é, seu corpo afetável — uma necessidade que ameaça submeter o homem, o compósito mente-corpo, à determinação exterior. As cenas da regulação e da representação, produzidas sob as versões da peça da razão do século XVII, respectivamente o nomos universal e a poesis universal, não enfrentam essa possibilidade porque cada uma delas resolve os próprios princípios de unidade, lei e moralidade nos poderes da mente, isto é, da coisa com razão.

No fim da Era do Iluminismo, através da articulação dos significantes que indicam, do contrário — os sentidos, as coisas do mundo e o próprio sujeito senciente —, as revisões da peça da razão a retornaram à interioridade, sem abdicar de sua construção do sujeito como regente e autor do universo. Entretanto, alguma coisa havia sido perdida, já que a experiência e a natureza foram ressignificadas como efeitos das ferramentas da ciência e os sentimentos e emoções foram resolvidos como os pilares da história. Em ambas as narrativas, a relação dos seres humanos com as coisas (Kant) e entre si (Herder) é mediada por um poder regulador (as ferramentas do entendimento) ou produtivo (as forças da tradição) que, apesar de abrigado na mente, constitui o terreno ontoepistemológico universal. Foucault[195] localiza o surgimento da episteme moderna, a representação moderna, nesse exato momento. Isto é, após Kant fabricar o transcendental, o "ser" das coisas do mundo passaria a ser capturado na temporalidade do sujeito do conhecimento, adquirindo assim sua própria historicidade. Eu acrescentaria que isso ocorreu dessa forma também por causa da formulação do histórico de Herder, que consolidou a localização da diferença humana na temporalidade. O que aconteceu, então? Como os temas da universalidade e da historicidade fundiram-se de modo que o em-si (interior) das coisas passou a ser articulado no mesmo gesto que escreve a coisa-em-si como um momento do homem?

Ao responder a essa pergunta, Foucault[196] concentra-se majoritariamente em novos projetos do conhecimento nos quais o homem surge tanto como sujeito quanto como objeto da investigação. Precisamente por ele localizar nas "novas empiricidades" ("trabalho", "linguagem" e "vida") o posicionamento do homem no centro das

---

195. Foucault, 1994.
196. *Ibidem.*

narrativas ontoepistemológicas modernas, ele ignora uma questão crucial: qual foi o processo que ao consolidar a regência da razão universal resultou nas coisas adquirirem a própria interioridade, a partir de então subordinadas à temporalidade do Eu interior? Pois o relato kantiano acerca da universalidade não foi capaz de expandir o feito de Agostinho, porque não se interessava pela interioridade das coisas. A condição de possibilidade desse feito reside, de fato, conforme Foucault argumenta, no Transcendental kantiano — e, eu complemento, no Histórico de Herder. Porém, como demonstrarei em breve, não foi um efeito imediato de nenhum dos dois. Esse feito só poderia ser alcançado através da versão da razão universal que une o exterior e o interior, o Transcendental e o Histórico, ao resolver o nomos e a poesis na poesis transcendental. Apesar da solução de Hegel resolver a "verdade" em "ser", ao transformar a cognição em reconhecimento e razão em liberdade, a reescrita da razão convertida em "espírito", ou seja, a articulação do Eu transcendental, não dissiparia a ameaça que a dádiva do nomos universal ao pensamento moderno representa.

4. Poesis transcendental

> A sociedade civil é [o estágio da] diferença que intervém entre a família e o Estado, mesmo que a sua formação ocorra posteriormente à do Estado, porque, como [estágio da] diferença, ela pressupõe o Estado [...]. Além disso, a criação da sociedade civil é a realização do mundo moderno que, pela primeira vez, concedeu a todas as determinações da Ideia o que elas merecem. Se o Estado é representado como unidade de pessoas diferentes, como unidade que é apenas parceria, então a referência é apenas à sociedade civil [...]. Como a particularidade é inevitavelmente condicionada pela universalidade, toda a esfera da sociedade civil é o território de mediação onde há liberdade de atuação para toda e qualquer idiossincrasia, talento, ocorrências de nascimento e casualidade, e onde as ondas de todas as paixões avançam, reguladas somente pela razão que lampeja através delas. A particularidade, restringida pela universalidade, é o único padrão por meio do qual cada integrante específico promove seu próprio bem-estar.
> — G. F. W. HEGEL, *Princípios da filosofia do Direito*

Remoldar o sujeito moderno sem o desejo que faz com que a emancipação racial dependa de algo escondido atrás de um véu ideológico — simplesmente aguardando pelas ferramentas "certas" para "libertá-la" dos escombros alienantes sobre os quais a modernidade foi edificada — não é a declaração de morte do "outro da modernidade". Ao abordar o racial como a ferramenta produtiva da razão que escreve o "Eu" e seus "outros" diante do horizonte da morte, eu busco entender os modos pelos quais o que se foi ainda permanece. Pois estou convencida de que o que se foi existe de outra maneira; porque, como Jean-Luc Nancy[197] escreve, "o 'Ocidente' é exatamente o que o designa como limite, como demarcação, mesmo quando recua incessantemente as fronteiras do seu império", portanto, ele é somente capaz de "abrir o mundo ao encerramento", isto é, à representação, "que é o que se determina por seu próprio limite", e, sobretudo, não apenas o "Ocidente" em si, mas o "irrepresentável" que ele delimita "também é um efeito da representação". Com a noção de texto moderno, eu abordo a representação moderna como o contexto ontoepistemológico, no qual o engolfamento constitui o ato produtivo (violento) privilegiado. Meu objetivo é capturar como o conhecimento científico mapeou a trajetória dos "nativos" do passado e dos conquistadores europeus após o "primeiro encontro". Isto é, esse conceito permite que eu trace como a "Vontade de Verdade" moderna transformou tanto os conquistadores "cognoscentes" [*knowledgeable*] quanto as "criaturas inocentes" do passado em sujeitos políticos modernos que existem diferentemente diante da transcendentalidade e os temas, ou seja, a universalidade e a autodeterminação, através dos quais ele governa as configurações (jurídicas, econômicas e simbólicas) sociais modernas.

Minha tarefa neste capítulo é completar a escavação do contexto de emergência da analítica da racialidade, ou seja, terminar a investigação das análises críticas dos enunciados que consolidaram o texto moderno, através da descrição de como a versão da peça da razão de Hegel, a poesis transcendental, resolve a ameaça enfrentada pelos escritores da autoconsciência desde o enunciado inaugural cartesiano. Na versão hegeliana, a coisa *interior* não será mais ameaçada pela possibilidade de contemplar o horizonte da morte, ou seja, de

---

197. Nancy, Jean-Luc. *The Birth to Presence*. Stanford, Calif.: Stanford University Press, 1993, p. 1.

se tornar uma coisa (advinda) da determinação exterior — afetabilidade —, porque na *cena do engolfamento*, a exterioridade se torna um momento da trajetória do sujeito transcendental (interior ou temporal). Nos enunciados de Hegel, encontro a finalização da figura da autoconsciência, que a partir de então passa a ser o Eu (interior-temporal) transparente, o único capaz de superar a dicotomia fundante (interioridade/ exterioridade), ao reconhecer que o alicerce universal que compartilha com as coisas exteriores tem sempre-já sido em si mesmo [*it-self*]. Minha análise das formulações de Hegel demonstra como, ao montar o horizonte da vida, ele articula o princípio ético da transcendentalidade e apresenta uma noção de liberdade (autodeterminação ou determinação interior) como transparência, conceito que é a base tanto para articulações ontológicas modernas quanto para concepções do certo e do bom, isto é, da justiça.

Embora o campo crítico esteja repleto de denúncias e rejeições à transparência e de indicações de que a poesis transcendental confina o Eu transparente às fronteiras da Europa pós-iluminista, nenhuma crítica relaciona essa versão da peça da razão aos projetos científicos dos séculos XIX e XX que tentaram "descobrir" a verdade do homem. Minha leitura mostra que isso ocorre porque o enunciado de Hegel — ao descrever como a razão desempenha seu papel produtivo na cena do engolfamento, na qual se torna uma força desejosa, viva ou produtiva — resolve, mas não dissipa, a exterioridade e o contexto ontológico que ela anuncia. Exatamente porque, desde o início, a razão científica estabelece o pensamento moderno, a versão da peça da razão de Hegel, assim com as anteriores, tem que lidar com o palco da exterioridade mesmo que o reduzindo a mero momento do autodesdobrante "espírito". Contudo, já que o engolfamento apreende mas não oblitera aquilo de que se apropria, é possível resgatar o palco da exterioridade das águas profundas da poesis transcendental.

A cena do engolfamento

Quaisquer que sejam os outros motivos que possam ter animado o projeto hegeliano, ele foi limitado pelo fato de que, mesmo após quase dois séculos, a filosofia moderna não renunciaria à figura cujo delineamento marca sua inauguração. Nem poderia a autoconsciência manter seu lugar privilegiado como terreno para as narrativas epistemológicas e ontológicas se a sua intimidade com a razão universal fosse negada. Se a autoconsciência não podia ser transformada, se renunciar aos determinantes da sua particularidade, isto é, à razão e à liberdade, resultaria na aniquilação daquilo que distingue o pensamento moderno — que, no final do século XVIII, já organizava a representação pós-iluminista das configurações sociais modernas —, a única solução possível era, mais uma vez, reescrever a peça da razão. A bem-sucedida reformulação de Hegel produziu uma narrativa da trajetória da autoconsciência na qual a determinação interior e a autoprodutividade tornaram-se os dois atributos que a autoconsciência compartilha com a razão universal. Em outras palavras, baseando-se na interiorização da razão universal articulada por Kant e Herder, Hegel reconstituiu o universal formal kantiano ("razão pura"), isto é, o transcendental, como coisa (desejante ou viva) histórica, a saber, a força (interior-temporal) produtiva, o "Espírito", o Eu transcendental. Ao resolver a razão em liberdade, a natureza em história, o espaço em tempo, as coisas do mundo em sujeito (pensante, do conhecimento, atuante, desejante ou vivente), Hegel reescreveu a peça da razão como poesis transcendental. Deste modo, ele consolidou os campos da representação moderna, isto é, a ciência e a história, os contextos produtivos responsáveis por fornecer as estratégias de significação que compuseram os relatos ontoepistemológicos pós-iluministas.

Ainda assim, como demonstrarei, o engolfamento, o gesto operativo de significação, compreende mas não oblitera a exterioridade. Ele simplesmente afasta o horizonte da morte, quando recupera aquilo cuja renúncia sustentou a afirmação da possibilidade de *conhecer com certeza*, quer dizer, a busca pelo em-si mesmo ("causas finais" ou "essências") das coisas.[198] Depois de quase duzentos anos, não seria difícil ler essa realização como consequência necessária da trajetória da autoconsciência. Talvez seja o caso; porém, isso não teria sido possível se Hegel não tivesse reescrito a poesis universal de modo a evitar o retorno das noções de contingência e infinitude de Leibniz e o conceito de tradição de Herder. Tivesse ele mantido as noções leibnizianas, sua versão da autoconsciência não teria retido a autodeterminação, pois teria sido incapaz de reivindicar o conhecimento de tudo o que poderia se tornar ou todas as possíveis e potenciais modificações futuras das coisas. Tivesse ele mantido o conceito herderiano, sua autoconsciência reformulada teria sido incapaz de decidir autonomamente sobre sua essência e existência porque permaneceria presa a princípios surgidos na "infância da humanidade". Nem uma temporalidade ilimitada, nem uma temporalidade predeterminada poderiam preservar o que havia sido garantido pela razão universal. Por isso, Hegel reescreveu os atos da razão universal como a peça do engolfamento — a formulação dialética da temporalidade que une os inícios, os meios e os fins — e assim produziu uma teleologia que evitou retornar às

---

198. Como Taylor (1975, p. 356) sugere, com esse gesto, a recuperação da exterioridade, Hegel não emancipa a espacialidade da interioridade kantiana. Trata-se apenas de um momento necessário antes de Hegel resolver o espaço no [*into*] tempo. "Mas," observa Taylor, "tal existência externa imediata contém negatividade porque não pode existir apenas externamente; portanto, ela é contraditória. Hegel vê a negação primeiro no ponto [...], a tentativa de sair da externalidade para a autoidentidade singular. Mas a natureza do espaço é sua própria negação, ou seja, ele não tem extensão, então o ponto entra na linha, a linha na superfície, e a superfície em todo o espaço. Contudo, tal negatividade tem existência real como tempo. Assim, o espaço não está mais em repouso, suas partes apenas coexistem. Agora ele está em movimento. O tempo é o lado do Nada, do vir-a-ser. É a negação da exterioridade do espaço, mas de modo puramente exterior".

metafísicas sobrenaturais ou seculares.[199] Na poesis transcendental de Hegel, o teatro da razão tornou-se a arena da história, assim como o universo converteu-se num produto da trajetória temporal de um Eu transcendental (interior-temporal) autoproducente e automovente, isto é, o "Espírito", a entidade na qual forma e conteúdo, essência e existência, a substância e suas modificações, causas e efeitos estão resolvidos. Embora tudo o que é e pode vir a ser seja simultaneamente matéria-prima, instrumento e o objetivo do "Espírito", somente uma coisa, a que compartilha os poderes da razão — isto é, a mente —, é capaz de reconhecer que este seja o caso.

---

199. Segundo Habermas (1987, p. 24), a crítica de Hegel ao Iluminismo tem como alvo exatamente o que estou tentando capturar com a noção do nomos interiorizado, ou seja, o fato de que essa noção "tinha falsamente colocado o entendimento [*Verstand*] ou a reflexão no lugar da razão [*Vernunft*]", o que é outra maneira de nomear o relato da razão universal como forma. O motivo que adoto para não usar esses termos deve ficar mais evidente neste capítulo, conforme indico como a versão hegeliana da razão universal, apesar de privilegiar a cena da representação, não pode e não deveria ser encarcerada nas séries de distinções que comunicam as duas versões da peça da razão que identifiquei. Logo, a primeira solução de Hegel para o que Habermas (1987, pp. 25-7) chama de "o problema da unificação" foi recuperar o divino regente e autor, que ele abandonou rapidamente. De qualquer modo, apesar de reconhecer, como Habermas (1987) e Taylor (1975) parecem sugerir, a rejeição de Hegel do nomos interiorizado como a fundamentação ontoepistemológica moderna legítima, me parece que reduzi-la a uma crítica do "indivíduo" liberal capturada com a noção do subjetivo não permite que as (des)continuidades entre os enunciados de Hegel e os anteriores sejam analisadas, enunciados esses que o próprio Hegel analisa ao reescrever a filosofia moderna como a, ou na, trajetória do Espírito. Independentemente de sua reconciliação ser apenas parcialmente bem-sucedida, como Habermas argumenta, ou, como eu argumento, de ser bem-sucedida (produtiva) apenas por evitar a unidade irrefletida que a figura do divino produz. É inegável que a manobra de Hegel não deslocou a universalidade da regulação nem a universalidade da representação. Isto é, as formulações hegelianas foram cruciais para permitir a coexistência de ambas as cenas, indicadas pelos temas da universalidade e da historicidade (jurídica e científica), na qual a autoconsciência continuava protegida do nomos universal.

Nas formulações de Hegel, eu encontro o enunciado que assegura a autodeterminação como qualidade intrínseca da autoconsciência, ao eliminar a separação entre a regulação e a representação. Esse gesto ocorre quando Hegel posiciona ambas no momento da transparência — quando a autoconsciência reconhece que nada é exterior a ela porque, assim como ela, todas as coisas existentes são um momento, uma atualização do Espírito, ou seja, a causa e propósito do universo, com o qual a autoconsciência desfruta de uma profunda intimidade. Nesse gesto, Hegel lida com um ponto crucial para assegurar a autodeterminação, a saber, a questão de como sustentar a tese cartesiana da capacidade da mente de conhecer as coisas estendidas (exteriores-afetáveis). Como resolver a natureza imanente (material, concreta e contingente), o universo que existe diante e fora da mente, no transcendental (o formal, o abstrato e o necessário), sem escrever a razão universal como força restritiva (exterior ou interior) ou focalizar as relações não mediadas, que retornam ao tema da afetabilidade? Isto é, como podemos evitar a erupção daquilo que o traço contém, cujo adiamento permite a escrita da autoconsciência como coisa interior, aquilo que narrativas precedentes da razão universal arriscaram a própria autodeterminação para manter distante? Ao lidar com essas questões, Hegel apresenta duas noções: atualização e reconhecimento, cujo efeito é fornecer uma narrativa da trajetória do Espírito como processo (autoprodutivo) temporal através do qual a autoconsciência aprende a ter uma profunda intimidade entre si mesma e as coisas. Embora ambas sejam cruciais para a escrita do "Mesmo", cada uma ganha um significado particular quando mobilizadas na narrativa hegeliana sobre como a autoconsciência está posicionada em relação ao "mundo das coisas", que lhe é dado, e ao "mundo dos homens", que ela produz. Através do engolfamento da exterioridade com o movimento da atualização e do reconhecimento, a versão da peça da razão como poesis transcendental institui a tese da transparência como a suposição ontoepistemológica moderna, ao mesmo tempo que permite projetos de conhecimento que produziram sujeitos modernos posicionados diante do momento da transparência.[200]

Em *Fenomenologia do Espírito,* Hegel[201] descreve como a autoconsciência passa a reconhecer que a profunda intimidade entre si mesma e as coisas exteriores resulta do fato de que ambas constituem momentos da atualização do Espírito. Ao recuperar as preocupações do conhecimento com o ser ou a essência, o erro metafísico criticado por Locke, Hegel reúne a coisa autodeterminada e o que existe diante dela — o externo, o exterior, o estendido — numa narrativa que (trans)forma a coisa pensante na coisa desejante. Para Hegel:

---

200. Acredito que isso é ignorado nas tentativas de sinalizar o apagamento do outro da Europa produzido nos textos modernos que não confrontam as condições de produção dos temas, — isto é, a universalidade e a historicidade — que instituem esse lugar de silêncio, o lugar onde a língua do homem torna-se muda. Por exemplo, a sugestão de Spivak (1999, p. 45) de que uma alternativa à leitura de Hegel da Escritura Sagrada Gītā reconheceria que "a própria Gītā também pode ser lida como outro relato dinâmico que sacia a questão da verificação histórica [...]. A Gītā é um diálogo firmemente estruturado no meio do gigante, multiforme e diversamente arranjado relato sobre a grande batalha entre duas linhagens antigas e relacionadas. [...] Tudo o que envolve a Gītā é mito, história, estória, processo, 'tempo' [*timing*]. Na ação pausada do texto está o desenrolar das Leis de Movimento da transcendência do tempo [*timing*], o Tempo do Universo". Spivak oferece essa leitura alternativa contra a versão de Hegel da historicidade, que transforma a "história" e a "cultura" do Oriente em um estágio na direção à europeidade, o relato em que o "Tempo, grafado como Lei, manipula a história vista como tempo [*timing*] com o interesse em explicações político-culturais" (Spivak, 1999, p. 43). Já que Spivak lê a Gītā como uma performance do mesmo gesto, seria muito fácil (e equivocado) afirmar que ela, no fim das contas, lê o histórico — capturado no termo "Tempo grafado como Lei" — como ideologia ("com o interesse em"). Me parece que o gesto autodestrutivo nesse contexto é manter o tempo como "tempo" [*timing*] como se, ao livrar-se do transcendental (Lei), também poderia livrar-se do ato necessariamente violento que o tempo como significante (o momento) da interioridade exige.
201. Hegel, G. W. F. *Phenomenology of Spirit*. Oxford: Oxford University Press, [1807] 1977.

> A antítese entre sua aparência e sua verdade, contudo, tem por sua essência somente a verdade, isto é, a unidade da autoconsciência consigo mesma; essa unidade deve vir-a-ser essencial a ela, ou seja, a autoconsciência é desejo, em geral. A consciência tem, doravante, como autoconsciência, um duplo objeto: um, o imediato, o objeto da certeza sensível e da percepção, o qual é marcado *para a autoconsciência* como *negativo*; o segundo objeto é *ela mesma*, a *essência* verdadeira e está presente no primeiro momento somente oposta ao primeiro objeto. Nessa esfera, a autoconsciência se apresenta como o movimento no qual essa antítese é removida e a identidade de si mesma consigo mesma torna-se explícita (ênfase no original).[202]

Aqui, essência "abstrata" e existência "concreta" dos objetos (as coisas e os outros "Eus") não constituem limites à autodeterminação, pois ambas precisam ser confrontadas para que a trajetória da autoconsciência em direção à liberdade se complete. Isso ocorre somente quando ela se move da "universalidade simples" (o momento do ser-em-si mesmo, a sua forma inicial no delineamento cartesiano) e chega à "verdadeira universalidade" (o fim de sua trajetória), após recuperar a morte, a negação, como uma dimensão de si, ou seja, o momento em que "é por-si", isto é, o momento da transparência.

Ao reescrever as moldagens anteriores da consciência, Hegel introduz um relato ontológico, a cena do engolfamento, que reconcilia a cena da representação e a cena da regulação.[203] Nessa cena, a autoconsciência entende que a razão científica apreendeu o jogo dos fenômenos equivocadamente. Em outras palavras, a autoconsciência entende que para conhecer as coisas é necessário reconhecer o universo

---

202. Hegel, [1807] 1977, p. 105.
203. De acordo com Kojève (1969), a premissa ontológica que Hegel introduz não é apenas o movimento do pensamento, mas a natureza do ser. Contudo, não porque o pensamento revela o ser como dialético, mas porque o pensamento é (do/ de) ser.

como o palco da atualização de uma consciência transcendental, isto é, da força que é autodeterminante, porque é autoproducente, da "essência" da qual ela compartilha. Nesse movimento, engolfamento — atualização (exteriorização) e reconhecimento (interiorização) —, a autoconsciência torna-se o sujeito da poesis transcendental, cuja função é atualizar as possibilidades e potencialidades do Espírito, trazê-lo ao mundo ao realizar sua própria "força interior" (essência). Nesse momento, o sujeito do conhecimento é uma coisa desejante porque a realização de sua "diferença intrínseca", ou seja, sua autodeterminação, exige que, primeiro, ele se desloque para fora de si mesmo, que encontre a negação onde a razão performa com a força reguladora das coisas (do mundo), e segundo, que recupere as últimas e as leve de volta para a interioridade, aqui concebida inteiramente na cena da representação. Nessa narrativa, a mediação adquire um papel diferente: os meios do conhecimento não são nem o corpo humano, nem as ferramentas da razão científica, mas as coisas a serem conhecidas, a saber: a consciência e as coisas exteriores, sendo que as últimas apenas permanecem externas umas às outras enquanto a consciência ignorar que a sua verdade é tornar-se consciência por-si, isto é, ao reconhecer que a autorregulação é meramente um momento fugidio de sua trajetória em direção ao reconhecimento.

Versões anteriores da peça da razão impediram a afetabilidade, a determinação exterior, isto é, a possibilidade de a autoconsciência se situar diante do horizonte da morte através de enunciados que articulam e repudiam a exterioridade para estabelecer sua insignificância ontoepistemológica. Na narrativa hegeliana, a exterioridade é simplesmente um momento na trajetória temporal da coisa autoproducente, trajetória essa que termina com sua emergência como consciência transparente e independente, ou seja, como autoconsciência. Além disso, a autoconsciência é novamente capaz de acessar a coisa-em-si mesma, a essência, exatamente porque reconhece que a coisa-em-si é apenas um momento da razão universal que ainda não está consciente de si mesma, que não sabe que é Espírito. Nessa montagem do palco da interioridade, a peça é o modo de produção, pois o princípio da transcendentalidade (e a narrativa que ele guia) produz a cena do engolfamento (atualização e reconhecimento) que resolve a regulação na representação. Nessa articulação, o adiamento da afetabilidade resulta de uma narrativa que recupera a exterioridade, o momento ontológico negado nos enunciados que situaram as ferramentas do nomos universal e os pilares da poesis universal na mente, e assim redefine os pares universal-particular, universalidade-historicidade, exterioridade-interioridade e espaço-tempo ao resolver o primeiro conceito no segundo, conforme o primeiro se torna um vestígio em desaparição da trajetória temporal do Eu transcendental. Quanto à exterioridade, o atributo que o corpo humano compartilha com os objetos do conhecimento, ela se torna um momento "fugidio", necessário, porém não determinante, do movimento da poesis transcendental: o reconhecimento imediato não poderia sustentar completamente a reivindicação do Eu de conhecer o mundo das coisas — a não ser que este corresse o risco de se tornar um objeto do nomos universal. Hegel introduz uma noção da particularidade que engloba os momentos materiais, contingentes e imanentes que precisam ser engolfados para que a consciência reconheça a causa e o fim de todas as coisas existentes, possíveis e potenciais como Espírito. Porque o estilo hegeliano nada mais é que um mobilização de sua própria dialética — a estrutura de cada seção, parte e capítulo da *Fenomenologia* repete a trajetória que escreve —, em vez de buscar exemplos nas passagens apropriadas ao longo de seu texto, eu leio seu relato da "razão observante", a razão científica, para demonstrar como ele redefine a cena da regulação como a "Queda", o momento da razão morta, necessária para a realização do espírito e sua narrativa sobre a "história do mundo", responsável por tragar o globo, que se torna o espaço onde o Espírito mobiliza e representa os efeitos da sua peça produtiva.

Razão morta

Ao longo dos pouco mais de cem anos após as formulações de Locke e de Newton, a busca pela verdade das coisas estava livre de qualquer preocupação com o "ser" — uma manobra que constituiu a emergência da própria ciência. Quando a poesis transcendental de Hegel retorna ao tema do "ser", ela o faz ao estabelecer que a tarefa do conhecimento seria realizar o objetivo do Espírito, o momento da atualização, quando o Espírito adentra a exterioridade para se tornar objeto de si mesmo. Esse feito requereu algo que o pensamento moderno havia rejeitado desde, pelo menos, o enunciado inaugural de Descartes, isto é, a necessidade de reconsiderar, reconhecer e reconciliar a coisa estendida (no contexto da coisa pensada). Dito de outra maneira, essa necessidade demanda um enfrentamento eterno com a exterioridade (um sacrifício, como Hegel admite), algo que furta da mente a certeza de que ela é a única que determina as condições humanas, mas que também é necessário para se entender que o Espírito é "a noção absoluta" que une a consciência humana e as coisas do mundo. Por esse motivo, o relato hegeliano da razão científica iria autorizar tentativas de descobrir a "verdade" da autoconsciência. Nesta, a exterioridade aparece como um momento necessário do espírito em autodesdobramento, porque o último só pode completar sua trajetória ao enfrentar momentos sucessivos de conflito com e de suprassumissão [*sublation*] da imanência. Enfim, o movimento do Espírito é um embate eterno com sua própria exterioridade [*own exterior self*], isto é, com a natureza ou, o que é a mesma coisa, a extensão ("negatividade pura", morte) — nada mais do que o limite no cerne do Eu transcendental. Exatamente por adiar a exterioridade ao apreendê-la, o relato de Hegel, ou seja, sua versão da representação moderna — a qual consolida o texto moderno — fornece o ponto de partida para uma leitura do racial, o significante científico que produz a autoconsciência como efeito da exterioridade, produzindo assim uma contraontologia moderna.

Quando Hegel[204] descreve o momento da razão científica, ele o nomeia como um momento transitório no processo da atualização do espírito, quando a razão universal encontra a si mesma no mundo como "Coisa" e a autoconsciência entende que existe algo chamado objetificação — isto é, ela passa a ter consciência que o outro independente, ou seja, a coisa, também é (um momento de) si mesma. Porém, a autoconsciência ainda não sabe que a coisificação é um aspecto crucial da "vida ética". Apesar da "razão observante" considerar o "extrínseco" ["*outer*"] (externo ou exterior) a "expressão" do "intrínseco" ["*inner*"] (o interior ou o pensamento) e confundir o primeiro com o segundo, como postula Hegel, ela não é capaz de reconhecer que um é necessariamente o outro. Nesse momento, Hegel afirma que a razão atua instintivamente. Ela observa, descreve e experimenta com o intuito de demonstrar como as coisas existentes expressam o funcionamento dos determinantes universais (exteriores), isto é, das leis. Como nesse momento a lei está imersa nas coisas como elas existem, o universal aparece somente como imediato, embora aqui a consciência adquira a noção de lei junto com duas outras noções que indicam a proximidade da realização do "Espírito", a saber: a "matéria" e o "Fim". Com a noção de "matéria", a autoconsciência entende que a lei, isto é, o nomos universal, não é meramente "sensorial" e que as coisas têm universalidade, ao passo que com a noção de "Fim" ("Fins"), ela captura a ideia de teleologia, o fato de que o que parece ser apenas necessário é, na verdade, o ápice de um processo que é nada mais do que um retorno ao seu início. Entretanto, a razão científica enxerga somente causas e efeitos, em termos de uma relação externa entre duas coisas independentes. Ela é, portanto, incapaz de reconhecer que aquilo que passa a existir — ou seja, o "efeito" ou o "Fim" — sempre-já esteve *ali* dentro. Além disso, a "razão observante" entende aqui a noção de autoconsciência, que "da mesma forma diferencia-se de si mesma sem produzir qualquer

---

204. Hegel, [1807] 1977, p. 157.

distinção". ²⁰⁵ Esse erro da autoconsciência [*mis(self)-recognition*], sua falha em se autoreconhecer, tem graves consequências.

Por via deste, a razão científica performa um deslocamento duplo: o "Fim" é concebido como exterior à coisa e à própria consciência. No primeiro caso, "o instinto da razão" não consegue *reconhecer* que a "essência" da coisa é o ato de vir-a-ser o que sempre-já foi, isto é, essa ação não é algo produzido por uma força exterior, é, na verdade, a coisa-em-si. Essa "atividade" é, segundo Hegel,²⁰⁶ "simplesmente a forma pura, sem essência, de seu ser-para-si, e sua substância, que não é meramente um ser determinado, mas sim o universal, ou seu *Fim*, não lhe é exterior". Portanto, em vez de capturar esse ser essencial da coisa, ou seja, sua "Noção", a consciência separa as duas, concebendo a "Noção" como "intrínseca" e a atualidade [*actuality*] (a coisa realizada) como "extrínseca", e, assim sendo, "sua relação produz a lei de que o exterior é a expressão do interior"²⁰⁷ — isto é, o "interior" torna-se o universal e o "exterior", sua particularização.

Enfim, "instinto da razão" não compreende — como, por exemplo, na observação dos seres orgânicos (vivos) — que o "exterior", ou seja, o atual, é a manifestação, a atualização, propriamente dita, do "interior", que, segundo Hegel,²⁰⁸ é o modo adequado de estabelecer a conexão entre ambos. Hegel²⁰⁹ conclui dizendo que para a razão científica a coisa é "apenas algo 'visto'"; "e se a Razão é capaz de ter um interesse apático ao observar essa coisa 'vista', ela se restringe a descrever os 'significados' e conceitos refinados que encontra na Natureza". Em suma, a relação entre o universal (interior, "essência") e o particular (a coisa [estendida] existente) na razão científica ainda é concebida através da exterioridade. Hegel lamenta esse momento da

---

205. Hegel, [1807] 1977, p. 157.
206. *Ibidem*, p. 159.
207. *Ibidem*, p. 160.
208. *Ibidem*, p. 179.
209. *Ibidem*, p. 179.

razão porque, apesar de ter encontrado a universalidade, a razão ainda não foi capaz de entender a verdade da relação entre o universal e o particular. O particular permanece imerso na imanência, um formato, uma forma fixa, isto é, ainda não é um momento de uma coisa viva, que se autotransforma. No segundo caso, em relação à consciência, a suposição da exterioridade acarreta outro erro. Ao não reconhecer que as "leis do pensamento" são parte do movimento do próprio pensamento, a autoconsciência "observadora" "converte sua própria natureza na forma do ser" — isto é, aborda a si mesma como objeto, assim como na formulação kantiana.[210] O equívoco consiste no fato de a "razão observadora" tomar o "indivíduo" pensante atual, por um lado, e o mundo, por outro, separando os dois sem reconhecer que, independentemente do que o indivíduo pensante seja, ele não passa de uma manifestação de certas condições do mundo, que a "individualidade é o que *seu* mundo é, o mundo que é o seu próprio".[211]

Para Hegel, a "razão observante", ou a razão morta, não é capaz de conhecer a atualidade sem concebê-la como algo externo, isto é, como exterioridade. A razão científica, não conhece o Espírito: ela contempla formatos como signos e conclui que o "extrínseco", o exterior, o estendido, é a expressão do "intrínseco", do interior, do pensamento. Incapaz de conceber o que existe e é dado ao conhecimento, as coisas existentes, como temporalidade, como algo atual, a razão científica as lê como fixas, independentes e particulares. Dito de outra maneira, a ciência está apta a desvelar as leis universais que determinam como as coisas aparecem; consegue, inclusive, conceber a força como algo interno e perceber que os infinitos aparecimentos das coisas podem ser capturados por construtos artificiais — instrumentos mecânicos, instrumentos matemáticos, ou seja, as categorias do entendimento. No entanto, porque a experiência só expõe

---

210. Hegel, [1807] 1977, p. 181.
211. *Ibidem*, p. 185. Grifo do autor.

à autoconsciência aquilo que é exterior, a coisa estendida (as coisas do mundo como elas afetam umas às outras de acordo com as leis universais), a consciência científica não conhece a temporalidade; somente pode conceber o pensamento como outra coisa fixa, um universal inerte, como forma (uma intuição) da coisa existente. Esta, Hegel declara, é a razão alienada, e "esse estágio final da Razão no seu papel observacional é seu pior; e é por isso que sua reversão se torna uma necessidade".[212] A espera da consciência, depois da "Queda" da razão dentro da coisidade total (ou seja, a coisa existente independente e sua própria independência como autoconsciência), é a realização de que a "realidade" é a razão automovente ela mesma.

Essa queda no nada [*nothingness*] precede o momento em que a autoconsciência livre encontra a si mesma objetificada em "outra" autoconsciência livre, isto é, quando o sujeito liberal (o "indivíduo" de Locke) entende finalmente que o sacrifício que institui o político, o coletivo, não é nenhum sacrifício. O momento do reconhecimento, quando, em um "indivíduo" específico, reconhece-se que "esta essência imutável da existência [a nação] é a expressão da própria 'individualidade' que parece oposta à própria essência; as leis declaram o que cada indivíduo é e faz; o indivíduo as conhece, não somente como sua própria coisidade objetiva universal, mas também conhece a si mesmo nelas; ou as conhece particularizadas na sua própria individualidade e na de cada um de seus concidadãos".[213] Não há necessidade de mediações. Diferentemente do Transcendental de Kant e do Histórico de Herder, o Transcendental de Hegel funde ambos e assim recupera a exterioridade apenas para resolvê-la [*into*] na interioridade, o que Agostinho classificou como o privilégio da alma racional. O pensamento é a "essência" de tudo e todas as coisas que existem. Porém, apenas o é se a coisa interior também se reconhecer

---

212. Hegel, [1807] 1977, p. 206.
213. *Ibidem*, p. 213.

como coisa — não como coisa estendida, pois acabamos de ver que, neste momento, a coisa interior ainda prospera na alienação —, mas como coisa fundamental do tempo, sempre uma atualidade, porque desfruta da transparência, ou seja, de uma intimidade profunda, com a força universal que existe no tempo enquanto engolfa o espaço, isto é, com o Eu transcendental, ou o "Espírito". Esse é o momento da "história do mundo".

O palco da vida

Seja qual for a resposta à pergunta "O que é história?", ela provavelmente ressoará com o relato filosófico de Hegel da "história do mundo". Nessa narrativa, a história "culmina numa comunidade que existe em conformidade com a razão; ou, também poderíamos dizer, numa comunidade que incorpora a liberdade".[214] Com isso, não estou repetindo a fórmula de Hegel que reduz todo e qualquer enunciado sobre a história a uma manifestação do "Mesmo" (hegeliano). Meu argumento é mais simples. A partir do delineamento inicial da cena da representação, que continua fundamentando as reescritas posteriores da poesis universal e é central aos conceitos projetados para capturar uma consciência histórica — como a nação, a cultura, a etnia —, a *historicidade*, como descritora, pressupõe um princípio ético, a transcendentalidade, o fundamento e fim atualizados na trajetória temporal de uma coletividade. Em seu esquema da arena da história, Hegel evita ambos os terrenos das ontologias sociais articuladas até então: o nomos universal, no qual a entidade moral básica, ou seja, o "indivíduo", sacrifica sua "liberdade natural" (a autodeterminação como dádiva divina), e a poesis universal, na qual a liberdade é um atributo da coletividade moral, à qual o sujeito pertence. Ao rejeitar

---

214. Taylor, 1975, p. 389.

o formalismo kantiano, Hegel remolda a razão (pura) transcendental como "Espírito", isto é, ele reescreve a razão como poesis transcendental que — como forma e conteúdo vivos, vontade e ação — não é simplesmente a base e o guia para a autodeterminação, mas a própria autodeterminação (liberdade). Com essa articulação, ele rearranja a história, que, a partir de então, deixa de ser somente uma narrativa dos feitos e fatos do passado para tornar-se a *cena da vida* que, juntamente com os produtos da imaginação criativa (cultura, artes, ciência, religião, etc.), constituem a atualização do "Espírito".

Na revisão hegeliana da cena da representação, que substitui o divino autor e regente com a figura do "Espírito" autodeterminante e autoproducente, eu encontro uma ontologia social em que a transparência se torna o "fim", o propósito final, quando os projetos do novo autor e regente, isto é, o Espírito, são atualizados nas instituições e produtos humanos. Pois ao contrário de outras coisas existentes, o ser humano possui a capacidade de medir a correção e a virtude das próprias ações; por ser uma coisa com livre-arbítrio, ele está apto a determinar se sua atividade trará a realização dos "Fins" do regente ou produtor do universo. Nessa versão da cena da representação, a *perfeição* corresponde ao momento em que se completa o processo de realização do Espírito nas condições sociais, um feito da ação humana que somente a coisa pensante é capaz de reconhecer. Dessa reescrita da representação como a cena do engolfamento (atualização e reconhecimento, exteriorização e interiorização), resulta uma narrativa da história na qual o desdobramento temporal do sujeito transcendental (embora suponha que ele seja sua força interior infinita e eterna) tem um "Fim", mas que não é aquele a que Hegel se refere em sua crítica anterior à razão científica. Dito de outra maneira, Hegel apresenta a modernidade como o momento que marca uma mudança qualitativa na "história do mundo".

Na versão da razão como poesis transcendental, a consciência e a ação humanas são concebidas como referentes da razão e da liberdade, ou seja, como os instrumentos atualizadores que o Espírito mobiliza para atualizar o possível e o potencial. Aqui, atualidade refere-se ao reconhecimento do homem de que o Espírito é a "força interior [transcendental]" que guia sua história e de que a autodeterminação é sua natureza e propósito. Contudo, isso só ocorre nas configurações sociais (jurídicas, econômicas e simbólicas) pós-iluministas, quando a razão é reivindicada como a única sustentação para o pensamento e para a ação e quando a universalidade é atualizada através da lei e da moralidade. Quando todos os produtos da *poesis humana* — instituições sociais e produtos culturais — são reconhecidos como sendo também produtos do Espírito, enfim, quando a autoconsciência reconhece sua profunda intimidade com a força transcendental produtiva, ela alcança o momento da transparência.

Em *Lectures on the Philosophy of History*,[215] Hegel argumenta que a causa e a força, a forma da consciência que opera na "história do mundo", sempre-já foi a autoconsciência, ou seja, o "Espírito". Como o "Espírito" é em si o próprio movimento de passar a existir, a História, como seu teatro, não é responsável por nada mais que trazer o Espírito à existência, torná-lo atual, e assim realizar a "Noção", isto é, a razão como liberdade. Talvez não seja exagero dizer que a maior conquista de Hegel não foi mais que mobilizar o terreno compartilhado pelo homem e as coisas do mundo que os defensores do nomos universal haviam insistido em manter afastado. Contudo, considerando o enunciado hegeliano de que "o Espírito pensante somente *iniciou-se* a partir da revelação da essência divina",[216] não seria equivocado afirmar que o privilégio que Hegel confere à reflexão, opondo-a a "sentimentos e inclinações", como prefere Herder, afasta qualquer religiosidade que não seja concebida sob a ideia da razão universal. Isso explica o fato de

---

215. Hegel, G. W. F. *Lectures on the Philosophy of History*. New York: Wiley, 1900.
216. *Ibidem*, p. 17. Grifo do autor.

Hegel ter reformulado a questão que organiza o relato de Herder sobre a história. Em vez de ponderar sobre as "origens" da força atualizada na trajetória temporal humana, ele retorna à questão de Leibniz sobre o "propósito do mundo". Assim, ele se distancia da concepção da história como mera repetição de uma autoridade "original", que controla o coração e a alma dos humanos desde sempre, para se aproximar de uma narrativa da história constituída pelas muitas lutas da batalha de um "poder absoluto", que move para dentro e fora de si mesmo, com o intuito de aprender o que foi desde sempre, isto é, tudo o que vem a existir. Embora uma conexão religiosa seja vislumbrável no enunciado de que o espírito só é capaz de atingir o seu propósito através da ação humana, aqui o Espírito se torna existente não mais como autor e regente sobrenatural (o qual assume uma forma humana particular e se sacrifica para provar seu poder), mas nas ações de qualquer ser humano que conhece a razão. "O reino do Espírito", Hegel postula, "consiste naquilo que é produzido pelo homem". [217] Esse reino não é produzido por todo e qualquer ser humano, mas apenas por quem reconhece que a liberdade é o atributo que distingue a humanidade. O Espírito de Hegel, a força produtiva, a causa, o efeito e o conteúdo da história humana, é uma coisa da interioridade. "Espírito", ele explica, "é (o) Ser-dentro-de-si (existência autocontida). Exatamente isso é a Liberdade. Pois, quando sou dependente, refiro-me a mim mesmo como outra coisa que não sou. Não posso existir independentemente de alguma coisa externa. Sou livre quando estou dentro de mim". O Espírito é "Eu". Ainda é um sujeito cartesiano: "[...] essa existência autocontida do Espírito", Hegel[218] continua, "é a autoconsciência, a consciência de si [self]".

Como o Espírito alcança esse objetivo no tempo? De acordo com Hegel, o Espírito usa três meios para atingir sua realização: o indivíduo, o Estado e o povo. Cada um revela a natureza do Espírito de uma

---

217. Hegel, 1900, p. 20.
218. *Ibidem*, p. 23.

maneira particular, mas o indivíduo é o ponto de partida dos outros dois. Para Hegel, a vontade "individual" atualiza a lei, o princípio, o conceito de "história do mundo". "A vontade, a atividade básica do homem em geral" faz com o que "Espírito" torne-se real (ativo, atual), porque "é somente através dessa atividade que o conceito e sua determinação implícita ("ser-em-si-mesmos") podem ser realizadas, atualizadas; porque por-si-mesmas elas não têm existência imediata".[219] Entretanto, ao explicar como o Espírito concretiza seu propósito, Hegel reescreve a lei moral de Kant ao resolver a regulação interior em autoatualização. A vontade racional autointeressada, através de ações voltadas para objetivos particulares e subjetivos, torna-se o "sujeito da história". Independentemente de suas implicações morais imediatas — boas ou ruins, egoístas ou abnegadas —, as ações de um indivíduo não são "necessariamente opostas ao universal", porque a ação individual cumpre aquilo que está na natureza do universal, cujo fundamento é que "deve ser atualizado por meio do particular".[220] O universal, ou seja, o que excede os determinantes subjetivos da ação, é um momento jurídico e moral do espírito em desdobramento. "No curso da história", Hegel afirma, "dois fatores são importantes. O primeiro é a conservação de um povo, de um Estado, das esferas da vida bem-ordenadas. Essa é a atividade dos indivíduos que participam do esforço comum e colaboram para a concretização de suas manifestações particulares. É a preservação da vida ética. O outro fator importante, contudo, é o declínio do Estado. A existência de um espírito nacional é destruída quando ele já usou e exauriu a si mesmo. A história do mundo, isto é, o Espírito do Mundo, segue seu curso [...]. Isso é o resultado, por um lado, do desenvolvimento interior da Ideia e, por outro, da atividade dos indivíduos que são seus agentes e satisfazem-se com a sua atualização".[221]

---

219. Hegel, 1900, p. 28.
220. *Ibidem*, p. 35.
221. Hegel, 1900, pp. 38-9.

O Estado e o povo constituem dois modos distintos através dos quais a vontade e ação humanas atualizam os projetos do Espírito. Hegel, porém, não os separa. Ele considera a Constituição uma formalização dos estágios do "desenvolvimento espiritual" de um povo, que é apenas um momento da "sua consciência sobre si mesmo, de sua própria verdade, sua própria essência e sobre os poderes espirituais que nele vivem e governam".[222] Embora a "Ideia" (razão como liberdade) seja o que deve ser trazido à existência [to be brought into being], o Estado é sua exteriorização, seu modo de existência como exterioridade. Hegel[223] argumenta que "a união do universal e do essencial à vontade subjetiva compõe a *Moralidade*". Isto é, na formulação hegeliana, o Estado significa tanto a dimensão jurídica (a lei, a Constituição) quanto a dimensão moral (o espírito particular de um povo): é "liberdade racional e autoconsciência, conhecendo a si mesma objetivamente".[224] De novo aqui, a reunião entre forma e conteúdo passa a existir na atividade coletiva humana. "O universal que aparece e passa a ser conhecido no Estado, a forma na qual toda a realidade é colocada", ensina Hegel,

> constitui o que é geralmente chamado de cultura de uma nação. Contudo, o conteúdo definitivo, que recebe a forma da universalidade e é contido na realidade concreta do Estado, é o espírito do povo. O verdadeiro Estado é animado por esse Espírito em todos os seus assuntos, guerras, instituições, etc. Mas o homem deve saber desse Espírito — seu próprio — e essência e conferir a si mesmo a consciência de sua união original com ele. Pois, dissemos que toda a moralidade é a unidade da vontade subjetiva e geral. O Espírito, portanto, precisa dar a si mesmo uma consciência expressiva dessa unidade; e o centro desse conheci-

---

222. Hegel, 1900, p. 52.
223. *Ibidem*, p. 50. Grifo do autor.
224. *Ibidem*, p. 60.

mento é a religião. A arte e a ciência são apenas aspectos diferentes desse mesmo conteúdo.[225]

No relato hegeliano sobre a "história do mundo", em que o Global se torna o salão de exibição do Eu transcendental, o sujeito da poesis transcendental não conduz uma simples mediação entre a autoconsciência cognoscente [knowing self-consciousness] e as coisas que ela busca conhecer (na ciência), a vontade racional e as coisas que deseja (moralidade), o agente racional e as coisas sobre as quais atua, o soberano racional e as leis que cria. Ele torna-se existente na mediação porque a ciência, a moralidade, a ação e a lei são seus modos de existência. A "história do mundo", portanto, reescreve a cena da representação como a cena do engolfamento, ou seja, como o movimento da realização do "Espírito" no tempo, conforme o nascimento e a morte dos Estados, a emergência e a obliteração de totalidades (jurídico-morais) éticas, que resultam da ação de indivíduos que são os meios para a atualização das essências específicas dessas coletividades, isto é, do povo (a nação), que representam um estágio específico do "Espírito". As mentes dos indivíduos, Hegel afirma,

> estão repletas dele (Espírito), e suas vontades são os desejos dessas leis e (os desejos) de seus países. É precisamente essa totalidade temporal que é o Único Ser, o espírito de Um Povo. A ele pertencem os indivíduos; cada indivíduo é filho de seu povo e, simultaneamente, de acordo com o ponto de desenvolvimento de seu Estado, o filho de sua época. Ninguém fica atrás dele; ninguém pode passar à sua frente. Esse ser espiritual é dele — ele é um dos seus representantes —, é a partir dele que o indivíduo emerge e é onde ele existe.[226]

---

225. Hegel, 1900, pp. 63-4.
226. *Ibidem*, p. 66.

Para Hegel, o propósito da "história do mundo", o feito passado, presente, e futuro do homem, é a realização do "Espírito", do Eu transcendental autodeterminado, interiormente determinado, capaz de tornar-se consciente de que ele mesmo é todas as coisas somente no tempo, a única condição para sua reivindicação de ser o absoluto; se fosse uma coisa (espacial), seria meramente uma coisa entre outras.

Como destaquei anteriormente, a autorrealização temporal do Espírito é um processo dialético. Na cena do engolfamento, a [auto] poesis humana traz o Espírito à existência, isto é, o ser cuja "verdade" é vir-a-ser não é Sísifo nem Jó: não foi condenado a uma repetição infértil ou morta. A direção, o objetivo da "história do mundo" é o "Progresso". "Somente as mudanças ao nível do Espírito", Hegel[227] argumenta, "criam o novo. Essa característica do Espírito conferiu ao homem um traço que o difere completamente da natureza: o desejo pelo perfectabilidade (perfeição)". Quando a razão universal se torna a poesis transcendental, a autoconsciência adquire a forma do *homo historicus*, que ao desempenhar seu papel produtivo, atualizado nas configurações (jurídicas, econômicas e culturais) sociais pós-iluministas, reconhece que sempre-já foi Espírito e que os pensamentos e ações de cada indivíduo fazem parte da natureza do sujeito (temporal) absoluto. "Espírito", Hegel postula, "é, essencialmente, o resultado da sua própria atividade. Sua atividade é transcender o que lhe é dado imediatamente, negando-o e retornando para dentro de si mesmo".[228]

Diferentemente do relato de Herder, que resolve todas as diferenças espaciais no Histórico, ou seja, o que sempre-já é o interior, o gesto produtivo de significação de Hegel, isto é, o engolfamento, articula uma diferença fundamental, porém, suprassumível e reduzível, ao circunscrever o lugar da realização do espírito. Pois ele escreve as configurações sociais da Europa pós-iluminista como as únicas nas quais o Espírito completou sua trajetória, pois elas reconhecem

---

227. Hegel, 1900, p. 68.
228. *Ibidem*, p. 94.

a universalidade e a autodeterminação. Esse gesto institui o princípio que informa a tese da transparência, a saber: a transcendentalidade. Ao produzir a cena do engolfamento, Hegel constrói o palco da vida quando identifica os diversos momentos da trajetória do espírito: o "Oriente", o "Mundo Grego", o "Mundo Romano", o "Mundo Alemão" e, finalmente, a Modernidade, espaços que compõe uma porção bastante pequena do mundo. A América pré-colonial e o continente africano não participam dessa trajetória; somente o "Oriente" e a "Europa" representam momentos distintos da realização do Espírito. Além disso, as novas nações, erigidas pelos europeus no continente americano, ainda não são agentes relevantes no palco da razão temporal. Portanto, Hegel encontra expressões do "Espírito" em desdobramento no Oriente e na Europa: "A História do Mundo viaja do Oriente para o Ocidente", ele afirma, "pois a Europa é o fim absoluto da História".[229] Contudo, somente alguns poucos eventos históricos, a saber, a Reforma, a Revolução Francesa e a emergência do Estado marcam, para ele, a realização da poesis transcendental, isto é, são momentos nos quais as autoconsciências individuais reconhecem sua intimidade fundamental com o sujeito do nomos e da poesis. Na Europa pós-iluminista, o Espírito "chega, primeiramente, por meio de um conhecimento abstrato acerca de sua essência, a vida ética é submergida à universalidade formal da legalidade ou da lei";[230] ele divide a si mesmo em dois domínios: a "cultura" e a "dimensão essencial do ser", se apoderando de ambos. "Os dois são", Hegel descreve,

> confundidos e revolucionados por meio da percepção [*insight*] [do indivíduo] e da difusão dessa percepção, conhecida como a iluminação [retornando à] autoconsciência que, a partir de então, sob a forma da moralidade, entende a si mesma como essencialidade e essência do 'Eu' [*self*] atual; ela não mais percebe seu mundo e seu terreno fora de si

---

229. Hegel, 1900, p. 103.
230. *Ibidem*, p. 265.

mesma, mas deixa que tudo se dissipe em si, e como consciência, o Espírito é que tem certeza de si.[231]

Todas as outras regiões do globo permanecem em outra dimensão do tempo, esperando ou irremediavelmente incapazes de reconhecer que a mente e ação humanas são apenas as matérias-primas, ferramentas e produtos do Espírito.

A marca da transparência

Em ambas as apresentações da poesis transcendental e nas exclusões explícitas que restringem a peça da razão aos limites geográficos do espaço europeu e as fronteiras temporais do pensamento greco-judaico-cristão, Hegel escreve as configurações (jurídicas, econômicas e morais) sociais pós-iluministas como o espaço onde o "Espírito" é realizado, isto é, o momento da transparência. Sua contribuição decisiva à representação moderna, como defendo, não é estabelecer como as configurações da Europa pós-iluminista difere-se de outras configurações anteriores ou coexistentes, mas sim estabelecer o porquê. Nas formulações de Hegel, a modernidade não é apenas o palco mais avançado da trajetória humana. Esta é a culminação de uma trajetória temporal, o momento no qual a consciência humana percebe sua intimidade com a razão (ativa, autoprodutiva e autodeterminada) transcendental — isto é, o momento em que a consciência individual e as condições (jurídicas, morais e econômicas) sociais revelam-se como atualizações da transcendentalidade. Esse é o lugar da transparência, onde o sujeito transcendental toma consciência de si mesmo como coisa do mundo (interior e exterior) e as coisas do mundo (interiores e estendidas) são reconhecidas como o sujeito transcendental. Como isso foi alcançado? Como pode o reconheci-

---

231. Hegel, 1900, p. 265.

mento da transcendentalidade ser limitado a determinados seres humanos situados num canto pequeno do globo?

Na poesis transcendental, a reunificação da autoconsciência e das coisas do mundo não pressupõe o tipo de universalidade fornecida por um divino autor e regente — a "lei [divina] da natureza", a "sabedoria divina" de Leibniz e o "exemplo divino" de Herder. Afinal, apesar da ideia da divindade incluir uma igualdade ou desigualdade fundamental entre todas as criaturas dependendo de sua proximidade com o ser perfeito, ela também supõe uma intimidade profunda, cujo conhecimento depende do ser supremo, ou seja, da revelação. No relato hegeliano, por outro lado, a autoconsciência que muda de forma, além de pensar e agir — mesmo que inconscientemente, como um momento e instrumento do Espírito — também detém o privilégio de revelar a si mesma e ao Espírito que ele é a matéria e a forma do mundo. "Espírito", Hegel argumenta que

> por ser a *substância* e a essência universal, autoidêntica [*self-identical*] e permanente, é o *terreno* e *ponto-de-partida* sólido e impassível para a ação de tudo e todas as coisas, e é seu propósito e objetivo, o em-si de toda autoconsciência expressa no pensamento. Essa substância é, igualmente, o *trabalho* universal produzido pela ação de tudo e todas as coisas e de cada um(a) como unidades e identidades, pois ela é o ser-para-si, o "Eu" [*self*], a ação.[232]

Qual autoconsciência? Ações de quem? Trabalhos de quem? Ponderar sobre essas perguntas revela como Hegel indaga e responde a seguinte questão: por que a consciência e a configuração social da Europa pós-iluminista marcam o "fim" do "Espírito" autodesdobrante. Minha leitura da resposta de Hegel é guiada pela distinção que ele faz entre os dois tipos de universalidade: a razão universal (como nomos

---

232. Hegel, 1900, p. 164. Grifos do autor.

ou poesis) e a "verdadeira" universalidade (razão universal enquanto "Espírito"), isto é, a transcendentalidade. É nesse instante que a força violenta produtiva do engolfamento, o gesto de significação performado na versão da peça da razão hegeliana, torna-se ainda mais evidente se, óbvio, concordamos com o enunciado de Žižek:

> Hegel tem certeza de que a forma positiva através da qual essa universalidade abstrata ganha existência atual [*actual existence*] é a da extrema violência: o lado oposto da paz interior da Universalidade é a fúria destrutiva direcionada a todo conteúdo particular. Em outras palavras, a universalidade a "vir-a-ser" é exatamente o contrário do meio pacífico neutro de todo o conteúdo particular — somente dessa maneira a universalidade pode tornar-se "para-si-mesma"; somente dessa maneira o "progresso" pode acontecer. [233]

A meu ver, portanto, é precisamente porque a resolução da regulação na representação não destrói a exterioridade, mas a cerca e a encerra entre a "universalidade abstrata" e a "verdadeira universalidade" — isto é, entre a autoconsciência no instante anterior ao momento do senhor e do escravo e a autoconsciência no momento da "vida ética", quando é transformada nas "coisas" que concretiza o "Espírito" já mais aprofundadamente desdobrado —, a representação, como Levinas[234] postula, permanece sendo uma "violação parcial", ou seja, a peça do engolfamento. Pois, caso Hegel tivesse privilegiado a "existência atual" — como Marx fez ao reescrever a História como escatologia —, o relato da poesis transcendental não teria fornecido uma apropriação (universal ou histórica) simbólica do global que, posteriormente, foi remapeada pelo racial. Na narrativa da poesis universal, o engolfamento, ou seja, o gesto de significação, institui a

---

233. Žižek, Slavoj. *The Ticklish Subject*. London: Verso, 1999, p. 94.
234. Levinas, 1996.

representação moderna ao resolver a universalidade e a historicidade na transcendentalidade e ao simultânea e provisoriamente conter a ameaça que foi inaugurada no delineamento inicial da autoconsciência através de uma figura, o *homo historicus*, que é tanto o produtor da ciência quanto um produtor ou produto da história, isto é, o Eu transparente, o sujeito autodeterminado da universalidade.

Quando Hegel consolida as estruturas do palco da interioridade, as configurações sociais também passam a ser momentos da atualização do vir-a-ser da autoconsciência como tal — uma coisa da razão como liberdade. Precisamente por essa escrita da história estabelecer uma conexão fundamental entre a consciência e os produtos da ação humana, as formulações de Hegel autorizam a identificação das dimensões principais do modo específico de significação moderno — o modo que, como Foucault[235] argumenta, situou a temporalidade do homem no centro das coisas exteriores. Ao postular o reconhecimento do Espírito como a causa e fim da vontade e da ação humana, Hegel novamente adia a ameaça instaurada pela fundamentação da liberdade sobre a razão, ao reescrever a Natureza e a História como palcos onde a peça do engolfamento é encenada. Pois o engolfamento não passa de um ato produtivo e violento do espírito, o processo através do qual a mente se relaciona consigo mesma e com o que existe do lado de fora (inclusive outras consciências) conforme ela continuamente entra em contato com as coisas exteriores, as quais ela reconhece como um momento de si mesma (como exteriorização/ atualização) e as reapropria (através da interiorização/ reconhecimento) até finalmente perceber que a razão universal (pensamento ou ciência) e a liberdade (ação ou história) são a mesma coisa. Em outras palavras, a solução é uma reconciliação produzida pela resolução do nomos universal na [*into*] poesis universal que ocorre a partir da atualização, responsável por

---

235. Foucault, 1994.

transformar o particular no universal exteriorizado, e o reconhecimento, no qual o particular é interiorizado, resultando numa transformação do universal ("puro") no [into] "verdadeiro universal", isto é, o transcendental. Em outras palavras, na "história do mundo", o *homo historicus*, a consciência livre, que atua racionalmente, é uma coisa do "Espírito".

Para Hegel, a Europa pós-iluminista atesta a realização do "Espírito", pois ali a "Ideia" — ou seja, a razão enquanto liberdade — é observável nas configurações sociais, onde o "Espírito" é reconhecido como o Eu (regente e produtor) transcendental, e quando a autoconsciência entende sua causa e essência, a saber: a transcendentalidade, isto é, no momento da "vida ética". Em outras palavras, quando Hegel remolda a autoconsciência como *homo historicus* — a coisa (interior-temporal) autodeterminada, cuja vontade e ação atualizam somente o "Espírito" — ele também estabelece universalidade e a historicidade como os princípios que marcam a "diferença intrínseca" da Europa pós-iluminista. O sujeito social hegeliano é muito diferente das formulações do sujeito liberal de Locke e Kant; o "indivíduo" é a única entidade moral que está na presença do divino, das leis civis e das determinações da moralidade. Em vez do agente racional de Locke, a entidade autointeressada, este é um "Eu" vivo, cuja liberdade sempre-já reside no Eu transparente (interior-temporal) coletivo. Em vez do sujeito do dever de Kant,[236] para o qual a lei moral é restritiva já que ele não é totalmente regido pela razão universal, porque ainda está sujeito às afetabilidades [affections] do corpo e às inclinações da vontade, encontra-se uma consciência desejante e autocognoscente. Em vez da coisa moral de Herder, a qual ainda está sujeita à autoridade patriarcal, a autoconsciência hegeliana entendeu que as afetabilidades [*affections*] e inclinações são apenas meios na trajetória

---

236. Kant, Immanuel. *The Critique of Practical Reason*. Upper Saddle River, N.J.: Prentice-Hall, [1788] 1993.

de sua autorrealização, como aquilo que atualiza as características fundamentais da consciência (secular) superior.

Longe de rejeitar as ontologias sociais precedentes, Hegel constrói o palco da vida com a sua descrição da "vida ética" que, ao unificá-las na transcendentalidade, recupera a universalidade e a historicidade como a "diferença intrínseca" e estabelece a particularidade das configurações sociais da Europa pós-iluminista. Em sua narrativa da "história do mundo" como concretização na existência [*coming into being*] da "substância ética" viva ele resolve a consciência humana no "Espírito" particular de um povo. Sem dúvida, Hegel não foi o primeiro a usar um conceito de história que concebe o sujeito político ao combinar nomos e poesis através da noção da nação; a "nova ciência" de Vico, o relato histórico da natureza das leis de Montesquieu e os escritos de Bousset e Voltaire são alguns poucos exemplos de tentativas parecidas. De modo similar, como discutido anteriormente, Herder e outros críticos ("românticos") alemães do Iluminismo apresentaram um conceito da linguagem e da história que propõe uma universalidade da diferenciação "concreta" contra a ideia da humanidade "abstrata" celebrada pelos apóstolos da razão científica. Contudo, as análises críticas conduzidas após a Segunda Guerra Mundial sobre as condições políticas modernas destacaram a irracionalidade da narrativa romântica alemã, ressaltando — já que essas análises obviamente surgiram no período pós-nazista — os riscos de uma concepção de unidade moral que não é exclusiva e explicitamente baseada no nomos universal. O que essas críticas sistematicamente não consideram é por que a nação, o significante histórico-transcendental, compartilha tão facilmente com o racial (o significante científico) os enunciados que instituem o corpo político como unidade (moral) "espiritual". Para tratar dessa questão, eu descrevo as condições de produção do racial ao abordar os projetos de conhecimento que mobilizaram as ferramentas da razão científica para desvelar a "verdade do homem".

PARTE II
Homo scientificus

Uma nova espécie me louvaria como seu criador e providência; muitas criaturas felizes e esplêndidas deveriam sua existência a mim. — MARY SHELLEY, *Frankenstein*

Enquanto lamentava a morte do melhor amigo, o Dr. Frankenstein se lembra que ele "nunca nutriu simpatia pelo meu gosto pela ciência natural, suas empreitadas literárias eram totalmente diferentes das quais eu tinha me ocupado".[237] Invocando as preferências históricas de Clerval, seu interesse no Oriente, religião e linguagem, Victor Frankenstein lamenta sua própria escolha trágica. Exatamente como sua família, seu amigo e sua noiva, já falecidos, muitas vezes o lembravam, seu projeto científico exigia horas, dias e semanas confinado no laboratório ou à procura, em hospitais e necrotérios, de partes do corpo adequadas — uma vida conduzida à distância do mundo afetuoso dos vivos e dentro das geladas cavernas dos mortos. Qual é o caminho de cientistas senão o da busca por dádivas da morte, uma ambição profana que não é elevada nem pelo desejo de encontrar a cura para as doenças que ameaçam os corpos de pessoas vivas (a missão da medicina), nem pela dedicação ao alívio para as almas perturbadas de quem está prestes a morrer (a missão da igreja)? O caminho da ciência em direção à "verdade" ignora o atributo mais valorizado dos seres humanos (o "Espírito"), subordinando-os assim às formas de coisas sem vida, cujo único nobre destino é retornar ao ciclo da vida. Qual foi o feito do Dr. Frankenstein? A criação de um monstro, de um assassino, montado com pedaços de corpos mortos, de um fantasma, a silhueta da ameaça que, dois séculos antes da publicação do romance de Shelley, já assombrava a coisa interior. Tão perigoso

---

237. Shelley, Mary. *Frankenstein*. New York: Bantam, [1818] 1991, p. 53.

seu feito que nem mesmo os escritores do nomos universal ousaram propô-lo, e os articuladores da poesis universal não ousaram contemplá-lo. Um feito que presume que as causas (condições) para a emergência do "Eu" autodeterminado habitam o corpo do homem, a entidade que eles contiveram cuidadosamente ao sustentarem que a mente se relaciona somente com a força reguladora ou produtiva do universo através da imaterialidade fundamental — como forma ou "espírito" — que a primeira compartilha com a segunda.

Não antes da segunda metade do século XIX, quer dizer, só após Hegel ter escrito a trajetória da autoconsciência como caminho autoprodutivo de uma coisa (interior-temporal) autodeterminada, surgiram projetos do conhecimento do homem e da sociedade que mobilizaram as ferramentas da razão científica, não para criar uma coisa racional viva, mas para demonstrar como os instrumentos do nomos universal, as "leis da natureza" produzem a mente do homem. Pois, sem resolver a afetabilidade, sem transformar os conteúdos (a "substância" e a "matéria") da transparência em efeitos do nomos universal, a particularidade do sujeito e da configuração social pós-iluminista europeia "desapareceriam" conforme o Eu transcendental continuasse em sua trajetória autoatualizante. Nesta parte II, eu emprego uma ferramenta analítica, o texto científico, que mostra como essa possibilidade é adiada quando os projetos científicos que buscam "descobrir" a "verdade" do homem reescrevem a mente como objeto da razão científica. Isso somente é possível depois que a ciência da vida, o primeiro projeto científico que trata o homem como coisa da natureza, introduz uma nova versão da peça da razão, o nomos produtivo, como poder regulador-produtivo. E, ainda assim, mesmo que este (trans)forme tudo o que toca em exteriorizações das ferramentas do nomos universal — ou seja, das "leis da natureza", ao remoldar o Eu transparente como espécime do *homo scientificus* —, o nomos produtivo reescreve configurações corporais e sociais encontradas na Europa pós-iluministas como significantes da transcendentalidade.

Ao descrever o regime de produção da analítica da racialidade, ou seja, o texto das ciências do homem e da sociedade, eu demonstro como ambos usam o nomos produtivo para fabricar uma arma político-simbólica que realiza o que a poesis transcendental prescreve mas não é capaz de garantir, a saber, esta delimita as fronteiras do momento da transparência, completando assim a modelagem do Eu transparente, ao transformá-lo em uma coisa temporal e espacial. Como? Quando as principais ferramentas da analítica da racialidade, isto é, o racial e o cultural, confrontam a extensão e escrevem a autoconsciência como efeito da exterioridade-espacialidade, elas realizam esse movimento ao assegurar que o Eu transparente não se torne uma coisa afetável. Contudo, embora sua efetividade como arma político-simbólica seja garantida dessa maneira, a analítica da racialidade necessariamente salienta o que, desde o início, ameaçava a escrita da autodeterminação da coisa interior. Afinal, quando as ciências da mente e da sociedade remoldam a autoconsciência como o *homo scientificus*, ou seja, como efeito das leis da natureza, elas instituem a globalidade como contexto ontoepistemológico moderno no qual, tanto o Eu transparente quanto seus "outros" irredutíveis e não suprassumíveis [*unsublatable*] emergem como efeito da determinação exterior, juntos diante do horizonte da morte.

Meu objetivo não é medir quão perto ou quão longe esses projetos científicos chegaram daquilo que perseguiam, isto é, a descoberta da verdade do homem. Ao abordá-los como textos científicos, reconheço que eles pressupõem uma base para a verdade: o nomos produtivo combina a lógica da "descoberta" (nomos universal) com a tese da transparência (poesis transcendental). Com esse mapeamento do regime da analítica da racialidade, eu busco algo que nem analistas críticos do racial, nem entusiastas do cultural consideram: uma descrição de como o racial e o cultural, enquanto estratégias de engolfamento que governam a configuração global contemporânea, restringem o lugar de operação da transcendentalidade, ou seja, do princípio que guia as concepções modernas de justiça, às configurações materiais (corporais e sociais) que os articuladores do *homo scientificus* escrevem como significantes da transparência. Ao fazê-lo, adiciono ao arsenal crítico uma abordagem da representação moderna que reconhece que significação científica desempenha um papel ontoepistemológico: o lugar de produção das ferramentas político-simbólicas mobilizadas na escrita dos sujeitos modernos.

5. Nomos produtivo

> Tudo na natureza, tanto no mundo inanimado quanto no animado, acontece de acordo com regras; embora nem sempre conheçamos estas regras [...]. Toda a natureza não passa, em geral, de vinculações de aparências que seguem regras; e absolutamente nada existe sem regras. Quando acreditamos ter encontrado a ausência de regras, apenas podemos dizer que as regras nos são desconhecidas. — IMMANUEL KANT, *Lógica*

> Então, são as regras do Direito, os mecanismos do poder, os efeitos da verdade ou, se preferir, as regras do poder e os poderes dos discursos verdadeiros, que basicamente formaram o terreno geral das minhas preocupações. — MICHEL FOUCAULT, *Power/ Knowledge* [Poder/ Saber]

Na primeira parte deste livro, o mapeamento do contexto de emergência da analítica da racialidade mostra como as duas versões da peça da razão, o nomos universal e a poesis universal, mantêm a autoconsciência segura na interioridade, submetida somente às suas "determinações interiores". Nenhum dos escritores das cenas da razão lidou com a mente como coisa afetável, isto é, como sujeita à determinação exterior. Tampouco os formuladores da universalidade científica questionaram a autodeterminação da mente; ninguém ousou investigá-la através das minúcias das ferramentas do nomos universal. Ninguém o fez até depois de a narrativa da poesis transcendental reconciliar as versões da razão universal ao resolver o transcendental no histórico,[238] a razão na liberdade, assim transformando a autoconsciência e as coisas em momentos de um Eu transcendental autodesdobrante. Embora explicite a particularidade do sujeito e da configuração social que surgiu na Europa pós-iluminista, a poesis transcendental de Hegel ainda deixa aberta a possibilidade dessa mesma particularidade desaparecer no autodesdobramento do "Espírito". Enfim, a poesis transcendental promete mas não pode cumprir — aquilo que explica a fama da tese da transparência tem no campo crítico, aquilo no que o pensamento moderno sempre apostou como impossibilidade — a atribuição de um limite à temporalidade, a garantia de que, embora como coisa de um tempo sem limites, o Eu transparente existe somente dentro dos limites espaço-temporais da Europa pós-iluminista. Por descrever o momento da transparência como evento temporal, a poesis transcendental não estabelece a particularidade europeia *com certeza*, isto é, como fato "objetivo" e "necessário". Pois esses critérios pós-kantianos da razão soberana podem ser concretizados somente a partir de uma abordagem que privilegie o espaço — ou seja, o momento da diferença irredutível e insuprassumível. Ou, usando os termos de Foucault,[239] o momento que também compreende a finitude como atributo que o homem compartilha com as outras coisas existentes.

Minha tarefa aqui é descrever o nomos produtivo, isto é, a versão da peça da razão que transforma a mente num objeto da razão científica sem minar a versão hegeliana da autoconsciência como coisa autodeterminada, como o Eu transparente. Quando o corpo humano e

---

238. N. da T. A autora volta a usar a noção de *into*, que transmite a ideia de movimento e transformação. Não é que o transcendental adentre a história e a razão adentre a liberdade; trata-se, antes, de uma transformação "para dentro" do transcendental e da razão engolfando a história e a liberdade para determinarem a realidade através da obliteração e manutenção simultâneas das noções que foram transformadas neles.
239. Foucault, 1994.

o social são finalmente compreendidos pela universalidade científica, a regulação e a representação, isto é, os poderes da razão universal, são resolvidas através de uma narrativa que aborda precisamente o que teve de ser adiado para que não minasse o que marcava o texto da intimidade da mente com o logos escrito pelo pensamento moderno. É a partir dessa articulação que o delineamento final da representação moderna é efetuado; a montagem do palco da exterioridade é finalizada e ele se torna o domínio da Razão Produtiva, isto é, a força reguladora-produtiva que autoriza qualquer enunciado ontoepistemológico. Apesar da formulação kantiana do transcendental sugerir a ideia da regulação produtiva — o que, por sua vez, acredito ser o que leva Foucault[240] a argumentar que o transcendental torna a "analítica da finitude" possível —, ela não possui uma dimensão crucial que a temporalização da razão hegeliana fornece. Na poesis transcendental, a fusão dos poderes reguladores e produtivos da razão universal escreve a cena do engolfamento, na qual a exterioridade, além de se tornar ontoepistemologicamente irrelevante, exatamente por já-ser um momento da força produtiva transcendental, também se torna produto e efeito, isto é, as coisas sem as quais o "Espírito" não pode concretizar sua essencialidade, ou seja, adentrar a existência.[241]

Neste capítulo, eu demonstro como a ciência da vida, o projeto científico que reescreve a peça da razão como atos do nomos produtivo, inverte mas não desloca o relato hegeliano, ao mobilizar duas noções que o guiam: as "leis da condição da existência" e o princípio da "seleção natural". O objetivo é capturar como o próprio tempo

---

240. Foucault, 1994.
241. N. da T. No texto-fonte, o "Espírito", sem a cena do engolfamento, não conseguiria *"come into existence"*. Optamos pelo verbo *adentrar*, pois *come into existence* não é simplesmente "vir a existir" ou "ter existência". Como Hegel é o autor do Espírito e sua filosofia é essencialmente sobre movimento, é necessário que esse movimento seja preservado na tradução. O "Espírito" existe, mas também adentra a existência durante sua tarefa de autoconcretização.

está inscrito naquilo que o pensamento ocidental determinara como coisas (espaciais), isto é, as coisas (exteriores-afetáveis) estendidas. Essa transformação somente é possível após a poesis transcendental (re)escrever a regulação como autorrepresentação, que concebe as coisas existentes como sempre-já ordenadas por algo que possui uma interioridade fundamental — ao contrário de Kant, que as postula como efeito de uma ferramenta (universal) exterior: a "intuição pura" do tempo — mas como a ferramenta interior que é exteriorizada conforme o Espírito se automanifesta como espaço. No cerne do nomos produtivo, eu encontro uma reescrita da peça do engolfamento, que agora, em vez de meramente descrever as coisas estendidas, isto é, as coisas espaciais (exteriores-afetáveis), como momentos do Espírito prestes a serem suprassumidos, as lê como sempre-já exteriorizações da força transcendental, naquilo em cuja "essência" elas sempre-já participam. Assim, a ciência da vida delimita uma região da natureza como o palco em que o nomos produtivo, uma força produtora e reguladora, atualiza a si mesmo com as "leis da condição da existência", que torna a representação *num*[242] efeito da regulação, e o princípio da "seleção natural", que transforma a regulação *num* instrumento da representação.

Com esta análise da ciência da vida, eu inicio o mapeamento do regime de produção da analítica da racialidade, ou seja, a descrição do arsenal político-simbólico que transforma o Global num contexto ontológico moderno. Aqui, eu identifico os pressupostos e as estratégias de significação mobilizadas nos projetos científicos — a ciência do homem, ou seja, a antropologia, e a (sociologia das) relações raciais — que apreendem a mente como efeito das ferramentas da razão científica: que mobilizam as duas armas político-simbólicas, o racial e o cultural, que instituem a autoconsciência como coisa (exterior--espacial) global sem ameaçar a escrita do Eu transparente na auto-

---

242. N. da T. *Into*, em inglês.

determinação. Finalizando a análise da significação científica, ou seja, a delineação do palco da exterioridade, iniciada na parte anterior deste livro, nesta parte eu introduzo a noção do texto científico, a ferramenta analítica que aborda o momento da representação moderna, no qual os enunciados ontoepistemológicos são governados pelas regras da significação científica. Faço isso ao descrever as condições de produção das estratégias de significação — ou seja, a intervenção, o engolfamento e a particularização —, que transformam algumas coisas do mundo, os corpos automoventes da natureza, em exteriorizações do nomos produtivo.

Minha análise desses textos científicos mostra como eles reproduzem a cena do engolfamento porque as regras de produção de palavras e seus arranjos presumem que o espaço pós-iluminista europeu constitui o momento da transparência. Eu mostro que isso resulta das maneiras como suas estratégias de engolfamento transformam o que é exterior (os efeitos do nomos universal) em produtos, momentos, enfim, em "outras" manifestações da interioridade fundamental que distingue o *homo historicus*. Tal transformação, a qual teve que ser repetida várias vezes para conter aquele outro efeito da exterioridade, resultou de estratégias de intervenção, as quais não são nada mais do que as leis — ou seja, o modo pelo qual o nomos universal restringe e produz condições (de existência) humana — que são expressas nas configurações corporais e sociais correspondentes a tipos de consciência particulares. Exatamente porque pressupõem que a Europa pós-iluminista corresponde ao momento da transparência — a atualização-exteriorização perfeita da razão universal —, essas mobilizações do nomos produtivo a colocam no topo do esquema classificatório — que elas mesmas produzem —, usado nos enunciados que descrevem, explicam e interpretam a presente configuração global. Essas *estratégias de particularização* constituem o léxico, as palavras que tratam os seres humanos como coisas exteriores, aqueles capazes de contradizer a base ontoepistemológica do universo de significação no qual são criados porque eles não podem obliterar aquele "Outro" teatro, isto é, a espacialidade, o palco que esses projetos científicos adiam de forma persistente ao resolverem as particularidades que mapeiam *em* momentos do nomos produtivo, cujo destino é permanecer engolfadas em relatos do movimento à transparência.

Esta leitura mostra por que as estratégias de intervenção únicas da ciência da vida, ou seja, as "leis da condição da existência" de Cuvier e o princípio da "seleção natural" de Darwin permitiram estratégias de significação que produzem corpos humanos, configurações sociais e o próprio globo como manifestações das "leis da natureza", sem deslocar o princípio regente fundamental da transcendentalidade; isto é, como elas asseguram a (re)colocação do Eu transparente dentro dos limites espaço-temporais da Europa pós-iluminista. Pois, apesar das mobilizações do nomos produtivo terem instituído um contexto ontológico, isto é, a globalidade, na qual o homem aparece como coisa exterior-espacial, a analítica da racialidade novamente adia o risco da afetabilidade, ou seja, da determinação exterior, ao escrever os corpos e configurações sociais da Europa pós-iluminista como os únicos significantes da razão universal atualizada, como o lugar "original" da emergência do Eu transparente.

"Leis da condição de existência"

Em *The Animal Kingdom* [O reino animal], Georges Cuvier (1863) reescreve a história natural como a ciência da vida ao enunciar que esse projeto do conhecimento poderia seguir o exemplo da filosofia experimental de Newton. De forma mais exata, a ruptura com a história natural — que ele argumenta depender das "limitadas leis da observação" — ocorre a partir da identificação de um tipo muito diferente de "lei da natureza". A "Física particular ou a história natural", Cuvier escreve, "visa a aplicar as leis, especialmente as reconhecidas pelos vários ramos da física geral, aos numerosos e variados seres que existem na natureza, com o intuito de explicar os fenômenos que eles apresentam individualmente". [243] Contudo, devido à fragilidade dos seus objetos, "que não permitem cálculos precisos ou medição exata de todas as suas partes", ele admite que a história natural não conseguiria empregar as ferramentas da *razão científica* rigorosamente. Ele complementa:

> A história natural [possui] um princípio com o qual raciocina, que lhe é particular, e que ela mobiliza com êxito em diversas ocasiões; é o princípio das *condições de existência,* comumente chamadas de *causas finais.* Como nada pode existir sem a simultaneidade dessas condições responsáveis por tornarem suas existências possíveis, as partes que compõem cada coisa devem ser arranjadas de modo a tornarem possível o ser vivo por inteiro, e não apenas em relação a si mesmo, mas também tudo o que o cerca; e as análises dessas condições levam costumeiramente às leis gerais, tão comprováveis quanto as derivadas do cálculo e de experimentos. Somente quando as leis da física geral e as resultantes das condições de existência são exauridas, que nos reduzimos às simples leis de observação.[244]

Essa *estratégia de intervenção,* ou seja, as "leis da condição de existência", compartimentaliza o "mundo das coisas" em dois ao dividir a natureza em um domínio habitado por corpos móveis, isto é, os objetos da "física geral", e noutro constituído por corpos automoventes, ou seja, os objetos da ciência da vida. Com isso, o enunciado de Cuvier introduz uma estratégia de engolfamento, a Vida, capaz de capturar como as coisas automoventes da *natureza,* isto é, os corpos

---

243. Cuvier, Georges. *The Animal Kingdom Arranged According to Its Organization.* London: Henry G. Bohn, 1863, p. 2.
244. *Ibidem*, pp. 2-3. Grifo do autor.

animados, aqueles semelhantes ao corpo do homem, expressam (exteriorizam ou atualizam) o poder produtivo-regulador do universo.[245]

Na ciência da vida, um método usado pelos naturalistas do século XVIII, a anatomia comparada, é mobilizado para mapear a ordem e o movimento interiores, a serem usados para mapear todo um domínio da natureza, isto é, o "reino animal", o qual é nada mais do que uma reescrita da grade de especificação usada pelos naturalistas (anteriores), quer dizer suas estratégias de particularização. A partir de então, o conhecimento da natureza resultará de observações cujo objetivo é determinar graus de diferenciação, complexidade e especialização das partes e movimentos, isto é, como cada coisa aproxima-se e afasta-se da universalidade e da autodeterminação; que orientam a localização de um determinado animal numa classe ou subdivisão.[246] Em *Lectures on Comparative Anatomy* [Aulas de anatomia comparada], Cuvier[247] ensina como seguir esse modelo de mapeamento da natureza viva. Ao admitir a impraticabilidade de se

---

245. Segundo Foucault (1994, p. 270), essa estratégia torna "possível estabelecer duas formas de continuidades bastante diferentes no mundo vivo. A primeira preocupa-se com as funções mais importantes encontradas na maior parte das espécies (respiração, digestão, circulação, reprodução, locomoção)"; essa estratégia também "estabelece, no mundo vivo como um todo, uma vasta semelhança que pode ser organizada numa escala descendente de complexidade, do homem até o zoófito" e a "outra continuidade [...] ocupa-se do grau de perfeição dos órgãos". (Foucault, 1994, p. 271).
246. Em suma, a mudança da investigação dos traços visíveis para a descoberta da lei que determina a particularidade das coisas vivas provocou uma reconfiguração radical na história natural: (a) "seres animados" tornaram-se os objetos privilegiados de investigação, (b) a busca pelos determinantes universais se concentraria nas variações na ordenação (no arranjo) interna do corpo e (c) os processos internos e invisíveis determinariam o princípio da classificação, caráter e a posição do ser na tabela de classificação, isto é, à qual "classe", "ordem", "família", "gênero" e "espécie", além de "variedade e raça", o ser pertence.
247. Cuvier, Georges. *Lectures on Comparative Anatomy*. London: Wilson Fort, N. Longman, and O. Rees, 1802.

observar todos os animais e rejeitar o estabelecimento de critérios *a priori* para classificá-los, ele explica que, para se verificar a especificidade de um órgão, é necessário observar como ele afeta uma "função". "As únicas formas e qualidades compatíveis para [fornecer propriedades que identificarão os órgãos pertencentes à primeira classificação]", argumenta Cuvier,

> são as que modificam, de maneira significativa, a função à qual o órgão pertence; ou seja, as que podem ser consideradas responsáveis por dar-lhe uma nova direção e produzir novos resultados. Qualquer outra consideração que um órgão possa promover, independentemente de sua classificação, não importa — desde que não influencie diretamente as funções que o órgão exerce.[248]

Em outras palavras, as operações das "leis da condição de existência" somente podem ser observadas através do exame das partes (órgãos) e movimentos (funções) responsáveis por propiciar a manutenção, o crescimento e a reprodução dos corpos vivos. "Esse movimento geral e comum de todas as partes", Cuvier ensina, "forma a essência da Vida de maneira tão peculiar que as partes desacopladas de um corpo vivo morrem rápido, exatamente porque não possuem um movimento próprio, ou seja, simplesmente participam do movimento geral produzido pela sua união".[249] As composições corporais não são aleatórias ou efeitos passivos; cada exteriorização da vida, cada tipo particular de coisa viva, existe devido à regularidade (racionalidade) de seu mecanismo interior porque as formas dos seus órgãos e o objetivo dos seus movimentos (funções) precisam estar perfeitamente combinados.

Enfim, eu encontro na ciência da vida, isto é, na versão científica da cena do engolfamento, a reescrita da razão universal como força

---

248. Cuvier, 1802, pp. 64-5.
249. *Ibidem*, pp. 5-6.

produtiva e reguladora, ou seja, o nomos produtivo. Isso quer dizer que as "leis da condição de existência" são tanto os poderes (externos) exteriores quanto a força (interna) interior, elas são a regente reguladora e (re)produtora do domínio das coisas naturais. Por um lado, a regulação (ordem) produz vida. Cuvier ensina:

> A vida pressupõe organização em geral, e a vida específica de cada ser pressupõe a organização particular desse ser, assim como o movimento do relógio pressupõe o relógio; da mesma maneira, nós contemplamos a vida somente em seres que são organizados e formados para desfrutá-la. Além disso, todos os esforços dos filósofos não foram capazes de descobrir a matéria no ato da organização, seja de si mesma ou por uma causa extrínseca.

Por outro lado, a vida produz a regulação. Apesar de operar no corpo, seu plano em funcionamento escapa dos elementos que a vida afeta. Porque a "Vida", prossegue Cuvier,

> [está] exercendo, sobre os elementos que a todo instante formam [uma] parte do corpo vivo e também sobre os elementos que a vida aproxima atrai do corpo, uma ação contrária àquela que seria produzida sem a vida pelas afinidades químicas comuns, é inconsistente supor que a vida pode ser produzida por essas afinidades; entretanto, não conhecemos nenhum outro poder na natureza capaz de reunir moléculas anteriormente separadas.[250]

Ou seja, a vida é um significante científico; porém, ela descreve a cena da regulação como contexto produtivo. Além de reger o arranjo dos variados e diversos órgãos e suas respectivas funções, ela também produz os organismos particulares que compõe a natureza viva. Isto

---

250. Cuvier, 1802, p. 6.

é, na versão cuvieriana da ciência da vida, os corpos vivos, ou seja, as coisas estendidas e autoprodutivas da natureza, são exteriorizações, tanto produtos quanto "efeitos" de uma ferramenta de uma razão universal, isto é, a vida.

Um aspecto único dessa versão da peça da razão é exatamente a mobilização da ideia iluminista de "progresso" na natureza, ao mapear um pedaço da natureza através da classificação dos seres que a habitam de acordo com seus graus de diferenciação, especialização e complexidade, isto é, seus graus de perfeição — em outras palavras, quando esta versão da peça da razão estabelece que a organização interior de uma coisa viva indica como ela exterioriza a força reguladora-produtiva do universo, isto é, o nomos produtivo.[251]

Ainda mais importante, no texto da ciência da vida, o corpo humano finalmente se torna um objeto das ferramentas da razão científica. A partir de então, sua organização específica seria nomeada o significante privilegiado do regente-produtor universal — o

---

251. As referências ao pensamento liberal são demasiadas para serem comentadas individualmente; por exemplo, os vínculos entre a biologia oitocentista e o utilitarismo já foram destacados por Stepan (1982). Contudo, eu ressalto a influência da formulação de Smith sobre a divisão de trabalho e seus efeitos justamente por causa do posicionamento levantados por Foucault (1994) acerca de uma distinção entre os modelos biológicos, econômicos e linguísticos operando na sociologia. Para mim, não parece existir distinção nesse momento. Os três modelos referem-se a um modo de significação liberal, por assim dizer — cujos elementos são apresentados com mais nitidez na crítica de Marx sobre a economia política. O uso da ideia da divisão do trabalho na biologia de Cuvier indica a centralidade do modelo (liberal) "econômico". Na abordagem (histórica) sobre a economia política (liberal) de Marx ([1857-58] 1993, p. 51), o momento "linguístico" aparece em seu argumento de que o "valor da mercadoria representa o trabalho humano abstratamente". Para Marx, o trabalho funciona como uma espécie de significante transcendental (contra o "Espírito" de Hegel), cujos funcionamentos definem a própria natureza do capitalismo. Isto é, este é um relacionamento de significação que não pode ser abordado sem uma teoria de significação que siga as linhas do projeto de Saussure — uma leitura já sugerida, embora não totalmente elaborada, por Spivak (1987).

nomos produtivo —, isto é, a forma viva que expressa ou atualiza com maior perfeição as obras da razão universal. Como Foucault[252] notou, o corpo do homem se torna a medida para qualquer explicação sobre a natureza viva. "O Homem", afirma Cuvier, "forma somente um gênero e esse gênero é o único da sua ordem", e "sua história é a mais interessante para nós e forma o padrão de comparação ao qual nos referimos para analisarmos outros animais".[253] Segundo Cuvier, o corpo humano deve essa posição singular à sua "posição ereta", aos seus movimentos únicos e ao nível mais alto de diferenciação, especialização e complexidade dos seus órgãos vitais e funções; e, sobretudo, aos seus processos mentais que não desempenham nenhum papel na emergência e preservação do corpo vivo. As funções mentais "mais sofisticadas" ("memória", "associação de ideias", "abstração", "razão" e "imaginação"), ensina Cuvier,[254] ocorrem devido às modificações nas partes do sistema nervoso que são "mais circunscritas conforme o animal é mais perfeito", isto é, no homem, o animal perfeito. Somente o intelecto humano, ele argumenta, detém "o(s) poder(es) de separar [...] ideias suplementares de objetos e de combinar as que são similares em inúmeros objetos diferentes sob uma ideia geral, cujo protótipo não existe em nenhum outro lugar, nem apresenta a si mesmo de forma isolada; isso é a abstração". O que justifica a supremacia do corpo humano são as suas "elevadas" funções, ou seja, os processos mentais que emulam a força (racional ou temporal) universal que regula e produz o "mundo das coisas". Apesar da construção das "funções mentais" humanas como a expressão (significante) perfeita da vida sugerir que as qualidades exclusivas da coisa interior são meramente efeitos de uma ferramenta da razão, isto é, das "leis da condição

---

252. Foucault, 1994.
253. Cuvier, 1863, p. 32.
254. *Ibidem*, p. 17.

de existência", a escrita da autoconsciência como simples efeito de uma determinação exterior é imediatamente rechaçada quando Cuvier explica que a "característica" única do homem, suas "funções mentais", lhe fornece uma posição diferenciada em relação às leis da vida, garantido-lhe um atributo de que todas as outras coisas vivas carecem, isto é, o autoaperfeiçoamento. Em outras palavras, o homem é um animal perfeito porque ele não é apenas submetido à (mas é também o sujeito da) regulação produtiva.

Com esse enunciado, Cuvier mobiliza as ferramentas de significação científica para repetir o que os filósofos proclamavam há séculos, a saber: o que diferencia o homem das outras coisas existentes é o fato de ele possuir razão e autodeterminação. Meu ponto é que, em vez de o corpo humano, o *Homem* (o compósito corpo-mente de Descartes) passaria a ocupar o espaço privilegiado no "reino animal" como a "ordem mais elevada dos mamíferos", a "primeira ordem animal". Pois, embora seu corpo seja um produto das "leis da condição de existência" universais (exteriores), a mente do homem comprova o fato de que ele goza de um poder produtivo que, mesmo sendo um efeito delas, não é restringido por essas leis. O que a estratégia de engolfamento — a vida — concretiza é a reescrita do corpo humano, que havia sido rechaçado (deslocado e negado) com segurança nos enunciados fundacionais do pensamento moderno, como significante da mente. Porém, ao fazê-lo, a estratégia de engolfamento reúne o corpo e a mente; as partes orgânicas e os movimentos do homem tornam-se os determinantes estendidos dos atributos únicos da sua mente, isto é, (a capacidade de pensar) a universalidade e a autodeterminação. Nessa aventura inicial da razão científica *no*[255] domínio da liberdade, a proposta de que a causa da particularidade da mente racional habita na dimensão (exterior ou afetável) espacial do homem

---

255. N. da T. *Into*, em inglês.

introduz a possibilidade de que o palco da exterioridade deveria ser considerado ontologicamente relevante.

Entretanto, a afetabilidade é imediatamente adiada no enunciado que articula o corpo como significante duplo da exterioridade, isto é, como coisa (exterior/ afetável) estendida e como expressão ou atualização de uma ferramenta do nomos universal. Na versão científica da cena do engolfamento, o homem, ou seja, a coisa viva cujo cérebro possui razão, não se tornaria uma coisa afetável justamente pelo fato da vida ser uma estratégia de engolfamento, por transformar todas as outras coisas vivas em versões menos perfeitas e desenvolvidas do corpo do homem. Afinal, na repetição científica da poesis transcendental, a coisa viva que tem uma mente racional, que detém funções mentais altamente desenvolvidas, ou seja, o homem "civilizado", é colocado dentro das fronteiras (espaço-temporais) da Europa pós-iluminista. Destaca Cuvier:

> Apesar da espécie humana aparentar ser uma — já que a união de quaisquer dos seus integrantes produz indivíduos capazes de propagação —, existem, contudo, determinadas peculiaridades hereditárias, que são passíveis de observação e constituem o que chamamos de raças. Em particular, três delas aparecem notavelmente distintas: a "caucasiana", ou branca, a "mongol", ou amarela, e a "etíope", ou negra. A caucasiana, à qual nós pertencemos, é distinguida pela magnificência da forma oval que forma sua cabeça; ela é a responsável pela emergência das nações mais civilizadas — as que mantêm as demais subjugadas: seus aspectos variam, assim como a cor dos cabelos.

As outras duas "raças ou tipos da humanidade" são orgânica e geograficamente distintas da raça "caucasiana civilizada":

> A mongol é conhecida por suas bochechas salientes, face plana, sobrancelhas estreitas e oblíquas, barba escassa e tez oliva. Essa raça es-

tabeleceu grandes impérios na China e no Japão, e suas conquistas se estenderam momentaneamente até o lado do Grande Deserto; porém, sua civilização sempre permaneceu estacionária. A raça negra está confinada ao sul da cadeia de montanhas do Atlas: sua cor é preta, seu cabelo crespo, o crânio comprimido e o nariz achatado. A mandíbula preponderante e os lábios grossos evidentemente a aproxima dos macacos: as hordas que a compõe sempre permaneceram bárbaras.[256]

Em suma, o corpo vivo que melhor expressa a vida não é o corpo humano, mas o corpo dos europeus (caucasianos, brancos) pós-iluministas, ou seja, o corpo do homem, o *homo historicus*, cujas "funções mentais" ("altamente desenvolvidas") estão inscritas na sua configuração social, isto é, na "civilização".

Embora incipiente, esse mapeamento dos corpos humanos e do espaço global afirma que as configurações corporais e sociais, como bases da diferenciação entre os seres humanos, são exteriorizações (produtos e efeitos) do nomos produtivo. Porque foram confeccionadas tendo como estratégia de intervenção as "leis da condição de existência" (os determinantes da configuração orgânica particular a cada região global), as estratégias de particularização iniciais que Cuvier mobiliza (os termos "caucasiano", "mongol" e "negro") pressupõem a universalidade da diferenciação como concebida na versão da razão universal, como nomos produtivo, isto é, como Eu (regulador-produtivo) transcendental. Quando se estabelece que cada configuração do corpo humano encontrada nas diferentes regiões do espaço global corresponde a níveis específicos de "desenvolvimento" e "progresso" social — os quais são meramente atualizações dos atributos da mente —, torna-se possível a mobilização das ferramentas da razão científica para "descobrir" os determinantes (exteriores) universais da autoconsciência.

---

256. Cuvier, 1802, pp. 37-8.

Cada configuração corporal e social particular constituiria apenas exteriorizações, como expressões particulares da lei da vida e como atualizações da mente particular que ela produz numa determinada região do espaço global. (Essa possibilidade não foi perdida pelos cientistas do homem, como demonstrarei em breve.) Ausente dessa primeira versão da ciência da vida, porém, está o posicionamento explícito de "outros da Europa" na afetabilidade, um feito que somente se torna possível após a segunda versão da ciência da vida introduzir a temporalidade como a característica distinta da natureza viva.

O princípio da "seleção natural"

Nem a preocupação com as variações orgânicas nem o relato da extensão da diversidade do mundo vivo faziam parte da formulação da ciência da vida feita por Cuvier; pois ele estava mais interessado em mapear as formas do corpo vivo do que em viajar ao redor do mundo para avaliar a dimensão dos poderes produtivos da vida. Se, na primeira versão, as "leis da condição de existência" constroem corpos particulares como momentos de atualização do nomos universal, o princípio da seleção natural mobiliza a temporalidade no núcleo da natureza para produzi-la como o palco da atualização da poesis universal. Nessa versão, a natureza como um todo adquire um Espírito, cujo fim é aumentar a diversidade e a perfeição no globo; isto é, o texto da evolução descreve exitosamente o palco da exterioridade como um momento legítimo da peça da razão produtiva. Em *A origem das espécies*, Charles Darwin[257] introduz uma estratégia de intervenção,

---

257. Darwin, Charles. *The Origin of Species by Means of Natural Selection; or The Preservation of Favored Races in the Struggle for Life*. London: Studio Editions, [1859] 1994.

o princípio da "seleção natural", para capturar com precisão *por que* e *como* a vida mobiliza seus poderes produtivos. Com o princípio da "seleção natural", Darwin amplia o domínio de investigação acerca das obras da vida para além de qualquer corpo finito específico, com o intuito de reescrever a natureza viva como totalidade autorreguladora e autoprodutiva. Nessa totalidade, as variações entre as coisas vivas tornam-se um efeito da força reguladora e produtiva cujo "Objetivo" ("Fim") está além da existência de qualquer exteriorização específica da vida. "A estrutura de todo ser orgânico está relacionada," Darwin argumenta, "da maneira mais essencial, embora muitas vezes ocultas àquela de todos os outros seres orgânicos, com os quais compete por comida ou território, dos quais tem que escapar, ou os quais tem que caçar". Darwin usa a noção de "luta pela existência", o que sugere uma narrativa hobbesiana da natureza viva, para capturar os meios pelos quais os fins da seleção natural são alcançados, isto é, o que Darwin chama de "a preservação das diferenças e variações individuais favoráveis e a destruição das que são prejudiciais".[258]

Na segunda versão da ciência da vida, a ideia da evolução completa a formulação do nomos produtivo. Nessa versão científica da peça do engolfamento, a tese da "sobrevivência do mais apto" desempenha um papel crucial ao situar o escopo da vida além da existência finita de qualquer tipo específico de corpo vivo. "Variação", Darwin explica,

> é um processo contínuo, longo e lento, e a seleção natural, nestes casos, não teve ainda tempo de ultrapassar a tendência de aprofundamento da variabilidade e de regressão a um estado menos modificado. Porém, quando uma espécie que possui um órgão extraordinariamente desenvolvido torna-se a mãe de um grande número de descendentes modificados — um processo que, da nossa perspectiva, deve ser muito lento, por requerer um longo período de tempo —, isso significa que a seleção

---

258. Darwin, [1859] 1994, p. 60.

natural teve êxito em dar uma característica fixa ao órgão, independentemente da maneira extraordinária através da qual ele se desenvolveu.

O sentido desse processo produtivo é evidente. Darwin prossegue:

> Apesar de modificações novas e importantes não surgirem a partir da reversão e variação análogas, tais modificações complementam a harmoniosa e magnífica diversidade da natureza. Seja qual for a causa de cada sutil diferença — e uma causa deve existir em cada caso — temos razão para crer que a acumulação ininterrupta de diferenças vantajosas é a causa de todas as modificações estruturais mais importantes em relação aos hábitos de cada espécie.[259]

Não apenas cada tipo específico de corpo, mas a totalidade das coisas (vivas) criadas — espalhadas ao redor do espaço global —, torna-se o laboratório para a observação da atividade de uma força temporal reguladora e produtiva que se autoatualiza conforme produz coisas-vivas cada vez mais diferenciadas, especializadas e complexas. "Metaforicamente, eu poderia dizer", Darwin sugere,

> que a seleção natural investiga detalhadamente, a todo instante e ao redor do mundo, as mais ínfimas variações; rejeita as ruins e preserva e congrega as boas; trabalhando silenciosa e indiferentemente para a melhora de cada ser orgânico em relação às condições orgânicas e inorgânicas de sua Vida, sempre que a oportunidade surge. Somente vemos o processo dessas mudanças paulatinas quando a mão do tempo já marcou a passagem das eras; e mesmo assim, nossa visualização das eras geológicas há muito terminadas é tão limitada, que somente conseguimos enxergar que as formas da Vida, agora, são diferentes das que eram.[260]

---

259. Darwin, [1859] 1994, p. 132.
260. *Ibidem*, pp. 65-6.

Naturalmente, enquanto o projeto de Cuvier o mantinha trancafiado nos laboratórios de anatomia ou o forçava a passar noites nos cemitérios, conforme Stocking[261] destacou, a investigação de Darwin o fez viajar às regiões mais distantes do globo em busca dos espécimes gerados pela produtividade da natureza. Pois o projeto da ciência da vida, a partir de então, passou a exigir a interpretação das materializações do tempo no espaço global.[262] A coleção, exame e catalogação das estruturas orgânicas capturam os significantes variados e particulares gerados por uma força reguladora e produtiva que opera no tempo, isto é, o nomos produtivo, cujo fim é similar àquele do movimento do "Espírito", ou seja, a *perfeição*, exatamente por criar seres cujas configurações orgânicas expressam tanto as determinações dessa força, quanto atualizam seus diversos momentos.

Entretanto, os seres humanos não são relevantes no enunciado que atribui um "início" e um "fim" à peça do engolfamento, isto é, ao texto da evolução. Além de Darwin não fornecer um mapeamento da configuração orgânica humana, ele imediatamente posiciona os europeus pós-iluministas *fora do alcance* das operações do nomos produtivo. Ao seguir o princípio regente da transcendentalidade, ele enuncia que a autodeterminação situa a coisa interior/ temporal além do funcionamento da seleção natural. Como era de se esperar, a coisa autoprodutiva, que atua contra as determinações da seleção natural, não é o ser humano, mas o homem. Em *A descendência do homem*, Darwin[263] argumenta que a unicidade do homem, e não da espécie humana, é expressa através de suas configurações sociais — indústria, artes e sistemas políticos —, ou seja, a "civilização", que, a partir de então, torna-se uma expressão do movimento do nomos produtivo. Ele argumenta que a autoprodutividade humana

---

261. Stocking, 1968.
262. McGrane, Bernard. *Beyond Anthropology*. New York: Columbia University Press, 1989.
263. Darwin, Charles. *The Descent of Man*. London: J. Murray, 1871.

é responsável por aprimorar as condições gerais de vida, isto é, as modificações das circunstâncias naturais e sociais, que limitam a ação da seleção natural ao propiciar a sobrevivência do indivíduo mais fraco. "O progresso", ressalta Darwin,[264] "ocorre com mais frequência que o retrocesso; apesar do caminhar lento e interrupto, o homem estabeleceu-se e elevou-se das piores condições ao mais alto padrão já conquistado por ele através do conhecimento, moralidade e religião". Em outras palavras, os atributos "intelectuais e morais do homem civilizado" comprovam sua maior capacidade adaptativa em relação a todas as outras coisas vivas, incluindo as "raças selvagens". Essas características explicam como os europeus, as "raças caucasianas", eliminaram as "leis da variação", isto é, os meios usados pelo princípio da "seleção natural" para atingir seus fins. "A civilização moderna", Darwin argumenta, deve sua ascendência ao "aumento populacional real, da quantidade de homens dotados de faculdades intelectuais e morais elevadas e do padrão de excelência. A estrutura corporal parece deter pouca influência, a não ser considerando-se que o vigor do corpo garante o vigor da mente (um corpo vigoroso garante uma mente vigorosa)".[265]

Embora a versão cuvieriana da ciência da vida situe o *homem*, o Eu transparente, no topo da natureza viva e ressalte como sua organização superior, mais aperfeiçoada, somente manifesta-se nas configurações sociais da Europa pós-iluminista, ela não explica os relacionamentos entre e as "raças ou variedades do homem". Quando escreve categoricamente o Eu transparente, isto é, o *homo historicus*, fora do — sempre-já vitorioso — "embate pela Vida", Darwin introduz afetabilidade, um aspecto até então ausente nas descrições anteriores (articuladas pelos naturalistas e filósofos do século XVIII) do global

---

264. Darwin, 1871, p. 161.
265. *Ibidem*, p. 156.

como espaço de *diferenciação humana*.²⁶⁶ Nesse mesmo enunciado, a versão darwinista da ciência da vida situa seguramente a Europa pós-iluminista no momento da transparência e escreve as "raças selvagens" seguindo a mesma descrição newtoniana sobre os corpos da física, isto é, como coisas vivas duplamente afetadas, duplamente governadas pela exterioridade, ou seja, pela força reguladora exterior (o nomos produtivo) e pela coexistência com seres humanos mais poderosos, as "raças caucasianas". Em outras palavras, elas sempre-já são as derrotadas na "luta pela existência" contra as "raças do homem" europeias, cujas configurações sociais comprovam sua superioridade na competição.²⁶⁷ Darwin prevê:

> Em algum momento no futuro, não muito distante, considerando-se que será medido em séculos as *raças civilizadas do homem* muito provavelmente *exterminarão* e *substituirão* as *raças selvagens* ao redor do mundo. Simultaneamente, os macacos antropomorfos [...], sem dúvida, serão exterminados. A *separação, entre o homem e seus aliados mais próximos*

---

266. Quando aborda as "variações humanas", ele rejeita a tese religiosa da criação separada (poligenismo) ao argumentar que as diferenças ("intelectuais e morais") físicas e mentais entre os seres humanos e entre o humano e os outros animais dão-se de acordo com o grau, e não com o tipo. Tratando diretamente dos usos anteriores da história natural para analisar a "variação humana", ele argumenta que os traços visíveis, como a cor da pele, cabelo e características faciais, não possuem qualquer função adaptativa, consequências da "seleção sexual".
267. Somente é possível não perceber as referências hegelianas na formulação de Darwin caso esqueçamos que Hegel estava abordando e reconfigurando o pensamento liberal. Qual outra leitura seria possível em relação à diferença entre o primeiro encontro entre duas autoconsciências, na passagem na luta de vida e morte do senhor e do escravo, e o segundo encontro no momento da "vida ética", em que o reconhecimento de uma fundação histórica (transcendental) comum permite o reconhecimento mútuo, ou seja, o momento da transparência? É verdade que a "seleção natural" privilegia a competição, mas a última é necessária para a realização do seu "Fim". Afinal, o que é a evolução senão o movimento temporal da natureza em direção à perfeição?

será ainda maior, pois ocorrerá entre o homem num *estado ainda mais civilizado* do que, assim temos esperança, o do caucasiano, e de qualquer macaco tão insignificante quanto um babuíno em vez de, como hoje em dia, entre um negro ou australiano e o gorila.[268]

Enfim, este mapa do texto científico que introduz a versão da razão como a peça do nomos produtivo demonstra como a versão darwinista da ciência da vida exitosamente reescreve a natureza viva como o palco onde a poesis transcendental desdobra-se, isto é, o princípio regente da representação moderna. Quando Darwin exclui os seres humanos de seu livro *Origem das espécies*, no meio do século XIX (momento da publicação do texto), a transcendentalidade já operava como princípio regente no pensamento moderno — o qual a sua teoria da evolução (através da tese de que todas as coisas vivas têm uma "origem comum") só iria atestar. Por isso, quando finalmente lida com a "variação humana", Darwin não atribui, como Cuvier o faz, a particularidade europeia a um determinante exterior, isto é, à Vida conforme é exteriorizada por arranjos orgânicos específicos, ou seja, o que acontece ao homem, o que escapa à sua capacidade produtiva, embora seja a condição da possibilidade da mobilização da mesma. Ele não prossegue com a sugestão de Cuvier de que os traços humanos físicos visíveis correspondem a variações na estrutura orgânica que explicam as diferenças nas "funções mentais". Em vez disso, ele assume que as "raças civilizadas" do homem, com suas "funções mentais" e configurações sociais altamente desenvolvidas, são os principais significantes da *particularidade* europeia. Na versão do nomos produtivo de Darwin, o "homem civilizado", sempre-já uma coisa autodeterminada, permanece (uma coisa transparente) totalmente na cena da representação; e a partir dali *ele* desafia

---

268. Darwin, 1871, pp. 172-3. Grifos meus.

a força reguladora e produtiva da natureza, além dos meios da "seleção natural". O *homem* sozinho é autoprodutivo; apenas ele desfruta da capacidade de autoperfeição.

O homem natural

Embora reconheça a prerrogativa ontológica da tese da transparência, esse mapeamento das condições de produção da analítica da racialidade — o texto científico e as estratégias de significação — não reescreve totalmente o sujeito moderno e suas configurações sociais *de volta para* [269] a transparência. Boa parte do trabalho necessário para situar minha tarefa já foi feito na parte anterior. Ali reuni, a partir dos enunciados fundamentais do pensamento moderno, os pilares que permitiram a demarcação dos palcos do teatro da razão, isto é, o palco da interioridade e o palco da exterioridade, que correspondem aos dois campos de significação (a história e a ciência) que constituem a representação moderna. Este capítulo fornece uma delineação mais aprofundada do palco da exterioridade que conduzi com base no nomos produtivo, isto é, a versão da peça da razão introduzida no texto da ciência da vida.

Minha leitura das versões da ciência da vida articuladas por Georges Cuvier e Charles Darwin cumpriram dois objetivos.[270] Primeiro, descrevo as principais características dessa versão da razão universal, isto é, o texto em que a centralização do palco da exterioridade reescreve o sujeito da poesis transcendental como o agente de um nomos produtivo. Essa articulação foi possível porque um determinado setor

---

269. N. da T. No original, *back into transparency*.
270. Contudo, ao contrário de Foucault, eu não considero a ciência da vida simplesmente outro momento da mobilização da historicidade nas coisas do mundo.

da natureza foi escrito como o palco onde a cena do engolfamento é performada quando seus habitantes são apreendidos como exteriorizações ou atualizações, ou seja, efeitos ou produtos da temporalidade do poder exterior que os regula e produz. Em outras palavras, a ciência da vida, ao estender a narrativa da poesis transcendental com o intuito de compreender o "mundo das coisas" — ou, citando Foucault,[271] quando a ciência da vida mobiliza a temporalidade no mundo das coisas — ao combinar as noções de "progresso" e "desenvolvimento", ela performa uma outra apropriação da natureza através de uma versão da razão universal que mescla a poesis universal e o nomos universal de maneira a tornar a cena da regulação o momento privilegiado para examinar as operações da razão universal. Isto é, embora a transcendentalidade seja o princípio regente, quando o Eu transcendental desempenha seu papel como nomos produtivo, o mundo das coisas (vivas) torna-se um palco da cena da representação; entretanto, um palco em que a razão desempenha sua função de poder produtivo apenas quando é capaz de governar as coisas, isto é, através da regulação. Segundo, eu demonstro como este o faz ao mobilizar e explicar as principais estratégias de significação do texto científico — me refiro às estratégias de intervenção, às estratégias de engolfamento e às estratégias de particularização — aquelas que mostram como, ao contrário do que argumentam os críticos do racial, a significação científica tem consistentemente operado com a significação histórica.[272]

---

271. Foucault, 1994.
272. "A estrutura de suplementação", conforme Derrida (1976, p. 89) a descreve, "é um tanto complexa. como suplemento, o significante não representa, primeiro e simplesmente, o significado ausente. Ao contrário, ele é substituído por outro significante, por outro tipo de significante que mantém outra relação com a presença deficiente, uma relação mais valorizada pelo processo da peça da diferença [...]. Portanto, uma indicação não é meramente um substituto que compensa a ausência ou invisibilidade do termo indicado. O último, é preciso lembrar, sempre-já é um *existente*. Além disso, um signo indicativo também substitui um outro significante, um signo expressivo, um significante

Esta escavação revela o regime de significação científica que, já na segunda metade do século XIX, mobiliza uma estratégia de engolfamento, a vida, que descreve como a razão universal desempenha seu papel produtivo na natureza ao delimitar uma espécie de microuniverso dotado de sua própria "causa" e "fim". Esse movimento resulta de estratégias de intervenção, as "leis da condição de existência" e a seleção natural, que escrevem as coisas automoventes e autoprodutivas da natureza como seres orgânicos, isto é, corpos internamente ordenados e móveis. Nessa versão da peça da razão, o nomos produtivo, a natureza, adquire um "objetivo final" que guia o esquema de classificação, ou seja, as estratégias de particularização, responsáveis por supor que cada coisa viva é governada por um poder produtivo cujos objetivos estão além das necessidades de cada coisa ou grupo vivos do mesmo tipo (gênero, ordem, família, etc.). Isto é, essas estratégias de intervenção escrevem a natureza como o palco da atualização da razão universal, um gesto que torna tanto os efeitos da regulação quanto os produtos da representação acessíveis às ferramentas da razão científica.

Tudo isso sugere que os estágios da poesis transcendental, isto é, os processos temporais produtivos que culminaram na emergência das configurações mentais e sociais europeias pós-iluministas, poderiam ser estabelecidos a partir da investigação do homem como coisa "empírica". Pois o "homem civilizado", ainda outra vez, significa os "fins" do poder universal regulador e produtivo, isto é, ele é a marca de sua exteriorização total na natureza viva. Essa escrita do homem como efeito da significação científica, como coisa natural, foi alcançada com a articulação de um construto que, assim como todas as outras ferramentas da ciência da vida, também havia sido mobilizado por operadores do pensamento moderno, isto é, a ideia de "raça ou variedade da humanidade", como significante da exterioridade, o qual conecta funções mentais e configurações sociais. Ou seja, o corpo humano e as configurações sociais são significantes científicos,

---

cujo significado [Bedeutung] é ideal". Grifo do autor.

expressões de determinantes exteriores dos poderes produtivos interiores (da mente) únicos aos seres humanos. Da apropriação desses significantes por cientistas do homem resultaram: (a) um conceito, o racial, que delimitaria (b) um aparato completo de poder/ saber, o *scientia racialis*, que mobiliza uma série de estratégias que constituem o arsenal político-simbólico, a analítica da racialidade, que, por sua vez, produziria (c) representações do ser humano governado pela exterioridade, isto é, regido pela ciência.

Tanto no passado como no presente, críticas da ciência do homem que rejeitam o conceito do racial ignoram como a ameaça que este conceito anuncia é um efeito da significação científica, aquela que, após a narrativa da poesis transcendental, instituiu o *homo scientificus* — isto é, a autoconsciência moldada como produto ou efeito das ferramentas do nomos universal. Exatamente por capturar como a razão universal desempenha seu papel soberano ao manifestar a cena do engolfamento no palco da exterioridade, o nomos produtivo permitiria a formulação de uma *ciência da mente*, os textos científicos — a ciência do homem, ou seja, a antropologia, e a das relações raciais[273] — que levaram a mente do homem e seus "outros" para o palco da exterioridade, o espaço onde o Eu transparente torna-se um simples "outro" modo de ser humano.

---

273. Foucault descreve a episteme moderna como formação tridimensional organizada pelas ciências matemáticas e físicas, reflexão filosófica e os "novos empirismos" (linguística, biologia e economia). Segundo ele, as ciências humanas estão situadas no espaço constituído por estes três campos. Isto é, "em relação a todas as outras formas de conhecimento: seu objetivo é, apesar de mais ou menos adiado, mas sempre constante, dar-se a si mesmas, ou, dependendo do caso, usar num nível ou outro". Ele prossegue dizendo que essa localização é exatamente a responsável pela "dificuldade em situar as ciências humanas, que confere à sua posição no domínio epistemológico sua precariedade irredutível, fazendo-a assim parecer simultaneamente perigosa e em perigo" (1994, pp. 347-8). Contudo, conforme a circunstância do materialismo histórico clássico indica, até mesmo o esforço em capturar a produção econômica através de estratégias (matemáticas) formais presume uma noção das "condições de existência" e da "evolução" apresentadas pela ciência da vida.

6. A ciência da mente

> O estudo da história natural do homem abarca praticamente todas as áreas do conhecimento humano [...]. O tema não é o homem, considerado um ser abstrato: a investigação se estende a milhões de homens espalhados ao redor da terra, suas peculiaridades físicas, seus relacionamentos atuais e antigos entre si, e vai até o tempo em que o homem mal era capaz de deixar mais traços da sua existência do que a besta selvagem que habitava as mesmas regiões. A partir dos resultados obtidos, devemos extrair inferências que tratem das relações entre as raças da humanidade, sua mistura, descendência e propagação, bem como sua relação com as outras criaturas, em especial com os mamíferos mais aperfeiçoados. Além disso, as modificações que o ar, o clima e o modo de vida produziram no homem durante sua luta pela existência. — KARL VOGT, *Lectures on Man* [Aulas sobre o homem]

Desde sua delineação inaugural conduzida pelo enunciado fundante cartesiano e em todas as cenas da razão reconstruídas após essa concepção inicial, a autoconsciência, ou seja, a coisa autodeterminada, foi mantida fora do palco da exterioridade, foi mantida no domínio da razão universal habitado pelas coisas espaciais (exteriores/ afetáveis). Antes de Hegel resolver a regulação na representação, onde a autoconsciência torna-se o Eu transparente, a conexão entre configurações corporais e sociais e o situar do homem no topo da natureza não permitiam e/ ou necessitavam de projetos de conhecimento que mobilizassem as ferramentas da razão científica para desvelar a "verdade" sobre a mente. Aquilo que não existia antes da metade do século XIX, ou seja, aquilo que era tanto impossível quanto desnecessário antes da poesis transcendental ter situado a configuração mental e social pós-iluminista europeia na transparência, era um maquinário científico que incluísse o treinamento de especialistas, construção de instituições de pesquisa, fabricação de instrumentos, delimitação dos espaços de investigação, definição de objetos e determinação de locais especializados para estudá-los.

Minha tarefa neste capítulo é mapear o regime de produção da analítica da racialidade, ou seja, o arsenal político simbólico que realiza algo que a poesis transcendental só pode postular; isto é, limitar o momento da transparência exclusivamente na Europa. Minha descrição dos textos científicos — a saber, o texto da ciência do homem, da antropologia, que transforma ou forma a mente em uma coisa do nomos produtivo — mostra o modo pelo qual o global surgiu como o contexto ontoepistemológico privilegiado quando a ciência da mente abordou as dimensões exteriores (configurações corporais e sociais) da existência do homem. Embora este gesto mantenha o Eu transparente na autodeterminação, eu argumento, ele também produziu necessariamente a particularidade da Europa pós-iluminista como efeito da determinação exterior, isto é, como a marca de uma diferença irredutível e insuprassumível que poderia ser capturada apenas quando colocada ao lado dos "outros" modos de ser do homem.

Este mapeamento das condições de produção da analítica da racialidade apresenta duas etapas. Na primeira, eu descrevo o momento inaugural da analítica da racialidade, ou seja, a ciência do homem, para demonstrar como — embora tenha herdado a correlação entre regiões globais e configurações corporais e sociais estabelecida pelos naturalistas do século XVIII — este é o primeiro projeto do conhecimento a escrever a particularidade da Europa pós-iluminista mobilizando o aparato da razão científica fabricado na narrativa do nomos produtivo. Seu arsenal o faz quando transforma a raça (um termo anteriormente usado para descrever coletividades de acordo com relações sanguíneas) no racial (um conceito científico), isto é, na estratégia de engolfamento que produz o corpo humano enquanto uma exteriorização do nomos produtivo. Em outras palavras, o racial reescreve a multiplicidade dos corpos humanos como significantes (exteriorizações) da mente (atributos intelectuais e morais), isto é, expressões das "leis da condição de existência", o princípio da "seleção natural" e as várias configurações sociais encontradas ao redor do globo como atualizações das diferentes mentes (coisas interiores) que essas ferramentas científicas produzem. Através da mobilização das estratégias de engolfamento que sempre-já presumem que os corpos (brancos) e configurações sociais (civilizadas) pós-iluministas europeias não estão submetidas à força reguladora e produtiva do universo. A ciência da mente produz corpos e configurações sociais como significantes — ou seja, expressões e atualizações, respectivamente — de dois tipos de mente, a saber: (a) o Eu transparente, que emerge da Europa pós-iluminista, este tipo de mente é capaz de saber, emular e controlar os poderes da razão universal, e (b) o *Eu afetável*, que emerge de outras regiões globais, o tipo de mente sujeitada tanto à determinação exterior das "leis da natureza" quanto à força superior das mentes europeias. Ao estabelecer o palco da exterioridade como arena legítima para abordar a diferenciação humana, essa reconstrução da autoconsciência produz um contexto ontoepistemológico, a globalidade, o qual consiste em um terreno político necessariamente desigual.

Minha descrição do segundo momento da analítica da racialidade mostra como a antropologia do século XX, ao mobilizar uma versão científica do cultural responsável pelo retorno da diferença humana ao palco da interioridade, colonizou o último com estratégias de significação que instituíram a diferença (moral) mental como efeito de determinantes exteriores. Exclusivo deste momento, como demonstrarei, é uma mobilização da historicidade, a qual pressupõe a globalidade como o palco da diferenciação humana. Isto é, embora o cultural tenha sido consolidado, durante o século XX, como o significante autorizado da diferença humana — experimentando uma trajetória crescente que culmina em sua posição contemporânea como o principal conceito político global —, ele não obliterou a força político-simbólica do racial. Não só porque, sem a noção da diferença racial da ciência do homem — a qual se tornou a base "empírica" para a diferenciação entre europeus e seus "outros" —, a própria delimitação do objeto exclusivo da antropologia (as configurações mentais e sociais "primitivas") teria sido impossível, mas também porque sem a globalidade, fora do palco científico da cena do engolfamento, o cultural não teria conseguido manter as fronteiras da transparência.

Neste capítulo, eu mostro como ambas as estratégias de engolfamento, o racial e o cultural, isto é, os significantes primordiais da analítica da racialidade, instituem a globalidade como contexto ontológico em que a autoconsciência se torna um efeito da exterioridade, ou seja, onde ela aparece sempre-já numa disputa com o que não é ela-mesma, sem transparência, isto é, diante do horizonte da morte. Apesar de cada significante adiar a ameaça que o corpo humano sempre significou, ou seja, escrever a coisa-pensante como coisa-afetável ao limitá-la às fronteiras espaciais da Europa, cada um também produz as autoconsciências e as configurações sociais que descrevem todos os modos de ser humano (exteriores/ espaciais) como necessariamente contemporâneos, coexistentes e em disputa. Dessa maneira, eu destaco o que nem as teorias raciais ou as críticas pós-modernas do pensamento moderno consideram, porque este é pressuposto pela tese da transparência e pela lógica de exclusão sócio-histórica que ambos (re)produzem: Nem o racial, nem o cultural violam os princípios éticos modernos porque, como armas político-simbólica modernas que são, fazem mais do que suplementar a tese da transparência. Estes permitem a mobilização de relatos que escrevem a afetabilidade dos "outros da Europa" e sua transparência como efeitos e produtos "necessários e objetivos" da razão produtiva.

Scientia racialis

Os textos naturalistas e filosóficos do século XVII usaram os termos "raças ou variedades do homem" para explicar a diferenciação humana. Entretanto, tais termos não abrigavam a suposição de uma força reguladora ou produtiva que respondia às correlações que encontravam entre as regiões globais e os traços (intelectuais e morais) corporais e mentais. "Nada", argumenta o naturalista Buffon,[274] "prova com mais clareza que o clima é a causa principal responsável pelas variações da humanidade, do que a cor da pele dos Hottentots, cuja negridade somente poderia ser diminuída pela temperatura do clima." Ele ainda observa que: mesmo se os "rudimentos da negridade" forem herdados, assim que os "negros" fossem transplantados para um clima frio, a negridade desapareceria em algumas gerações.[275] Apesar da história natural não buscar "descobrir" as "leis da natureza" que determinam a consciência humana nem atribuir permanência às distinções que mapeia, ela lê os traços físicos visíveis como índices de configurações mentais e sociais. Por exemplo, Hume, o filósofo do século XVIII cético em relação à capacidade da experiência de fornecer acesso aos determinantes (exteriores) universais da natureza, destaca que as diferenças observáveis sugerem que todas as outras "raças do homem" são "naturalmente inferiores à branca", pois "nunca existiu uma nação civilizada que não fosse branca ou qual-

---

274. Buffon, G. L. L. "Geographical and Cultural Distribution of Mankind". *In*: Eze, Emmanuel C. (ed.). *Race and the Enlightenment*. Cambridge, Mass.: Blackwell, 1997, p. 22.
275. *Ibidem*, p. 24.

quer indivíduo ilustre tanto em ação quanto em especulação. Não existem produtos engenhosos entre eles, nenhuma arte, nenhuma ciência".[276] Até mesmo Kant, o filósofo que descreve as ferramentas interiores da razão científica, atribui a diferença humana a "uma capacidade predeterminada" ou a "disposições naturais", isto é, às dádivas divinas do clima e do solo que os humanos compartilham com as outras coisas criadas.[277] Para Kant:

> O pressentimento da Natureza de equipar sua criação com acessórios interiores ocultos contra todo e qualquer tipo de circunstâncias futuras para preservá-la e prepará-la para as variedades de clima e solo, merece ser totalmente apreciada; e, durante as caminhadas e transplantações de animais e plantas ela parece produzir novos tipos que, entretanto, somente são divergências e raças do mesmo gênero.[278]

Contudo, ele destaca: entre as "raças da humanidade", essas "disposições naturais" podem incluir mais do que traços físicos externos. Por exemplo, Kant[279] assinala que a diferença entre "negros" e brancos é fundamental "e parece ser tão impressionante quanto as diferenças entre capacidade mental e cor da pele. A religião de fetiches, absolutamente difundida entre eles, é, talvez, um tipo de idolatria tão leviana quanto a natureza humana é capaz de ser".

---

276. Hume, David. "Of the Populousness of Ancient Nations". *In*: Eze, Emmanuel C. (ed.). *Race and the Enlightenment*. Cambridge, Mass.: Blackwell, [1754] 1997, p. 29.
277. Kant, Immanuel. "On the Different Races of Man". *In*: Eze, Emmanuel C. (ed.). *Race and the Enlightenment*.Cambridge, Mass.: Blackwell, [1775] 1997, pp. 38-48.
278. *Ibidem*, p. 43.
279. Kant, Immanuel. *Observations on the Feeling of the Beautiful and the Sublime*. Berkeley and Los Angeles: University of California Press, [1764] 1960, p. 111.

Escrevendo poucas décadas depois, Hegel[280] também comenta sobre as "capacidades mentais" em um enunciado que situa os africanos fora da poesis transcendental. Para Hegel, os graus de diferenças mentais são tamanhos que, em relação aos africanos, ele prega, "devemos abandonar o princípio que naturalmente acompanha nossas ideias — a categoria da Universalidade". Segundo ele, a consciência do "negro" é subdesenvolvida e a própria noção de autoconsciência é totalmente desconhecida pelos integrantes dessa raça. O autor destaca: eles "ainda não manifestaram qualquer existência objetiva substancial — Deus ou a Lei, por exemplo, — na qual o interesse da própria vontade do homem esteja envolvido e na qual ele concretize seu próprio ser".[281] Hegel prossegue, afirmando que além de ser incapaz de diferenciar entre as dimensões individuais e universais do seu próprio ser, algo comprovado em uma religião que não tem consciência sobre um "Poder Superior", o "negro" também projeta a dimensão espiritual "no mundo dos fenômenos através de imagens".[282] O filósofo continua: "Os negros também não possuem conceitos de justiça, moralidade e organização política". E conclui que os "negros" não detêm qualquer respeito pela autoridade ou humanidade, devido a suas práticas "escravocratas" e "canibais"; que, segundo o autor, refletem "a falta de autocontrole [que] distingue o caráter dos negros". "Essa condição é incapaz de qualquer desenvolvimento ou cultura, e os vemos hoje do mesmo modo que sempre foram".[283] Por esse motivo, apesar de reconhecer que a escravidão era injusta, já que a "essência da humanidade é a Liberdade", Hegel argumentava que, para o "negro", a escravidão poderia ser uma "fase educacional — uma maneira de tornar-se participante da alta moralidade e da cultura ligada a esta".[284]

---

280. Hegel, 1900.
281. *Ibidem*, p. 93.
282. *Ibidem*, p. 94.
283. *Ibidem*, p. 98.
284. *Ibidem*, p. 99.

Contudo, os enunciados filosóficos baseados na história natural não eram capazes de, conforme Thomas Jefferson lamentou no fim do século XVIII, estabelecer tal conexão com a certeza "objetiva" e "necessária", porque uma explicação acerca da diferenciação humana formulada de acordo com as regras científicas ainda não havia surgido. No capítulo anterior, argumentei que isso se tornou possível quando a primeira versão da ciência da vida mobilizou duas *estratégias de intervenção,* ou seja, as "leis da condição de existência" e o princípio da "seleção natural", que remoldaram a razão universal em nomos produtivo. Ao usarem o arsenal da ciência da vida, os cientistas do homem tentaram provar, estabelecer com certeza (isto é, como fato "necessário" e "objetivo"), o que os naturalistas do século XVIII somente podiam descrever e o que os filósofos responsáveis por construir o homem apenas podiam postular. Neste primeiro momento da analítica da racialidade, eu encontro estratégias de significação que, ao apreenderem as dimensões (exteriores-espaciais) estendidas do homem, isto é, as configurações corporais e sociais, forneceram à representação moderna um arsenal político-simbólico responsável por escrever as configurações mentais e sociais, ou seja, aquilo que compõe as narrativas ontológicas modernas, como efeito e produto das ferramentas da razão universal.

A ciência do homem

Na segunda edição de *Instructions générales pour les recherches anthropologiques à faire sur le vivant* [Instruções gerais para a pesquisa antropológica a ser feita em seres vivos], preparada para a Sociedade da Antropologia de Paris, Paul Broca[285] descreve as técnicas e estraté-

---

285. Broca, Paul. *Instructions générales pour les recherches anthropologiques à faire sur le vivant*. Paris: Societé d'Anthropologie de Paris, 1879.

gias da ciência do homem, o projeto de conhecimento que substituiu a explicação acerca da diferenciação humana fornecida pelos naturalistas do século XVIII. O manual traz instruções detalhadas sobre como conduzir pesquisas laboratoriais e de campo com o objetivo de reunir, lidar e medir a informação. A principal preocupação de Broca consistia em sistematizar a pesquisa antropológica e aumentar tanto a quantidade quanto a qualidade do material coletado sobre povos não europeus. Além de descrições detalhadas sobre os conteúdos de coleções antropológicas, o livro também inclui instruções sobre como reunir, preservar e identificar as partes relevantes do corpo e como preparar a *feuille d'observation* (um formulário que deveria ser preenchido com os dados obtidos a partir de observação e medição, descrições, desenhos dos instrumentos usados no campo e no trabalho laboratorial e explicações sobre como manipulá-los); informação sobre o preço dos instrumentos e onde adquiri-los; além de enumerações, descrições e discussões sobre como medir as características mais importantes usadas para diferenciar as várias "raças humanas".

O manual da Sociedade inclui instruções extensas e detalhadas sobre como reunir e manter intactos crânios e cérebros, devido à dificuldade em coletá-los e conservá-los em seus tamanhos e volumes reais, pois o crânio constituía o principal objeto de pesquisa. E o motivo era simples: a medição dos crânios forneceria informação sobre o volume e tamanho do cérebro. "Dentre as variações apresentadas entre as várias raças humanas", Broca ensina, "o volume e forma do cérebro apenas podem ser apreciados indiretamente. Em vez do cérebro em si, o crânio deve ser estudado".[286] Isto é, a craniologia tem um papel importante na pesquisa antropológica porque, como Broca explica, "qualquer carácter [característica] do cérebro é traduzida externamente conforme a configuração dos ossos do crânio", embora "o estudo do crânio forneça um conhecimento insuficiente

---

286. Broca, 1879, pp. 15-6.

sobre o cérebro",[287] complementa. Portanto, mesmo que Broca também tenha instruído o antropólogo a coletar, preservar e medir os membros cuidadosamente, bem como amostras de pele e de cabelo para classificá-los segundo a "tabela de cor", os "traços morfológicos" privilegiados para diferenciar as "raças humanas" — "caucasiano", "mongol" e "etíope" — eram os traços do órgão responsável pelas "funções mentais", isto é, o cérebro. Ao explicar por que o estudo do crânio é importante, Broca[288] diz:

> A parte frontal do crânio [é] a parte mais importante [...], porque nela encontram-se as partes mais nobres do cérebro. Qualquer opinião sobre a inteligência e o cérebro deve ser baseada no reconhecimento de que a parte frontal está relacionada às faculdades mais elevadas do espírito; tanto nos indivíduos como nas raças. A parte frontal do cérebro relativamente desenvolvida indica maior desenvolvimento.[289]

A ciência do homem reescreve o texto das "variedades do homem", originalmente composto pela história natural, e produz as diferenças (intelectuais e morais) mentais — que os filósofos modernos atribuíram aos "outros da Europa" — como efeitos da configuração específica de seus cérebros, cuja significação se dava a partir das formas de suas cabeças. Dessa maneira, a diferença não era mais simplesmente resultado de fatores externos, como o clima e o solo, ou de "disposições naturais" que comprovavam a criatividade da "natureza divina".

---

287. Broca, 1879, pp. 15-6.
288. *Ibidem*, p. 146.
289. Com essa noção, os cientistas do homem deslocaram a centralidade dos traços físicos e do velho debate entre monogenismo e poligenismo. A maior parte das críticas à ciência do homem citam esse debate, responsável por basicamente identificar as duas versões sobre as origens da diferença racial. Entretanto, me parece que, exatamente por repetir a preocupação religiosa, essa noção rapidamente foi deslocada já na metade do século XIX. Para maiores detalhes sobre este debate, conferir Stocking (1968).

Ao abordar o homem como coisa "empírica", escrevendo seus poderes mentais elevados como efeito de determinantes exteriores, isto é, das ferramentas do nomos produtivo,[290] a ciência do homem não deslocou o Eu transparente do topo do "reino animal". Na verdade, esse texto concretizou algo que tanto os escritores da cena da regulação quanto os fabricantes da cena da representação evitaram, isto é, ele situou a mente totalmente no palco da exterioridade. Dessa maneira, inaugurou-se um modo de representação da coisa interior que, em vez de substituir, complementar ou contradizer, suplementou as construções filosóficas da autoconsciência. Em *Elements d'anthropologie generale* [Elementos de antropologia geral], Paul Topinard[291] especifica como a ciência do homem explica a variação humana. A antropologia, argumenta, aborda os seres humanos como integrantes de coletividades caracterizadas por semelhanças, cuja continuação "ao longo do tempo [é] determinada pela hereditariedade" e que produzem uma "unidade na sucessão de indivíduos, mais do que em relação a famílias". Topinard argumenta que investigações históricas lidam com outros tipos de coletividades. "A nação ou a nacionalidade", escreve o antropólogo, "é uma associação política construída através de circunstâncias [...] favorecidas pela unidade linguística, unidade religiosa, hábitos estabelecidos, memórias e as glórias do sofrimento". A "noção de raça é totalmente alheia a ela"; a antropologia "nada tem a ver com a questão da nacionalidade".[292]

Apesar de manter as pressuposições e correlações estabelecidas pelo mapeamento da variação humana feito pelos naturalistas, a ciên-

---

290. Embora essa discussão ilustre os enunciados com relação à ameaça representada pela razão científica articulados no século XIX, não posso explorá-la aqui, o livro ficaria demasiadamente extenso. Para críticas contemporâneas similares sobre as "teorias raciais" oitocentistas, conferir Stepan (1982) e Stocking (1968).
291. Topinard, Paul. *Eléments d'anthropologie générale*. Paris: Adrien Delahaye et Emile Lecrosnier, 1885, p. 195.
292. *Ibidem*, pp. 212-3.

cia do homem mobilizaria as estratégias de significação da ciência da vida com o intuito de mapear o corpo humano como um espaço de expressão do nomos produtivo. Em *Races and Peoples* [Raças e povos], Daniel Brinton[293] enuncia que a pesquisa antropológica aborda a "estrutura interna dos órgãos", sendo esta responsável por determinar as diferenças físicas e mentais entre os grupos humanos, com o objetivo de "determinar quais [deles] são os menos variáveis e, portanto, mais valiosos no momento de classificar as variações e tipos gerais da espécie humana". As estratégias de intervenção da ciência da vida, isto é, as "leis da condição de existência" e o princípio da "seleção natural", passam a ser usadas para explicar uma seção específica da natureza viva. Elas guiam a fabricação de uma tabela em que as mentes são diferenciadas conforme o nível de complexidade, especialização e diferenciação entre cabeças humanas e configurações sociais. Por um lado, os formatos das cabeças tornaram-se expressões do grau de "desenvolvimento" das funções mentais, isto é, da proximidade dos atributos intelectuais e morais de uma "raça" em relação aos atributos do Eu transparente, o ser que Cuvier situou no topo do reino animal. "Quando muitos ou todos os traços (dos primatas mais elevados) estão presentes", Brinton argumenta,

> o indivíduo aproxima-se fisicamente do tipo dos macacos antropoides, e uma raça que apresente muitos desses indivíduos é legitimamente chamada de "raça inferior"; onde tais indivíduos não estiverem presentes, a raça é "superior", já que mantém em sua integridade os traços especiais do gênero Homem, sendo assim verdadeiramente o tipo desta espécie.[294]

Ao especificarem as características orgânicas relevantes em relação à classificação das "raças humanas", esses cientistas do homem

---

293. Brinton, Daniel Garrison. *Races and Peoples: Lectures on the Science of Ethnography*. Philadelphia: D. McKay, [1870] 1901, p. 18.
294. *Ibidem*, p. 48.

combinaram os atributos usados pela história natural e a característica que foi selecionada pela ciência da vida como o atributo diferencial do humano. Segundo Brinton, a lista inclui a estrutura dos ossos da cabeça (o crânio, a órbita dos olhos, largura das narinas e projeção dos maxilares); a cor da pele; a cor dos olhos e do cabelo; as estruturas musculares; bem como a estatura e a proporção. Contudo, ele argumenta que esses elementos são importantes, pois estão "correlacionados às funções psicológicas de maneira tão profunda a ponto de influenciar o destino da nação".[295]

Por outro lado, a "civilização", ou seja, o grau de "progresso" de uma configuração social específica, torna-se uma expressão do patamar do "desenvolvimento" (moral e intelectual) mental. Como E. B. Tylor enuncia:

> Como a civilização existe em gradações diferentes entre a humanidade, torna-se possível estimarmos e compararmo-las através de exemplos positivos (empíricos). O mundo educado da Europa e dos Estados Unidos praticamente define o padrão ao simplesmente situar suas próprias nações numa ponta da série social e as tribos selvagens noutra, ordenando o resto da humanidade entre tais limites, isto é, segundo sua maior ou menor proximidade à vida selvagem ou aculturada. Os principais critérios de classificação são a presença ou ausência, baixo ou alto desenvolvimento, das artes industriais [...], a quantidade de conhecimento científico, a exatidão dos princípios morais, as condições da crença e cerimônia religiosas, o nível de organização social e política e assim por diante.[296]

A simples observação desses significantes da "civilização", como Darwin parecia acreditar, não bastaria. De acordo com Tylor,

---

295. Brinton, [1870] 1901, p. 39.
296. Tylor, E. B. *apud* Stocking, George. *Race, Culture, and Evolution*. New York: Free Press, 1968, p. 81.

uma das primeiras perguntas a surgir é se as pessoas tão diferentes intelectualmente, como no caso das tribos selvagens e da nação civilizada, demonstram alguma diferença cerebral correspondente [...]. A própria forma do crânio, extremamente importante em relação ao cérebro que o ocupa (em seu interior) e as características expressivas (exteriores), é para o anatomista uma das melhores maneiras de diferenciar as raças.[297]

Portanto, o estudo da "civilização" indica como a vida regula ou produz a "variação humana", isto é, como ela constitui dois tipos de mente: (a) o europeu, cujas atualizações, ou seja, a "civilização moderna", manifestam mais perfeitamente seu determinante, quer dizer, a mente situada no momento da transparência pela narrativa da poesis transcendental, e (b) o tipo não europeu, cujas atualizações, ou seja, a cultura "primitiva" ou tradicional, correspondem aos seres que Herder situou próximos à "infância da humanidade", isto é, a mente que não atualiza universalidade ou autodeterminação. Contudo, a tarefa de estabelecer "a origem das notáveis variedades entre as raças e assinalar com precisão seus lares originais não pode ser realizada exitosamente devido à presente falta de provas", Tylor reconhece; logo, "talvez seja razoável imaginar a raça branca da região temperada como a formada mais recentemente, a menos capaz de suportar o calor extremo ou viver sem os aparelhos da cultura, ela é, porém, dotada com os *poderes do conhecimento e da governança* que lhe confere domínio sobre o mundo".[298] Para os cientistas do homem, as configurações sociais, diferenciadas conforme a manifestação de suas dimensões econômicas, jurídicas e espirituais (culturais), expressam como o nomos produtivo opera na mente humana (isto é, elas também são significantes das formas e funções mentais, como

---

297. Tylor, E. B . *Anthropology: An Introduction to the Study of Man and Civilization.* New York: D. Appleton, 1898, p. 60.
298. *Ibidem*, p. 113. Grifo meu.

"progresso") e indicam os que atualizam mais perfeitamente as obras temporais da razão universal.

Assim, a ciência do homem remodelou a mente como significante científico, isto é, como expressão das "leis da condição de existência" e do princípio da "seleção natural". A partir de então, o que na narrativa da poesis transcendental constituía as atualizações do sujeito da poesis transcendental metamorfoseou-se *em* exteriorizações do nomos produtivo. Ao escreverem as configurações corporais e sociais como efeitos do nomos produtivo, os cientistas do homem (re)produziram, através de enunciados que seguiam regras de significação científica — isto é, as que instituíram "seres e significados" como efeitos da exterioridade — os limites identificados pela taxonomia do globo conduzida pela filosofia e história natural no século XVIII. Apesar dos traços externos, como a cor da pele, a órbita dos olhos, e assim por diante, fornecerem "atributos" a serem usados na classificação das "variações do homem", o projeto dos cientistas do homem somente poderia ser sustentado se a própria delimitação do objeto construída por eles seguisse as regras de significação do campo da ciência. Ao medirem cabeças, uma técnica herdada da frenologia do século XVIII, eles produziram uma representação (matemática) científica do vínculo entre a configuração do crânio (uma representação da configuração do cérebro) e operações mentais. Como Boas[299] argumenta, as "medições sempre devem ter significância biológica. Assim que perdem seu significado, também perdem seu valor descritivo". Segundo Topinard,[300] os números obtidos através das medições identificam "tipos ideais", isto é, construções abstratas da mente científica não encontradas na natureza; elas não correspondem a uma "raça empírica" existente.

---

299. Boas, Franz. *Race, Language, and Culture*. New York: Free Press, [1899] 1966, p. 169.
300. Topinard, 1885, pp. 219-20.

Ou seja, Broca[301] sugere que os instrumentos, técnicas e medições da ciência do homem buscavam construir valores (meios) abstratos a serem usados na comparação e distinção dos tipos variados. O resultado desse projeto de traduzir formatos de cabeças humanas em números foi uma estratégia de engolfamento, o "tipo racial", que organizaria todo o arsenal da ciência do homem.

Homo racialis

O conceito do "tipo racial" — primeiramente apresentado nos Estados Unidos pelos enunciados de Nott e Gliddon[302] de que as várias "raças da humanidade" são espécimes dos "tipos de humanidade" fundamentais, "originais", — se tornaria, poucos anos depois, a estratégia de engolfamento do projeto de conhecimento que tentou descobrir a "verdade" do homem ao descrever suas configurações mentais, corporais e sociais como efeitos do nomos produtivo. Em *Phenomena of Hybridity in the Genus Homo* [Fenômenos de hibridez no gênero *Homo*], Broca[303] postula que um "tipo racial" não é empírico, "[é] fictício, uma descrição ideal, assim como as formas do Apolo de Belvedere. Os tipos humanos, assim como todos os outros tipos, são meramente abstrações". Esse enunciado escreve o corpo humano como o corpo racial. "Após estudar as várias raças, inicialmente através do processo analítico", Broca instrui, "passamos a, então, sujeitá-las a um processo sintético para prontamente reconhecermos que existem, entre elas, várias afinidades que nos permitem ordená-las de acordo com um número determinado de

---

301. Broca, 1879, p. 185.
302. Nott, J. C.; Gliddon, R. R. *Types of Mankind*. Philadelphia: Lippincott, Grambo, 1854.
303. Broca, Paul. *Phenomena of Hybridity in the Genus Homo*. London: Longman, Green, Longman and Roberts, 1864, p. 8.

grupos naturais [...]. O conjunto de características comuns a cada grupo constituem seu tipo". Esse enunciado introduz uma narrativa científica sobre as "variações do homem" que produzem a conexão entre as formas das cabeças humanas, traços visíveis e região global como efeitos de como o novo soberano universal regula/ produz a *diferença humana*. Segundo Broca:

> Todas as ["raças europeias"] têm pele branca, traços regulares, cabelos macios, rosto oval, mandíbulas verticais, crânio elíptico, etc. Essas similaridades, pelas quais são reconhecidas imediatamente, lhes conferem uma certa familiaridade, que fez com que fossem designadas pelo nome coletivo das raças caucasianas. As raças hiperbóreas e da Ásia Oriental constituem a família das raças mongóis; o grupo de raças etíopes constituem igualmente um grande número de raças negras com cabelos encaracolados e cabeças prógnatas. As raças americana e malaio-polinésia formam os dois últimos grupos.[304]

Com a *scientia racialis,* o racial — e não a raça que, como Foucault[305] nos lembra, assim como a nação e a classe, precede suas representações articuladas no século XIX — passaria a reger ou guiar as noções que organizam a tabela dos seres humanos. Nessa ordenação cada forma corporal corresponde a um tipo de mente (funções mentais) particular, e à região global ou continente do qual aquela se originaria.

Essa formulação do racial inaugura o *homo scientificus,* um modo de representar o homem que o aborda fundamentalmente como fenômeno empírico, isto é, como coisa (exterior ou afetável) espacial. Como era de se esperar, esse significante científico não contestaria o posicionamento dos europeus pós-iluministas (isto é, das "raças

---

304. Broca, 1864, pp. 7-8.
305. Foucault, 2003.

[caucasianas] brancas") na transparência. Entretanto, o atributo humano que o projeto especifica, isto é, a racialidade, presume que os conteúdos mentais ("intelectuais e morais") expressam o nomos produtivo. O racial produz as configurações corporais e sociais humanas tanto (a) como significantes de determinantes exteriores (as leis da condição de existência e o princípio da seleção natural) dotados de variação orgânica quanto (b) significantes de princípios interiores (consciência) que marcam a "diferença intrínseca" de uma coletividade. Ao fazê-lo, o racial situa as mentes (o Eu transparente) e as configurações sociais ("civilização moderna") pós-iluministas europeias entre as mentes e configurações sociais (necessariamente contemporâneas, coexistentes) encontradas em outras regiões globais. Estou argumentando que a ciência do homem remodelou, outra vez, a autoconsciência como *homo racialis,* transformando o homem (o vínculo corpo-mente) numa coisa para a qual a globalidade (exterioridade-espacialidade) constitui o horizonte da existência. Exatamente porque o homem, determinado pela globalidade, pode ser conhecido somente a partir do uso do arsenal científico responsável por explicar e descrever por que e como seu corpo e configuração social são mais ou menos parecidos com os outros encontrados em outros continentes, o Eu transparente não conseguiu escapar dos efeitos da significação científica — embora a ciência do homem tenha, novamente, assegurado o lugar da Europa pós-iluminista na transparência. O racial, como estratégia de engolfamento, uma ferramenta do nomos produtivo, situa o Eu transparente, o compósito mente-corpo, ao lado de "outros" compósitos mente-corpo numa cadeia de significação que não permite qualquer resolução, isto é, nem o processo de suprassumir nem o de reduzir. Assim, essa estratégia fabrica um modo de representação do homem que não é regido pelas regras de significação da história, um modo que não pressupõe a historicidade (interioriadade-temporalidade) como o horizonte da coisa autodeterminante, isto é, o *Dasein*, como Heidegger o renomeou.

Ao construir a globalidade, os cientistas do homem reescreveram dois princípios de classificação herdados da história natural, a "hereditariedade" e a "fecundidade", como "leis da natureza". Os dois conceitos funcionam como estratégias de intervenção complementares que sustentam duas teses, a saber: (a) a tese da "permanência dos atributos", que estipula a hereditariedade das características raciais, e (b) a tese do "hibridismo", responsável por abordar o funcionamento real de ambos os conceitos. As duas estratégias transformaram a tabela das "raças da humanidade" — que incluía as categorias "caucasiano", "mongóis" e "negros" como as principais — numa estratégia de particularização, isto é, numa classificação de acordo com a diferença racial. A partir de então, as categorias raciais, como significantes científicos da diferença humana, passaram a presumir as ferramentas específicas da razão científica que regulam e produzem uma conexão ("necessária" e "objetiva") fundamental entre o corpo humano, a região global (continente) e a mente. Assim, elas *expressavam* como o nomos produtivo funciona nas condições de existência humana: a vida do indivíduo e do corpo social. Com o significante científico da diferença racial tornou-se possível mobilizar enunciados que presumiam a diferença humana como irredutível e insuprassumível porque ela é um efeito das leis da natureza responsáveis por produzirem as variadas configurações corporais e sociais existentes. Por um lado, a hereditariedade e a tese da permanência dos atributos estabeleceram que as características particulares dos caucasianos, mongóis e negros surgiram no confinamento de uma região global particular onde cada um desses tipos *raciais* formou-se "originalmente". Portanto, precisamente por serem hereditárias, as características singulares de cada "tipo racial" eram vistas como permanentes; nem a mudança de clima, como Buffon havia postulado, ou o contato prolongado com um tipo racial diferente poderia obliterá-las (Knox;[306] Cope;[307] Ripley[308]). Escreve Topinard:

> Os tipos hereditários são físicos, psicológicos ou patológicos; eles são complementares e obedecem uns aos outros e à lei geral da hereditariedade [...]. A permanência do traço característico através do tempo constitui a noção de raça [...]. Logo, duas operações tendem a estabelecer a realidade da raça: primeiro, a determinação do tipo a partir da análise da síntese dos atributos; segundo, o indício da permanência através do tempo.[309]

Por outro lado, as leis da fecundidade e a tese do hibridismo consolidaram a tabela da diferença racial ao estabelecerem os efeitos negativos da miscigenação ou mestiçagem. Os cientistas do homem argumentavam que as medidas da fecundação indicavam se a procriação entre indivíduos pertencentes a "raças distantes" poderia gerar uma descendência prolífica. Além disso, investigações em "humanos híbridos" autorizaram argumentos sobre se a miscigenação produzia prole degenerada, física e mentalmente inferiores aos "progenitores de ambas as raças". Lendo Broca,[310] encontram-se as perguntas cruciais a serem feitas por qualquer consideração antropológica dos efeitos da mestiçagem, a saber: se o cruzamento de "raças distantes" produzia prole fértil e saudável, se híbridos eram capazes de constituir um "novo tipo racial", qual era a influência de cada "tipo original" na prole da miscigenação e quais eram as qualidades morais

---

306. Knox, Robert. *The Races of Man: A Fragment*. Philadelphia: Lea and Blanchard, 1850.
307. Cope, Edward D. *On the Hypothesis of Evolution: Physical and Metaphysical*. New Haven, Conn.: C. C. Chatfield, 1870.
308. Ripley, William Z. *The Races of Europe*. New York: D. Appleton, 1899.
309. Topinard, 1885, pp. 194-5.
310. Broca, 1879.

e intelectuais da "prole mestiça". Ao destacar a importância da região global na determinação da diferença racial, Broca cita exemplos das populações racialmente misturadas nas regiões coloniais europeias para situar cada uma das perguntas. Por exemplo: ao considerar a influência do clima na fertilidade de indivíduos mestiços europeus na Ásia, ele destaca que "as raças europeias puras são férteis na primeira geração e sempre são não férteis na segunda geração. Isso resulta do clima. Além disso, a esterilidade do mestiço produzido por seu cruzamento com as raças indígenas logicamente também depende da mesma causa".[311]

Essas questões sobre a possibilidade da existência de humanos híbridos indicam como a miscigenação (hibridismo), como processo, complementa a diferença racial. A diferença racial, como significante de particularidade, sintetiza os atributos de cada tipo racial surgido dentro dos limites de um determinado continente num passado distante. Como significante de contenção, a miscigenação funciona costumeiramente como significante escatológico que indica a impossibilidade, presente e futura, da produção de seres humanos que não podem ser assinalados na tabela de variação humana organizada pelas estratégias de significação da *scientia racialis* (Broca;[312] Vogt[313]). Os comentários de Agassiz sobre o Brasil do século XIX indicam como a miscigenação opera como estratégia de contenção. Agassiz destaca que onde a "miscigenação ininterrupta" produziu

> uma classe de homens na qual o tipo puro desapareceu e com ele todas as boas qualidades físicas e morais das raças primitivas, deixando em seu lugar um povo bastardo tão repulsivo como cães vira-latas, com

---

311. Broca, 1879, p. 209.
312. Broca, 1864.
313. Vogt, Karl. *Lectures on Man: His Place in the History of the Earth*. London: Longman, Green and Roberts, 1864.

horror aos animais de sua própria espécie, dentre os quais é impossível encontrar um só indivíduo que tenha conservado a inteligência, a nobreza, a afetividade natural que fazem do cão de raça pura o companheiro e o favorito do homem civilizado.[314]

Ao articular essas estratégias de significação — a diferença racial e a miscigenação —, a ciência do homem forneceu uma narrativa sobre as configurações corporais e sociais que reescreveu o postulado dos filósofos do século XVIII que situava a Europa pós-iluminista na transparência e os "outros da Europa" na afetabilidade segundo as regras da significação científica.[315]

---

314. Agassiz, Louis apud Augel, Moema. *Visitantes Estrangeiros na Bahia Oitocentista*. São Paulo: Cultrix, INL — Ministério da Educação e Cultura, 1980, p. 214.
315. Os pensadores oitocentistas sabiam disso e mobilizaram o racial em suas descrições dos processos políticos e condições sociais. Por exemplo, na metade do século XIX, o Conde de Gobineau ([1854] 1967) argumentou que a raça produz diversidade entre os povos do mundo e era a força responsável por suas histórias. Segundo Gobineau, as civilizações, nações e Estados não definhavam apenas devido à "luxúria", "enfraquecimento", "má governança", "corrupção moral" e "fanatismo", mas sim devido à miscigenação que, apesar de inicialmente necessária para a emergência de uma "civilização", eventualmente leva ao abatimento do povo regente. Para ele, a civilização está relacionada a dois instintos humanos básicos: o desejo de "suprir as necessidades materiais" e o de ter "aspirações mais elevadas"; ele classifica as "raças humanas" de acordo com a predominância desses instintos. Nas "raças europeias", ou seja, as "raças masculinas" ou "utilitaristas", o primeiro princípio predomina, enquanto nas "raças negras", as "raças femininas" ou "especulativas", o segundo prevalece. Portanto, embora a capacidade de criar civilização dependa da associação e equilíbrio dos dois princípios, nem todas as raças são capazes de alcançar tal patamar. De acordo com Gobineau ([1854] 1967, p. 275), somente as "raças europeias" eram capazes de se tornar "civilizações", isto é, o "o estado de estabilidade relativa, em que uma grande quantidade de indivíduos compete, pacificamente, com o objetivo de satisfazer suas necessidades, refinar sua inteligência e modos". Segundo Gobineau, o "teutão", a "raça ariana", era a dominante entre os "europeus" ou "raças brancas" e, portanto, a que dominava todas as outras.

A escrita da globalidade

Desde o enunciado inaugural de Georges Cuvier em um texto científico sobre as "raças da humanidade" até as instruções de Paul Broca sobre como classificar os vários tipos de "cruzamentos" humanos, eu traço os primeiros momentos da fabricação da analítica da racialidade, o arsenal político-simbólico que transformou as categorias mobilizadas pelos naturalistas e filósofos setecentistas em significantes científicos responsáveis por produzir o corpo humano, as configurações sociais e a mente como efeitos das ferramentas do nomos produtivo. Ou seja, as estratégias de significação da *scientia racialis* produziram uma estratégia de engolfamento, isto é, o racial, como significante da diferença humana que pressupunha que a razão científica explica os vários modos existentes de ser humano. Ao introduzir o racial como significante científico responsável por produzir o corpo, o social e o global como significantes modernos, eles escreveram os "europeus ou caucasianos" coexistindo com, e contemporâneos aos, sempre-já determinados pelo que os diferencia e os aproxima dos "mongóis" e "etíopes ou negros". Foi a mobilização do racial (como significante da diferença humana) nesses projetos científicos pós-iluministas que instituiu a globalidade como contexto ontológico moderno, cujos conteúdo e fronteiras presumiam o nomos produtivo como aquilo que determina a "essência e existência" humanas.

Ao fabricar a racialidade como atributo humano, a ciência do homem apresentou uma narrativa sobre a autoconsciência, ou seja, o *homo scientificus*, que, ao ser combinada com sua versão filosófica, isto é, o *homo historicus*, completa a figura do *homo modernus*, o sujeito moderno como efeito tanto da significação histórica quanto da significação científica — simultaneamente produtor e produto, causa e efeito. A racialidade, ao reescrever a Europa pós-iluminista na transparência, construiu os corpos e configurações sociais europeias como significantes (atualizações) da universalidade e da autodeterminação, estabelecendo-as como fatos "necessários" e "objetivos" que a poesis transcendental era capaz somente de descrever. Desta maneira, um modo de representar a autoconsciência é introduzido, no qual a exterioridade (as leis, o corpo, etc.) substitui a interioridade (cultura, religião, etc.) como o fundamento para se estabelecer a universalidade da diferenciação (humana).[316] Ao fazê-lo a racialidade performou o que foi cuidadosamente evitado nos enunciados fundantes da representação moderna (discutidos na primeira parte deste livro); ela mobilizou na representação moderna significantes ontológicos que se referiam àquela "Outra", o relato (im)possível sobre o ser em que a autoconsciência surgiria como coisa situada, global (exterior-espacial), coisa exteriormente determinada.

Desde o início, como destaquei anteriormente, o projeto da ciência do homem sofreu contestações morais — descritas por Stocking[317], Stepan,[318] etc. —, acusações de que o conceito do racial rouba do homem seu atributo diferencial, isto é, a autodeterminação, ao sujeitá-lo às "leis da natureza". Contudo, nem a noção de formação racial nem as reconfigurações pós-modernas da historicidade através da "política da representação" foram capazes de desfazer seus efeitos produtivos ou de escrevê-la fora da gramática e léxico políticos modernos. A seguir, eu demonstro que a resistência do racial ao banimento moral também resulta da forma como ele rege as condições ontoepistemológicas das ciências da mente — a

---

316. Ao formular os fundamentos para a eugenia, Francis Galton ([1869] 1925) inspira-se principalmente nas conclusões dos textos da ciência do homem para sustentar o argumento de que para aprimorar ainda mais as competências intelectuais e morais dos "homens civilizados" era necessário controlar as habilidades naturais das gerações posteriores ao adiar o casamento de indivíduos intelectualmente fracos e acelerar o casamento de indivíduos mais capazes.
317. Stocking, 1968.
318. Stepan, 1982.

antropologia e a sociologia do século XX. Ambas mobilizaram o cultural para repor o estudo sobre a diferença humana no palco da interioridade, sem dissipar a diferença insuprassumível e irredutível que a racialidade produz, isto é, em que a obliteração dos "outros da Europa" afetáveis torna-se a consequência "necessária" e "objetiva" da peça do nomos produtivo.

Scientia culturalis

Em 1904, numa palestra para a *British Anthropological Association* [Associação Britânica de Antropologia], Henry Balfour, na época curador do Museu Pitt-Rivers, descreveu os métodos desenvolvidos e empregados pelo Tenente-Coronel A. Lane-Fox Pitt-Rivers em 1851 para estudar a evolução das armas de fogo portadas pelos sujeitos "primitivos" britânicos. Tanto as descrições de Balfour[319] sobre as suas próprias investigações em relação ao "desenvolvimento dos instrumentos musicais", quanto seus comentários sobre a explicação fornecida por Pitt-Rivers a respeito de seu projeto antropológico, seguem as regras da versão da ciência da vida articulada por Darwin. Os dois cientistas sistematicamente investigaram armas e instrumentos musicais, mapeando-os de acordo com o lugar de origem e as "sequências de ideias" específicas que eram capazes de identificar. Ambos notaram que as armas e os instrumentos musicais dos "povos primitivos" eram drasticamente inferiores em relação aos encontrados na Europa Ocidental, o que confirmava a "direção" da evolução e a superioridade da cultura europeia. O que interessa mesmo na pesquisa de Balfour é exatamente o intervalo que separa a construção da "coleção etnográfica" de Pitt-Rivers e a sua.

---

319. Balfour, Henry. *Introduction to The Evolution of Culture and Other Essays*. Lane-Fox Pitt-Rivers, A.; Myres, J. L. (eds.). Oxford: Clarendon, 1906.

Durante os 55 anos de intervalo entre suas respectivas explorações etnológicas, o projeto antropológico iniciou uma transformação profunda, mesmo enquanto antropólogos britânicos continuaram encontrando seus objetos durante o exercício de seus cargos como oficiais civis ou militares nas colônias do Império Britânico. Os contemporâneos de Balfour produziram descrições detalhadas sobre o que viam e ouviam entre os "nativos" para exibi-las num contexto mais amplo, em que os diversos significantes da "variação humana" que coletavam seriam usados numa configuração global-epistemológica já mapeada pelo racial. No raiar do século XX, a era da historicidade, o conceito do cultural informou um projeto científico em que o homem e suas configurações sociais constituem o objeto privilegiado; este projeto é a antropologia. Seguindo seu antecessor, o cultural também opera como significante da globalidade, isto é, como estratégia de engolfamento. Seu papel como ferramenta político-simbólica é, ao mesmo tempo, esconder e anunciar a espacialidade. Ele o faz quando escreve as relações atuais e potenciais entre as coletividades humanas coexistentes como efeitos do nomos produtivo.

Minha tarefa nesta seção é identificar as estratégias de significação que ressignificam o cultural e o tornam um significante capaz de capturar como as ferramentas do nomos produtivo instituem configurações mentais e sociais distintas. Embora o conceito científico do cultural tenha informado os projetos antropológicos e sociológicos, ele teve efeitos distintos em cada um destes projetos, devido à maneira pela qual a diferença racial delimita sua zona de mobilização. Na antropologia, o cultural reescreve os "outros da Europa" na afetabilidade como as estratégias de significação que substituem o arsenal da ciência do homem ressignificaram a diferença racial em diferença substancial, isto é, em traços corporais herdados e permanentes que correspondem às fronteiras continentais e são índices (preconceituais) imediatos dos determinantes universais da particularidade cultural que as ferramentas antropológicas visam "descobrir". Minha leitura mostra os efeitos dessas apropriações que ocorreram no século XX do nomos produtivo para explicar a "variação humana". Isto é, eu mapeio as condições de produção do cultural como significante científico, ou seja, o produto das ferramentas do nomos produtivo.

Aqui eu não ofereço uma crítica ao projeto antropológico, nem aponto inconsistências ou proponho uma reconfiguração do seu arsenal conceitual. Ao contrário, decidi ler três (re)formulações significativas do cultural como significante científico, a saber: (a) o projeto de uma ciência da moralidade de Émile Durkheim, que se tornou a base para a maior parte das versões dos projetos antropológicos e sociológicos do século XX; (b) os enunciados de Franz Boas que mobilizam a noção das "leis de pensamento e ação", responsáveis por fundamentar a antropologia cultural nos Estados Unidos; (c) a versão britânica da antropologia social articulada por Radcliffe-Brown que aborda as formas (exteriores) sociais. Optei por esses textos porque eles apreendem dois espaços distintos, — as configurações mentais e sociais — ao examinarem como o nomos produtivo institui as mentes não europeias, construindo assim uma consciência radicalmente distinta da que foi situada na Europa pós-iluminista pela poesis transcendental. Ao ler essas versões clássicas do texto antropológico, meu objetivo não é apenas mapear as condições de produção do cultural, isto é, a estratégia da analítica da racialidade que informou os enunciados sobre a diferença humana do século XX. Estou também interessada em como a recolocação dos "outros da Europa" na afetabilidade é um efeito tanto da maneira pela qual a globalidade define as condições da emergência desse projeto social científico específico, quanto da própria reformulação do cultural como significante científico. Embora as duas tarefas indiquem por que o cultural não é simplesmente um sinônimo para o racial, somente após meu mapeamento do texto da sociologia das relações raciais no próximo capítulo torna-se visível porque a escrita da diferença racial como significante da diferença cultural impede que se compreenda o funcionamento do racial como arma político-simbólica moderna.

O racial, ou seja, a ferramenta político-simbólica que produz a globalidade, informou as condições de produção dos projetos sociais científicos do início do século XX exatamente porque a diferença racial, a partir de então transformada em diferença substantiva (pré-científica e pré-histórica), constituiu a base "empírica" da divisão do trabalho entre os projetos científicos que mobilizaram o cultural para explicar a diferença humana. Portanto, não é de se espantar que os que clamam pelo banimento do racial ou os que encontram conforto moral no cultural não são capazes de compreender como a analítica da racialidade opera como arsenal político-simbólico. Na próxima seção, eu demonstro como os apóstolos da inclusão e da historicidade não reconhecem que o arsenal social científico mobilizado por eles com o intuito de explicar a subjugação racial, isto é, o arsenal que presume a diferença racial como significante substantivo da diferença cultural, sempre-já supõe e reproduz uma diferença irredutível e insuprassumível entre os tipos de mente indígenas da Europa e as que se originaram nas demais regiões globais. Em outras palavras, é precisamente porque pressupõem a globalidade (produzida pelo racial) que as versões do projeto antropológico do século XX puderam devolver o estudo da diferença humana ao palco da interioridade sem contradizer a poesis transcendental e, consequentemente, sem apagar as fronteiras entre antropologia, história e sociologia. Como o terreno ontológico da antropologia já tinha sido preparado pela racialidade e esculpido com estratégias de significação que seguiam as regras da significação científica, esta produziu o sujeito do cultural, isto é, os "outros da Europa", dupla e asseguradamente encarcerado na afetabilidade, ou seja, uma autoconsciência determinada pelas "leis da natureza" (exteriores) que, a partir de então, passaram a operar por completo na interioridade, e condenada à obliteração ao entrar em contato com a "civilização [branco-europeia] moderna". Logo, como Fabian[320] destacou, na antropologia, o cultural atribui aos outros da Europa uma temporalidade que é radicalmente distinta da temporalidade assinalada ao homem pela poesis transcendental. Por isso, apesar das melhores intenções da crítica pós-moderna, a diferença cultural, ao ser mobilizada para nomear o subalterno racial, não é capaz de escrever Eus transparentes. E por isso, embora a adoção do cultural no lugar do racial possa fornecer conforto moral, esta não dissipa os efeitos do racial, nem o fato de o próprio cultural escrever os "outros da Europa" na afetabilidade.

A ciência da moralidade

Antropólogos e sociólogos do século XX dedicaram-se a reunir amostras dos significantes de consciências não europeias visando produzir seus próprios mapeamentos do espaço global. Assim como os cientistas do homem, esses cientistas do social também estavam esculpindo um nicho próprio no campo da ciência ao afirmarem que suas estratégias de significação também suplementariam o que as investigações históricas já forneciam. Entretanto, não porque eles forneceriam uma explicação científica do objeto da história, mas porque ao construírem seu próprio objeto, as ferramentas que usaram para escavar as configurações mentais e sociais do objeto adiaram a transparência, pois o que eles reuniram era mediado pelas ferramentas da razão científica. O que diferencia a abordagem desses cientistas da articulada pela ciência do homem em relação aos determinantes (universais) exteriores das "diversas culturas" é sua opção por redirecionar a "variação humana" de volta à cena da representação. Além de considerar os produtos da mente humana, os símbolos e

---

320. Fabian, Johannes. *Time and the Other: How Anthropology Makes Its Objects.* New York: Columbia University Press, 1983.

as ferramentas, como seus objetos privilegiados, seu mapeamento das configurações sociais presume que o nomos produtivo regula e produz a consciência humana. Em outras palavras, a estratégia de engolfamento desses cientistas, isto é, o cultural, além de reescrever o nomos interiorizado e a *poesis interiorizada* como produtores ou causas (exteriores) universais de um "mundo dos homens" (jurídica e moralmente) ordenado, também aborda as configurações sociais como atualizações de uma consciência totalmente *sujeitada* às ferramentas da razão universal. Assim, o cultural concretiza o que Kant evita, ao articular a distinção entre o "empírico" e a "lei moral", e o que Herder despreza e afasta, ao postular que a unidade moral decorre da necessidade intrínseca de comunicação dos seres humanos — isto é, o cultural escreve a moralidade e os princípios regentes como efeitos das leis do nomos produtivo.

O projeto antropológico novecentista definitivamente manteve diversas estratégias significativas mobilizadas no século anterior, como as mapeadas por Morgan, Tylor, Fraser e outros, e as versões anteriores da ciência do social, como o materialismo histórico, que passariam por reajustes sem abandonar suas principais características. Contudo, o que distingue a antropologia novecentista é a delimitação da mente como domínio da operação do nomos produtivo. Para realizar esse procedimento, a noção da "consciência [comum] coletiva" de Émile Durkheim foi crucial, porque, ao costurar representações, ações e instituições entre si, ela produz ou reescreve o cultural como estratégia de engolfamento através da reescrita do nomos interiorizado (a lei moral) e da poesis interiorizada (a tradição) como o que define o modo pelo qual a razão universal regula ou produz o social. A "ciência da moralidade" de Durkheim visa investigar as dimensões objetivas, exteriores e limitadores da existência coletiva humana; ela aborda o social como fenômeno. Presumivelmente, portanto, uma distinção consistente entre sociedades "civilizadas" e "primitivas" organizaria sua construção do cultural como significante científico da consciência.

Em *As formas elementares da vida religiosa*, Durkheim[321] fornece um relato sobre as "origens" das "representações coletivas" que reproduz tanto a descrição sobre as várias fases do desenvolvimento moral humano herderiana quanto a narrativa da poesis transcendental hegeliana. Entretanto, em vez de abordar essas versões da historicidade, ele mira a formulação kantiana do nomos interiorizado. Pois o projeto de Durkheim é demonstrar como o social (a vida coletiva), e não o transcendental, é responsável por fornecer as ferramentas que os seres humanos usam para tentar compreender o "mundo das coisas" e o "mundo dos homens". Além do social ser a "representação mais elevada" da natureza — "o domínio social é um reino natural que se diferencia dos demais graças à sua maior complexidade".[322] Ele prossegue escrevendo que a sociedade é a produtora e reguladora exterior da consciência "individual" cuja exteriorização pode ser capturada com as estratégias da ciência da moralidade, isto é, modelos estatísticos e descrições da configuração social. Além disso, uma configuração social particular também atualiza o nomos e a poesis interiorizadas, ou seja, trata-se do material que forma as "representações coletivas" que, segundo Durkheim,[323] "deveriam demonstrar o estado mental do grupo; eles deveriam depender de como isto é fundamentado e organizado, sobre sua morfologia, suas instituições religiosas, morais e econômicas, etc.". As "representações coletivas", de acordo com Durkheim,[324] constituem o homem como "ser social que representa a realidade mais elevada em relação à ordem intelectual e moral passível de ser conhecida através da observação — quero dizer, a sociedade". Com esse enunciado, ele fornece uma versão científica do nomos interiorizado e da poesis interiorizada em que tanto

---

321. Durkheim, Émile. *The Elementary Forms of the Religious Life*. New York: Free Press, [1915] 1965.
322. *Ibidem*, p. 31.
323. *Ibidem*, p. 28.
324. *Ibidem*, p. 39.

a noção kantiana da lei moral (regulação interior) quanto a noção herderiana da tradição (determinação interior) tornam-se efeitos das configurações sociais existentes e das ideias e práticas coletivas que fornecem o que é responsável por limitar e guiar, regular e produzir — os princípios e normas (regras) atualizados nas ideias e ações dos indivíduos.

O projeto da "ciência da moralidade", ou seja, uma ciência do social, necessita de uma estratégia de intervenção capaz de entender como o nomos produtivo institui a variedade de "representações coletivas" e as "consciências comuns" que significam. Em *Da divisão do trabalho social*, Émile Durkheim[325] mobiliza uma estratégia de intervenção, isto é, o funcionalismo, construída a partir do conceito de "condições de existência" elaborado pela ciência da vida. Nesse texto, ele busca estabelecer a função da divisão do trabalho na "civilização moderna", determinada por Durkheim ao distinguir os tipos de "solidariedade social" em duas formas de laço social. Portanto, para Durkheim, o laço social é um efeito do nomos interiorizado, isto é, um efeito restritivo resultante dos costumes e das leis. Apesar de ser possível "afirmar que as relações sociais podem ser forjadas sem a necessidade de um código legal (jurídico)", argumenta Durkheim,[326] "[elas não] permanecem indeterminadas; em vez de serem reguladas pela lei, são simplesmente reguladas pelos costumes". Com o conceito de "consciência coletiva", ele reescreve a autoconsciência como efeito da regulação social, isto é, ele introduz uma versão do nomos interiorizado em que a consciência individual torna-se um efeito das crenças, práticas e costumes que indicam como o nomos produtivo é expresso por uma sociedade específica.

---

325. Durkheim, Émile. *The Division of Labor in Society*. Houndmills, Basingstoke, Hampshire: Macmillan, [1893] 1984.
326. *Ibidem*, p. 25.

Na consciência de cada um de nós, há duas consciências: uma que compartilhamos inteiramente com o nosso grupo, e, consequentemente, não é individual, mas sim a sociedade vivendo e atuando dentro de nós. A outra, ao contrário, representa o que é particular (pessoal) e único em nós, isto é, o que nos torna indivíduos.[327]

Se lembrarmos que, assim como muitos cientistas da sociedade no final do século XIX, Durkheim estava preocupado com o efeito da civilização moderna sobre o "espírito" dos povos europeus, essa reescrita da poesis como nomos, que a transforma em um objeto de investigação científica, não é uma ironia em relação à conversa filosófica anterior. É vital não esquecer o papel da universalidade como a pressuposição que rege tanto a crítica herderiana da razão universal adoecida e seu relato da poesis interiorizada quanto a reconciliação hegeliana do nomos ou poesis universal ou interiorizada na poesis transcendental. Partindo deste princípio, a única violação ética de Durkheim é a sua reescrita da poesis interiorizada, a partir de então resolvida no nomos interiorizado segundo as regras da significação científica. Torna-se irrelevante discutir se esse projeto era uma consequência inevitável ou se foi um revés epistemológico, visto que as preocupações dos sociólogos da época em relação aos efeitos morais do "progresso" não incitavam seus compatriotas europeus a emular as condições sociais dos "primitivos". E, porque esse foi o caso, fica evidente no modo como a explicação de Durkheim sobre a divisão do trabalho responde explicitamente às preocupações de seus contemporâneos. "O efeito mais notável da divisão do trabalho," ele argumenta, "não é o aumento da produtividade das funções assim divididas, mas sim o fato de vinculá-las intimamente [...]. Isto é, seu papel não é simplesmente abrilhantar ou melhorar as sociedades (existentes), mas sim tornar possíveis sociedades que não existiriam

---

327. Durkheim, [1893] 1984, p. 84.

sem essas funções".[328] Quando identifica o tipo de sociedade e de vínculo social que a divisão do trabalho autoriza, Durkheim usa o mapeamento racial do espaço global para distinguir entre os tipos de "consciência coletiva" das "sociedades civilizadas" e "primitivas". O que diferencia estas condições sociais é a força que a "consciência coletiva" tem sobre a consciência individual. Entre os "outros da Europa" ele encontra um tipo de solidariedade similar ao código penal, responsável por punir crimes contra a moralidade da coletividade. O tipo de "consciência comum" correspondente a "este tipo de solidariedade", ele argumenta, é caracterizado por "uma certa conformidade de cada consciência individual a um tipo comum"[329] que exclui qualquer concepção do indivíduo separado da coletividade; pois "sua única função é manter a coesão social inviolável ao sustentar a consciência comum inteira e vigorosamente".[330] Por outro lado, na Europa pós-iluminista industrializada, o "progresso" gerou um "tipo de solidariedade" que corresponde à "lei contratual", cuja função é produzir obediência aos princípios coletivamente valorizados e em que a presença da "sociedade" é costumeiramente vivenciada no momento das instituições, em vez de durante a aplicação da lei. A forma da consciência coletiva exemplificada por este tipo de sociedade é a gerada pela divisão do trabalho, isto é, em que o vínculo social é baseado na cooperação em vez de na similaridade e onde uma configuração social grande, complexa e diferenciada fornece espaço suficiente para o desenvolvimento da consciência individual. Independentemente do que as formulações de Durkheim acerca da exterioridade atribuam à "consciência [comum] coletiva" e às "representações coletivas", quando ele as descreve como fundamentalmente sociais ou as produz ao mobilizar as estratégias da razão científica,

---

328. Durkheim, [1893] 1984, p. 21.
329. *Ibidem*, p. 61.
330. *Ibidem*, p. 63.

elas permanecem consistentes em relação aos outros usos do nomos produtivo que, como destaquei anteriormente, mantém as configurações sociais pós-iluministas europeias e a consciência que atualizam no momento da transparência.

Em que medida as várias versões dos projetos antropológicos e sociológicos indicam de forma explícita a influência das formulações de Durkheim torna-se irrelevante quando — mesmo ao optar-se por restaurar o materialismo histórico, cujo projeto não abordo neste capítulo, ou ao optar-se por seguir a formatação sociológica do cultural realizada por Max Weber — se reconhece ser necessário responder à exitosa reescrita do cultural como um significante do nomos interiorizado e da poesis interiorizada articulada por Durkheim. Estou sugerindo que não é possível rejeitar imediatamente o argumento proposto por muitos cientistas sociais que identificam Durkheim como o "pai" dos projetos sociais científicos do século XX. Embora eu não repita esse argumento, reconheço que as versões da ciência do social analisadas nas próximas páginas perseguem o desejo durkheimiano de transformar o social num objeto científico mesmo quando defendem abertamente sua distância do trajeto de Durkheim.

A "mente" esvanecente

Nesta seção, leio duas estratégias de intervenção relativamente contemporâneas à de Durkheim: (a) as leis do "pensamento e da ação" de Franz Boas e (b) os conceitos de "estrutura e função" de A. R. Radcliffe-Brown. Ambas as estratégias delimitam o método específico pelo qual a antropologia apreenderia como o nomos produtivo institui a diferenciação humana.[331] Apesar de nenhum dos antropó-

---

331. Outro importante marcador da emergência da antropologia novecentista, que não descreverei por questões de brevidade, foi a introdução de uma

logos afirmar que essas estratégias deveriam ser mobilizadas somente para investigar os "outros da Europa", eles mobilizam uma noção do cultural que presume e reescreve a consciência que eles mapeiam como radicalmente diferente da consciência encontrada no espaço da Europa pós-iluminista. Como veremos brevemente, embora a

técnica que se tornou necessária para a coleta de traços (sociais) visíveis que garantiriam acesso à "consciência primitiva". O segundo enunciado apresenta um método para mapear as configurações sociais "primitivas", isto é, os procedimentos que os observadores antropólogos deveriam seguir para escavar os espécimes "em desaparecimento" a serem adicionadas ao arquivo da humanidade. Em *Crime e costume na sociedade selvagem,* Bronislaw Malinowski (1926) sugere que o antropólogo deveria concentrar-se nas dimensões jurídicas e econômicas das configurações sociais "primitivas", criando assim relatos sobre sociedades "nativas" com "caráter genuinamente científico". Até mesmo no meio da década de 1920, ele alerta, a antropologia ainda encontrava imagens do "selvagem" imerso no canibalismo, licenciosidade sexual e superstições, o que contaminava a própria disciplina. Por isso, ele afirma, um "assunto como a economia primitiva" é tão "importante para o nosso conhecimento sobre as organizações econômicas dos homens quanto é valiosa para os que desejam desenvolver os recursos dos países tropicais, utilizar mão de obra indígena e comercializar com nativos" (Malinowski, 1926, p. 1). Objetivos similares poderiam ser alcançados ao estudar a "lei primitiva" que, segundo ele, seria mais valiosa para a administração colonial. Infelizmente, ele destaca, a "jurisprudência antropológica" ainda é regida pelas presunções dos antropólogos franceses, alemães e estadunidenses responsáveis por afirmar que "nas sociedades primitivas, o indivíduo é totalmente dominado pelo grupo — a horda, o clã ou a tribo —, ele obedece às ordens da sua comunidade, suas tradições, opiniões públicas, decretos com uma obediência passiva, deslumbrada e servil" (Malinowski, 1926, pp. 3-4). Por muito tempo, enquanto as críticas internas e externas à disciplina não miravam suas estratégias privilegiadas, isto é, o cultural e a própria etnografia, Malinowski continuou sendo o celebrado "pai" da etnografia, a área que incentiva o mergulho intensivo e preferencialmente prolongado nas condições sociais do "nativo em desaparecimento". Embora seja verdade que Lévi-Strauss (1963) o acusou de imputar sua própria lógica às instituições, práticas e ideias sobre as Ilhas de Trobriand quando os "nativos" não se abriam. De qualquer maneira, a etnografia, isto é, o mapeamento das configurações sociais "primitivas", além de aprofundar a especificidade da abordagem da antropologia em relação aos povos que o racial havia situado diante da transparência, também indicou como sua versão do cultural difere da maneira pela qual este conceito é mobilizado na sociologia e na história.

desautorização (da cientificidade) do projeto da ciência do homem tenha sido essencial para a reescrita do cultural como significante científico, os primeiros antropólogos novecentistas dedicaram seu tempo a contestar ou circunscrever a validade explanatória do racial. Majoritariamente, apesar de reconhecer a existência de uma área da disciplina — às vezes chamada de "antropologia física", outras vezes de "antropologia biológica" — responsável por lidar com os aspectos naturais dos grupos humanos, os antropólogos designaram para si a tarefa de abordar as dimensões autocriadas da existência coletiva.[332] Contudo, a diferença racial permanece essencial para a diferenciação do objeto das escavações etnográficas.

Ao explicar a diferença entre os métodos histórico e antropológico, Radcliffe-Brow[333] usa o seguinte exemplo para situar a complexidade do objeto das estratégias de intervenção etnológicas. Ele escreve:

> É possível encontrar especificamente no lado ocidental [de Madagascar], muitos indivíduos distintivamente negros, isto é, do tipo africano, em relação aos seus traços físicos. Além disso, muitos elementos da cultura de Madagascar parecem ser africanos. Porém, uma investigação mais atenciosa revela que existem elementos, tanto raciais quanto culturais, que não são africanos, e um estudo destes nos permite demonstrar indiscutivelmente que alguns deles originaram-se no Sudeste Asiático.[334]

---

332. Lowie (1934, pp. 3-4), por exemplo, destaca que apesar de "todo ser humano ter uma herança (biológica) social e racial" e "das duas serem, de certa maneira, relacionadas [...] elas são diferentes". O objeto da "história cultural", ele explica, "inclui *todas* essas capacidades e hábitos [adquiridos pelo homem como integrante de uma sociedade] contrastando-as com os outros numerosos traços adquiridos de outra maneira, a saber, através da hereditariedade biológica" (ênfase no original).
333. Radcliffe-Brown, A. R. *Method in Social Anthropology*. London: Asia Publishing, 1958.
334. *Ibidem*, p. 5.

Essa articulação prosaica da diferença racial é precisamente o que demonstra como seus efeitos de significação continuariam a ser um determinante implícito dentro da principal estratégia de engolfamento da disciplina, isto é, o conceito do cultural. Evidência de que não poderia ter sido de outra maneira é que, no começo do século XX, o projeto antropológico se moveu em direção à investigação das condições humanas, reivindicada tanto pela sociologia quanto pela história. Afortunadamente para o especialista, o projeto da disciplina foi mobilizado num espaço global e sob um arranjo epistemológico anteriormente mapeado pelo racial resultando que o objeto exclusivamente antropológico não ficou entre nenhuma das duas disciplinas. Entretanto, a reivindicação de que o "nativo esvanecente" era o objeto legítimo do desejo antropológico indica como as diversas versões do projeto da antropologia delimitariam as fronteiras epistemológicas da disciplina.

Em *The Mind of Primitive Man* [A mente do ser humano primitivo], Franz Boas[335] introduz uma estratégia de intervenção, as leis do "pensamento e ação", que reescreve a diferença mental (intelectual e moral) como efeito do funcionamento do nomos produtivo. Porém, antes de descrever o conceito científico que regeria a antropologia cultural, a manobra essencial de Boas foi rejeitar os dois principais argumentos da ciência do homem com indícios que questionam a precisão e legitimidade das suas estratégias de intervenção. A manobra produtiva de Boas consiste em reescrever a racialidade como atributo humano "natural" ou herdado, isto é, como diferença substancial. Embora o efeito imediato desse gesto seja a delimitação do objeto das escavações antropológicas e do modo adequado de abordar os povos que o racial escreve na afetabilidade, os efeitos mais produtivos e duradouros dessa manobra, ainda em ação na atual configuração global, foi o fornecimento de uma narrativa sobre a subjugação racial que pressupõe e produz a

---

335. Boas, Franz. *The Mind of Primitive Man*. New York: Macmillan, 1911.

racialidade como estranha à gramática política moderna. O enunciado que deslegitima o projeto da ciência do homem anuncia que nem a tese da permanência dos atributos nem a tese da hereditariedade explicam os diferentes ritmos de "desenvolvimento cultural" entre as sociedades "primitivas" e europeias.[336] Além disso, este enunciado não se origina a partir da "inferioridade (biológica) mental" dos "primitivos", mas sim a partir de seu meio ambiente específico, suas configurações sociais e as condições sob as quais o contato com os "povos mais avançados" ocorreu. Boas argumenta que as "variações" individuais passíveis de observação no mesmo "tipo racial" e entre as sociedades "civilizadas" e "primitivas" indicam o impacto do meio ambiente e das condições sociais, o que é provado pelo fato da hereditariedade ter uma influência mais determinante nos povos mais geograficamente isolados e menos miscigenados, isto é, nas "raças primitivas" que continuam isoladas em seus lugares "originários". Para Boas, os vários graus de variação dos "traços físicos" entre as "raças diferentes" decorrem do isolamento. Segundo ele: "quando a descendência de um povo se dá a partir de um pequeno grupo uniforme, sua variabilidade diminui; enquanto, por outro lado, quando um grupo tem uma origem muito variada, ou quando os ancestrais pertencem a um tipo inteiramente distinto, a variabilidade pode ser consideravelmente maior".[337] Em outras palavras, a rejeição das teses da ciência do homem não acarretou num abandono completo da diferença racial.

---

336. Com o objetivo de atacar a tese da "permanência dos atributos" e a "hereditariedade", Boas apresenta indícios sobre como o "estágio de desenvolvimento" ("primitivo" ou "civilizado") de uma determinada configuração social determina as características físicas (tamanho do crânio) e mentais dos "tipos" humanos. Contrariando o argumento de que os "traços raciais", especialmente os formatos das cabeças, não haviam sido alteradas desde a era Neolítica, Boas apresenta provas sobre como "a influência do ambiente [no crescimento do crânio] pode ser mais perceptível, conforme menos desenvolvido é o órgão que está sujeito a ele" (Boas, 1911, pp. 47-8).
337. Boas, 1911, p. 93.

O que havia inicialmente sido um produto das estratégias de conhecimento modernas foi transformado em um significante substantivo, ou seja, em efeitos de processos "naturais" sobre o corpo humano. A conexão entre as formas orgânicas e a localização geográfica é conservada. Porém, a partir de então, em vez da hereditariedade e da permanência dos atributos, o "isolamento" geográfico e o "endocruzamento" passariam a ser as causas da persistência dos tipos fundamentais: o mongol, o europeu e o negro. Apesar do racial perder sua legitimidade teórica, seus efeitos de significação permaneceram no centro do projeto antropológico como diferença racial, a partir de então a diferença substantiva constitui a base "empírica" para distinguir entre o "nativo esvanecente" e os antropólogos europeus e seus descendentes espalhados pelo mundo.

Após sistematicamente rejeitar as premissas, estratégias e conclusões da ciência do homem, Boas ensina como a antropologia deveria buscar descobrir a causa da consciência particular que emerge entre os povos racialmente (biológica e geograficamente) distintos dos europeus. Ao fazê-lo, ele delineia o projeto de conhecimento do homem em que os determinantes (universais) exteriores da "variação humana" pertencem ao palco da interioridade. Os objetos antropológicos adequados, ele argumenta, são "as atividades da mente humana [que] exibem uma variedade infinita entre os povos do mundo".[338] "A organização da mente", ele prossegue,

> é praticamente idêntica entre todas as raças do homem; as atividades mentais seguem as mesmas leis em todos os lugares, porém, suas manifestações dependem do caráter da experiência individual que é sujeita à ação dessas leis. Está bastante evidente que as atividades da mente humana dependem desses dois elementos [hereditariedade e meio ambiente].

---

338. Boas, 1911, p. 98.

Esses determinantes (exteriores) universais não produzem o conteúdo, mas definem a forma do pensamento. "A organização da mente", segundo Boas, "pode ser definida como o grupo de leis que determina os modos de pensamento e ação independentemente do tema da atividade mental". Essa estratégia de engolfamento identifica, ele detalha,

> o modo de discriminação entre as percepções, o modo pelo qual as percepções associam-se a percepções anteriores, o modo pelo qual um estímulo leva a uma ação e os movimentos produzidos pelos estímulos. Essas leis determinam em grande medida as manifestações da mente. Reconhecemos as causas hereditárias nessas leis.[339]

Apesar das leis do "pensamento e da ação" produzirem cada mente em sua forma particular, as escavações antropológicas reuniam espécimes de crenças, costumes e comportamentos cotidianos dos indivíduos, isto é, os conteúdos particulares da mente que expressa as leis e ações que os atualizam. Em outras palavras, a "variação humana" torna-se, a partir de então, um efeito de um nomos produtivo, ou seja, das leis "do pensamento e da ação", que garantem a permanência, visto que determinam a forma dos "conteúdos da mente primitiva". Com esse enunciado, Boas delimita a zona de mobilização de um determinado conceito científico do cultural em uma versão da poesis interiorizada que, diferentemente da de Durkheim, não presume nem reivindica aplicabilidade global.

Na versão de Boas, a poesis interiorizada foi pensada sob medida e exclusivamente para a investigação da "mente primitiva". Por isso, em vez de ressaltar a igualdade fundamental entre os processos mentais, como Durkheim sinalizou antes de optar por descrever a particularidade europeia, Boas enfatiza a desigualdade fundamental entre as

---

339. Boas, 1911, pp. 102-3.

mentes "primitivas" e "civilizadas". "Falta de conexão lógica em suas conclusões, falta de controle da vontade", Boas destaca,

> são, aparentemente, duas das características fundamentais da sociedade primitiva. Durante a formação de opiniões, a crença desempenha o papel das demonstrações lógicas. O valor emocional das opiniões é imenso e elas, consequente e rapidamente, provocam uma ação. A vontade aparece desequilibrada devido à prontidão em ceder às emoções fortes e uma teimosia enorme em questões triviais.[340]

O que distingue o "pensamento primitivo" do "civilizado", ele argumenta, são as diferenças nas "reações mentais cotidianas" coletivas expressas nas ideais, costumes, hábitos, e assim por diante, que os indivíduos criam ao tentarem dar sentido ao mundo. Isto é, os traços diferenciados da "consciência primitiva", como a incapacidade de "racionalização abstrata e lógica", decorrem da força enorme que a tradição exerce sobre as ideias, sentimentos e emoções.

Desta maneira, ele reescreve como efeito do nomos produtivo o que Herder descreveu como as ferramentas da poesis universal num enunciado que apropria a noção de tradição como significante do tipo de consciência dominante entre os "outros da Europa". Para Boas, os significantes da afetabilidade da "mente primitiva" não são as formas orgânicas, mas sim as formas mentais que explicam sua incapacidade de se livrar de conceitos mentais formatados nas fases primárias do desenvolvimento temporal do homem. A partir de então, a consciência europeia decorre do "avanço da civilização" que favorece a emergência de uma forma mental, isto é, a reflexão, capaz de eliminar os conteúdos mentais tradicionais. Boas argumenta:

> Há uma tendência inquestionável no avanço da civilização de eliminar os elementos tradicionais e de adquirir um entendimento mais

---

340. Boas, 1911, pp. 98-9.

completo sobre as bases hipotéticas do nosso raciocínio [...]. Com o avanço da civilização, o raciocínio torna-se cada vez mais lógico; não porque cada indivíduo conduz seu próprio pensamento de maneira mais lógica, mas sim porque o material tradicional, herdado por cada indivíduo, foi pensado e trabalhado mais detalhada e cuidadosamente. Enquanto na civilização primitiva o material tradicional é questionado e investigado por pouquíssimos indivíduos, o número de pensadores que tentam se libertar das algemas da tradição aumenta conforme a civilização avança.[341]

Além de presumir que as formas mentais "primitivas" expressam um determinante exterior, isto é, as leis "do pensamento e da ação", o conceito do cultural introduzido por esta formulação também pressupõe que a "mente primitiva" é atualizada através de ideias, práticas e instituições coletivas cuja escavação revelaria os "conteúdos da mente do homem primitivo". Assim, Boas escreve a "mente primitiva" como duplamente afetável, pois ela é determinada pelas leis do "pensamento e ação" e pelas formas mentais tradicionais que produzem, e que permanecem inalteradas enquanto se mantêm em seus lugares de "origem". Além disso, ao remobilizar a noção de "civilização" para marcar as condições de emergência e atualização de dois tipos diferentes de mente, ou seja, a "moderna" e a "primitiva", a versão do cultural de Boas reproduz a afetabilidade dos "outros da Europa" no território demarcado pelo racial.

A maioria das análises contemporâneas sobre a subjugação racial celebra essa transformação e a vê como a substituição das construções "biológicas" por construções "históricas" da diferença cultural. Em geral, o que escapa a estas análises é o fato de que, embora argumentem que a particularidade da mente primitiva é um produto do isolamento (temporal-espacial), o texto antropológico estabelece que

---

341. Boas, 1911, pp. 206.

a diferença cultural decorre de processos temporais sempre-já mapeados pelas categorias da diferença racial que usa para diferenciar o homem civilizado e o primitivo. Na verdade, o *cultural*, como estratégia de engolfamento que realoca a variação humana na cena da representação, reinscreve ainda mais decididamente o efeito do racial, ao reescrever a afetabilidade da mente primitiva no tempo, articulando assim um enunciado que, contrariamente ao relato herderiano da poesis interiorizada, e desempenhando o papel da versão científica definitiva da poesis transcendental, produz a temporalidade da mente primitiva como fundamentalmente distinta da ("mente civilizada" da) Europa pós-iluminista. Entretanto, sem o mapeamento racial do espaço global, seria impossível diferenciar a antropologia da sociologia e da história; pois essas disciplinas mobilizam o cultural com o intuito de capturar como a razão universal (na forma do nomos produtivo no caso da antropologia e da poesis transcendental nos casos da sociologia e da história) produz uma consciência particular de uma determinada coletividade.

Em *Estrutura e função na sociedade primitiva,* Radcliffe-Brown[342] introduz uma estratégia de intervenção, sustentada pelos conceitos de "estrutura e função", que reescreve a configuração social como efeitos das ferramentas do nomos produtivo.[343] Contudo, ao apresen-

---

342. Radcliffe-Brown, A. R. *Structure and Function in Primitive Society.* Glencoe, Ill.: Free Press, 1952.
343. Uma versão diferente da noção de estrutura foi formulada por Claude Lévi-Strauss e sua antropologia estrutural. Ele baseia-se na linguística estrutural de Saussure para confeccionar uma estratégia de intervenção que aborda os determinantes inconscientes dos sistemas de representação atualizados nas configurações sociais "primitivas". Em *Antropologia estrutural,* Lévi-Strauss (1963), entre outras coisas, explica as vantagens da análise estrutural como estratégia de intervenção mais adequada em relação às condições do conhecimento antropológico. A versão do projeto antropológico de Lévi-Strauss busca compreender "a estrutura inconsciente substanciando cada instituição e cada costume com o intuito de obter um princípio interpretativo válido para outras instituições e outros costumes" (Strauss, 1963, p. 21).

tar a versão do projeto antropológico conhecida como a antropologia social britânica, ele relembra que durante sua palestra inaugural, James Frazer, o primeiro professor de antropologia social britânico, definiu a antropologia como a "área da sociologia" que investiga "sociedades primitivas". Com este enunciado, ele sustenta sua versão da disciplina cujo projeto difere das abordagens históricas com as quais a antropologia poderia ser erroneamente correlacionada. "Na antropologia", Radcliffe-Brown declara, "ou seja, o estudo dos chamados povos primitivos ou retrógrados, o termo etnografia é aplicado a um método de investigação especificamente ideográfico cujo objetivo é fornecer explicações aceitáveis sobre esses povos e suas vidas sociais". A antropologia é um projeto científico diferenciado devido ao seu método. Segundo Radcliffe-Brown,[344] a "etnografia" distingue-se da

---

Ao contrário da tarefa da história, que lida com as "expressões conscientes da via social", a tarefa da antropologia, segundo ele, é examinar as "fundamentações inconscientes" das representações coletivas (Strauss, 1963, p. 18). De acordo com ele, a tarefa é esta porque os princípios morais e as justificações racionais sobre as práticas e configurações sociais dos "povos mais primitivos" não estão imediatamente disponíveis para o antropólogo. Além disso, mesmo quando as explicações estão ao alcance, não são enunciados precisos sobre os princípios regentes. A antropologia de Lévi-Strauss também está preocupada em capturar as operações do nomos produtivo. Por exemplo, ao explicar sua estratégia de intervenção, Lévi-Strauss revisita a interpretação de Radcliffe-Brown acerca da estrutura de parentesco. Enquanto Radcliffe-Brown se dedicava aos "termos" e "conteúdos", Lévi-Strauss privilegiava a "estrutura" de significação que os mesmos indicavam. Portanto, conforme Radcliffe-Brown encontrava relações sociais de antagonismo e solidariedade, Levi-Strauss identificava três relações de significação responsáveis por constituir a "unidade de parentesco": uma "relação de consanguinidade", uma "relação de afinidade" e uma "relação de descendência". Essas relações indicam um princípio (inconsciente) universal, o "tabu sobre o incesto", que, para ele, é a condição de possibilidade para a representação e a própria existência social. Apesar de, para Lévi-Strauss, sua estrutura do inconsciente ser universal, sua análise estrutural, assim como outras estratégias de significação antropológicas, escrevem a mente "nativa" sem o atributo que distingue o *homo historicus*, isto é, a transparência (Strauss, 1963, p. 19).
344. Radcliffe-Brown, 1952, p. 2

história porque o conhecimento produzido pelo etnógrafo — ou sua maior parte — decorre da observação direta dos ou do contato com os povos sobre quem escreve; no caso do historiador, o conhecimento é gerado a partir dos registros históricos textuais. Os antropólogos não tinham acesso a estes documentos. A escola britânica de antropologia escreve a empreitada como o estudo das formas sociais e define o cultural como uma dimensão da configuração mais geral capturada pela noção das formas sociais. O principal objetivo do trabalho etnográfico, Radcliffe-Brown argumenta, é reunir informações que autorizem a descrição, comparação e classificação "dos processos da vida social". "O processo em si", explica, "constitui-se da imensa quantidade de ações e interações entre seres humanos, agindo individualmente, em combinações ou em grupos". Portanto, ele define a antropologia social "como o estudo comparativo teórico das formas de vida social entre povos primitivos".[345]

O conceito de "vida social primitiva" presume uma versão liberal da autoconsciência como a coisa autodeterminada que age de acordo com os determinantes de sua própria vontade; porém, suas ações são restritas pelas formas de uma consciência mais elevada, isto é, a "sociedade". Porém, Radcliffe-Brown não precisava se preocupar em como sua descrição do social submetia a liberdade individual aos determinantes (exteriores) universais. Ele define o projeto da antropologia social como "a investigação da natureza da sociedade humana através da comparação sistemática entre sociedades de diversos tipos, prestando atenção particularmente às formas sociais mais simples dos selvagens primitivos ou povos analfabetos".[346] Afinal, o racial já havia escrito os corpos dos povos "analfabetos" de modo a significarem uma consciência que emerge diante da transparência. O cultural, por sua vez, simplesmente inscreveu este efeito de significação

---

345. Radcliffe-Brown, 1952, p. 4.
346. *Ibidem*, p. 111.

ao descrever as configurações sociais "primitivas" como atualizações de uma consciência ignorante da ideia de universalidade, isto é, que ainda não superou a "infância da humanidade", conforme Herder identificou. Como Radcliffe-Brown[347]destaca: "Nas formas mais simples da vida social, o número de tradições culturais separadas pode ser reduzido a dois: um para os homens e um para as mulheres". Ao descrever o "sistema social" dos "povos primitivos", o antropólogo social, de modo previsível, privilegia os "sistemas de parentesco" cujo estudo, até bem recentemente, era identificado por muitos antropólogos como o segredo para entender a "consciência primitiva". Apesar de ter certeza de que a leitora não se incomodaria em revisitar suas memórias sobre o método comparativo, isto é, a principal estratégia de intervenção da escola britânica, devido às restrições de espaço e clareza argumentativa, mencionarei brevemente algumas das dimensões do "sistema social" que interessa ao antropólogo social.

A versão do projeto antropológico articulado por Radcliffe-Brown chama a minha atenção porque presume tanto a divisão racial entre as sociedades "avançadas" ou "complexas" e as "primitivas" ou "simples", quanto reproduz esta divisão. A pressuposição dessa divisão é estabelecida pelo fato da antropologia investigar as configurações sociais não europeias. Ao seguir as caracterizações que fundaram as sociedades "primitivas" e "modernas", Radcliffe-Brown[348] parte da presunção — que ele parece usar para desafiar quem não compartilha de sua crença — de que as "sociedades simples" são exatamente isso: *simples*. Logo, ao examinar as dimensões jurídicas (direitos e obrigações) da "sociedade primitiva", ele destaca a falta de diferenciação entre os direitos sobre pessoas e direitos sobre coisas. Escrever o projeto antropológico como empreitada científica exigiu especificar qual estratégia de intervenção seria mobilizada para capturar como o no-

---

347. Radcliffe-Brown, 1952, p. 5.
348. *Ibidem*.

mos produtivo é exteriorizado nas configurações sociais "primitivas". Por exemplo: ao explicar seu "método comparativo", Radcliffe-Brown fornece uma descrição acerca das expressões particulares do nomos interiorizado e da poesis interiorizada, ou seja, as "normas e valores", que o conceito de totemismo captura. Ele destaca que na associação de grupos sociais com entidades naturais "as semelhanças e diferenças das espécies animais são traduzidas em conceitos de amizade e conflito, solidariedade e oposição", isto é, "o mundo da vida animal é representado através de noções de relações sociais similares às da sociedade humana".[349] Ele mobiliza a noção de "estrutura básica", ou seja, de "união de antagonismos", que ele remonta às filosofias antigas gregas e chinesas, isto é, um modo do nomos produtivo que não pode ser compreendido com as estratégias de significação históricas. Radcliffe-Brown define o método comparativo, suas estratégias de intervenção, como "aquele pelo qual passamos do particular para o geral, do geral para o mais geral, com um fim em vista de que, dessa maneira, podemos ir de encontro ao universal, às características que podem ser localizadas nas diferentes formas de sociedade humana".[350] Ao ser mobilizado para analisar a configuração social "primitiva", o método comparativo descreve uma configuração social em que o totemismo corresponde tanto a uma ordenação coletiva particular (famílias, clãs, hordas, etc.) quanto a uma concepção de "direitos e deveres" que não possui uma noção do indivíduo.

Talvez a busca por uma estratégia de engolfamento inteiramente assegurada no campo da ciência tenha colocado em risco as fronteiras antropológicas com a sociologia e a linguística. Nenhuma, entretanto, estava sob maior ameaça do que a linha que separava a zona de mobilização propriamente antropológica e a disciplina da história. Coerentemente e insistentemente, os antropólogos (cultu-

---

349. Radcliffe-Brown, 1952, pp. 97-8.
350. *Ibidem*, p. 106

rais) estadunidenses remobilizavam o mapeamento racial realizado pela própria antropologia ao referirem-se ao fato de os "primitivos" não terem registros históricos escritos ou qualquer outro tipo de escrita que o historiador encontra nos arquivos "civilizados". Até Boas, o tão celebrado "pai" da antropologia (histórica) cultural, estava ciente do desafio diante de sua formulação do projeto antropológico. Talvez esse problema tenha sido herdado da escola difusionista alemã — a qual Boas supostamente pertenceu — ou tenha se originado das opções feitas por antropólogos estadunidenses, como Kroeber ou Sapir, que definiram a "antropologia cultural [...] como uma ciência histórica rígida".[351] De qualquer maneira, a orientação histórica da antropologia estadunidense precisava de uma formulação científica do cultural. Talvez Herder e Hegel, alguns dos primeiros críticos da razão científica, sejam responsáveis pelo fato de tanto o projeto de Boas da antropologia cultural investigar os povos escritos como sem história e razão, quanto a definição de Kroeber[352] do "superorgânico" e do "sociocultural" como a quarta dimensão da existência humana não terem conseguido assegurar o lugar do cultural no campo científico. Para Kroeber, por exemplo, os "fenômenos culturais" — ou seja, os "costumes e crenças que mantêm juntas as sociedades primitivas"[353] — são regidos por princípios específicos e o conceito de cultura é o termo abstrato adequada para capturá-los. A cultura é o "quarto nível". O fato de ela presumir as dimensões "mais básicas" da existência humana (depois de "corpo", "psique" e "sociedade"), Kroeber argumenta, não significa que está sujeita a elas; é a cultura que se sobrepõe às condições orgânicas individuais e coletivas. Os "valores culturais", ele prossegue, cria-

---

351. Kroeber; Sapir *apud* Radcliffe-Brown, A. R. *Method in Social Anthropology*. London: Asia Publishing, 1958, p. 12.
352. Kroeber, A. L. *The Nature of Culture*. Chicago: University of Chicago Press, 1951.
353. *Ibidem*, p. 118.

ções fundamentalmente humanas, ao lado das "formas culturais", que os personificam, e dos conteúdos culturais, "somente existem através do homem e residem nos homens".[354]

Entretanto, minha leitura indica que a questão era, na verdade, (encontrar uma maneira de) reconstruir o cultural como estratégia de engolfamento. Similarmente à autocrítica que os antropólogos estadunidenses conduziram nos anos 1980, os primeiros antropólogos culturais se perguntaram se a cultura seria um atributo universalmente humano ou se existia em culturas prósperas ou "esvanecentes" específicas e se, conforme Kroeber argumenta, a cultura determina outras dimensões dos seres humanos ou se reage a elas. Além disso, também se ocupavam com a necessidade persistente de diferenciar a "relatividade cultural", a qual investiga um elemento cultural segundo os princípios de determinada cultura, do "relativismo cultural", sugerindo que cada cultura tem seus próprios princípios reguladores e, portanto, nenhuma detém o privilégio de ser o parâmetro universal, uma ideia levantada pelo trabalho de Ruth Benedict. De maneira geral, as formulações do cultural mobilizadas nos Estados Unidos compartilham uma preocupação acerca do problema da "integração cultural", isto é, uma questão que envolve a força e natureza do vínculo entre personalidade (individual) e cultura (coletiva). O dilema da antropologia cultural parece residir, conforme Mead sugere, no fato de ser uma ciência bastante peculiar. Ela destaca:

> Ainda é justo tratar da antropologia como uma área científica cujos integrantes trabalham com materiais novos recolhidos no campo [*fresh field material*], estudando criaturas vivas com línguas vivas, escavando o planeta onde restos arqueológicos ainda podem ser encontrados, observando o comportamento real dos irmãos das mães com os filhos das irmãs, anotando os folclores a partir dos que escutaram as histórias

---

354. Kroeber, 1951, p. 129.

diretamente de outros homens, medindo os corpos e tirando amostras do sangue de homens que vivem nas suas próprias terras — terras para as quais viajamos com o objetivo de estudar povos. [355]

Para reivindicar um nicho específico na ciência, que inclui mais do que as outras duas versões do projeto antropológico discutidas anteriormente, a antropologia cultural esforçou-se para distinguir-se da história e da sociologia.

Contudo, por abordarem as dimensões resolvidas pelo relato da poesis transcendental, essas primeiras versões do projeto antropológico — ou seja, a antropologia social, a antropologia cultural e a antropologia estrutural — tiveram que desistoricizar sua abordagem da região "empírica" que compartilham com a sociologia e a história. E ao fazê-lo, essas versões do projeto antropológico se sustentaram em estratégias de intervenção que, assim como as estratégias históricas, privilegiavam os "conteúdos da mente", e que, tal como as estratégias sociológicas, os abordavam apenas como coletivos. Existindo entre esses dois campos, a antropologia confeccionou uma estratégia de engolfamento, isto é, o cultural, que captura como o nomos produtivo determina o processo de interiorização particular do nomos e da poesis responsável por definir a consciência primitiva. Essa particularidade, já circunscrita pelos efeitos significativos do racial e produzida através das estratégias de significação que pertenciam (mesmo que nunca com certeza) ao domínio da ciência, resultou no fato de que o sujeito do cultural, ou seja, os empenhados "nativos [sempre] esvanecentes", objetos do desejo antropológico, permaneceram inteiramente (duplamente inscritos) na exterioridade/ afetabilidade, isto é, consciências determinadas pelas "leis da natureza" exteriores, condenados à *obliteração quando engolfados pela* "civilização moderna".

---

355. Mead, Margaret. *Anthropology, a Human Science: Selected Papers, 1939-1960*. Princeton, N.J.: Van Nostrand, 1964, p. 5.

Mundus scientificus

Em *Raça e história,* Claude Lévi-Strauss[356] relembra: "O pecado original da antropologia [a ciência do homem] [...] consiste na sua confusão entre a ideia da raça, no sentido puramente biológico[,] [...] e os produtos sociológicos e psicológicos da civilização humana". Ele explica que a antropologia havia finalmente percebido que as diversas "contribuições culturais da Ásia ou da Europa, da África ou da Américas" não decorrem do fato de esses continentes serem "habitados por povos de diferentes tipos raciais", mas sim de "circunstâncias geográficas, históricas e sociológicas". Lévi-Strauss destaca que infelizmente esse reconhecimento ainda não havia alcançado o "homem da rua". Antes da antropologia ser capaz de eliminar a tendência do público em atribuir "relevância intelectual e moral" à "pele negra e branca", ela precisava responder a uma questão incômoda que sobreviveu à queda da ciência do homem. "Se não existem aptidões inerentes à raça, como podemos explicar que a civilização do homem branco realizou os avanços extraordinários que conhecemos, enquanto outras civilizações ficaram para trás?". Esta é uma pergunta que o público pode vir a fazer ao antropólogo, segundo Lévi-Strauss. Para resolver essa questão, ele argumenta que a antropologia deve abordar o "tema da desigualdade — ou diversidade — das *culturas* humanas que está, de fato, — apesar de injustificavelmente — intimamente associado [à desigualdade das *raças* humanas] na mente do público".[357]

A resposta do próprio Lévi-Strauss é que a "diversidade das culturas" é menos uma consequência do isolamento geográfico e mais um efeito de um "fenômeno [psicológico] natural", isto é, a "atitude etnocêntrica", ou seja, a tendência de "rejeitar imediatamente as

---

356. Lévi-Strauss, Claude. "Race and History." *In*: UNESCO (ed.). *Race and Science.* New York: Columbia University Press, 1961, p. 220.
357. *Ibidem*, p. 221. Grifos do autor.

instituições Culturais — éticas, religiosas, socais ou estéticas — que sejam mais afastadas das instituições com as quais nos identificamos".[358] Ironicamente, ele ressalta, essa "atitude mental" universal, dominante na "civilização ocidental", responsável por sustentar enunciados que excluem os "'selvagens' [...] da raça humana é exatamente a atitude mais impressionantemente característica destes mesmos selvagens".[359] Ao repetir o relato herderiano do "preconceito", Lévi-Strauss parece sugerir que o "pecado original" da ciência do homem não foi exatamente mapear os determinantes exteriores da diferença humana, ou seja, "a diversidade e a desigualdade". O maior dos pecados foi fazê-lo através de uma lógica evolutiva que escreve as culturas dos "nativos" de outrora como exemplos de "estágios de desenvolvimento" já superados pela "civilização ocidental", escondendo, assim, o fato do "progresso" ter sempre ocorrido através da "coalizão de culturas", o que é demonstrado pelo fato de que as culturas que entraram em contato umas com as outras "melhoraram", enquanto as culturas isoladas mantiveram-se "estacionárias".[360] Etnocêntrico ou não, a virtude do "progresso" permanece nos olhos do observador europeu.

Quase cinquenta anos após o enunciado de Lévi-Stauss, muitos dos críticos pós-modernos do pensamento moderno lamentam o fato de que a "atitude etnocêntrica" ainda em funcionamento nos relatos científico-sociais do século XXI acerca da "diversidade das culturas" impede a expansão da universalidade através da inclusão de mulheres, pessoas LGBTTQIA+ e dos "outros da Europa", o que levaria a uma configuração social que pareceria uma "coalizão de culturas". Ainda adeptos da tese herderiana da universalidade da diferenciação, a uma versão dela que eles afirmam que toda e qualquer contribuição ao

---

358. Lévi-Strauss, 1961, p. 224.
359. *Ibidem*, pp. 224-5.
360. *Ibidem*, p. 225.

arquivo da humanidade feita por determinada "cultura" constitui um momento da autopoesis humana. Contudo, assim como Lévi-Strauss, esses críticos conseguem esquecer que qualquer versão científica da interioridade necessariamente repete a peça do engolfamento. A antropologia e a sociologia novecentistas substituíram os dois "universais", ou seja, as leis mentais e formas sociais, por leis universais corporais, isto é, escavações etnográficas, com o intuito de mapear o corpo humano, sem nunca abandonarem o desejo científico que reescreve a razão universal como nomos produtivo. Embora o cultural aborde a interioridade em ambos os projetos, o conceito não funciona como estratégia de significação histórica em nenhum dos dois, ele não produz a autoconsciência como coisa da historicidade (interioridade-temporalidade). Especialmente no texto antropológico, onde a reescrita dos "outros da Europa" na afetabilidade articulada pelo cultural, que escreve um sujeito da poesis que é uma coisa totalmente pertencente à globalidade (exterioridade-espacialidade). O que estou dizendo é que a observação feita por Lévi-Strauss e por críticos pós-modernos é válida somente porque pode ser aplicada a todas as versões do projeto antropológico do século XX, inclusive aos projetos do próprio Lévi-Strauss.

Não é preciso muita plasticidade intelectual, me parece, para reconhecer que o cultural necessariamente produz seu objeto como coisa afetável exatamente por ser um significante que funciona de acordo com as regras da significação científica. Disso ele é tão culpado quanto qualquer outro conceito científico social, incluindo a classe — que nunca foi responsabilizada por cometer o mesmo tipo de "violência epistêmica", tomando emprestado o famoso termo de Spivak. Por que o cultural encontraria tantos receios pouco menos de um século após ter sido calorosamente recebido como o conceito científico que não violava o atributo mais estimado do homem? Neste capítulo demonstrei por que o cultural não consegue escrever as mentes dos "outros da Europa" na historicidade, a saber: porque ele é mobilizado numa configuração ontoepistemológica mapeada pela analítica da racialidade e, assim, também passa a ser uma arma poderosa deste mesmo arsenal político-simbólico. Eu insisto que o dilema do cultural não decorre tanto do fato de sustentar a "autoridade etnográfica" autoproclamada do observador ocidental, isto é, a autoridade de nomear o que distingue seu "outro" autêntico permanentemente trancafiado na própria "diferença".[361] Os textos científicos sociais do século XX, como argumentei nas primeiras páginas deste livro, são assombrados por um "pecado original" que tem sido tão produtivo quanto o suposto pecado que ocasionou a expulsão do Paraíso. Ao mobilizar o cultural com o intuito de encarcerar os "outros da Europa" dentro das suas tradições e assim, de manter a Europa pós-iluminista no momento da transparência, esses projetos científicos sociais abordaram seus objetos sempre-já como coisas raciais. Isso não ocorreu porque as versões dessas disciplinas falharam em recusar o "pecado original", isto é, a escrita do homem como efeito das ferramentas do nomos produtivo, ou seja, a razão científica com a máscara do Espírito, mas sim porque, conforme o rejeitaram, incorporaram a diferença racial como traço substantivo do corpo humano. Se este não tivesse sido o caso, não teria sido possível esculpir seus próprios nichos de modo a não os distinguir da história.

Previsivelmente, a consolidação dos projetos científico-sociais regidos pelo conceito do cultural, que abordaram a diferença como efeito da interioridade, inicialmente precisaram negar a significância teórica do racial. Não foi uma tarefa muito difícil porque, apesar de ser tão prolífico, o racial nunca coube confortavelmente na gramática (moral) moderna, o léxico e a sintaxe regidos pela tese da transparência. O *homo culturalis* certamente não é um pseudônimo de *homo racialis*; porém, a tabela de particularização que o *homo culturalis* explica seria insignificante sem a globalidade, o contexto

---

361. Clifford, 1988.

ontológico significado pelo racial. Contudo, exatamente porque o cultural necessariamente retorna à cena da representação — tarefa que desempenha magnificamente nos textos históricos e literários, pelo menos nos que ainda não foram colonizados por estratégias científicas sociais —, ele não é capaz de deslocar o racial, pois nunca conseguiria executar satisfatoriamente o papel primordial do último, que é adiar, conforme anuncia ou trai, qualquer relato da particularidade da Europa pós-iluminista que privilegiasse o "Outro" momento ontoepistemológico, dissipando assim sua presunção fundadora, isto é, o princípio da transcendentalidade que garante a alocação de seu modo particular de ser humano na transparência. Por isso, qualquer análise crítica da configuração global contemporânea deveria ocupar-se de como, ao reivindicar o combate ao crime ou ao terrorismo, dois significantes científicos sociais que novamente (re)ssituam os "outros da Europa" diante dos princípios que supostamente regem as configurações sociais da Europa Ocidental e dos Estados Unidos, isto é, a universalidade (legalidade) e a liberdade.

7. A sócio-lógica da subjugação racial

> A essência das relações raciais [é] que elas são relações entre estranhos; entre povos associados primordialmente para fins seculares e práticos; para a troca de bens e serviços. De outra maneira, são relações entre povos de diversas raças e culturas reunidos forçosamente devido à guerra ou que, por qualquer motivo, não estavam suficientemente vinculados através do casamento e procriação entre si, de modo a constituir uma unidade étnica singular, com tudo que isso implica.
> — ROBERT E. PARK, *Race and Culture* [Raça e cultura]

Ao apropriar o "estrangeiro" com o intuito de descrever "o problema das relações raciais", Robert E. Park não inaugura um projeto de conhecimento que, segundo Yu,[362] é "predicado numa definição do exótico, do que é absolutamente estranho e diferente em relação a um lugar e outro". A sociologia das relações raciais não foi o primeiro projeto científico social a escrever os "outros da Europa" como "absolutamente" (irreduzível e insuprassumivelmente) diferentes. A figura do estrangeiro simplesmente reapresenta as escritas anteriores, isto é, os textos da ciência do homem e da antropologia novecentista, sobre os "outros da Europa" na afetabilidade. Visto que o arsenal das relações raciais pressupõe momentos anteriores da analítica da racialidade, aqueles que instituem a globalidade como contexto onto-

---

362. Yu, Henry. *Thinking Orientals*. New York: Oxford University Press, 2001, p. 6.

epistemológico, o estrangeiro, como metáfora espacial, prefigura uma estratégia de intervenção, ou seja, o "ciclo das relações raciais", que predica a obliteração daqueles que não compartilham das "origens" espaciais do Eu transparente. Por essa razão, ele não significa — e isso é efeito da diferença racial —, como na sociologia de Simmel, um novo tipo de "relação social" que se resolve na temporalidade. No texto das relações raciais, o "estrangeiro" captura uma onda incessante de "estrangeiros" afetáveis, vindos de todos os cantos do globo, para desordenar uma configuração social que, se não fosse por esse movimento, seria transparente; como aquela da configuração social dos Estados Unidos do início do século XX.

Minha tarefa neste capítulo é descrever as condições de produção de relatos sobre a subjugação racial, a socio-lógica da subjugação racial, fabricada no terceiro momento da produção do arsenal da racialidade. O que demonstro é de que forma, ao reescrever a diferença racial como significante da diferença cultural, as ferramentas das relações raciais escrevem o sujeito social e a configuração social dos Estados Unidos na transparência e ressituam os "outros da Europa" na afetabilidade. Desta maneira, elas produzem um tipo singular de sujeito social moderno, isto é, o sujeito racial, que não atualiza os princípios do Eu transparente, ou seja, a universalidade e a autodeterminação. Assim, essas ferramentas também adicionam ao arsenal político-simbólico introduzido pela racialidade o enunciado segundo o qual a presença dos "outros da Europa" institui uma espécie de consciência social nas configurações sociais modernas que não atualiza o princípio da transcendentalidade. Em outras palavras, eu demonstro como a sócio-lógica da subjugação racial pressupõe postulados que afirmam que os sujeitos (brancos) europeus deixam de ocupar o espaço do Eu transparente na presença da diferença racial; eles se tornam sujeitos afetáveis, contemplando o horizonte da morte, sujeitos cujas ideias e ações estão sempre-já determinadas pela presença de um "outro" inferior, um subalterno racial cujo corpo e mente referem-se a outras regiões globais.

Minha leitura do arsenal da Escola de Sociologia de Chicago identifica um enunciado fundante acerca das causas da subjugação racial, no qual a globalidade constitui a referência ontoepistemológica não reconhecida que resulta num relato acerca da subjugação racial responsável por transformar a exterioridade num atributo "natural" (no sentido de divinamente herdado) dos "outros da Europa". Esse enunciado é a base para dois relatos sobre a subjugação racial: (a) a lógica da obliteração, que escreve as trajetórias dos "outros da Europa" como um movimento em direção à aniquilação, o destino iminente da consciência afetável porque é absolutamente necessário que a *transcendentalidade* retorne como o único princípio regente das configurações sociais modernas que elas habitam, como as condições do Brasil pós-escravidão exemplificam e (b) a lógica da exclusão, que mobiliza a diferença racial visando explicar por que, em determinadas configurações sociais transparentes, os "outros da Europa" permanecem fora do alcance dos seus princípios regentes, como exemplificado pelos Estados Unidos do início do século XX. Minha leitura revela que, apesar da lógica da exclusão guiar mobilizações do arsenal das relações raciais, ela continua subordinada à lógica da obliteração. Sobretudo, mostro que a lógica da exclusão sócio--histórica dominante — que, como já expliquei em outras ocasiões,[363] surgiu nas versões das relações raciais pós-Segunda Guerra Mundial — falha ao capturar a subjugação racial porque, ao incorporar os efeitos de momentos anteriores da analítica da racialidade como (se fossem) uma realidade "empírica" incontestável, ela necessariamente (re)produz a lógica da obliteração postulada na narrativa da poesis

---

363. Cf. Silva, Denise Ferreira da. "Towards a Critique of the Socio-Logos of Justice: The Analytics of Raciality and the Production of Universality". *In*: Silva, Denise Ferreira da. *Social Identities*, v. 7, n. 3, 2001, pp. 421-54; "Mapping Territories of Legality: An Exploratory Cartography of Black Female Subjects". *In*: Truitt, Patricia; Fitzpatrick, Peter. (eds.). *Critical Beings: Race, Nation, and the Global Subject*. Aldershot, UK: Ashgate, 2004b.

transcendental e comprovada nas mobilizações do nomos produtivo que compõem a analítica da racialidade. E com tal, a sociologia das relações raciais também constitui outra arma do arsenal da analítica da racialidade. Além de reproduzir a afetabilidade dos "outros da Europa", esta também presume o fracasso da lógica da obliteração. Não surpreende que os relatos críticos acerca da subjugação racial por esta sustentada reescrevem o próprio racial como estranho — como estratégia de poder excessiva e ilegítima — às configurações sociais modernas.

O ciclo das relações raciais

O que é o "problema das relações raciais"? Nos Estados Unidos do início do século XX, Robert E. Park identificou duas manifestações desse problema. Nas cidades da região Norte e Oeste, onde o "progresso" dependia da mão de obra "barateada" necessária para aprofundar a acumulação capitalista, um fluxo crescente de imigrantes do leste e sul europeus e asiáticos, além da migração de pessoas negras estadunidenses da região Sul do país, promoveu um modo de competição em que os "indivíduos" eram organizados em "grupos sociais" "fisicamente" identificáveis. Isso resultou na emergência de um modelo de relacionamento social informado por princípios que não fazem parte da universalidade, isto é, os fundamentos atualizados pelos "anglo-saxões" na configuração social dos Estados Unidos. Seguindo a lógica (de obliteração) da racialidade, o arsenal da Escola de Sociologia de Chicago presumiu que o Eu transparente obviamente triunfaria na batalha contra seus "outros" raciais (física e mentalmente). Essa suposição é percebida na estratégia de intervenção que a rege, a saber: o "ciclo de relações raciais" — "conflito e competição", "acomodação", "assimilação" e "amalgamação" ou miscigenação —, que, segundo Park,[364] é "aparentemente progressiva e irreversível".[365] Apesar de explicar a trajetória de determinados grupos de imigrantes, como os oriundos do Leste e Sul europeu, as outras "raças e culturas" subjugadas, isto é, o grupo negro estadunidense e o de imigrantes asiáticos, não estavam sendo "assimiladas" ou "amalgamadas" com o todo-poderoso "anglo-saxão". Para explicar esse resultado teoricamente inesperado, Park, seus colegas e estudantes mobilizaram um arsenal que, guiado pela presunção de que a afetabilidade dos "outros da Europa" é irreduzível e insuprassumível, delineou as estratégias da analítica da racialidade que viriam a governar a configuração global novecentista.[366]

A estratégia de intervenção que guia o arsenal das relações raciais refigura a globalidade, o horizonte ontológico que o racial produz, quando escreve a afetabilidade dos "outros da Europa" como a causa para a subjugação. Na introdução de *Race and Culture Contacts* [*Raça e contato entre culturas*], E. B. Reuter[367] fornece um resumo desse conceito científico social responsável por introduzir uma lógica de obliteração que explica as consequências da colonização europeia

---

364. Park, Robert Ezra. *Race and Culture*. Glencoe, Ill.: Free Press, 1950c, p. 150.
365. O "ciclo das relações raciais", assim como os relatos de Park sobre os diversos momentos dos "contatos raciais e culturais" em *The Nature of Race Relations* [*A natureza das relações raciais*], ([1939] 1950), indicam como sua formulação acerca das relações raciais é coerente com o darwinismo social que marca sua formulação do projeto sociológico. Para uma discussão sobre esse momento do pensamento estadunidense, conferir Hofstadter (1944).
366. Espiritu (1997, pp. 1-2) sugere que esta lógica da obliteração permaneceu central nos estudos sobre os imigrantes asiáticos nos Estados Unidos até os anos de 1960, quando a reformulação do conceito de assimilação articulada por Gordon conduziu a uma maior ênfase aos traços culturais e padrões de comportamento. Sem dúvida, essa reconceitualização da assimilação também foi um efeito das reconfigurações do texto sociológico ocorridas no período pós-Segunda Guerra, que discuto posteriormente neste mesmo capítulo.
367. Reuter, E. B. *Race and Culture Contacts*. New York, London: McGraw-Hill, 1934.

(dominação jurídica e apropriação econômica das terras) de outras regiões globais. De acordo com Reuter, os encontros entre europeus e seus outros ocorrem de três maneiras: imigração, escravização e conquista. Nos três casos, o "contato" enfraquece as "ordens sociais e morais" existentes, levando eventualmente à destruição da ordem mais fraca. Numa breve explicação sobre a "teoria dos contatos entre raça e cultura", Reuter identifica os possíveis resultados, isto é, os "três universais" ou "os fatos básicos e o padrão dos processos subsequentes" que operam nas dimensões raciais, culturais e individuais, a saber: a "miscigenação racial", a "mistura dos elementos culturais" e a "desorganização pessoal". Quando descreve o primeiro padrão, Reuter articula a lógica da obliteração, ao evidenciar como a "teoria dos contatos entre raça e cultura" transformou o conceito de miscigenação articulado pela ciência do homem num significante escatológico capaz de capturar como a peça do nomos produtivo determina o resultado do "contato" entre europeus e os "outros da Europa". Apesar de ocorrer em toda situação de contato, o padrão da "miscigenação racial" varia de acordo com a natureza do contato, Reuter argumenta. No caso da imigração, "os povos em contato são relativamente amigáveis e não tão distintos física e socialmente, [e] o casamento entre os povos, de modo geral, ocorre facilmente e não enfrenta resistência ou comentários contrários".[368] Na escravatura, "a diferença no *status* social é tamanha que geralmente previne uma quantidade considerável de casamentos inter-raciais".[369] Por fim, em situações de conquista, "onde os representantes de uma nação poderosa se impõem como o grupo dominante, explorando os recursos nativos sem escravizar a população nativa", Reuter[370] argumenta, "a mistura entre as raças ocorre de maneira mais lenta". Ainda, de

---

368. Reuter, 1934, p. 8.
369. *Ibidem*, p. 8.
370. *Ibidem*, p. 9.

acordo com Reuter, o segundo universal, ou seja, a "mistura de elementos culturais", é definido conforme "a transferência de elementos culturais e a mescla de heranças [levam à] emergência de uma nova organização cultural" que pode originar "um produto híbrido bastante distinto de cada cultura originária". Isto é, nessas situações, as configurações (econômicas, jurídicas e culturais) sociais do grupo dominado são aniquiladas. Essa "batalha pela existência" cultural, essa situação de competição e "conflito [...] entre os defensores dos sistemas contrários", ocasiona tentativas de preservar a cultura "derrotada" e explicações sobre as "racionalizações" a respeito do processo: "preconceitos, discriminação, crenças, doutrina, movimentos e demais incidentes de uma ordem em mudança".[371] Isto é, a presença do "nativo" afetável atormenta o, do contrário, estável "grupo dominante". Por último, a partir desse processo de "mudança cultural e social" ocorre a desorganização e reorganização das "personalidades individuais", estas sendo as marcas do "progresso".[372] A "teoria dos contatos entre raças e culturas" reescreve a peça do engolfamento como narrativa escatológica, mobilizando assim a lógica da obliteração que estipula, assim como as estratégias da ciência do homem e da antropologia, o indubitável desaparecimento da diferença (física) racial (via "miscigenação") e da diferença (moral/ social) cultural (via "assimilação") do outro da Europa.

Desse relato sobre o relacionamento entre os europeus e seus outros, resultaram as duas lógicas sobre a subjugação racial que regeriam o arsenal político-simbólico organizado pelo ciclo das relações raciais: (a) a lógica da obliteração, que postula o iminente desaparecimento da diferença racial e cultural dos "outros da Europa" e (b) a lógica da exclusão, que captura as situações em que a diferença racial interrompe as consequências naturais do encontro entre os

---

371. Reuter, 1934, pp. 10-1.
372. *Ibidem*, p. 14.

europeus e seus outros. Embora a lógica da exclusão tenha se tornado o relato predominante da subjugação racial, as estratégias básicas das relações raciais, isto é, "raça e preconceito" e "consciência racial", presumem a lógica da obliteração, pois (re)produzem consistentemente as configurações sociais modernas como atualizações de um Eu transparente e produzem efetivamente os "outros da Europa" como consciências cuja afetabilidade intrínseca causará sua aniquilação. Ao descrever o arsenal político-simbólico responsável por produzir a sócio-lógica da subjugação racial, eu demonstro como o enunciado fundante das relações raciais mobiliza um relato sobre as causas dos "outros da Europa", que produz ou presume sua afetabilidade em três dimensões: (a) os traços físicos visíveis dos não europeus, tratados como signos substantivos de uma consciência "inferior", levando à (b) "moralidades" e ações que se afastam da universalidade, resultando na (c) *exclusão* de não europeus e sua consequente remoção para as regiões subalternas construídas no centro da "civilização moderna" dos Estados Unidos. A sócio-lógica da exclusão implica o seguinte postulado: a diferença racial institui, em configurações sociais do contrário transparentes, sujeitos sociais afetáveis cujas ações atualizam ideias irreconciliáveis com a universalidade e a autodeterminação. O império da lógica da obliteração ficará evidente quando eu tratar dos relatos acerca da configuração social brasileira, isto é, a que não é importunada pelo "problema das relações raciais". No capítulo sobre o Brasil, eu demonstro como a própria narrativa escatológica do "ciclo das relações raciais" constitui uma estratégia de subjugação racial efetiva. A seguir, eu apresento uma leitura do texto das relações raciais que indica como as próprias estratégias disponíveis para explicar a subjugação racial são apenas outro momento da analítica da racialidade, isto é, elas pertencem ao arsenal político-simbólico responsável por produzir os "outros da Europa" como sujeitos modernos subalternos.

O problema da diferença racial

Na sociologia estadunidense do início do século XX, a afetabilidade dos "outros da Europa" guiou a elaboração de um arsenal político-simbólico responsável por atribuir a subjugação racial à diferença cultural representada em seus corpos. Segundo Park,[373] as cidades industrializadas modernas da região Norte dos Estados Unidos viram o "problema das relações raciais" surgir porque as condições apropriadas de uma configuração social moderna impediam pessoas asiáticas e negras, visivelmente diferentes, de cumprirem seu destino escatológico.[374] Park argumenta:

---

373. Park, Robert Ezra. "The Nature of Race Relations." *In*: _____. *Race and Culture*. Glencoe, Ill.: Free Press, [1939] 1950, pp. 81-116.
374. No período do Jim Crow (segregação juridicamente autorizada) na região Sul dos Estados Unidos, Park ([1937] 1950, p. 181) encontra um exemplo de "acomodação racial" similar ao "sistema de casta" da Índia. Segundo ele, na região Sul pós-escravidão, a emancipação, a urbanização e a educação (isto é, a "civilização") causaram "problemas sociais" exatamente porque o grupo anteriormente (escravizado) socialmente subordinado recusava-se a aceitar o "antigo" modo de vida. Em vez de levar à "civilização moderna", a emancipação de pessoas escravizadas acarretou num "sistema de casta — baseado em raça e cor" que definiu o "formato das relações raciais sob as condições impostas pelo sistema de *plantation* (latifúndio escravista)". Ele descreve o sul dos Estados Unidos como espaço que demonstra uma configuração social tradicional, um momento do processo dos "contatos raciais e culturais" em que o "grupo racial" subordinado aceitava a "ordem [moral] social" produzida pelo grupo dominante. Segundo ele, esta era uma situação de "equilíbrio estável" garantida pela existência de uma "etiqueta em relação às relações raciais", isto é, uma ordem (moral) social que, ao operar na dimensão das relações pessoais, prescrevia "formas de conduta" e "distanciamentos sociais" bem definidos. Além de ser um "princípio de ordenação social", esse sistema baseava-se nas representações dos relacionamentos entre os "grupos raciais" básicos que definiam as diferentes condições (*status*) de grupos negros e brancos no "sistema de casta" do Sul dos Estados Unidos. Como mecanismo de controle social, essa versão do nomos interiorizado também preservava a "distância social" ao prescrever tanto os comportamentos dos "negros" quanto dos "brancos". "O progresso", que beneficiava a "população Negra", levou à emergência da "competição racial" e do "conflito racial" numa configuração social tradi-

O maior obstáculo para a assimilação do negro e do oriental não são os traços mentais, mas sim os físicos. Isso não ocorre porque o negro e o japonês são constituídos tão diferentemente a ponto de não se assimilarem. Caso recebam uma oportunidade, os japoneses são tão capazes quanto os italianos, os armênios ou eslavos de adquirirem nossa cultura e compartilharem dos nossos ideais nacionais. O problema não é a mente japonesa, mas a pele japonesa.[375]

Segundo Park,[376] diferentemente dos imigrantes do Sul e do Leste europeu, asiáticos e negros apresentam "traços físicos", marcas de "distanciamento (moral) social", que não desaparecem na segunda geração. Essas marcas provocam reações por parte do grupo "nativo", isto é, ideias e práticas que manifestam preconceitos, o que exacerba o "conflito racial" e impede os "recém-chegados" de serem "assimilados" *pela*[377] configuração social moderna dos Estados Unidos. Ou seja, porque "não conseguem" perder as marcas "visíveis" (diferença racial) da diferença ("social/ moral") cultural, pessoas negras e asiáticas são as "estrangeiras" cuja presença transforma uma configuração social, do contrário transparente, em patológica — isto é, que não é regida pela universalidade e autodeterminação —, ou seja, uma sociedade incapaz de concretizar a lógica da obliteração prescrita na "teoria dos contatos entre raças e culturas".

---

cional anteriormente sem problemas, indicando que tanto "o Sul" quanto "o negro" finalmente estavam alcançando a "civilização moderna" dominante no resto dos Estados Unidos. Segundo Park, o "negro pré-civilizado", a configuração da região Sul, o espaço social tradicional com sua "acomodação racial" hierárquica constituíam uma situação social ideal porque não apresentava os problemas que a "competição racial" introduzia nas configurações sociais modernas.
375. Park, [1939] 1950, p. 208.
376. Park, Robert Ezra. "The Bases of Race Prejudice". *In*: _____. *Race and Culture*. Glencoe, Illinois: Free Press, [1928] 1950, pp. 230-43.
377. N. da T. *Into*, em inglês.

Ao descrever como a suspensão do "ciclo das relações raciais" institui a subjugação racial, Park identifica uma categoria de sujeito social cujos princípios e ações não atualizam a universalidade nem a autodeterminação. Para Park,[378] a "consciência racial" é a atitude diferencial em relação às pessoas com as quais se compartilha pouca ou nenhuma "intimidade". Park segue argumentando que embora a "empatia" também seja um impulso "natural" (divinamente herdado) entre os seres humanos, ela é impedida sob determinadas circunstâncias, tais como quando "diferenças" produzem "autoconsciências" e "medos" ou divergências de interesses. Esse tipo de autoconsciência se distingue pelo "preconceito racial", definido por Park[379] como "reflexo defensivo espontâneo e praticamente instintivo, cujo efeito prático é restringir a livre competição entre as raças".[380] Em outras palavras, o "preconceito racial" é uma reação instintiva ao "distanciamento social/ moral" cuja função é garantir a autopreservação da raça dominante. Sem os "outros da Europa", essa categoria específica de "estrangeiros", tanto a configuração social quanto o sujeito social estadunidense retornariam à transparência; isto é, as pessoas envolvidas na competição seriam "indivíduos livres e iguais" (coisas jurídico-morais regidas pela universalidade e autodeterminação). Nesse projeto, ocorre uma reescrita da racialidade como característica exclusiva dos subalternos raciais, cujos corpos sempre-já referem-se a "outras" regiões globais, "outras" configurações sociais, enquanto o grupo racial (anglo-saxão branco americano) "nativo" e as configurações

---

378. Park, Robert Ezra. "The Concept of Social Distance". In: _____. *Race and Culture*. Glencoe, Ill.: Free Press, [1924a] 1950, p. 257.
379. Park, Robert Ezra. "Race Prejudice and Japanese — American Relations". In: _____. *Race and Culture*. Glencoe, Ill: Free Press, [1917] 1950, p. 227.
380. Posteriormente, num enunciado indicando o deslocamento do darwinismo social, Park ([1928] 1950, p. 232) admite que o "preconceito racial pode ser considerado um fenômeno de *status*".

sociais que produzem são reescritas como significantes (atualizações e exteriorizações) do princípio da transcendentalidade.[381] O principal efeito de significação desta escrita é articular as causas da subjugação racial — a condição para a emergência do preconceito racial, — isto é, a atitude social que produz a exclusão racial, como alheia às configurações sociais modernas. Pois, o racial tornou-se um elemento da configuração social estadunidense somente com a chegada de estrangeiros, cuja configuração corporal impossibilitava a realização do "ciclo das relações raciais", isto é, as populações cuja diferença racial as impedem de serem "assimiladas" pelo, ou "amalgamados" no grupo racial que criou a "civilização moderna" nos Estados Unidos.

Que tipo de consciência subalterna a subjugação racial constituiu? Park, respondendo a essa pergunta, reescreveu o outro-racial na afetabilidade quando descreve uma autoconsciência sem transparência, isto é, inteiramente situada diante do horizonte da morte. Em *Negro Consciousness as Reflected in Race Literature* [*A consciência negra refletida na literatura racial*], Park[382] descreve a trajetória do sujeito subalterno racial como necessariamente em direção à obliteração. Ele apresenta esse argumento ao distinguir entre as "músicas populares

---

381. O que importa nesse momento não é se o texto das relações raciais fornece uma descrição precisa da configuração e processos sociais estadunidenses no início do século XX, mas sim como a *globalidade* informa a formulação ou reformulação de conceitos como "distanciamento social" e delimita a apropriação de outros, como a noção de experiência, que passaram a ser apropriados por subalternos raciais e outros subalternos modernos. Durante uma discussão sobre o uso do conceito de experiência, Park ([1924b] 1950, p. 154) fornece um exemplo sobre como ela pode ser usada nas análises sociológicas. Segundo ele, o "valor das 'experiências' para o sociólogo é o fato de serem fontes, não as únicas, mas quiçá as melhores, a partir das quais o estudante pode obter conhecimento e compreensão sobre as atitudes de povos estrangeiros e não assimilados".

382. Park, Robert Ezra. "Negro Consciousness as Reflected in Race Literature". In: _____. *Race and Culture*. Glencoe, Ill.: Free Press, [1923] 1950, pp. 284-300.

negras" sobre a escravização e a poesia do "negro modernizado" da Renascença do Harlem [*Harlem Renaissance*], destacando uma perda de autenticidade. Enquanto a autoconsciência emerge da transparência na ontologia moderna, na leitura de Park sobre a literatura negra, ela aparece distanciando-se da "essência" negra — outra vez um efeito da afetabilidade —, isto é, a perda da autenticidade negra provocada pelo contato com a "civilização moderna". Cada momento da "literatura negra", ele argumenta, constitui diferentes atualizações da consciência negra, pois cada um transcrevia um momento da "vida negra". Contudo, ao presumir a falta de conhecimento dos "outros da Europa" sobre a transparência, cada momento também pressupunha que eles não acompanharam o ritmo dos movimentos do "Espírito", cada momento capturado por Park, até os que ele identifica como manifestações "autênticas" da "consciência racial negra", é previamente mediado pela branquitude, sempre-já um efeito da determinação exterior. Segundo Park, a "literatura primitiva negra" produzida durante a escravização — as "músicas populares" — constituem as únicas atualizações autênticas da "consciência racial negra". As "músicas populares negras", ele argumenta, atualizavam as condições da escravização, refletindo sobre a "vida como [o escravo] a via e vivenciava no período";[383] elas comunicavam um "sonho racial", cujas palavras "indicavam paciência, humildade; uma resignação diante daquela vida, atenuada pela esperança de uma revolta gloriosa na próxima".[384] As formas culturais pós-emancipação, como a poesia "militante" da Renascença do Harlem, ao contrário, não conseguem atualizar a "consciência negra". Por quê? Devido à reflexão, Park[385] responde. "Escrever requer reflexão. A reflexão ativa a autoconsciência de quem escreve e destrói a espontaneidade natural, que é a essência da música popular."

---

383. Park, [1923] 1950, p. 185.
384. *Ibidem*, p. 288.
385. *Ibidem*, p. 289.

A poesia da Renascença do Harlem retrata a necessidade do negro de lidar com a contradição imposta pela emancipação: liberdade sem cidadania, sem igualdade; abordar o problema de ser "simultaneamente negro e cidadão" era compulsivo.

Para Park, essa perda de autenticidade subjaz o conceito da "dupla consciência" de Du Bois, isto é, a condição de "sempre estar vendo através dos olhos dos outros, que impossibilitou a poesia Negra de alcançar uma expressão sincera sobre a vida Negra".[386] Esses produtos culturais não atualizam uma tradição negra, mas "uma reação natural e inevitável ao preconceito racial". Segundo Park, essa forma da "consciência racial negra" não é somente uma expressão da posição subordinada Negra, mas também uma "expressão do temperamento negro sob todas as condições da vida moderna".[387] "Os negros", Park destacou, "têm menos interesse em demonstrar seu direito como indivíduos de participar na vida cultural ao seu redor; pois estão mais preocupados em definir sua própria ideia sobre sua missão como raça".[388] Essa forma de "consciência Negra", Park escreve, irrompeu devido à urgência da ação coletiva, isto é, a necessidade de cooperação entre negros para conquistarem para si espaço e respeito que a Constituição não lhes conferia no mundo do homem branco, cujo resultado foi criar entre Negros dos Estados Unidos um tipo de solidariedade que não existe em outros lugares. A consciência racial é a reação natural e inevitável ao preconceito racial.[389] Entretanto, ela não resulta somente do "preconceito racial" dos brancos, que causa a exclusão dos negros; ela também ocorre devido ao fato da existência "negra" se dar numa configuração social que atualiza um princípio alheio à mente negra.

---

386. Park, [1923] 1950, p. 292.
387. *Ibidem*, p. 294.
388. *Ibidem*, p. 293.
389. *Ibidem*, p. 294.

Na leitura de Park sobre as músicas do período da escravatura e da "poesia negra" da Renascença do Harlem, fica evidente como a estratégia de intervenção das relações raciais, isto é, o "ciclo das relações raciais", constrói o subalterno racial como sujeito da determinação exterior, uma consciência sempre-já submersa na afetabilidade, ou seja, que não é um Eu transparente. Apesar de escrever essa consciência particular como a exteriorização de determinantes objetivos da subjugação negra, ela também pressupõe o apagamento do processo pelo qual a racialidade, como conceito científico, mapeia a configuração social em que pessoas negras surgem como sujeitos sociais subalternos de antemão. O relato de Park sobre a consciência negra indica o efeito mais poderoso da sócio-lógica da exclusão. Por presumir e reescrever o sujeito negro como intrinsecamente afetável, esse relato transforma a subalternidade na posição social legítima do outro da Europa. De que outra forma explicar por que Park leu o negro modernizado como significante *inautêntico* e as músicas do período da escravidão como significantes *autênticos* da consciência negra, senão como enunciados da presença "estranha" de pessoas negras numa configuração social regida pela transparência, na qual somente a consciência que abriga a universalidade e a autodeterminação pertence.

A leitora pode considerar um exagero. Porém, na ausência de outras interpretações, o enunciado de Park sugere que somente a subalternidade proporciona as condições necessárias para os "negros" atualizarem seu "verdadeiro" ser. Portanto, a literatura radical escrita pelo negro "parcialmente" modernizado representa uma perda de autenticidade, pois emerge a partir da reflexão (um atributo da coisa interior, que possui razão) que Park interpreta como uma transparência emprestada, isto é, o desejo impossível de identificar a negridade com o espaço social branco e seus habitantes. Contudo, no relato de Park, esses momentos de subjugação — condições de escravização "isoladas" e regiões segregadas da configuração social dos Estados

Unidos — refletem circunstâncias que, apesar de determinadas a partir do exterior, não são políticas devido à presunção da transparência como atributo do grupo racial dominante e da afetabilidade do grupo racial negro. Esse argumento sugere que a assimilação completa resultaria na perda total da subjetividade Negra autêntica. Sobretudo, ele introduz a tese de que o negro inteiramente modernizado deixaria de ser negro. Ao apagar os efeitos de poder do racial, ignorando o relacionamento político-simbólico estabelecido pelo conceito, o campo das relações raciais produziu a subjugação racial na forma de um efeito decorrente da impossibilidade fundamental de determinados estrangeiros tornarem-se transparentes, isto é, de serem modernos. Além de produzir a negridade como princípio incapaz de formular qualquer projeto de emancipação, o campo das relações raciais também sugere que, justamente por ser um atributo exclusivo de um Eu transparente, o desejo de emancipação do subalterno racial, por inclusão na (sociedade branca anglo-saxã), é fundamentalmente um desejo por auto-obliteração.

A trilha peculiar da miscigenação

A esta altura parece óbvio que o contraponto à celebração de Park sobre o destino do africano no Brasil, na introdução do livro de Pierson *Negroes in Brazil* [Negros no Brasil], era a posição das pessoas negras nos Estados Unidos como "uma nação dentro da nação [estadunidense]". Mas que não haja engano aqui: a configuração social do Brasil — na verdade, da Bahia — indica a promessa de um espaço social pós-escravidão livre de "segregação racial". O episódio sobre a "história natural" à qual Park se refere, ou seja, "a trilha" de africanos no Brasil, era sua caminhada definitiva (embora lenta) em direção à obliteração, que levava consigo as "morais" não modernas que sua presença implica.[390] Entretanto, Park e subsequentes estudiosos das relações raciais no Brasil não perceberam que a trajetória de africanos no Brasil também é um efeito da trilha peculiar da miscigenação, isto é, do próprio processo natural da história celebrado por Park. Em *Negroes in Brazil*, Donald Pierson[391] descreve uma sociedade pós-escravatura ou pós-colonial em que o ciclo das relações raciais atingiu seu fim. É possível encontrar enunciados no estudo de Pierson que reaparecem em análises posteriores sobre a subjugação racial no Brasil nas quais, com bastante frequência, eles foram mobilizados para descrever a particularidade brasileira como paradoxal. Além disso, o relato de Pierson sobre a situação racial brasileira apresenta o argumento de que a diferença de classe, e não a diferença racial, explica a subjugação social de baianos de pele escura. Finalmente, apesar da análise de Pierson antecipar a interpretação histórica sobre o enunciado fundante, exatamente por ainda usar a versão da sociologia articulada pela Escola de Chicago, eu a leio como ainda pertencente à versão das relações raciais do início do século XX.

Meu interesse na descrição de Pierson sobre a configuração social pós-escravatura brasileira se deve à sua resposta para a pergunta: por que as estratégias político-simbólicas das relações raciais não conseguem capturar a situação racial do Brasil? Mais especificamente, estou interessada em como ele reescreve a miscigenação, "física" e "cultural", para marcar o retorno da transparência, como foi previsto pela "teoria dos contatos entre raças e culturas". Segundo Pierson, as

---

390. De acordo com Park (1942, p. lll), "a diáspora não é mais somente um espaço de dispersão. Muito pelo contrário, ela tornou-se uma área de integração, tanto econômica quanto cultural. É nesse sentido que essa história, ou melhor, que a história natural da trajetória do africano no Brasil tentou descrever os processos pelos quais o Negro foi assimilado e medir o sucesso que ele teve em encontrar um lugar no que *foi* a diáspora, mas que agora é [...] A Grande Sociedade".
391. Pierson, Donald. *Negroes in Brazil: A Study of Race Contact in Bahia.* Chicago: University of Chicago Press, 1942.

características específicas da escravatura no Brasil tanto exigiram a inserção de um grande número de escravizados africanos no espaço brasileiro, quanto forçaram o português a encontrar meios mais eficientes de criar uma configuração social moderna na parte sul do continente americano. De acordo com Pierson, essa realidade produziu uma "escravidão branda", conferindo aos escravizados brasileiros condições muito melhores quando comparadas às de escravizados nos Estados Unidos e Caribe: menos violência, mais alforrias e um processo de emancipação mais gradual e menos conflituoso. Além de propiciar a sobrevivência e expansão de culturas africanas e a intimidade incontrolada entre os senhores e os escravizados, produzindo assim a miscigenação física e cultural responsável por eliminar a diferença racial, esse cenário também facilitou a difusão do "sangue" e "espírito" europeus, que eventualmente eliminariam a influência africana no Brasil. Segundo Pierson, a "ordem social" decorrida desse contato é regida por uma "ideologia racial" que, em vez de enfatizar o "distanciamento (moral) social", produziu uma sociedade cuja autoimagem é constituída pela eliminação da diferença racial, tornando seus habitantes "um único povo". "Na Bahia", ele argumenta, negros e brancos "não entram em conflito como grupos étnicos irredutíveis, isto é, diferindo apenas na aparência, o que é óbvio, mas também na espécie, e assim destinados a manterem-se separados e distintos [...]. Cada cidadão é considerado, acima de tudo, brasileiro [...] irredutível à origem racial".[392] Resumidamente, a partir da "escravidão branda" no Brasil irrompeu uma "ordem social" caracterizada pela "relativa falta de conflito e ausência de 'segregação racial'", na qual a europeidade seria atualizada nos corpos e nas mentes e o "preconceito racial" não desempenhou um papel significativo na configuração social.

A celebrada "trilha" de pessoas africanas no Brasil caminhava, portanto, em direção ao desaparecimento, lento, porém certo, sob a

---

392. Pierson, 1942, p. 218.

força inescapável do desejo europeu, enquanto a miscigenação eliminava a diferença racial e garantia que, após a escravatura, o espaço social brasileiro fosse regido pela universalidade. "O efeito mais claro da miscigenação", Pierson afirma, "é a eliminação das diferenças físicas entre as raças. Na Bahia, a mestiçagem, há mais de quatrocentos anos, está destruindo as barreiras físicas e reduzindo a visibilidade que, nos Estados Unidos, sempre serviu para provocar três respostas costumeiras e é há muito associada a diferenças no *status* social".[393] No relato de Pierson, a configuração social brasileira não é um objeto das relações raciais exatamente porque eliminou a diferença racial.[394] Embora suas conclusões tenham permanecido centrais nas explicações sobre a solução brasileira para o "problema das relações raciais", o texto das relações raciais seria sistematicamente mobilizado nas investigações sobre a configuração social do Brasil depois da Segunda Guerra Mundial.

O enunciado fundante estabelece que a diferença racial causa uma configuração social patológica, isto é, a expressão de uma autoconsciência (exteriormente determinada) afetável que irrompe na presença de grupos cujas diferenças raciais, nas configurações sociais modernas, impedem o desenrolar da peça do nomos produtivo articulada pelo texto do "ciclo das relações raciais". Assim, é articulada a lógica da exclusão, isto é, um relato sobre a subjugação racial que entende que o grupo (branco) nativo se constitui como coletividade não moderna, ou seja, como um "grupo racial", apenas quando reage ao "distanciamento (moral) social" representado pelas diferenças asiática ou negra. Em outras palavras, uma configuração social moderna adequada que atualiza apenas a universalidade e a autodeterminação, atributos ex-

---

393. Pierson, 1942, pp. 124-5.
394. Para mais detalhes sobre as tendências na literatura histórica sobre o Brasil, conferir Tannenbaum (1946), Degler ([1971] 1986), Toplin (1981) e Andrews (1992).

clusivos do Eu transparente, aos quais retorna após o cumprimento da obliteração. Esse enunciado reproduz tanto a poesis transcendental quanto a versão anterior da peça do nomos produtivo descrita nos momentos da analítica da racialidade, isto é, o texto responsável por escrever a branquitude e a "civilização moderna" como significantes da transparência e por ressituar os "outros da Europa" na afetabilidade. O texto das relações raciais adiciona três enunciados à analítica da racialidade: (a) nas configurações sociais (brancas ou europeias) transparentes, a presença dos "outros da Europa" proporciona ideias e práticas ilegítimas de exclusão que só podem ser eliminadas com a concretização da lógica da obliteração, o que é exemplificado pelo Brasil pós-escravização; (b) a consciência subalterna racial atualiza sua posição numa determinada configuração social; porém, porque resulta do preconceito racial e de outros determinantes exteriores, quando o sujeito subalterno racial irrompe como autoconsciência na cena da representação, ele somente pode desejar a autodestruição; assim, se no texto do materialismo histórico a escatologia leva à autodeterminação, no texto das relações raciais, ela produz sujeitos sociais que anseiam pela auto-obliteração; e (c) os espaços pós-coloniais onde a lógica da obliteração já havia sido ou estava no processo de ser completada, devido à miscigenação desenfreada, não constituiriam objetos da sociologia das relações raciais porque a ausência de "conflito racial" e "competição" torna a diferença racial sociologicamente irrelevante e, portanto, politicamente irrelevante.

Diante da transparência

A lógica de exclusão e a historicidade não conseguem capturar que os modos de subjugação racial no Brasil e nos Estados Unidos, apesar de distintos, indicam como o racial (isto é, o significante da globalidade) opera como estratégia de poder produtiva. Ao longo do século XX, projetos políticos como o movimento Garvey, o Pan-Africanismo e o Movimento da Negritude mobilizaram a negridade e a africanidade e indicaram que o racial funciona como conceito político global que institui sujeitos políticos, cujas posições subalternas são insuficientemente tratadas, se abordadas somente através da afirmação de sua exclusão da universalidade (jurídica) e de sua exploração econômica, precisamente porque seu lugar foi demarcado pelos significantes da universalidade científica. A historicidade tampouco consegue explicar a emergência do subalterno negro como consciência antagônica, similar ao conceito de "partes antagonistas", de Laclau e Mouffe, de "culturas locais", de Butler ou de sujeitos pós-coloniais que falam, de Bhabha, visto que a delimitação de sua posição particular, isto é, a subalternidade, requer a mobilização da racialidade. A analítica da racialidade, estou sugerindo, transforma essas mobilizações do cultural nos projetos emancipatórios, que exigem o reconhecimento (inclusão) da diferença cultural dos "outros da Europa", em empreitadas que se autodestruirão precisamente porque presumem os significantes da transparência como os únicos a regerem a representação moderna.

Minha descrição da analítica da racialidade demonstra como esse arsenal político-simbólico moderno, que transforma as configurações corporais e sociais humanas em significantes da mente, produz o global como contexto ontológico moderno. O racial e o cultural, ou seja, os significantes articulados pelo nomos produtivo e mobilizados pela analítica da racialidade, produzem a globalidade como configuração dividida de modo desigual entre corpos e regiões da afetabilidade e corpos e regiões da transparência. A diferença entre o meu relato e a maior parte das análises raciais críticas e da crítica pós-moderna do pensamento moderno é o fato de que eu não repito o argumento de que os "outros da Europa" foram situados fora da história e da razão ou postulo que foram fixados num tempo primitivo ou inteiramente fora do tempo, como objetos de "inverdade" — de "falsificações científicas", "preconceitos" e "falsas crenças". Ao contrário, eu destaco que o arsenal regido pelo racial, em vez de produzir os "outros da Europa" fora da historicidade e da universalidade, os engolfa ao escrever sua diferença como efeito da peça da razão produtiva. Ao abordar a significação científica como um momento produtivo, me distancio das críticas predominantes das narrativas do "progresso" e "desenvolvimento" que, querendo ou não, acabam lendo a construção da particularidade (racial/ cultural) de não europeus como efeito da espacialização do tempo, isto é, como "atraso" ou "espera", mantendo assim a construção moderna do espaço como o momento da negatividade. Minha análise, por exemplo, é distinta da de Homi Bhabha.[395] Bhabha mobiliza a ideia do "atraso temporal" para articular uma crítica sobre o discurso colonial que escreve a emergência do sujeito pós-colonial como uma espécie de retorno do sujeito histórico reprimido ou oprimido. Essa ideia corresponde às construções do espaço colonial como *terra incognita*, ou seja, o espaço vazio, que propicia a "emergência da modernidade — como uma ideologia de *início, modernidade como o novo*".[396] Portanto, a análise de Bhabha também já é um produto da representação moderna e não pode ser sua condição irredutível (o parâmetro de resistência, o que poderia significar outro modo de representação, outra ontologia) de possibilidade. Estou destacando o efeito da historicidade responsável por imediatamente presumir, sem sequer questionar as condições de produção, o "ser" (histórico) do "outro" ("racial" ou "cultural") e dispensar os enunciados científicos que produzem esses próprios nomes, isto é, o racial e o cultural, como ideológicos ("falsificações").[397]

---

395. Bhabha, Homi K. *Nation and Narration*. London: Routledge, 1994a.
396. *Ibidem*, p. 246. Grifos do autor.
397. Ele o conduz a partir de uma versão lacaniana sobre o estereótipo como elemento ambivalente de significação que revela mais sobre quem excluí do que sobre os excluídos alvos da objetificação gerada pelo conceito. "O discurso estereotipado racista, no momento colonial", Bhabha (1994a, p. 83) argumenta, "inscreve uma forma de governabilidade informada por uma divisão produtiva em sua constituição do conhecimento e exercício de poder. Algumas de suas práticas reconhecem a diferença entre raça, cultura e história

No relato de Bhabha, o "outro" racial ou colonial tem um papel transgressor, pois presume que sua "diferença" foi inicialmente falsificada em "conhecimento estereotipado" e na escrita da sua localização global como *terra incognita*, o que permitiu, portanto, a enunciação do sujeito europeu na transparência e resolveu os projetos de dominação e exclusão que contradizem a autorrepresentação ocidental. Apesar de ser um projeto autodestrutivo — afinal, o ser que retorna no Simbólico após denunciar a "estereotipagem" não consegue deslocar a historicidade —, fica claro que não se trata de um retorno inesperado e total à historicidade quando se percebe como o programa de Bhabha complementa habilmente os projetos de Butler e Spivak. Bhabha descreve seu projeto pós-moderno (inclusivo) com a esperança de que este realizará exatamente isso, ou seja, mover o outro pós-colonial para a representação (histórica) moderna, com o intuito de *"estabelecer uma marca do presente*, da modernidade, que não seja o 'agora' do imediatismo transparente, e fundar uma forma de individuação social em que a comunalidade não seja *dependente de um vir-a-ser [becoming] transcendental"*. Ele explica que o que guia seu projeto são as questões de uma "contramodernidade" que aborda "o que é a modernidade nas condições coloniais em que sua imposição é a própria negação da liberdade histórica, autonomia cívica e da escolha 'ética' de reconstrução".[398] Agora, Bhabha ressitua o sujeito subalterno pós-colonial ou racial como "identidade completamente construída"; ou seja, um sujeito inteiramente histórico — de acordo com a versão da historicidade herderiana —, atrás do véu ideológico, como a outra modernidade, a modernidade da falta de liberdade que prospera num outro espaço, no "mundo pós-colonial" em que a "es-

---

elaboradas pelo conhecimento estereotipado, teorias raciais, experiência colonial administrativa e, dessa maneira, institucionaliza uma variedade de ideologias políticas e culturais que são preconceituosas, discriminatórias, vestigiais, arcaicas, 'míticas' e que, crucialmente, são reconhecidas por serem exatamente isso".
398. Bhabha, 1994a, p. 241. Realce do autor.

tereotipagem" e as exclusões jurídicas e econômicas sustentadas por ela também habitam. Estou destacando como a lógica de exclusão sócio-histórica, mais uma vez, prejudica o potencial crítico das estratégias pós-estruturalistas ao reescrever o texto moderno à medida que repete a própria historicidade que desafia.

Assim sendo, em vez de mobilizar uma versão virtuosa da historicidade para localizar o espaço de emergência dos sujeitos subalternos raciais numa brecha temporal, também incluindo suas "histórias submersas", eu optei por mapear a representação moderna; nela, localizo as estratégias político-simbólicas que produzem os "outros da Europa" como sujeitos modernos subalternos. Com isso, não desconsidero as intervenções pós-coloniais. Na verdade, escrevo contra os limites da (crítica à) historicidade, que se baseia na construção moderna da distância como metáfora temporal responsável por circunscrever o lugar de emergência do colonizado como Eu transparente. Minha esperança é contribuir para a complexificação desse argumento através da recuperação da conotação espacial da distância, que é somente possível ao ler o diante, isto é, a dimensão em que o racial e o cultural escrevem os "outros da Europa" como efeitos dos significados da exterioridade, de estratégias político-simbólicas que instituem uma particularidade que não pertence ao tempo, que ameaça a história porque recupera o relacionamento adiado pela representação moderna. Talvez essa escolha torne meu projeto mais próximo do projeto foucaltiano do que afirmei inicialmente — aqui tenho em mente os comentários de Bhabha[399] e de outros sobre as armadilhas do eurocentrismo de Foucault —; porém, nunca afirmei que abordaria a autorrepresentação europeia a partir de uma posição textualmente exterior a ela. Afinal, somente lendo a representação moderna contra a maré é que se percebe que a temporalidade particular atribuída aos corpos e configurações sociais europeias resultam

---

399. Bhabha, 1994a.

de como o racial, o significante da globalidade, produz autoconsciências autodeterminadas e afetáveis.

Inicialmente, argumentei que a lógica de exclusão sócio-histórica informa a teorização racial crítica e o remapeamento da configuração global contemporânea. Ambos os projetos herdam as seguintes dimensões centrais: (a) suas estratégias de significação aprofundam a reprodução do efeito da racialidade — que é escrever a configuração social da Europa pós-iluminista como a atualização de um Eu transparente, que produz mecanismos culturais e ideológicos de subjugação racial, e o sujeito que constituem como efeitos de fundamentações não modernas (crenças, configurações sociais primitivas, "natureza"); (b) reescrevem "os outros da Europa" na afetabilidade, alheios às configurações sociais transparentes; logo, (c) por não reconhecerem que o Eu transparente também é um efeito do arsenal da racialidade, essas críticas adotam a noção de que a eliminação da diferença racial — como estratégia de particularização "falsa", não como traço físico — (re)instituiria uma configuração social transparente, isto é, a socialidade descrita pela universalidade (jurídica) e pela historicidade, produzida pela poesis transcendental. Exatamente por isso, como discuti anteriormente, essas críticas somente são capazes de guiar projetos de emancipação racial em que apenas significantes históricos, como classe, nação ou cultura, constituem os significantes aceitáveis da consciência do subalterno racial.

Quando a configuração global exige a remodelagem do conceito sem o qual nem críticos "nativos" ou pós-modernos da antropologia conseguem existir, me parece ser proveitoso relembrar que a emergência do conceito do cultural como estratégia de engolfamento privilegiada e da etnografia como estratégia de intervenção apropriada marcou a entrada dos "outros da Europa" na temporalidade, isto é, no domínio reservado pelo racial para os corpos, configurações sociais e localizações globais que significam o Eu transparente. Apesar de não ser um novo enunciado, é preciso repeti-lo, pois as reivindicações contemporâneas pela obliteração da diferença cultural — em enunciados que a articulam como algo que precisa ser reconhecido e superado através da tradução, como algo abandonado quando, conforme Clifford[400] explica, "vozes em demasia [falam] simultaneamente" e "sincretismo e invenções em forma de paródia tornam-se a regra", imprescindível para ocupar o espaço global com "cosmopolitas" e "híbridos" — também esquecem que a diferença cultural é produto do texto antropológico. A emergência da imagem dessa torre de Babel global, responsável por produzir a configuração global atual como entidade política neoliberal multicultural, um regime que inclui línguas nunca-antes-escutadas falando sobre coisas nunca-antes-ouvidas que atualizam consciências nunca-antes-conhecidas, deve-se à crítica pós-moderna da "autoridade etnográfica". Contudo, o nunca-antes--conhecido pôde se tornar relevante apenas porque a antropologia pós-moderna escreveu os "outros da Europa" como coisas com interioridade (cujas consciências particulares imediatamente se atualizam através de suas palavras e ações) e devido à capacidade das novas ferramentas da razão científica em revelar como tudo o que dizem e fazem atualizam um Eu subalterno (interior-temporal) transparente. Entretanto, escritores pós-modernos não reconhecem que as "novas subjetividades" capturadas por eles são inteiramente um efeito do nomos produtivo. Os escritos atuais sobre o subalterno global foram autorizados pelas mobilizações anteriores do nomos produtivo. Assim como outros produtos da significação científica, os subalternos tornaram-se a própria "natureza", isto é, objetos e sujeitos de projetos críticos que, agarrando-se ao desejo de "descobrir" e "controlar" uma "verdade" ou "essência" ainda-a-ser desvelada, recusam-se a abordar seus próprios efeitos. Por esta razão, eu mapeio o regime de produção responsável por libertar esses fantasmas vivos, visando traçar o arsenal social científico que reproduz ou ressitua os outros da Europa na afetabilidade.

---

400. Clifford, 1988, p. 95.

PARTE III
Homo modernus

ESTÉFANO: Agora, prossiga com tua história. Você aí, afaste-se.

CALIBÃ: Bata nele com vontade. Também baterei nele logo em seguida.

ESTÉFANO: Para mais longe. Anda!

CALIBÃ: Como lhe disse, ele tem esse hábito de dormir à tarde. É possível que você o asfixie ao tomar dele seus livros; ou arrebentar sua cabeça com um pedaço de madeira, ou acertá-lo com uma vara, ou cortá-lo com a sua faca. Porém, antes de tudo, lembre-se de tomar-lhe seus livros; pois, sem estes, ele nada mais é que um ignorante, como eu, e não mais pode mandar sobre nenhum espírito. Todos o odeiam profundamente, assim como eu. Queime seus livros. Ele também possui utensílios valiosos, ou pelo menos assim os chama, para enfeitar sua futura casa. Entretanto, o mais importante a se considerar é a beleza de sua filha; ele próprio a chama de inigualável. Nunca vi nenhuma mulher, a não ser Sicorax, minha mãe, e ela mesma. Porém, ela é muito superior a Sicorax, assim como o imenso ao ínfimo.

— WILLIAM SHAKESPEARE, *A tempestade*

O que, a leitora pode perguntar, a história de Próspero e Calibã ensina sobre os efeitos da escrita dos "outros da Europa" como consciências afetáveis? Ao revisitar a peça *A Tempestade*, assim como outros críticos pós-coloniais, eu a leio como uma alegoria da colonização. Entretanto, optei por ler no relato sobre a mágica de Próspero — as circunstâncias e o sujeito que ela cria, bem como seu alcance e limites, — a delineação da gramática moderna; isto é, eu leio *A Tempestade* como um relato sobre engolfamento. Embora eu reconheça que, ao contrário da peça de Shakespeare, cujo final apresenta um gesto de deferência, mas provavelmente não de arrependimento, com Próspero abdicando de seu poder ilegítimo, depois que os textos modernos lançam suas palavras poderosas, essas enunciações não permanecem confinadas aos limites do enunciado articulado, tampouco se tornam simples objetos de interpretações antagônicas. Quando incorporadas em enunciados políticos, as ferramentas político-simbólicas dos textos modernos produzem "histórias" e "biografias" de transcendentalidade e afetabilidade, isto é, os "espíritos" dos livros da ciência tanto resistem e buscam resolução. Cada mobilização dos significantes científicos, além de manter seus primeiros significados, também reproduz o que distingue o contexto de significação responsável por fazê-los existir. Como destaquei anteriormente, meu projeto é impulsionado pelo desejo de reunir as condições de produção dos sujeitos globais contemporâneos: tanto as "vozes" que recentemente passaram a ser escutadas — as que os remapeamentos pós-modernos tentam incluir — quanto os Estados-nação que produzem e são ameaçados pela reconfiguração jurídico-econômica recente do cenário global.

A consequência esperada seria abordar esta circunstância atual; porém, ao perceber que o principal relato sobre a subjugação social, isto é, a lógica sócio-histórica de exclusão, não é capaz de tocar suas dimensões mais sutis e dominantes, fui forçada a dar um passo para trás e tratar dos primeiros textos políticos em que os sujeitos globais contemporâneos foram articulados como coisas políticas. Para conduzir esta tarefa, criei uma estratégia analítica, o texto nacional, capaz de deslocar a tese da transparência ao capturar como a escrita do sujeito nacional como Eu transparente, isto é, uma coisa histórica, requer a mobilização do arsenal da racialidade. Nesta parte final do livro, reúno os enunciados articulados no fim do século XIX e início do século XX, cujo objetivo era tentar reescrever duas sociedades pós-coloniais ou pós-escravagistas, os Estados Unidos e o Brasil, como sujeitos políticos modernos. Assim, demonstro como os significantes da racialidade instituem sujeitos que existem diferencialmente diante das dimensões jurídicas e econômicas dessas configurações sociais modernas. Minha leitura mostra como as estratégias da analítica da racialidade produzem uma diferença irredutível e insuprassumível incapaz de ser resolvida pela trajetória teleológica do sujeito da nação. Em cada uma dessas duas entidades políticas, as ferramentas da analítica da racialidade instituem tanto o sujeito nacional quanto seus "outros" subalternos ao resolverem a distância geográfica — a ponte entre os continentes americano e europeu — quando escrevem o corpo branco como significante de uma consciência transparente; isto é, a racialidade produz uma proximidade (moral) mental com a Europa pós-iluminista, demarcando assim o espaço em que o sujeito nacional irrompe como um espécime do Eu transcendental.

Enfim, o que estou descrevendo é o *homo modernus,* estou fazendo um relato sobre o homem em que a autoconsciência irrompe diante dos dois horizontes ontológicos, ou seja, a historicidade e a globalidade, conforme o próprio se apresenta no palco da vida enquanto contempla o horizonte da morte. Isto ocorre porque o homem sempre-já emerge num relacionamento em que a transparência não é dada, em que ela é, na verdade, o resultado desejado por um ato político-simbólico, isto é, o engolfamento, ou "violação parcial". Como o texto nacional reconhece que os textos políticos modernos são ensaios de ambas as produções da cena do engolfamento — isto é, não rejeita nem contesta a prerrogativa ontológica da historicidade —, esta ferramenta situa a significação histórica indicando como a significação científica funciona, graças ao privilégio que concede à interioridade, na versão da peça da razão que a poesis transcendental não foi capaz de escrever sozinha. Sem o auxílio do nomos produtivo, sem os significantes responsáveis por diferirem a ameaça de um "Outro" contexto ontológico (a globalidade), para produzir os "outros da Europa" como configurações sociais e consciências como efeitos de uma força produtiva/ reguladora e sem a escrita das configurações sociais e consciências da Europa pós-iluminista como atualização e expressão perfeitas do nomos produtivo, que resolve a coexistência de modos de ser humano contemporâneos ao estipular que o papel da razão universal os institui diante do momento da transparência, da escrita filosófica da configuração social e consciência social transparentes não poderia se sustentar, pois ela permaneceria irremediavelmente situada, determinada pelo que não é igual a si mesma.

Em suma, esta leitura captura a versão da autoconsciência que surgiu na representação moderna novecentista, o *homo modernus* — isto é, a consciência *global/ histórica* —, a figura produzida através da mobilização dos significantes científicos e históricos nos relatos modernos ontológicos. Ao conduzir esta leitura, demonstro por que a opção pela historicidade *benévola* e a desconsideração do racial como ferramenta científica "falsa" (*malévola*) para realizar as promessas da universalidade são premissas bastante limitadas para projetos de emancipação racial e global. Afinal, exatamente porque o arsenal da racialidade assegura o lugar da mente e configuração social da Europa pós-iluminista na transparência, ao passo que escreve os "outros da Europa" numa dimensão não abarcada pela transcendentalidade, o posicionamento subalterno dos últimos não provoca a crise ética esperada pelas pessoas que argumentam que a subjugação racial contradiz os princípios éticos modernos.

8. Delineando o sujeito global/ histórico

> O que era esse problema social singular que, devido à aleatoriedade do nascimento e da existência, tornou-se tão singularmente meu? Profunda e essencialmente, era tão antigo quanto a vida humana. Entretanto, conforme se revelou durante o século XIX, era fatal e significantemente novo: a diferença entre os homens; diferenças em suas aparências, corpos, pensamentos e costumes; diferenças tamanhas e tão absolutas que sempre, desde o início dos tempos, impõem-se sobre a consciência de todas as coisas vivas. Entre os seres humanos, a cultura nasceu e necessariamente foi construída sobre o conhecimento dessas diferenças.
> — W. E. B. DU BOIS, *Dusk of Dawn* [Crepúsculo do amanhecer]

Por que a força produtiva da analítica da racialidade, já articulada por Du Bois na década de 1930, passou desapercebida tanto pelas teorias raciais críticas quanto pelas críticas pós-modernas sobre o pensamento moderno? Apesar de poder explorar como certas opções teóricas e metodológicas — na verdade, a impossibilidade de abrir mão dessas escolhas para explorar como elas se tornaram as únicas possibilidades disponíveis — limitam a compreensão sobre os agentes político-simbólicos na configuração global contemporânea, vou abordar o determinante que me parece ser o mais importante, isto é, a presunção de que o racial é uma "fabricação 'científica'", um significante da ansiedade colonial sempre-já branca e de seus interesses econômicos; que é incapaz de refigurar a universalidade ou a historicidade, ou os descritores que a tese da transparência autoriza.

Agarrando-se às promessas da historicidade, que já haviam sido articuladas por Renan no fim do século XIX, os trabalhos que compõem o arsenal crítico recuperam a universalidade da diferenciação para escrever os "outros da Europa" como sempre-já sujeitos históricos e posteriormente se movem para capturar um momento anterior à subjugação racial, em que esses sujeitos já são históricos e desfrutam da transparência antes do engolfamento. Embora produtivo, esse gesto inclusivo aglomerou a política de reconhecimento com incontáveis sujeitos históricos, expondo e gritando suas diferenças culturais. Além disso, ele comprovou que ter uma "voz", isto é, ser ouvido como um *Eu transparente* subalterno, não dissipa os efeitos da racialidade.

Por quê? Porque o efeito fundamental da resolução dos momentos anteriores da analítica da racialidade, os que foram articulados pela ciência do homem e pela antropologia, na lógica de exclusão sócio-histórica (a qual escreve o racial como estratégia de poder imprópria) foi o de "naturalizar" a subjugação racial, ou seja, escrevê-la como efeito da "lei (divina) natural". Isto se dá ao situar as causas da subjugação racial no teatro da natureza divina, ou seja, o relato do *natural* que antecede à sua apropriação pelas diversas versões da peça da razão — ou o nomos universal, a poesis universal, a poesis transcendental e o nomos produtivo. Exatamente por isso, qualquer mobilização posterior das ferramentas do nomos produtivo para abordar a subjugação racial reescreveria a diferença racial como uma obviedade "empírica", isto é, como algo que não precisa ser teorizado, um conceito que não pertence à cena da regulação (universalidade) nem à cena da representação (historicidade), exatamente por ser um atributo "individual" conferido por Deus que erroneamente (irracionalmente) torna-se um princípio regente das configurações sociais modernas.

Minha tarefa neste capítulo é descrever como o texto nacional recupera os sujeitos políticos em proliferação pela configuração global contemporânea como espécimes do *homo modernus*, um relato sobre a autoconsciência em que tanto a historicidade quanto a globalidade são reconhecidas como horizontes da existência. Ao seguir o argumento sugerido por Foucault[401] de que a episteme moderna irrompeu no século XIX — e o relato de Hobsbawm[402] que registra a delineação completa de um sujeito político moderno, o Estado-nação, no fim do século XIX —, fabriquei a ferramenta do texto nacional com o intuito de abordar as narrativas sobre a nação como ocasiões em que os sujeitos políticos são articulados necessariamente através da combinação de estratégias mobilizadas nos dois campos da representação moderna. Em outras palavras, como ferramenta analítica crítica, o texto nacional reescreve narrativas nacionais conforme articuladas pelo arsenal político-simbólico mobilizado nas versões mais tardias da peça da razão, isto é, a poesis transcendental e o nomos produtivo.

Minha leitura dos enunciados que escrevem duas das primeiras entidades políticas pós-coloniais, os Estados Unidos e o Brasil, como configurações sociais modernas descrevem estratégias históricas e estratégias científicas instituindo o sujeito nacional como sujeito moderno. Em outras palavras, o sujeito moderno resulta de como a globalidade e a historicidade constituem o contexto (ontoepistemológico) político moderno, isto é, do fato de que ambas as estratégias político-simbólicas históricas e científicas produzem seu contexto de surgimento. Apesar de emergir num texto histórico regido pela transcendentalidade, eu demonstro que o sujeito nacional não é nada mais do que um espécimen do *homo modernus,* quer dizer, um efeito da representação moderna: é um efeito da nação, ou seja, do significante (interior-temporal) histórico responsável por instituí-lo como sujeito particular da poesis transcendental, e do racial, o significante (exterior-espacial) da globalidade, responsável por produzi-lo como

---

401. Foucault, 1994.
402. Hobsbawm, Eric. *Nations and Nationalism.* Cambridge: Cambridge University Press, 1994a.

efeito das ferramentas do nomos produtivo. Mais precisamente, meu argumento indica como o racial é uma estratégia político-simbólica eficaz justamente porque, ao ser mobilizado nos textos históricos, produz um contexto moral que, apesar de situar tanto o Eu transparente quanto o outro afetável diante do horizonte da morte, não provoca a esperada crise ética que sua operação supostamente causaria nas configurações sociais descritas pela tese da transparência.

Calibãs de onde?

O que diferencia o texto nacional de outras estratégias críticas? Para responder, vou retornar brevemente à história de Próspero e Calibã, pois lá encontro um prenúncio da globalidade, o contexto ontológico que somente pôde irromper quando a razão universal foi transformada em uma força produtiva e reguladora, isto é, no nomos produtivo. Minha primeira manobra é reconhecer o tipo de poder que a razão desloca, a mágica como estratégia produtiva. Ao ler *A Tempestade*, é impossível não perceber como a peça de Shakespeare descreve o processo esboçado e nomeado por Foucault[403] como o fim da similitude, o tipo de conhecimento que a mágica representa, que é como a feitiçaria de Próspero e o sujeito governado por ela pertencem ao Novo Mundo. Em Nápoles, o poder improprio de Próspero não tem utilidade. Além disso, ele não precisa do seu súdito exilado, cujo corpo deformado, mente afetável e *lugar* perigoso representam as condições que, além de serem totalmente diferentes das encontradas na Europa, também não têm qualquer relevância no exercício do poder legítimo de Próspero em sua terra natal. Contudo, se Calibã for somente um produto da mágica de Próspero e se esse poder não faz parte da Europa, é possível argumentar que o relacionamento iniciado durante

---

403. Foucault, 1994.

o "primeiro encontro" na ilha de Sicorax, cujo resultado foi produzir um regente e um regido, também produziu Próspero e Calibã. Em outras palavras, se Calibã, como sujeito, é um produto da mágica, o mesmo poder produtivo cria Próspero como mestre. Entretanto, não estou descrevendo outra versão da alegoria hegeliana do senhor e do escravo. O lugar apropriado, o lugar de "origem" de Próspero, por ele também ter sido concebido como efeito do poder de seus livros, e não da sua mente ou das suas armas, torna-se um efeito da mágica que instituiu o relacionamento político entre Próspero e Calibã. Estou argumentando que a particularidade de Próspero também é um efeito do que estabelece sua "diferença" em relação a Calibã, assim como seu lugar e súditos apropriados. Talvez o efeito mais relevante da peça seja o de produzir os poderes de Próspero como significantes da distância espacial, o oceano entre a ilha de Sicorax (América) e Nápoles (Europa) — e, portanto, o deslocamento de Próspero —, que separa os poderes que o determinam como sujeito político: o poder impróprio que o produziu como o senhor de Calibã e a relação sanguínea (por ele ser o pai de Miranda) que autorizará o exercício do seu poder (patriarcal) próprio em seu lugar de origem, o espaço europeu, através de seus herdeiros.

A leitora pós-moderna ou global pode perguntar: e se o motivo de Próspero ter abandonado seu poder impróprio e o sujeito que este poder produz na ilha de Sicorax for o fato de os espíritos mobilizados pela sua mágica serem indígenas do lugar? Talvez. Por Shakespeare ser um dos escritores modernos mais antigos, suas peças teatrais e poemas narram exatamente o período em que os ídolos que Bacon renuncia e em que os moinhos de Dom Quixote são escritos no passado, como pertencentes ao mundo das similitudes.[404] Entretanto, contrariando as reescritas críticas da razão como força do "progresso", optei por me apropriar da história da subjugação de Calibã como

---

404. Foucault, 1994.

metáfora que lê os sujeitos globais Outra-mente. Por serem produtos de "livros" (isto é, do texto moderno), tão produtivos quanto o livro de Próspero, as "vozes" que abarrotam o salão pós-moderno durante o auge da política da representação podem ser "ouvidas", compreendidas. Pois elas irrompem dentro da gramática política moderna, no momento político-simbólico do Estado-nação, ou o principal sujeito político moderno — a coletividade jurídica, econômica e moral sustentada pela razão universal — que luta pela soberania num espaço global cada vez mais hobbesiano. Ao longo do século XX, sob o princípio da nacionalidade, tanto os antigos poderes coloniais europeus quanto os "outros da Europa" (no continente americano, nas colônias africanas e asiáticas e nas demais áreas nunca sob subjugação colonial oficial) mobilizaram o significante histórico (a nação) e os significantes globais (o racial e o cultural) em suas escritas de versões particulares do sujeito da poesis transcendental. Nem o cidadão, ou seja, o "indivíduo", o sujeito do Estado e a coisa (universal) jurídica da teoria liberal, tampouco o sujeito nacional, isto é, a coisa (histórica) moral, são capazes de descrevê-los, porque as coisas políticas que habitam a configuração global contemporânea são sujeitos globais/históricos. Sem dúvida, suas exigências políticas não se sustentariam sem a analítica da racialidade, o arsenal que delimita o espaço em que a autodeterminação e a universalidade, ou seja, os princípios pressupostos em suas reivindicações por reconhecimento, podem ser aplicadas.

O racial e o cultural, isto é, as estratégias de engolfamento do arsenal da racialidade, conseguem resolver e reconciliar os *lugares* em que os poderes de Próspero podem ser mobilizados ao escrever a diferença entre a Europa e outras regiões globais como efeito do que foi reivindicado como marca da particularidade da Europa pós-iluminista, a fim de sustentar a reivindicação de que as configurações sociais europeias atualizam um Eu transparente (interior-temporal) autodeterminado. Desde o primeiro momento em que a diferença racial foi mobilizada como significante científico social, ela reescreveu repetidamente as configurações e sujeitos sociais europeus pós-iluministas na transparência. Por um lado, esse significante constrói os herdeiros dos nativos do passado como Calibãs modernos, "estranhos" cuja diferença racial produz as configurações morais (inapropriadas/ patológicas) afetáveis que criam sua subjugação. Por outro, são fabricadas estratégias de significação — "civilização", "modernização" e "globalização" — que engolfam o globo e preservam o texto da ciência do homem no qual se presume a África, a Ásia e a América Latina como regiões globais subalternas. Ao abordar esses efeitos da racialidade simultaneamente, eu indico como o racial, em vez de simplesmente uma consequência de estratégias de poder ilegítimas (culturalmente inadequadas ou ideológicas), configura o globo como contexto de significação moderno e, ao fazê-lo, anuncia-adia o "Outro" horizonte ontológico que a globalidade ameaçadoramente refigurar, isto é, o horizonte da morte. Por isso, acolhendo conforto moral provido pela lógica sócio-histórica de exclusão o escritor "pós" (-moderno, -colonial, -marxista, -estruturalista) pode manter-se inteiramente seguro no palco da interioridade, ao mesmo tempo desconfiado da significação científica e reverenciando as reivindicações de inocência da ciência; enfim, como exposto pela sua recusa em lidar com a produtividade, ele é incapaz de abordar a globalidade como um contexto ontoepistemológico moderno.

O que estou destacando é o dilema que resulta da insistência dos "pós"-críticos do pensamento moderno em optar pela historicidade como o único caminho para a emancipação. Apesar de já ter desenvolvido esse argumento nos capítulos anteriores, decidi retornar a ele para explicar por que, em vez de adotar a historicidade com o objetivo de articular outra reivindicação para a expansão da universalidade, opto por deslocar as duas descritoras (universalidade e historicidade) não simplesmente rejeitando-as, mas mapeando o contexto em que irromperam, isto é, o texto moderno. Para situar meu argumento, vou abordar um livro que se tornou uma importante contribuição à biblioteca crítica que explora outros efeitos decorrentes da adoção da tese da transparência. Em *Provincializing Europe* [Provincializar a Europa], Dipesh Chakrabarty[405] apresenta uma versão da historicidade na qual ele tenta recuperar a trajetória pós-colonial indiana do que ele chamou de "ideologia do historicismo". No cerne dessa ideologia, na qual o "tempo histórico" torna-se uma "medida de distanciamento cultural", está o argumento de que o "progresso ou 'desenvolvimento'", iniciados primeiramente na Europa, eventual e necessariamente alcançariam todas as regiões do globo.[406] Esse pressuposto situa os "outros da Europa" dentro do "ainda não" da história, o que Chakrabarty define como a "ideologia global", cuja responsabilidade é auxiliar a dominação europeia do espaço global ao dizer para o colonizado "esperar". No campo dos estudos pós-coloniais, o domínio do historicismo, combinado à necessidade de abordar os "universais seculares" exigidos pelo comprometimento da área com a justiça social prevalecem nos relatos que tratam as tradições intelectuais locais "como verdadeiramente mortas, como história". Segundo Chakrabarty,[407] seu projeto de "provincializar a Europa" fornece uma reconceitualização da história e do político capaz de capturar "a experiência de uma modernidade política num país como a Índia" por propor um conceito do político que inclui as histórias dos "deuses e espíritos", ou seja, dos que entram na historiografia pós-moderna ou moderna como sempre-já fora do movimento da história (racional-científica) universal.

Ao tentar recuperar as histórias de "deuses e espíritos", Chakrabarty retorna ao materialismo histórico clássico, que, despojado de sua própria versão "cênica teoria da história" e combinada à preo-

---

405. Chakrabarty, 2000.
406. *Ibidem*, p. 8.
407. *Ibidem*, p. 6.

cupação heideggeriana acerca de "questões de pertencimento e diversidade" permitem-no fabricar uma estratégia de análise histórica capaz de "desestabilizar essa figura abstrata do humano universal" que a ideologia do historicismo herdou da construção científica do tempo.[408] No relato de Marx sobre o capital, Chakrabarty identifica duas histórias: História 1, a história vazia do capital, e História 2, que presume que sob o modo de produção capitalista existem "modos de ser humano [que] serão desempenhados de maneiras que não se prestam à reprodução da lógica do capital" e que permitem uma "política de pertencimento e diversidade humanas".[409] Ao adotar a "História 2", Chakrabarty recupera a poesis interiorizada de Herder, através de sua versão heideggeriana, a partir do jugo do nomos produtivo e das histórias desencantadas acerca do "mestre" e "subalterno" que ela produz. Se a leitora ainda tiver dúvidas, deixarei explícito: alcançamos uma história *melhor*; não a dos historiadores "de baixo", nem a da "verdadeira universalidade" de Hegel, mas sim uma história *verdadeiramente inclusiva*, que, sem mediação, sem a presunção da universalidade (a universalidade articulada pelo nomos produtivo), reconstitui os seres humanos diferencialmente apenas em termos de "unidades de multiplicidade" produzidas pela poesis interiorizada de Herder. Segundo Chakrabarty, essa versão da historicidade produz uma "história pluralista", que inclui histórias em que "deuses e espíritos" são sujeitos, uma história como a da elite bengali, para quem o "trabalho, como atividade produtiva, raramente é uma atividade inteiramente secular na Índia; e envolve, muitas vezes, através de rituais grandes ou pequenos, a invocação da presença divina ou super-humana",[410] isto é, a presença ignorada pelas "histórias seculares", por ser "história desencantada, ou seja, a ideia de um tempo

---

408. Chakrabarty, 2000, p. 19.
409. *Ibidem*, p. 67.
410. *Ibidem*, p. 72.

ateu [*godless*], contínuo, vazio e homogêneo compartilhada entre a história, outras ciências sociais e a filosofia política moderna como pressuposto fundamental".[411] A versão de Chakrabarty da história permite um envolvimento filosófico com essas "histórias subalternas", "com as questões sobre diferença omitidas nas tradições marxistas dominantes".[412]

Com esse convite para contemplar outros modos de "ser e pertencer" e as histórias que escrevem, Chakrabarty retorna totalmente à poesis universal. Esse convite, nunca explícito, apesar de sugerido ao longo de seu livro conforme o autor invoca Heidegger, Gadamer, Marx, Weber e Nietzsche — todos "historicistas" alemães insatisfeitos em seus próprios termos, mas nunca Leibniz ou Herder —, para reconsiderar minhas apreensões em relação à historicidade desaparece à medida que os limites de sua reescrita dos "outros da Europa" na historicidade se torna mais evidente. Como? Quando Chakrabarty define com exatidão o tipo de "história subalterna" que deseja incluir na cena da representação. Os "passados subalternos" capturam as histórias de "deuses e espíritos" que

> não pertencem exclusivamente aos grupos socialmente subordinados ou subalternos, nem somente às identidades minoritárias. Os grupos dominantes e as elites também podem ter passados subalternos considerando-se que participam dos mundos-vivos subordinados através das "poderosas" narrativas articuladas pelas instituições dominantes.[413]

Qual seria a aparência desta história "subversiva", isto é, a versão da poesis universal articulada por Chakrabarty? Ele responde à pergunta na segunda parte do livro, ao revisitar os textos da elite

---

411. Chakrabarty, 2000, p. 75.
412. *Ibidem*, p. 94.
413. *Ibidem*, p. 101.

nacionalista bengali com o intuito de escrever uma história "afetiva". Não vou segui-lo até o fim. Em vez disso, pergunto: por que ele optou pelo deus rebelde do povo Santal para construir a história das elites nacionais como "passado subalterno", responsável por convidar-nos a contemplar outras possibilidades de ser humano, outros modos de "ser no mundo" e apreciar uma história que pertence aos "deuses e espíritos"?

Talvez esta seja a reação da cientista social rebelde em mim, mas ela não pode ser responsabilizada pela minha incapacidade de apreciar e celebrar essa historicidade melhor. Ela não consegue explicar por que concordo com a afirmação de Spivak de que o subalterno não pode falar; isto é, o subalterno, ao irromper na representação moderna, independentemente da versão da peça da razão (nomos universal, poesis universal, poesis transcendental ou nomos produtivo) em que surge, está sempre-já inscrito no texto maior, ou seja, no contexto de significação em que os "outros da Europa" adquirem os nomes mobilizados hoje, até mesmo nas críticas mais brilhantes e radicais do texto que delimita seu lugar de surgimento. Ao suprassumir e reduzir os camponeses Santal *à* "história" das elites bengali, Chakrabarty reescreve a "história subalterna" como uma espécie de história transcendental. Exatamente porque, assim como a universalidade, a historicidade como descritora é resolvida na transcendentalidade, ela institui os "outros da Europa" como (a) "ainda não" modernos, ou (b) sempre-já sujeitos antropológicos, ou (c) sujeitos de "resistência" ou sujeitos encantados com "histórias singulares" sobre deuses e espíritos. Reencarnar Herder através de Heidegger para escrever "história" contra Hegel ou contra a "História 1" de Marx pode ser uma manobra perspicaz; porém, não é magicamente subversiva. Ouço a risada de Próspero enquanto Calibã repete o poder produtivo do mestre ao ler seletivamente seus livros. Ouço a gargalhada do louco de Nietzsche diante do entendimento limitado que Nietzsche tinha sobre o dilema que intuiu. E encontro o sujeito morto, o *homo historicus*, ressuscitado em textos cujo objetivo é reencenar seu assassinato, pois estes críticos optam pela alma (interior ou histórica) em vez do corpo (exterior ou científico) desse sujeito, seu sangue ainda quente em vez de sua carne pútrida.

O dilema da crítica pós-colonial à representação moderna não reside no fato de que as disciplinas interessadas neste campo — a antropologia, a sociologia e a história — não são capazes de abrir mão do nomos produtivo e, por conseguinte, necessariamente escreveriam os "outros da Europa" como um *antes* contemporâneo; na verdade, o dilema reside na incapacidade de engajar inteiramente o seu *agora*. Afinal, assim como poetas modernas, esses críticos reescrevem a cena da representação e, a partir dela, denunciam as "fabricações 'científicas'". Esse retorno à poesis, a uma reabertura do universo das possibilidades humanas presume — conforme a escolha do próprio Chakrabarty pelas elites letradas indica — simplesmente uma versão da diferença imediatamente traduzida para dentro de uma gramática e um léxico compreensíveis, isto é, para o texto da interioridade, autorizando assim que a mediação conduzida pela universalidade científica seja abdicada. O sujeito de "deuses e espíritos", afinal, escrito contra os sujeitos instituídos pelo nomos produtivo, ou apesar deles, continua a ser um sujeito (moderno) da historicidade, pois sua "singularidade" é apenas outro exemplo da força produtiva (universal) da humanidade; ele é uma autoconsciência, uma coisa que não é determinada a partir do exterior, um sujeito incapaz de significar o traço que perturba e difere, como Chakrabarty espera ansiosa e esperançosamente, porque ele resiste na "pluralidade e diversidade" justamente por trazer "outros" para a cena da representação, apesar de nunca desmontar o teatro que compartilha com a cena da regulação (científica). A política da representação encontra seus limites na própria condição que a possibilita, isto é, no texto moderno. Adotar a significação histórica, optar por escrever o "passado subalterno" contra o (que é) vazio (a histórica cronológica e a significação científica), significa simplesmente adicionar outra versão dos enunciados fundadores do pensamento moderno em que a reescrita da peça da razão como poesis transcendental evidencia que o Eu transparente, o *homo historicus*, não poderia existir sem deslocar, negar ou engolfar tudo que contesta sua reivindicação pela autodeterminação, sem enunciados que buscam compreender qualquer coisa capaz de transformá-lo em simplesmente outro modo de ser humano.

Portanto, como a escolha entre a universalidade da regulação e a universalidade da representação mantém os "pós"-críticos inteiramente dentro do texto que tentam desconstruir, eu decidi abraçar esse dilema. Em vez de buscar outras formas da poesis para mais uma vez desafiar o nomos, optei por indicar como a região da subalternidade, isto é, a posição dos que não podem ser trazidos para dentro da representação moderna sem serem resolvidos em uma dessas dimensões da representação moderna, foi delimitada. Entretanto, como alertei anteriormente, não conduzo esta tarefa por meio da identificação de outros momentos de exclusão, mas através da leitura dos textos responsáveis por reproduzir a exterioridade dos subalternos, os textos que, apesar de nunca terem impedido inteiramente a possibilidade de participação dos subalternos nos rituais da existência política moderna, os rituais da democracia, garantiram que estes nunca se beneficiariam dos direitos presumidos por ela. Apesar da abordagem de Chakrabarty tratar da linearidade introduzida pelas reescritas científicas da história, sua articulação do historicismo como ideologia responsável por produzir o colonizado como eternamente despreparado para alcançar a autodeterminação não alcança a crítica radical da ontologia moderna que promete. Estou argumentando que Chakrabarty, assim como os outros "pós"-críticos cujos trabalhos já abordei, exatamente por se mover em direção a uma interpretação da história das elites nacionais indianas e encontrar, em vez de uma contradição, uma rejeição do que ele chamou de "teoria cênica da história", acaba por reproduzir a própria distinção entre os sujeitos políticos modernos que informa o tipo de "historicismo" denunciado por ele. Em outras palavras, a partir da particularidade indiana, ele prossegue com o intuito de descrever esse sujeito histórico particular sem investigar a fundo como essa particularidade não precisa ser traduzida, justamente por fazer sentido somente na gramática que o institui. Em suma, antes de o indiano poder se tornar sujeito histórico "não moderno", ele teve de ser construído como outro da Europa, um sujeito subalterno global; as elites da Índia talvez tenham contribuído com essa construção e certamente se beneficiaram dela, mas esta não foi conduzida por elites (nem pelo imperialista britânico), porque esse era o contexto em que a diferença (racial/ cultural) do indiano podia ser representada.

Diante da historicidade

Não estou propondo uma filosofia ou uma teoria sobre o sujeito. Minha simples manobra é recuperar a globalidade como contexto ontoepistemológico moderno. Apesar de reconhecer a centralidade da significação histórica, como destaquei anteriormente, acredito que sem um engajamento com a significação científica, nossas estratégias críticas, no melhor dos cenários, permanecerão irrelevantes e, no pior, simplesmente complementarão o arsenal político-simbólico que (re)produz consistentemente os "outros da Europa" como sujeitos subalternos globais. Para situar essa estratégia crítica, retorno ao materialismo histórico porque lá encontro, em vez de uma historicidade melhor, uma crítica do pensamento moderno, isto é, o delinear de uma ontologia social capaz de contestar com mais eficácia tanto a cena da regulação (a versão do nomos universal de Locke) quanto a cena da representação (tanto a poesis interiorizada herderiana quanto a poesis transcendental hegeliana). Exatamente por realizar esse projeto ao reescrever a cena da representação, o materialismo histórico promete e evita uma ontologia social que reconheça como sujeitos modernos presumem ambos os contextos ontológicos, isto é, a historicidade e a globalidade. Começando com as "promessas", eu leio a noção de produção material como uma tentativa de recuperar a exterioridade das entranhas da poesis transcendental. Para além da "inversão" do relato dialético (hegeliano) da história e a radicalização do conceito de trabalho de Adam Smith, a reconstrução do palco da interioridade feita pelo materialismo histórico constitui uma crítica poderosa ao pensamento moderno precisamente por mobilizar a universalidade científica com o intuito de produzir uma ontologia social que centraliza a afetabilidade — isto é, uma ontologia que aborda os relacionamentos em que os seres humanos se envolvem durante a (re)produção material da existência (corporal e social). O que a reescrita do trabalho como ferramenta do nomos produtivo promete explorar completamente mas não cumpre é a possibilidade do palco da exterioridade ser o momento ontoepistemológico privilegiado.

A crítica materialista histórica ao pensamento moderno, seguindo a versão da razão universal como nomos produtivo, confere o papel principal na cena do engolfamento a uma ferramenta da razão científica, isto é, às leis da produção material. Ao deslocar a poesis transcendental e descrevê-la como a versão "ideal" e "ilusória" da força da história, o materialismo histórico brevemente transfere a autoconsciência para o palco da exterioridade. Essa transformação é articulada através da união entre a natureza e a história conduzida pelo conceito de trabalho que, a partir de então, como noção (uma formulação abstrata), passa a escrever a autoprodutividade humana como produtora universal e objetiva da riqueza, justamente por ser a atualização da necessidade, e não da liberdade. Apesar de atacar a poesis transcendental com suas próprias ferramentas para desmascará-la como "ideologia", o materialismo histórico postula como sua tarefa ajuda a realização (finalização) da história, ao servir de instrumento da última classe revolucionária. Para mapear a configuração social pós-iluminista, o materialismo histórico segue a lógica da descoberta ao descrever os instrumentos e relações entre a produção (econômica) material e o (Estado) jurídico e as formas culturais, sob cujas condições o homem "atual" e "real" "faz a história", com o intuito de mobilizar estratégias que produzem os fenômenos sociais como efeitos de determinantes exteriores cujas operações podem tornar-se acessíveis e controláveis pelos seres humanos, mas que não são criadas por eles.

Em *Grundrisse: manuscritos econômicos*, Karl Marx[414] antecipa os procedimentos analíticos que viriam a ser mobilizados em *O Capital*[415] quando ataca o método analítico da economia política (liberal). A primeira manobra de Marx é mobilizar o nomos produtivo para demonstrar como e por que o social é o objeto apropriado para a razão científica. "O método científico correto", Marx[416] argumenta, pressupõe que as categorias econômicas sempre-já constituem o processo mental "do concreto", isto é, as representações do "verdadeiro sujeito" da história, da sociedade, em que os "indivíduos" já são diferenciados de acordo com suas posições na hierarquia da produção material, segundo seu "patamar de desenvolvimento (histórico)" específico. Assim ele apresenta um relato sobre o relacionamento entre o conhecimento e o "real" consistente com a poesis transcendental, ou seja, descreve um movimento de universalização. Não é de se surpreender que ele opte pelos Estados Unidos como exemplo de uma configuração social capitalista em que existe "indiferença em relação a qualquer tipo de trabalho específico [que] pressupõe uma totalidade altamente desenvolvida de tipos reais de trabalho, dos quais nenhum é predominante".[417] O modo de produção capita-

---

414. Marx, Karl. *Grundrisse*. New York: Random House, [1857-58] 1993.
415. Marx, Karl. *Capital*. Vol. 1. Moscow: Progress Publishers, [1867] 1977.
416. Marx, [1857-58] 1993, p. 101.
417. *Ibidem*, p. 104.

lista, "a organização de produção mais desenvolvida e complexa da história", argumenta — uma manobra que evidentemente opta pelo "desenvolvimento econômico" para substituir o "desenvolvimento moral" de Herder e usurpa o conceito de "progresso" do Iluminismo —, é resultado das leis do desenvolvimento [material] que explicam as sucessivas aparições e destruições de modos de produção e condições sociais que caracterizaram a versão marxista da "história do mundo" [hegeliana]. Pois é precisamente porque esse estágio do desenvolvimento material (econômico) chamado de produção industrial resulta de determinantes exteriores, que

> [as] categorias que expressam suas relações, a compreensão de sua estrutura [...] também permitem entendimentos dentro das estruturas e relações de produção sobre toda formação social desaparecida. A partir das ruínas e elementos de si própria, a produção industrial se construiu, e seus restos ainda não conquistados acabam arrastados por ela, cujas meras nuances desenvolveram significância explícita dentro de si mesma.[418]

Em outras palavras, no materialismo histórico clássico, a universalidade da diferenciação não é efeito da poesis universal, como na versão articulada por Herder, mas sim do nomos produtivo.

Contudo, apesar do nomos produtivo ser a "verdadeira" força produtiva da história, o materialismo histórico não escreve uma ontologia social cujas premissas são a exterioridade-espacialidade. Em *A ideologia alemã*, a crítica de Karl Marx e Friedrich Engels[419] aos filósofos hegelianos do início do século XIX, a reescrita da História e da autoconsciência como efeitos de uma exterioridade dupla — isto

---

418. Marx, [1857-58] 1993, p. 105.
419. Marx, Karl; Engels, Friedrich. *The German Ideology*. New York: International Publishers, 1947.

é, da regulação universal (leis de produção) e relacionamentos sociais — mantém a autodeterminação como o atributo singular do *homo historicus*. Neste momento, eles executam a famosa inversão em que a produção material (em oposição à produção do espírito, à "ideia") — isto é, a imprescindibilidade de satisfazer necessidades em vez do livre-arbítrio — torna-se a força produtiva universal — o produtor e o produto, causa e efeito, da autoprodutividade humana. Marx e Engels argumentam:

> O modo pelo qual os homens produzem seus meios de subsistência depende, acima de tudo, da natureza dos meios de subsistência que eles encontraram e que precisam reproduzir. Esse modo de produção não deve ser considerado meramente a reprodução da existência física dos indivíduos. Ao contrário, é um modo de vida definitivo da parte deles. Como os indivíduos expressam suas vidas, assim o são. Portanto, o que eles são coincide com a sua produção; tanto com o que produzem e com como produzem. Logo, a natureza dos indivíduos depende das condições materiais que determinam sua produção.[420]

Para Marx e Engels, essas são as condições em que homens e mulheres interdependentes que se relacionam entre si, como agentes da História, produzem suas "condições de existência". Com esse enunciado, eles posicionam relações na base da história e remoldam a autoconsciência como uma coisa da "necessidade" que, por sua vez, como argumentado na Parte I, é um atributo apreendido pelas ferramentas do nomos. Em outras palavras, a "necessidade", uma modalidade da razão reguladora, é responsável por produzir a consciência histórica, ou seja, as coletividades morais, o sujeito universal da poesis que, na versão herderiana da poesis universal e na versão hegeliana da poesis transcendental, são guiadas pelo Espírito. Eles argumentam:

---

420. Marx; Engels, 1947, p. 8.

A produção das ideias, dos conceitos, da consciência é, de início, estritamente interligada à atividade material e ao intercâmbio material dos homens, com o idioma da vida real [...] o mesmo vale para o processo de produção da mente conforme é expressa na linguagem da política, das leis, da moralidade, religião e metafísica de um povo. Os homens são os produtores dos seus próprios conceitos, ideias, etc. — homens reais e ativos *conforme são condicionados por um determinado desenvolvimento de acordo com suas forças produtivas e do intercâmbio que corresponde ao mesmo até alcançarem suas formas mais desenvolvidas.*[421]

Mesmo ao escrever a autoconsciência como efeito das leis da história, como expressão das condições "atuais" sob as quais os "indivíduos" existem como membros de um grupo econômico (classe), o materialismo histórico mantém a construção da exterioridade articulada pelo relato do nomos universal. Agora, no entanto, o nomos universal regula e produz a (re)produção das "condições de existência" "materiais"/ "atuais" (a reprodução física e produção econômica, isto é, corporal e social) conduzida pelos seres humanos, e consequentemente, também a consciência humana.

Ausente nesse movimento está o gesto radical capaz de desestabilizar completamente a representação moderna. O materialismo histórico não inaugurou uma ontologia social fundamentada pela globalidade (exterioridade-espacialidade), no qual o político não constituiria um efeito da autorregulação (restritiva) ou da autorrepresentação (unificadora), mas sim dos relacionamentos necessários para a produção das condições de existência. No texto de Marx e Engels, a tese da transparência — suposição ontológica que escreve a autoconsciência como coisa autodeterminada — continua intacta. Na versão materialista histórica da peça do engolfamento, o mo-

---

421. Marx; Engels, 1947, p. 18. Grifos meus.

mento da transparência é adiado até o instante em que o proletariado reconhece a "verdadeira" natureza de sua existência como a classe dominada/ explorada, quando o movimento da história — a peça da luta de classes determinada pelas leis de produção — chega ao fim. Exatamente por não abandonar a interioridade, o materialismo histórico reescreve a autoconsciência na transparência. Em outras palavras, embora o materialismo histórico clássico se baseie na ideia de lei, ou seja, a razão universal como força restritiva (na sua versão científica), seus limites encontram-se na centralização da materialidade (do corpo que trabalha [o instrumento principal] e dos relacionamentos humanos [simultaneamente agente e efeito] da produção), o privilegiar da sociedade "real/ dividida" sobre a nação "ideal/ unificada" como sujeito da História conserva o reconhecimento como o movimento imprescindível da emancipação do proletariado.

Estou argumentando que a crítica de Marx à poesis transcendental retém a promessa da historicidade, a transparência, ao reinstituir seus limites, uma vez que reescreve o social retornando-o para dentro da cena da regulação. Previsivelmente, "pós"-críticos, como Spivak e Chakrabarty, assim como Gramsci e outros anteriores a eles, não veem problema em abraçar uma historicidade melhor. A cena do engolfamento montada pelo materialismo histórico — ou seja, sua resolução da historicidade em universalidade científica — mantém a tese da transparência como pressuposição ética, como uma promessa, ao enunciar que as leis da produção material, isto é, a ferramenta da razão universal responsável por universalizar as "condições de existência", apenas se tornou a "realidade" vivenciada nas configurações sociais pós-iluministas e pós-Revolução Industrial. Somente então, quando as "verdadeiras" força produtivas (trabalho social) da História tornaram-se transparentes, os seres humanos "atuais" alcançaram a autodeterminação (autoconsciência) tanto no (a) sentido cartesiano/ lockeano enquanto tomavam decisões sobre sua existência, essência e sobre as condições jurídico-econômicas sob as quais viviam como coletividade quanto (b) no sentido herderiano/ hegeliano enquanto reconheciam que a coletividade era um produto de sua capacidade autoprodutiva. Portanto, os limites da historicidade, ou seja, seu fim espacial/ temporal, é novamente reinstaurado através da mobilização da universalidade científica, que mantém a noção de que o momento da transparência foi alcançado na configuração social onde o desenvolvimento pleno das forças materiais produtivas causou a emergência das formas jurídicas (da lei e do Estado), de formas culturais e de uma consciência (autoconsciência), para a qual as "leis da história" tornaram-se transparentes para seus agentes. De modo bastante similar à poesis transcendental, o materialismo histórico clássico localiza as condições para a revolução do proletariado, o evento "mundial-histórico", e as condições sociais novas e justas que ela acarretaria, o comunismo — a atualização da liberdade —, na Europa.

Quando reescreve a história como efeito do nomos produtivo, o materialismo histórico clássico indica que, apesar de serem regidas pelo princípio da transcendentalidade, as escritas do homem e da sociedade como objetos da razão científica durante o século XIX abrigavam uma inquietação produtiva. Na própria trajetória da empreitada materialista histórica, os efeitos negativos desta inquietação irromperam conforme acusações autodestrutivas acerca do "cientificismo" (determinismo e positivismo) eram rebatidas com acusações acerca do seu "historicismo" (idealismo e humanismo), enquanto seus efeitos positivos e produtivos surgiram nas reescritas articuladas durante o século XX que tratam exatamente do que permanecera incompleto: a necessidade de abordar a representação moderna como um momento político, o que tornara-se ainda mais central no fim do século XIX quando a nação, que pertence à cena da representação, tornou-se um significante político moderno necessário.[422]

Meu interesse está nas promessas que essa inquietação abriga: as que aparecem na escrita do social conduzida pelo materialismo histórico como domínio de operação do poder, que não é nem resultado de leis instituídas, as que os "indivíduos" concordam em obedecer, nem produto da autoconsciência já-no-momento-da-transparência. Ao escrever a consciência como efeito da produção material, Marx e Engels concretizaram algo além de introduzir o social como objeto de investigação, como os professores da sociologia gostam de enfatizar. Ao centralizar as "condições atuais", ou seja, os relacionamentos simbólicos e concretos, o momento político abriu, sobretudo, a possibilidade de uma análise crítica do social em que a espacialidade — onde "ser e significado" irrompem na exterioridade-afetabilidade — tornou-se o momento privilegiado da significação. Como destacado anteriormente, apesar de esse momento ter resolvido o

---

422. Tanto no conceito de hegemonia de Gramsci (cena da representação) quanto no conceito de interpelação (cena da regulação) de Althusser, para citar dois exemplos essenciais, é possível encontrar uma abordagem da representação moderna que tenta reescrever o materialismo histórico de modo a permitir uma explicação sobre o simbólico como um momento de operação do poder. Determinar se esses projetos são intrinsecamente contraditórios depende obviamente de quanto a pesquisadora está interessada em pureza teórica — porém, como destaquei anteriormente, Laclau e Mouffe (1987) indicam que os dois podem ser combinados. Contudo, o sucesso de qualquer um dos deles depende da posição teórica a partir da qual se escreve. Os dois conceitos são exitosos caso se reconheça como cada um retém a promessa da historicidade, a noção da liberdade, emancipação, como autodeterminação econômica, jurídica e simbólica, precisamente o que guia o projeto materialista histórico. Entretanto, nenhum dos conceitos resolve o incômodo que o desejo científico de Marx e Engels instituiu no centro desta crítica da poesis transcendental, isto é, o desejo que respondia a uma das acusações — de determinismo — apontadas anteriormente. Essas acusações, evidentemente não desaparecerão dos debates pós-marxistas contemporâneos e continuam a ser ética e politicamente cruciais na teoria crítica, o espaço em que repetem a escolha entre universalidade e historicidade.

exterior-espacial na representação moderna como efeito do nomos (produtivo) universal, ao postular os relacionamentos (sociais) também como produtores exteriores da consciência, o materialismo histórico abriu a possibilidade que foi mantida afastada enquanto a autoconsciência não fosse apropriada no modo de significação regido pela exterioridade, o campo da ciência. Ao insistir que isso é somente uma possibilidade, reconheço que a crítica materialista histórica permaneceu inteiramente dentro da representação moderna, pois, no fim das contas, ela reinstituiu a autodeterminação, isto é, o atributo das coisas interiores, apesar de somente ter passado a existir após a dissipação das condições de produção material e da concretização plena (atualização) das leis produtivas que a governavam. No relato de Marx, a afetabilidade é resolvida mais uma vez não através de uma violência "parcial" — deslocamento, negação ou engolfamento da exterioridade —, mas sim através de um gesto radical de significação, um ato de "violência total", a realização do princípio da morte, o qual rasura a afetabilidade como horizonte ontológico possível, como modo de existência, porque ela só pode surgir no relato da História como escatologia.[423]

Exatamente por isso, por optar pela exterioridade como ponto de partida para um relato que localiza o momento da transparência após a destruição do Palco da Vida, enquanto se agarra às promessas da historicidade que se estendem para além do seu "Fim" — momento em que aponta para o que Jacques Derrida[424] nomeou de assombralogia —, o materialismo histórico clássico espia o teatro da globalidade, o "Outro" contexto ontológico anunciado pela exterioridade, apenas para encerrá-lo imediatamente entre a Lei de Produção Material *a priori* (a necessidade que move a História) e a Vida de Liberdade *a posteriori* (as condições sociais que irromperiam "após" a história,

---

423. Foucault, 1994.
424. Derrida, Jacques. *Specters of Marx*. London: Routledge, 1994.

isto é, o comunismo). Ainda assim, exatamente por causa dessa narrativa, o materialismo histórico clássico oferece a exterioridade como ponto inicial poderoso para a crítica da representação moderna; o projeto esboça o terreno para uma análise crítica do social que não presume nem retoma imediatamente o mapeamento das condições sociais modernas como terreno constituído somente pelas representações regidas pelo princípio da transcendentalidade. Meu ponto é simples: como o próprio materialismo histórico clássico tornou-se outro produtor de relatos sobre a autoconsciência que se recusam a pressupor a transparência, ele também exemplifica a importância de abordar a significação científica, pois, desde o momento em que surgiu, como o desejo revolucionário de Marx e Engels indica, ela está envolvida no mapeamento simbólico das configurações sociais investigadas por ambos. Na próxima seção, eu rastreio as promessas do materialismo histórico clássico com o intuito de propor uma estratégia crítica de análises sociais, um remapeamento da configuração social moderna, capaz de deslocar tanto a poesis transcendental quanto o argumento "ideológico" que domina as "pós"-críticas do pensamento moderno, seja na teoria racial crítica ou nas análises críticas da nação.

Um esboço da consciência global/ histórica

Usando a ferramenta crítica do texto nacional, eu descrevo narrativas nacionais como contextos político-simbólicos que refiguram tanto a globalidade quanto a historicidade como contextos ontológicos. Exatamente por considerar seriamente a significação científica e ler a exterioridade como ferramenta e efeito da significação moderna, o texto nacional guia a crítica da representação moderna que não se esfarelar diante da tarefa crítica. Por não abraçar de modo reflexivo a historicidade, nem presumir uma dimensão intocada de "verdade", de "realidade", pois assume que a última pode ser filtrada através do "verdadeiramente universal", de gestos científicos ou históricos, o texto nacional evita o impasse da historicidade pós-moderna que pressupõe ou produz coletividades (éticas) transparentes. Entretanto, como destaquei anteriormente, esta ferramenta não conduz sua tarefa através da busca por um espaço de "inocência" incólume fora da representação moderna, mas sim lendo-a contra a corrente; isto é, similarmente a Foucault, eu leio o desejo pelo ato de "descobrir" como uma instância da produção das estratégias político-simbólica modernas, uma leitura que explora o "Outro" contexto ontológico possível, o Global, como o contexto epistemológico privilegiado para propor uma crítica da representação moderna, o que também é uma contraontologia moderna.

Meus exemplares são de enunciados nacionais pós-coloniais que não puderam mobilizar os "deuses e espíritos" para escrever as maneiras "singulares" pelas quais eles são constituídos como sujeitos políticos modernos, como Estados-nação, quer dizer, como versões específicas do *homo historicus,* o Eu transparente. Na descrição da poesis transcendental, eu indico como Hegel, ao remoldar o nomos universal e a poesis universal, identificou o Estado e a nação como, respectivamente, atualizações formais e substantivas do sujeito transcendental, representado no momento (na versão da História do Mundo de Hegel) do Povo ou da Nação. Essa é a versão da nação consolidada no último quarto do século XIX. Estou argumentando que, apesar de produtivo e coerente com o privilégio ontológico da interioridade, a resolução de Hegel não foi suficiente. Afinal, como a análise do imperialismo realizada por Arendt[425] e a historiografia do século XIX de Hobsbawm sugerem, o fim do século XIX testemunhou o surgimento de dois significantes distintos da diferença humana.

---

425. Arendt, Hannah. *The Origins of Totalitarianism.* London: Harcourt, Brace, 1979.

Entre 1875 e a década de 1930, enquanto a nação comandava a reconfiguração das fronteiras europeias, o racial reorganizava o espaço global. Acima de tudo, a nação, como significante da historicidade, se tornaria um significante político, pois tornar-se uma nacionalidade, ou seja, um Eu (interior-temporal) transparente, constituiria um critério para escrever uma coletividade como sujeito político moderno.[426] Ao adotarem a tendência predominante de escrever o racial como estratégia ilegítima de poder, as análises críticas da nação (e sobre o nacionalismo) costumam abordar o papel do racial como categoria política que funciona como princípio negativo nas narrativas da nação.

A maior parte dos relatos sobre a "origem" dos Estados-nação modernos dedica-se primordialmente a processos históricos especificamente europeus responsáveis por conduzirem à constituição das entidades territoriais, econômicas e políticas que o mundo conheceu no século XIX.[427] Contudo, apesar de centralizarem o "nacionalismo" como estratégia ideológica, a força que produz a ideia da nação como "entidade objetiva (material, palpável)", e escreverem a nação como "comunidade imaginada" ou um "mito", os analistas críticos da nação concordam que, no final do século XIX, produzir um povo como sujeito nacional, como o produto e o agente da trajetória temporal responsável por atualizar sua "diferença intrínseca" — não como uma coletividade moral isolada, mas sim como sempre-já um momento, uma atualização singular, do Eu transparente — tornou-se imprescindível para definir sua posição no espaço global. A nação, sob essas condições, constituía uma dimensão fundamental do sujeito

---

426. O impulso de produzir uma nação ("indivisível") homogênea justificou tanto a subordinação dos povos culturalmente distintos em determinado território quanto os avanços expansionistas autorizados por direitos históricos e similaridades culturais (Anderson, 1983; Gellner, 1983; Hobsbawn, 1994a).
427. Tilly, Charles. *The Formation of National States in Western Europe.* Princeton, N.J.: Princeton University Press, 1975.

político moderno porque a construção de uma coletividade como coisa interior-temporal, como Eu transparente, era vital para sustentar reivindicações de soberania (autodeterminação), o controle jurídico e militar sobre determinado território, o direito e a capacidade de explorar seus recursos econômicos, assim como o de dominar as diferentes populações que habitavam o mesmo território e o de apropriar outras regiões do espaço global com o objetivo de colonizá-las.

Em *Comunidades imaginadas*, Benedict Anderson[428] descreve as condições materiais (econômicas) e culturais em que essas "comunidades imaginadas" de poder, esses "reinos da História", surgiram. Ele define a nação como "artefato cultural" decorrente de transformações culturais, como a expansão europeia, a Reforma, o Iluminismo, a Revolução Francesa, responsáveis por propiciar o fim da "comunidade religiosa" e transformações materiais, como o *"print capitalism"*,[429] que possibilitou o surgimento da concepção do "tempo homogêneo e vazio". Apesar de fornecer um relato do surgimento da nação capaz de capturar com maior precisão como ela viria a constituir uma categoria política moderna privilegiada, conforme identifica com exatidão as características da nação articuladas nos enunciados de Hegel e Renan, os limites da perspectiva de Anderson ficam explícitos quando ele decide explicar a aparição de reivindicações nacionais fora do espaço europeu. Por exemplo, ele argumenta que a "onda

---

428. Anderson, Benedict. *Imagined Communities: Reflections on the Origin and Spread of Nationalism*. London: Verso, 1983.
429. N. da T. Teoria subjacente ao conceito de nação, como um grupo que forma uma comunidade imaginada, que emerge com uma linguagem e um discurso comuns gerados a partir do uso da imprensa, proliferado por um mercado capitalista. Os empresários capitalistas imprimiam seus livros e mídias no vernáculo (em vez de linguagens de escrita exclusivas, como o latim) para maximizar a circulação. Como resultado, os leitores que falam vários dialetos locais tornaram-se capazes de se entender e surgiu um discurso comum. Anderson argumentou que os primeiros Estados-nação europeus foram assim formados em torno de suas "línguas nacionais impressas".

nacionalista" do pós-Segunda Guerra Mundial ocorreu devido à "difusão das condições culturais e materiais (europeias) necessárias para o surgimento dessa nova forma de comunidade", refletindo assim as "conquistas do capitalismo industrial" que o imperialismo europeu mobilizou nos continentes africano e asiático. Embora este fato não possa ser negado, o relato de Anderson não trata das condições epistemológicas sob as quais a "difusão" dos conceitos culturais (e materiais) europeus ocorreu, como o mapeamento político-simbólico do espaço global determinou o local de apropriação dessas "importações".[430] O principal entrave para se compreender as narrativas nacionais pós-coloniais decorre, me parece, da predominância da lógica de exclusão sócio-histórica. Exatamente por adotarem a rejeição ética do racial, as análises críticas da nação argumentam que o "compartilhamento racial" é algo negativo, uma estratégia ideológica adotada com o intuito de instituir a homogeneidade nacional, o que, como destacado anteriormente, resultou no fato do racial somente ser considerado uma categoria política quando funciona como estratégia de exclusão.[431]

Minha leitura dos textos nacionais estadunidense e brasileiro afasta-se dessa perspectiva, pois parto em direção ao mapeamento dos efeitos da mobilização da racialidade nos enunciados responsáveis por escreverem a singularidade destas nações. Meu objetivo é mostrar como as apropriações particulares das estratégias de signi-

---

430. Chatterjee (1993, p. 6), por exemplo, também destaca esta limitação ao observar que, na Índia, com o Estado sob controle colonial, "o nacionalismo anticolonial reivindicou soberania sobre a cultura nacional" em um projeto cujo objetivo era "construir uma cultura nacional 'moderna' que, simultaneamente, não é ocidental".
431. Hobsbawm (1994a), por exemplo, argumenta que a "diferença física visível" foi incorporada em relatos da nação histórica tanto para demarcar as fronteiras nacionais quanto para criar diferenças entre os membros da nação. Ele afirma que tal diferença opera como um elemento negativo (excludente) em vez de positivo durante a invenção da comunidade nacional.

ficação produzidas pela ciência do homem (a antropologia), e pelas relações raciais propiciaram a escrita desses sujeitos americanos no momento da transparência. Assim sendo, introduzo uma estratégia crítica de análise social que privilegia o momento político-simbólico das configurações sociais modernas. Em vez da historicidade, eu leio os enunciados responsáveis por articular os sujeitos nacionais como textos políticos (históricos) em que os significantes da historicidade e da globalidade são incluídos. Com isso, espero indicar como o sujeito histórico é sempre-já um Eu racial; ele surge situado, sempre-já produzido em relação a um "outro", um "outro" racial, pois ambos são produzidos em contextos de significação constituídos pelas estratégias científicas e históricas. Em outras palavras, eu leio o sujeito nacional, o sujeito particular da poesis transcendental, também como um produto da analítica da racialidade.

O texto nacional captura um *homo modernus* inteiramente moldado, um espécime do *homo historicus* que existe como outro espécime do *homo scientificus* diante dos *Eus afetáveis* instituídos pelo racial — isto é, um sujeito global/ histórico. Ou seja, o texto nacional aborda as narrativas da nação como um instante dos enunciados políticos produtivos e violentos que reproduzem os "outros da Europa" como consciências afetáveis (inteiramente submetidas às ferramentas do nomos) com o intuito de ressituar o sujeito nacional (histórico) na transparência. Minha leitura demonstra como o arsenal da racialidade, ao ser mobilizado por esses textos históricos, autoriza projetos de (re)configuração social conforme determina o modo pelo qual os habitantes participam do presente da nação e o que desempenharão no futuro, sem nunca levar em conta que foram colocados no seu próprio passado. Demonstro como a analítica da racialidade institui os sujeitos históricos; como delimita a teleologia, a versão particular da poesis transcendental; como suas estratégias político-simbólicas produzem o sujeito nacional como um espécime do *homo modernus*, isto é, como sujeito global/ histórico.

9. O espírito do liberalismo

> Definitivamente, para mim, os Estados Unidos não pareciam um país estrangeiro. Era simplesmente inglês com uma diferença.
> — JOHN G. BROOKS, *As the Others See Us* [Como os outros nos veem]

A despeito de sua configuração liberal-capitalista, na virada do século XIX para o XX, a Europa ainda indagava se seu primo Estados Unidos estava construindo uma "civilização moderna". Muitos duvidavam que o "progresso", a prosperidade econômica e a democracia dos Estados Unidos atualizavam uma coletividade histórica particular, que o povo estadunidense constituía uma "individualidade espiritual", ou seja, uma nação. Em sua resposta a um jornalista francês anônimo, Brander Matthews[432] indicou que essa dúvida precisava ser levada a sério: segundo ele, o que os europeus chamavam de uma atitude "lucrativa" por trás da prosperidade econômica dos Estados Unidos fora herdada dos colonizadores peregrinos, cuja coragem e agressividade foram essenciais para a conquista da terra selvagem americana. No fim do século XIX, diversos comentários sobre a "civilização americana" também destacavam os efeitos danosos da sua configuração jurídica, ou seja, como a "igualdade ilimitada" afetava o "espírito" estadunidense em surgimento e não

---

432. Matthews, Brander. "American Character". *In*: *Columbia University Quarterly*, v. 98, n. 2, 1906, pp. 97-114.

permitiria o desenvolvimento de princípios morais e estéticos singulares. Associar dessa maneira igualdade política e deterioração da "civilização" não era novidade. Anteriormente, ainda no século XIX, Tocqueville[433] observou que, dos princípios que os estadunidenses haviam herdado dos seus ancestrais europeus, a democracia era o que mais havia sido desenvolvido até então. Ele reconheceu que "igualdade de condições" era a consequência natural do "progresso", mas que os Estados Unidos eram a única "civilização moderna" em que a democracia determinava de maneira firme o comportamento das instituições e da "moral". Entretanto, a igualdade política ameaçava o "espírito" da nação. Segundo Tocqueville,[434] o "poder da maioria", sua autoridade moral e política elevada, apresentava um sério risco às "instituições e caráter" dos Estados Unidos. Além de dificultar a discordância política, ao concentrar o poder nas mãos de legisladores, enfraquecer consideravelmente a autoridade do executivo, a vontade da maioria também estagna o gênio artístico. "A genialidade literária", observou, "não pode existir sem liberdade de espírito, e não há liberdade de espírito nos Estados Unidos".

O que sustentava os enunciados europeus acerca dos efeitos negativos provocados pela "igualdade ilimitada" se a democracia era o maior presente que a Europa pós-iluminista reivindicava ter dado à humanidade? Os comentários de Matthew Arnold[435] sobre a "civilização dos Estados Unidos" sugerem uma demarcação sobre a diferença *moral* entre os Estados Unidos e a Europa. Os Estados Unidos, Arnold admite, responderam aos desafios políticos e econômicos da "civilização moderna", mas ainda precisavam alcançar o que caracteriza a (própria) "civilização" em si, realizar os "fins" mais grandiosos da

---

433. Tocqueville, Alexis de. *Democracy in America*. Garden City, N.Y.: Doubleday, 1969.
434. *Ibidem*, p. 256.
435. Arnold, Matthew. *Civilization in America*. Philadelphia: Leonard Scott, 1888.

humanidade. Para Arnold,[436] exatamente o que possibilitou aos estadunidenses concretizar os objetivos econômicos da modernidade também evitava o desenvolvimento da qualidade necessária para o "progresso espiritual", a construção de uma "vida humana completa", isto é, um "juízo de distinção". Segundo Arnold,[437] tudo nos Estados Unidos "é contra a distinção [...] e contra o juízo de primazia a ser conquistado através da admiração e respeito pela distinção. A glorificação do 'homem médio' [...] é contrária a isto". Portanto, é provável que as acusações de falta de "distinção" e de "espírito" fossem reações à celebração estadunidense da sua rápida ascensão à hegemonia político-econômica global. Independentemente dos motivos, esses comentários sobre a "cultura e civilização" estadunidense são relevantes porque, ao serem mobilizados para diferenciar estadunidenses de europeus, expressaram uma diferença (espacial) irredutível que foi imediatamente abordada pelos escritores da nação estadunidense.

Minha tarefa neste capítulo é descrever como o arsenal da analítica da racialidade possibilita a articulação do sujeito estadunidense como Eu transparente quando elimina a distância entre o continente americano e o europeu ao escrever o corpo (anglo-saxão) branco como significante de uma consciência europeia. Minha análise dos enunciados mobilizados entre os anos de 1880 e 1930 demonstram como a articulação da diferença racial institui um relato ontológico em que a diminuição dessa distância — que representa o deslocamento colonial — permite a escrita do "espírito" estadunidense como a manifestação mais desenvolvida dos princípios pós-iluministas europeus. Seguindo a narrativa da poesis transcendental, os escritores da nação estadunidense mobilizam enunciados responsáveis pela produção de um Eu transparente e de uma configuração social capazes de atualizar os princípios que essa versão da peça da razão

---

436. Arnold, 1888, p. 3.
437. *Ibidem*, p. 9.

sustenta, a saber: a universalidade e a autodeterminação. Entretanto, ao conduzirem este projeto, eles enfrentaram um desafio que havia apenas sido sugerido pelos comentários europeus descritos anteriormente, mas que foi explicitamente articulado em seus textos, isto é, no fim do século XIX, a globalidade já informava as construções da autoconsciência. Pois, além de estar situado numa região global diferente, os Estados Unidos também precisavam se ocupar dos efeitos de mobilizações coloniais do poder e desejo europeus — mais especificamente, a apropriação das terras, recursos e trabalho a partir dos quais a própria nação Estados Unidos surgiu — responsáveis por produzir configurações sociais em que os europeus estavam condenados a compartilhar com seus "outros".

Não surpreende que a diferença racial tenha se tornado, e permanecido, uma estratégia político-simbólica crucial para as ontologias do sujeito estadunidense e o significante que rege as descrições da configuração social dos Estados Unidos. Caso não tivessem a pele branca, os escritores da nação estadunidense não teriam sido capazes de resolver a distância que ameaça situá-la na afetabilidade, precisamente o que os comentários europeus sobre a falta de "espírito" e "distinção" sugerem, independentemente de suas conquistas econômicas e jurídicas. Eles também não teriam conseguido garantir que a configuração social estadunidense, o "progresso" em si, atualizasse uma autoconsciência que somente poderia ter surgido e, de fato, surgiu na Europa; isto é, eles teriam sido incapazes de escrever o estadunidense como um espécime do *homo historicus*, um Eu transparente. A partir desses textos, eu reúno um relato ontológico, o *texto nacional*, em que a autoconsciência sempre-já irrompe numa disputa, num relacionamento que ocorre na dimensão do simbólico, em que o Eu transparente é/ vem-a-ser [*be/ comes*] (vem a ser uma coisa autodeterminada) em contraste com o que precisa ser escrito como aquilo que não é o mesmo que ele próprio, isto é, que é um "outro" afetável, que carrega uma diferença impossível de ser resolvida (suprassumida ou reduzida) no tempo. Em suma, minha leitura evidencia como o sujeito nacional estadunidense, o Eu liberal atualizado na configuração (jurídica, econômica e moral) social dos Estados Unidos, foi fabricado simultaneamente e com as mesmas estratégias político-simbólicas (as ferramentas da racialidade), responsáveis por produzirem seus "outros" subalternos. Ao fazê-lo, eu indico que o posicionamento desigual de descendentes dos "outros da Europa" diante do princípio da universalidade, o único princípio que rege os momentos jurídicos e econômicos estadunidenses, não foi um efeito imediato de seus traços raciais (como dados por Deus) — quer dizer, consequência do preconceito, ideologias e crenças falsas e práticas discriminatórias —, mas sim que a diferença racial, a estratégia de particularização responsável por produzir o sujeito estadunidense como ser europeu, também regeu esses momentos da configuração social dos Estados Unidos, conforme estabeleceu a dimensão ética, regida pela transcendentalidade, no qual somente este sujeito existe.[438]

---

438. Apesar desta análise ser bastante detalhada, ela não é exaustiva. Afinal, eu não trato da situação dos mexicanos estadunidenses [população *chicana*] neste texto, pois ela levanta questões sobre processos políticos intra-continentais que espero analisar em outro momento. Além disso, também não investigo a trajetória dos imigrantes europeus vindos das regiões sul e leste cuja branquitude e "origem" europeia rapidamente garantiram seu lugar na transparência (Jacobson, 1998). A trajetória de imigração das regiões leste e sul europeias é crucial não somente por ser um ponto de contraste, pois indica como a branquitude dissolve as distâncias/ fronteiras geográficas espaciais/ continentais. Ademais, enunciados, como o de Madison Grant, que produzem um mapa racial da Europa com o objetivo de distinguir "anglo-saxões" de outros habitantes europeus dos Estados Unidos também sugerem que o racial, como significante, nunca significou a diferença substantiva que a lógica sócio-histórica de exclusão presume. Por isso, previsivelmente, eles não são contemplados pelo texto das relações raciais. Apesar de eu reconhecer a importância da mobilização da racialidade para situar determinados europeus fora da transparência, eu não abordo esta questão porque fazê-lo distanciaria meu projeto, mesmo que ligeiramente, da sua tarefa central: indicar os efeitos da mobilização do racial que mapeiam a configuração global contemporânea. Não obstante, eu espero que esta leitura contribua para o projeto comparativo

"Nós, o povo (anglo-saxão)"

A chamada à ação publicada na introdução escrita por Madison Grant para o livro *The Rising Tide of Color Against White World Supremacy* [A maré crescente de cor contra a supremacia mundial branca], de Lothrop Stoddard,[439] transmite uma mensagem repetida pela maior parte dos enunciados acerca da singularidade dos estadunidenses que proliferou durante as primeiras décadas do século XX. A "terra do futuro" hegeliana estava sob ameaça: imigrantes do Leste e Sul europeu, negros do Sul dos Estados Unidos, chineses e japoneses no Oeste invadiam todo o país. Nas três décadas anteriores à Primeira Guerra Mundial, a fronteira física estava sendo substituída pelo "crescimento da metrópole industrial".[440, 441] Além de ter presenciado o surgimento do carro, a introdução do taylorismo, as cidades planejadas, o início dos subúrbios, urbanização e os esforços para melhorar a educação adulta e a agricultura científica, esse período também testemunhou a primeira onda de imigração de europeus vindos das regiões leste e sul. Entre 1900 e 1910, três milhões de brancos estrangeiros moravam nos Estados Unidos.[442] As mudanças

---

entre os estudos raciais e étnicos justamente por tratar dum momento crucial do uso das representações que produziram negros estadunidenses, asiáticos e indígenas como sujeitos subalternos.
439. Stoddard, Lothrop. *The Rising Tide of Color against White World Supremacy.* New York: Charles Scribner's Sons, 1920.
440. Paxton, Frederic. *Recent History of the United States.* Boston: Houghton and Mifflin, 1921.
441. "A geração anterior à guerra", Wish (1945, p. 3) destaca, acreditava que "sempre existiriam novas fronteiras a serem conquistadas [...] enquanto a estrada do avanço fosse protegida de homens corruptos e esquemas de monopolização". Para Wish, as duas primeiras décadas do século testemunharam o crescimento da riqueza nacional em quase 100 bilhões de dólares, acompanhada por aumentos salariais e uma situação de praticamente pleno emprego entre 1897 e 1907.
442. Segundo Wish (1945, p. 12), essa nova tendência imigratória "responsável por introduzir intensamente elementos católicos e judeus inspirou uma campanha para manter o domínio do estadunidense protestante branco-nativo".

demográficas responsáveis por inflamar a súplica de Madison Grant à classe trabalhadora ("anglo-saxã") para manter a "integridade racial" da nação foi eventualmente atendido conforme se formavam alianças ambíguas entre sindicatos, fazendeiros, governo federal e reformadores de todos os tipos[443] e garantiu a aprovação de diversas legislações, cujos objetivos não se resumiam a "restringir a voracidade dos grandes monopólios" e promover reformas sociais, mas também pretendiam limitar a imigração.[444] Além disso, como muitos historiadores destacaram, a prosperidade estadunidense não foi consequência somente da acumulação de imensas fortunas individuais e da sagacidade capitalista; a elevação do país à condição de principal poder econômico global também ocorreu devido a uma reconfiguração política.[445] O evento político mais importante foi o "comprometimento segregacionista", responsável por dar liberdade total para os sulistas tratarem a população negra como bem entendessem. A consolidação do "abandono do Negro pelo Norte" consolidou-se através de um enunciado jurídico, conforme Beard[446] elucida, quando a Suprema Corte decidiu acatar reivindicações dos estados do sul do país que estabeleciam as "relações raciais" como pertencentes ao domínio privado. O comprometimento que permitiu a unificação política crucial para a industrialização completa do espaço estadunidense, o que favoreceu a conseguinte predominância global exercida

---

443. Por exemplo: os sindicatos dos trabalhadores perderam a batalha jurídica sobre a *Clayton Bill* de 1914, que foi uma revisão da Lei Sherman, responsável por manter os sindicatos dentro do alcance das leis antitruste (Kolko, 1963, p. 263).
444. Wish, Harvey. *Contemporary America*. New York: Harpers and Brothers, 1945.
445. "A nova prosperidade nacional foi demonstrada no aumento da receita nacional. O superávit do tesouro foi de 100 milhões de dólares em 1882 e 145 milhões em 1883" (Paxton, 1921, p. 79).
446. Beard, Charles. *Contemporary American History*. New York: Macmillan, 1913.

pelos Estados Unidos, também teve como consequência violações "parciais" (leis da era Jim Crow) e "violações totais" (linchamentos), que resultaram no primeiro deslocamento em massa de pessoas negras em direção ao Norte. Resumidamente, os movimentos migratórios entre regiões e intranacionais se tornariam cruciais para a escrita do texto estadunidense em relação à definição sobre quem, entre os habitantes dos Estados Unidos, deveria desfrutar dos benefícios concedidos pelo "progresso".[447]

Entre os enunciados mobilizados no período de 1880 a 1930, eu encontro a construção de uma consciência global/ histórica, isto é, a escrita da nação estadunidense através da articulação de estratégias de significação que pertencem às duas regiões da representação moderna, a saber: a ciência e a história. Esses enunciados, ao seguirem a narrativa dominante da poesis transcendental, escreveram a trajetória do sujeito estadunidense como a manifestação de um Eu transparente. Entretanto, para conduzirem esta articulação, os escritores estadunidenses enfrentaram um desafio facilmente evitado por seus primos europeus: a trajetória temporal que mapearam ocorreu inteiramente fora da Europa, numa região

---

[447]. A disposição de 1917 responsável por exigir que imigrantes passassem por testes de alfabetização é um exemplo desta colaboração. A Lei Emergencial de 1921 limitando a imigração estrangeira a 3% do total de imigrantes já vivendo no país também foi resultado da pressão dos sindicatos. Este sistema de cotas favorecia primordialmente imigrantes britânicos, alemães e escandinavos e reflete a popularidade da tese da superioridade nórdica articulada por Grant no período pós-guerra. Em 1924, os sentimentos "nacionalistas" dos sindicatos foram novamente expressos através do Ato das Origens Nacionais, responsável por determinar que "o número de imigrantes deveria ser fixado em 150 mil por ano e que as cotas nacionais deveriam ser determinadas de acordo com a proporção do número de filhos estadunidenses que cada nacionalidade teve em 1920 em comparação à população total daquele ano" (Wish, 1945, p. 313). A maior vitória foi colocar os escritórios federais de imigração sob o Ministério do Trabalho em 1913 e a aprovação de diversas legislações restritivas em relação à imigração.

global que, desde o começo, era compartilhada com os "outros da Europa". Apesar do significante histórico, a nação, ser capaz de sustentar os enunciados responsáveis por construir o progresso como a atualização do Espírito estadunidense particular, a nação não era capaz de resolver este desafio porque a analítica da racialidade situa o continente americano diante do momento da transparência — este problema somente poderia ser abordado através da mobilização do arsenal da racialidade com o objetivo de escrever o corpo ("anglo-saxão") branco, o corpo que abriga a mente estadunidense, como expressão de uma consciência europeia. Nessas escritas da nação estadunidense, eu reúno os enunciados em que a diferença racial e a diferença cultural produziram o local do sujeito nacional, pois elas determinaram quem eram os habitantes desta entidade política pós-escravagista, cujas ideias atualizavam e ações expressavam os princípios articulados pelas suas dimensões jurídica e econômica, isto é, a universalidade e a autodeterminação. Por um lado, a branquitude vinculou a configuração corporal à região global, instituindo assim a vertente estadunidense do anglo-saxão e, posteriormente, dos imigrantes vindos das regiões leste e sul da Europa como significantes legítimos do Eu transparente. Por outro lado, as características físicas indígenas, negras e de imigrantes que vinham do continente asiático tornaram-se, conforme o texto das relações raciais captura, significantes de consciências ameaçadoras, porém afetáveis, que eram irrelevantes (indígenas e negros) ou que certamente definhariam conforme os estadunidenses (europeus/brancos) cumpriam seu destino histórico, isto é, a construção de uma configuração social regida pela universalidade e liberdade (como autodeterminação individual). Desta maneira, os atributos físicos produziram uma diferenciação moral, a distinção entre sujeitos transparentes e afetáveis, que não contesta a afirmação de que a configuração social estadunidense é uma manifestação dos princípios da Europa pós-iluminista.

Esses enunciados, ao seguirem o espírito da poesis transcendental e a letra do nomos produtivo, escreveram a particularidade do sujeito estadunidense como efeito dos atributos (morais) espirituais (do povo) anglo-saxão. Por exemplo, Strong[448] argumenta que a importância concedida pelos estadunidenses à sua liberdade e religiosidade eram expressões fundamentais da sua herança europeia. Segundo ele, "o anglo-saxão é o representante de duas grandes ideias que estão intimamente relacionadas. A primeira é o conceito da liberdade civil. Praticamente todas as liberdades civis do mundo são desfrutadas pelos anglo-saxões: o inglês, os colonizadores britânicos e o povo dos Estados Unidos".[449] É importante ressaltar que esta afirmação não era simplesmente a defesa de uma superioridade racial autoconferida. Ao reivindicar a liberdade (a autodeterminação) como monopólio da "raça anglo-saxã", Strong determina quais habitantes dos Estados Unidos deveriam ser reconhecidos como os legítimos sujeitos (jurídicos e econômicos) sociais. Além disso, a articulação dos estadunidenses como um tipo de raça anglo-saxã também possibilitou que a trajetória temporal deste sujeito fosse escrita de maneira a distingui-lo da história inglesa, mas sem ameaçar seu pertencimento ao momento da transparência.

Em *The American People: A Study in National Psychology* [O povo estadunidense: estudo da psicologia nacional], Maurice Low[450] indica exatamente o que descrevi acima ao enunciar que, contrariamente à opinião compartilhada pela maior parte dos europeus, o povo dos Estados Unidos constituía uma nacionalidade capaz de atualizar princípios fundamentalmente (ingleses) europeus. Segundo ele, "o que os fundadores da República enfrentaram inicialmente —

---

448. Strong, Josiah. *Our Country.* New York: Baker and Taylor, 1885.
449. *Ibidem*, p. 25.
450. Low, Maurice. *The American People: A Study in National Psychology.* Boston: Houghton and Mifflin, 1911.

e eles eram ingleses e continuaram a ser ingleses até tornarem-se estadunidenses — permaneceu fundamentalmente o mesmo em relação ao que era então, inspirados pelo treinamento e tradições inglesas; movidos apenas pela força inglesa".[451] O que transformou esses "ingleses" em "estadunidenses", segundo Low, foi o fato de terem renegado a Inglaterra e identificado seus interesses econômicos com o novo território. Contestando o argumento (europeu) de que a liberdade e igualdade impediam o desenvolvimento de um Espírito estadunidense, Low explica detalhadamente as características particulares do espírito dos Estados Unidos, sua contribuição singular para a "civilização moderna". Ele afirma: os Estados Unidos, indubitavelmente, constituem uma nação moderna. Que tipo de nação? A resposta de Low transmite o sentido de unidade e individualidade "essencial" que Hegel definiu como crucial para o "Espírito de um Povo". A nação estadunidense não é simplesmente o produto passivo do seu próprio passado; também é uma coisa autoprodutiva que se esforça para manter e afirmar a si mesma entre tantas diferenças. Low descreve todos os atributos do sujeito histórico estadunidense. "Existem muitos elementos necessários para constituir uma Nação e todos devem estar presentes para formar-se uma nacionalidade", argumenta. Low lista diversos elementos que podem ser divididos entre os pertencentes à (1) cena de regulação, configuração jurídica interna, isto é, "posse incontestável do país em que um povo adquire seu nome nacional; um vínculo comum ao sistema político e social que criou ou herdou; uma crença na sua própria força e individualidade"; à (2) cena da representação, características culturais ou morais comuns, isto é, "uma língua compartilhada [...]; universalidade religiosa ou tolerância religiosa, tornando assim a religião uma questão da consciência entre os homens e fora do controle do Estado; uma literatura verdadeiramente nacional — ou seja, baseada numa conquista he-

---

451. Low, 1911, p. 9.

róica ou uma batalha em defesa de um ideal, ou para amplificar um conceito idealístico"; e à (3) cena do engolfamento, responsável por situar a nação no espaço global, isto é, uma

> virilidade dominante que permite um povo, ao impor sua própria civilização, absorver e assimilar para dentro de si mesmo os aborígenes e estrangeiros com o intuito de que se tornem parte da, em vez de continuarem alheias à, raça dominante; ao código moral e de maneiras [...] que se mantenha uniforme; para que tanto através da língua quanto através do pensamento, os homens encontrem as mesmas formas de ação. A moralidade não é simplesmente uma questão de latitude e não existe um meridiano ético; quem urra um pensamento sublime possui uma Nação como público.[452]

Em outras palavras, Low escreve o estadunidense como um sujeito histórico cuja particularidade é um efeito de seu espírito liberal. Ele descreve a história dos Estados Unidos como atualização dos valores ingleses — através da língua, literatura e moralidade — introduzidos pelos primeiros colonizadores, escritos na constituição da nação e que permaneceram inalterados apesar do contato com os povos indígenas do espaço americano, da escravização e da imigração europeia posterior. "As instituições e ideais dos Estados Unidos são inglesas", ele argumenta, "e, embora tenha havido colonizações simultâneas perpetradas por ingleses, franceses, espanhóis, holandeses e suecos, apenas o idioma, os costumes e os ideais ingleses sobreviveram".[453] O enunciado de Low é importante porque constrói a nação estadunidense como consequência da mobilização do desejo inglês no espaço americano, modificado apenas com o intuito de atender às condições (geográficas) ambientais específicas

---

452. Low, 1911, pp. 230-1.
453. *Ibidem*, p. 424.

da região. Contudo, ainda mais importante é o fato da articulação de Low mobilizar a gramática do texto nacional estadunidense, que reaparece em outras reescritas. Entretanto, a demarcação do local desse sujeito inglês precisava da construção de outros habitantes do espaço americano como consciências que não participaram do processo de desdobramento do sujeito da "história do mundo". Na próxima seção demonstro como a mobilização do racial para escrever indígenas, negros e imigrantes asiáticos na afetabilidade instituiu a lógica da exclusão, o sistema que o arsenal das relações raciais capturou e reproduziu com tanta eficácia.

Florestas selvagens

Nem é preciso dizer, portanto, que a construção do continente americano como "terra vazia" foi tão central para a formação da autoconsciência quanto o próprio sujeito liberal. Por exemplo, ao indicar como o trabalho é a base para reivindicações de propriedade privada, Locke[454] construiu a "América" como a terra que permanecera no "estado de natureza" — "a floresta selvagem e desperdiçada por não ser cultivada [...], abandonada aos caprichos da natureza, sem qualquer aprimoramento, agricultura ou pecuária"—, como se quem lá habitava tivesse fracassado em exceder o regimento da lei da natureza (a lei da razão) e, assim, não tivesse agido sobre a natureza com o intuito de produzir mais do que é necessário para a preservação da vida humana. A partir da formulação de Locke sobre a propriedade privada como requisito para a "participação plena na sociedade civil",[455] passando pelo Iluminismo, pela ciência do homem e pela an-

---

454. Locke, [1690] 1947, p. 139.
455. Bauman, Richard; Briggs, Charles. *Voices of Modernity*. Cambridge: Cambridge University Press, 2003.

tropologia, que combinam os dois significados, o econômico e o político, para produzir os "nativos" do passado como coletividades cujas trajetórias ignoravam completamente os determinantes da liberdade, até a mobilização da "fronteira" executada por Turner, cujo intuito era significar, como C. L. R. James[456] argumentou, "a qualidade heroica do individualismo americano", a figura do indígena americano escreveu a particularidade, a dimensão do sujeito estadunidense na globalidade, pois sua obliteração constituiu a condição que possibilitou a construção de uma configuração social liberal-capitalista no continente americano.

Previsivelmente, o "nativo" americano, desde o início, ocupou uma posição jurídica conturbada.[457] Nos documentos jurídicos fundadores dos Estados Unidos, ou seja, na Declaração de Independência e na Constituição, os povos indígenas eram descritos como entidades políticas estrangeiras com as quais o recém-formado Estado se relacionaria seguindo os parâmetros de como coletividades soberanas se relacionam com outras, a saber: através do comércio, de tratados e de guerras. Contudo, pouco depois da instituição do Estado, ficou evidente que dois (ou mais) corpos políticos soberanos não ocupariam o mesmo território — pelo menos não enquanto a configuração econômica de um exigisse cada vez mais território, recursos naturais e mão de obra explorável do outro. No caso jurídico *Worcester vs. Georgia* (1832), a Suprema Corte indeferiu a reivindicação do estado da Geórgia acerca do direito de policiar a terra do povo Cherokee — o objetivo era controlar o acesso da população branca às minas encontradas neste território — argumentando que

---

456. James, C. L. R. *American Civilization*. Grimshaw, Anna; Hart, Keith (eds.). Cambridge, Mass., and Oxford: Blackwell, 1993, p. 101.
457. Wilkins, David. *American Indian Sovereignty and the U.S. Supreme Court*. Austin: University of Texas Press, 1997.

as nações indígenas sempre foram consideradas comunidades políticas distintas e independentes, mantendo seus direitos naturais originais como donas indiscutíveis do solo, desde tempos imemoráveis, sendo a única exceção a que lhes foi imposta por um poder impossível de ser resistido que as proibiu de ter qualquer ligação com outro potentado europeu a não ser o primeiro descobridor da área costeira da região reivindicada neste caso, e essa restrição foi imposta pelos próprios potentados europeus a si mesmos, assim como contra as nações indígenas.

Entretanto, conforme o juiz da Suprema Corte John Marshall indicou no ano anterior — ao revelar a opinião da corte sobre o caso jurídico *Nação Cherokee vs. Georgia* (1831): "Os Cherokee representam, de fato, um estado estrangeiro de acordo com a definição da constituição?" —, os povos indígenas somente seriam contemplados em enunciados jurídicos com o intuito de significar a terra em si. Afinal, Marshall admite que "a condição das nações indígenas em relação aos Estados Unidos é, possivelmente, única em relação a quaisquer dois outros povos no globo. Em geral, nações que não possuem compromissos de estarem em aliança são estrangeiras. Portanto, o termo "nação estrangeira" é, apropriadamente, aplicável a qualquer uma das duas. Porém, o relacionamento dos povos indígenas com os Estados Unidos é marcado por diferenças peculiares e cardinais que não existem em nenhum outro lugar. Admite-se que o Território Indígena compõe parte dos Estados Unidos. Assim o é considerado em todos os nossos mapas, tratados geográficos, histórias e leis".[458]

---

458. Segundo Wilkins (1997, p. 22), tal reconhecimento "cria uma sopa jurídica temperada com o desenvolvimento inovador da corte de doutrinas legais justificando, por um lado, a imposição da autoridade federal sobre territórios tribais e cidadãos indígenas, criando, por outro lado, uma série de barreiras [...] legais projetadas com o intuito de proteger as tribos das instituições federais, dos estados e iniciativas privadas".

Até nos momentos mais idílicos do romantismo estadunidense, o indígena é identificado com a natureza — não com a *natureza* kantiana, então já um produto da "razão pura", mas com a versão do "estado de natureza" de Locke, o produto da criação divina que ainda não foi modificado/ apropriado pela coisa racional. Nos enunciados sobre o sujeito dos Estados Unidos, o indígena é articulado com o intuito de significar a "fronteira", a "terra vazia" [*terra nullis*] que funcionou como a principal metáfora na escrita do sujeito estadunidense; isto é, o "nativo americano" irrompe como a personificação do (espaço) selvagem sobre o qual os sujeitos estadunidenses escreveriam sua "civilização". Ou seja, "independentemente do indígena ser selvagem ou nobre", conforme Berkhofer argumenta,

> ele seria inevitavelmente substituído pela civilização branca. Acreditava-se que a transição de uma natureza indomada e selvagem para um jardim cultivado e domesticado na região oeste dos Estados Unidos era tão certa quanto o movimento do progresso em direção ao Oeste havia sido na história europeia.[459]

As breves referências aos povos indígenas feitas entre os anos 1880 e 1930 durante a escrita da nação estadunidense indicam como os habitantes "originais" do espaço americano foram escritos como seres cuja obliteração possibilitou a atualização do sujeito estadunidense.

Em sua maioria, esses enunciados repetiram o romantismo escrito em meados do século XIX e referiam-se à fase anterior, a do assentamento puritano, com o intuito de construir os habitantes nativos do espaço americano, que, apesar de "desafortunadas" guerras, teriam colaborado no projeto de implantação do poder ou desejo europeus no "Norte". No entanto, durante a última fase de apropriação

---

[459]. Berkhofer, Robert Jr. *The White Man's Indian.* New York: Vintage, 1979, p. 92.

(da metade ao fim do século XIX) das terras dos nativos da América, isto é, a ocupação final e incorporação das regiões oeste e sudoeste, o "índio" foi articulado como significante da superioridade e efetividade da "civilização anglo-americana". Estas perspectivas estão implícitas na observação feita por Low,[460] pois, segundo ele, embora o "índio" tenha "exercido certa influência sobre a civilização do homem branco", ele nunca foi capaz de impor sua civilização sobre o inglês ou o americano, tampouco de "modificar ou alterar a civilização do homem branco de modo permanente". Certamente aqui encontramos o "nativo esvanecente" articulado pela antropologia; mas, ao contrário dos antropólogos estadunidenses do século XX (responsáveis por produzir esta figura enquanto viajavam por todo o território dos Estados Unidos com o intuito de resgatar essas "culturas" para incluí-las no mosaico da humanidade), os escritores da nação estadunidense enfatizavam "a" qualidade "esvanecente"; isto é, eles escreveram a trajetória dos povos indígenas como um movimento certeiro em direção à obliteração. Os "índios" estão esvanecendo, segundo Hill,[461] porque "estavam condenados desde o início; mesmo assim, eles batalharam contra o homem branco por quase trezentos anos. O fracasso retumbante de sua resistência originou em muitos estadunidenses uma sensação peculiar sobre a desimportância destes povos". De fato, os enunciados responsáveis por produzir a obliteração "do índio" no texto nacional dos Estados Unidos também revelam que os povos indígenas dessa região nunca foram desimportantes para a escrita da nação.[462] Porque "a fronteira" indicava a sempre-adiada conclusão do engolfamento do mundo situado no Oeste do continente pelo poder ou desejo europeu, os "índios" significavam os limites da nação estadunidense, ou seja, a condição que possibilitava a mobilização de um

---

460. Low, 1911, p. 239.
461. Hill, Frank E. *What Is America?* New York: John Day, 1933, p. 17.
462. Berkhofer, 1979.

desejo estadunidense. Nesses textos, eu encontro a escrita do europeu e do indígena dentro de um contexto ontológico, a globalidade, em que o primeiro irrompe sempre-já vitorioso no "relacionamento de força", a disputa necessária para a apropriação das terras, porque produz este "outro da Europa" particular como uma consciência intrinsecamente afetável. O "índio esvanecente" constituído na escrita do sujeito estadunidense permanece sendo uma figura jurídico-moral visível cuja posição é um comentário em relação ao principal efeito do engolfamento sobre a descendência dos "nativos" americanos do passado, isto é, o fato deste processo ter criado sujeitos que, apesar de modernos, não habitam o momento da transparência, ou seja, sujeitos modernos que somente contemplam o horizonte da morte.

[E]masculados por um sistema de escravização peculiarmente total

No dia 2 de fevereiro de 1865, o senado dos Estados Unidos aprovou a lei responsável por criar o Escritório de Refugiados, Homens Libertos e Terras Abandonadas no Departamento de Guerra. O departamento dos Homens Libertos tinha uma tarefa crucial diante de si, como W. E. B. Du Bois recordou em 1903:

> O governo dos Estados Unidos definitivamente assume o controle sobre o Negro emancipado como o tutelado da nação [...]. Neste instante, com apenas uma canetada, foi erguido o governo de milhões de homens — e não de homens comuns, mas de homens negros emasculados por um sistema de escravização peculiarmente total.[463]

---

463. Du Bois, W. E. B. *The Souls of Black Folk*. New York: Penguin, [1903] 1989, p. 378.

A importância dessa tarefa ficou comprovada por outro compromisso: o acordo Hayes-Tilden de 1877, em que os democratas decidiram parar de contestar os resultados das eleições nos estados da Flórida, Louisiana e Carolina do Sul, que garantiam a eleição de Hayes, assegurou que os democratas do Sul fossem incluídos no governo de Hayes e que o sistema de ferrovias no Sul do país fosse expandido. Bell descreve o efeito desse pacto sobre a população negra do Sul dos Estados Unidos:

> A perda da proteção de seus direitos políticos prenunciou a destruição dos ganhos econômicos e sociais que a população negra havia conseguido em algumas áreas. Comércios e fazendas foram perdidos, o progresso nas escolas públicas foi interrompido e o conjunto de leis Jim Crow, responsável por eventualmente segregar a população negra em relação a todos os aspectos da vida pública, começou a tomar corpo.[464]

Anteriormente neste capítulo, argumentei que para entender a subjugação dos negros nos Estados Unidos é necessário ler os enunciados sobre a escravidão e ir além do argumento de que ela instituiu uma contradição no âmago de uma entidade política governada pela universalidade e autodeterminação. Embora eu aborde a construção jurídica da injustiça racial e os corretivos usados para combatê-la nos Estados Unidos, acredito que o modo específico de subjugação racial estadunidense é compatível com os princípios que regem o liberalismo. Exatamente as dimensões mais importantes desta congruência desaparecem em argumentos como: (a) os próprios interesses dos brancos guiaram as decisões legais e políticas em relação à proteção dos direitos civis da população negra estadunidense,[465] (b) a legislação

---

464. Bell, Derrick. *Race, Racism, and American Law*. Gaithersburg, Md.: Aspen Law and Business, 2000, p. 52.
465. *Ibidem*, pp. 53-63.

dos direitos civis fracassou porque foi enfrentada por mobilização dos brancos[466] e, (c) ao longo da história dos Estados Unidos, a lei teve um papel mais do que instrumental, isto é, ela "construiu raça" e, conforme Crenshaw e seus colegas de trabalho escreveram, "o poder racial [é] a soma total dos modos predominantes através dos quais a lei molda e é moldada pelas 'relações' raciais no plano social".[467]

Embora a diferença racial governe a configuração social dos Estados Unidos, a escrita da ausência dos negros estadunidenses que autoriza dramaticamente evidencia como a atribuição da afetabilidade institui sujeitos que são compreendidos na universalidade jurídica. Nos enunciados mobilizados entre os anos 1880 e 1930 — exatamente o período que marca o fim da era da Reconstrução até o início do desmantelamento da segregação —, eu encontro a ressignificação da diferença negra, desde a construção da negridade como significante de propriedade, sustentado tanto pelo relato da história natural sobre as "raças e variedades do homem" e pelos textos religiosos através dos quais os "escravos", como as outras coisas do mundo, tornaram-se significantes da capacidade de seus donos de seguir a divina lei (econômica) da natureza, até a escrita da negridade e africanidade como significados de uma consciência afetável inteiramente determinada pelo exterior, isto é, até as ferramentas do nomos produtivo e as constituições e ações de sujeitos transparentes da branquitude. Através de suas histórias, tanto o momento jurídico quanto o econômico da configuração social estadunidense pressupunham quem carregava os princípios atualizados pelo Eu transparente. Se nos anos que antecederam a Guerra Civil, a diferença (moral-econômica) do Sul indicava como os negros não faziam parte daquilo que havia

---

466. Lipsitz, George. *The Possessive Investment in Whiteness*. Philadelphia: Temple University Press, 1998.
467. Crenshaw, Kimberlé; Gotanda, Neil; Peller, Gary; et al. (eds). *Critical Race Theory: The Key Writings That Formed the Movement*. New York: New Press. Distributed by Norton, 1995, p. XXV.

definido o sujeito estadunidense, o acordo de 1877 marcou o momento em que a diferença negra, isto é, a diferença racial, passaria a significar este não pertencimento. Contudo, sua posição não era a do "outro" afetável esvanecente, mas sim a de habitante de uma dimensão moral-jurídica, uma região de subalternidade, que coexiste nas configurações sociais construídas pelo Eu (anglo-saxão) transparente. Isto é, a afetabilidade dos negros permaneceria, na maior parte do tempo, acoplada à diferença sulista enquanto o regimento racial da configuração social dos Estados Unidos ameaçasse perturbar os projetos econômicos do pós-Segunda Guerra Mundial, que exigiam os recursos naturais e mão de obra dos "outros da Europa" ainda residindo em suas respectivas regiões globais "originais".

Nestas escritas da nação estadunidense produzidas no período pós-Reconstrução, encontro uma resolução da *presença* negra na diferença sulista, isto é, a escrita de sua *ausência* no momento jurídico dos Estados Unidos, o posicionamento desta população fora do alcance da Constituição estadunidense. Não foi este um efeito do silêncio. Quando aqueles enunciados a mencionavam, imediatamente e somente a colocavam na divisão fundamental no espaço nacional produzido por dois modos distintos de mobilização do poder/ desejo europeu conforme negros eram incorporados e fundidos através das construções da diferença sulista. Quero dizer, o engolfamento de negros nas regiões de subalternidade, o processo capturado pela sócio-lógica da exclusão, no início do século XX nos Estados Unidos, foi resultado do fato da diferença racial ter mantido a divisão moral-jurídica inicialmente articulada pela diferença sulista. Nesses enunciados, a divisão moral entre o sempre-já moderno "Norte" puritano e o sempre-já tradicional "Sul" nobre [*cavalier*] inglês foi ressignificada como uma divisão entre sujeitos estadunidenses brancos e negros. Portanto, embora as formulações da ciência do homem tenham possibilitado a escrita da afetabilidade fundamental negra, como indica Ross,[468] que comenta que: "negros estavam morrendo" após a Emancipação porque não estavam à altura dos desafios da "civilização moderna", o engolfamento dos negros nos Estados Unidos foi resultado da escrita do "problema Negro" como problema do Sul nos enunciados que resgatavam o Sul dos Estados Unidos de sua "distância" moral. Por exemplo, Low argumenta que "a escravidão no Sul não era uma mera excrescência social como era no Norte, onde ela não estava costurada no tecido da sociedade e não matizava o pensamento, instituições políticas, a vida cotidiana e o comércio de um povo".[469] Porém, ainda mais importante: o apagamento de negros do espaço jurídico ocupado pelo sujeito estadunidense ocorreu através da escrita da segregação que, ao contrário da escravização, não importunava o Estado (estadunidense) e foi construída como uma questão exclusivamente do Sul, como exemplifica o clássico estudo sobre relações raciais conduzido por Myrdal.[470]

O enunciado que melhor articula como a diferença racial governa a dimensão moral dos Estados Unidos, isto é, seu momento político--simbólico, é a histórica decisão jurídica que autorizou a segregação. No caso *Plessy vs. Ferguson* (1896), a Suprema Corte foi convocada para decidir se uma das leis aprovadas pela Assembleia Geral do estado da Louisiana em 1890 violava a 13ª e a 14ª Emendas.[471] Tal lei previa "vagões de trens separados para as raças branca e negra". Nessa decisão, a Suprema Corte fez mais do que determinar (decidir) se o estado da Louisiana estava dentro da lei quando Plessy foi denunciado por não obedecer ao agente ferroviário que lhe pediu

---

468. Ross, Edward A. *What Is America?* New York: Century, 1919.
469. Low, 1911, p. 492.
470. Myrdal, Gunnar. *An American Dilemma.* New York: Harper and Row, [1944] 1962.
471. Todas as citações são encontradas em Tussman (1963). Essas duas Emendas constitucionais, ao lado da 15ª Emenda, estenderam os direitos de cidadania à população negra estadunidense.

para usar o vagão especificado para o seu grupo. A decisão da corte também traçou a linha separando a branquitude da negridade e delineou a dimensão a que as relações entre negros e brancos pertencem. Ao indeferir a petição que afirmava a violação da 13ª e 14ª Emendas pela lei do estado da Louisiana, a corte argumentou que a determinação de acomodações distintas nas ferrovias baseada nas existentes diferenciações de cor não constituía uma tentativa de promover "servidão involuntária" nem questionava a "igualdade legal das duas raças". Quais foram, então, os argumentos mobilizados para sustentar as decisões que iriam se tornar a base para todas as decisões jurídicas posteriores sobre os direitos civis da população negra? Por um lado, a decisão da corte articulou o que estava implícito, porque ainda não havia sido articulado, tanto na Declaração de Independência quanto na Constituição. A decisão usou a diferença racial para situar as "relações" entre negros e brancos fora da esfera (de atuação) do Estado. A reinterpretação da 14ª Emenda removeu as relações entre negros e brancos da dimensão civil (legal), deslocando-a para a (recém-nascida) dimensão (moral) social e estabeleceu que a base desigual de suas relações era uma questão de distância (moral) social, e não de desigualdade política. Argumentou a Corte:[472]

> O objetivo da Emenda foi, indubitavelmente, fazer cumprir-se a igualdade absoluta das duas raças perante a lei, mas, pela natureza das coisas, não poderia ter a intenção de abolir a distinção baseada na cor, ou impor uma questão de igualdade social, que não é o mesmo que igualdade política, tampouco uma mistura entre as duas raças utilizando termos insatisfatórios para qualquer uma das duas. Leis permitindo, e até mesmo exigindo, a separação de ambas em espaços onde o contato

---

472. Tussman, J. (ed.). *The Supreme Court on Racial Discrimination*. New York: Oxford University Press, [1896] 1963, p. 68.

entre elas pode acontecer não necessariamente sugerem a inferioridade de uma raça em relação à outra e têm sido comumente, senão universalmente, reconhecidas como pertencendo à competência dos legislativos estaduais em relação ao exercício dos seus poderes de polícia.[473]

Ao enunciar que o estado da Louisiana tinha exercido seus "poderes de polícia" de maneira sensata, a decisão da Suprema Corte indica porque a mobilização da diferença racial com o objetivo de separar o moral ("social") do político (jurídico) concretiza o que tanto a Constituição quanto a Proclamação de Emancipação não conseguiram. A decisão determinou que, em relação à 14ª Emenda,

> o caso reduz-se à questão sobre se o estatuto da Louisiana é uma regulação sensata [...] para se determinar a questão da sensatez, [o legislativo da Louisiana] é livre para agir segundo as práticas, costumes e tradições da população tendo em vista promover o conforto da mesma e a preservação da paz pública (social) e da ordem. Avaliando a partir deste parâmetro, não podemos dizer que uma lei responsável por autorizar ou até mesmo exigir a separação das duas raças no transporte público é insensata, ou mais detestável (em relação) à 14ª Emenda do que as leis escritas pelo Congresso exigindo escolas separadas para crianças negras no Distrito de Colúmbia, cuja constitucionalidade não parece ter sido

---

473. A manobra interessante foi reinterpretar o caso *Strauder vs. West Virginia*. "De fato", a corte relembra, "o direito de um homem negro durante a escolha do júri que opinará sobre sua vida, liberdade e propriedade, não poderá desconsiderar sua raça e não poderá discriminá-lo por sua cor, já foi confirmada em diversos casos. Portanto, onde as leis de uma localidade particular ou o mapa de uma corporação ferroviária específica previam que nenhuma pessoa poderia ser excluída dos vagões devido sua cor, havíamos determinado que isso significava que pessoas negras deveriam viajar em vagões pequenos, assim como as brancas, e que a promulgação não foi satisfeita pela companhia que fornece os vagões exclusivamente para pessoas não brancas, embora fossem tão bons quantos os exclusivamente direcionados às pessoas brancas" (Tussmann, [1896], 1963, p. 69).

questionada, e demais leis similares aprovadas por outras legislaturas estaduais.[474]

Ao situar a "segregação racial" fora do escopo da Constituição dos Estados Unidos, a corte posicionou "o negro" fora do terreno moral-jurídico, cujos princípios são atualizados pelo sujeito estadunidense e, portanto, como quem não merece as proteções e direitos que tal terreno sustenta.

Ao determinar que essas questões eram locais, privadas ou sociais em vez nacionais, públicas ou políticas a corte situou os negros fora do terreno ético ocupado pelo povo estadunidense. Com esse movimento, a negridade e a branquitude passaram a significar a ruptura moral do espaço estadunidense, mas ainda dentro da diferença sulista, que reforçava a escrita do espaço da configuração social estadunidense como atualização da universalidade e autodeterminação. Continua a opinião da corte:

> O argumento também presume que preconceitos sociais podem ser superados através de legislação e que direitos iguais não podem ser assegurados ao Negro a não ser se forçada uma mistura entre as duas raças. Não podemos aceitar essa proposição. Se ambas as raças devem supostamente encontrar-se num patamar de igualdade social, isso deve ser resultado de afinidade natural, uma apreciação mútua do mérito de cada uma e através do consentimento voluntário dos indivíduos.

A corte que julgou o caso *Plessy*, entretanto, não precisou esperar pela ciência para definir a questão acerca da inclusão de negros no corpo político porque os cientistas do homem já o tinham feito. "A legislação", segue a corte,

---

474. Tussmann,[1896] 1963, p. 72.

não tem qualquer poder no sentido de erradicar instintos raciais ou abolir a distinção baseada em diferenças físicas. A tentativa de realizar tal tarefa somente resultará no agravamento das dificuldades da atual situação. Se os direitos civis e políticos das duas raças são iguais, uma não pode ser inferior à outra civil e politicamente. Se uma raça é inferior à outra socialmente, a Constituição dos Estados Unidos não as pode colocar na mesma dimensão.[475]

As demais ideias que possam ter informado a decisão da corte, no fim do século XIX, somente puderam ser articuladas com a mobilização das ferramentas da racialidade.

No fim do século XIX e início do século XX, nada evidenciou de forma mais patente a escrita da ausência negra do espaço ético habitado pelo sujeito estadunidense do que as constantes ameaças e episódios de violência física enfrentadas pela população negra, as quais nunca foram punidas; ataques da Ku Klux Klan, inúmeros casos de linchamentos durante a segregação e os levantes raciais organizados durante as primeiras décadas do século XX aterrorizavam a parcela negra da população dos Estados Unidos após a abolição da escravatura. Talvez a violência que marca as condições de pessoas negras escravizadas pertencesse a um modo de poder que não precisava das ferramentas do nomos produtivo para escrever seus sujeitos, pois o poder dos proprietários de "escravos" era consistentemente gravado nos corpos de "escravos" rebeldes como forma de punição quando estes se recusavam a aceitar sua posição econômica e jurídica de mão de obra escravizada. No entanto, casos posteriores de uso da força para encurralar os negros estadunidenses numa posição de subalternidade fazem sentido no contexto político do sujeito liberal apenas se lembrarmos que na formulação de Locke, para citar uma das postulações fundamentais do liberalismo, a decisão consensual e coletiva de abrir mão dos poderes executivos pertencentes ao

---

475. Tussmann, [1896] 1963, pp. 73-4.

estado da natureza — o direito de usar a violência para proteger a propriedade (vida, liberdade e posses pessoais) — caracterizou quem estava unido em uma "sociedade política". Nos Estados Unidos pós-escravidão, os negros eram forçados a habitar uma posição jurídica muito similar à versão de Locke do "estado da natureza". Este, no entanto, não resulta, como o enunciado fundante afirma, do "preconceito racial", de uma "reação natural" à diferença material, mas sim da escrita do sujeito estadunidense que situa os negros fora do corpo político fundado pelo anglo-saxão.

Nesse momento, não há um desejo por dominação, pois a dominação exige um ser vivo, como a passagem do "Senhor e Escravo" de Hegel indica. As versões históricas das relações raciais tampouco podem ajudar a entender a subjugação vivenciada por negros estadunidenses porque o "preconceito racial", mesmo se fosse usado somente como um elemento extra para a exploração de classe ou como um princípio de estratificação, precisaria manter seus sujeitos vivos e aptos a participarem da produção econômica. Talvez o segredo para entender a subjugação racial nos Estados Unidos esteja na primeira versão da sócio-lógica da exclusão, em sua presunção de que a solução para "o problema das relações raciais", ou seja, a restituição de uma configuração social transparente, era nada menos do que a obliteração do "outro" racial. Por mais espantosa que pareça, a sociologia das relações raciais só é capaz de fornecer uma caixa de ferramentas útil para entender o tipo de subjugação racial em que a diferença racial opera como estratégia de exclusão devido à sua participação na escrita da negridade como significante de uma consciência afetável, de uma consciência radicalmente estrangeira àquela que o poder Legislativo e o poder Executivo dos Estados Unidos foram estabelecidos para proteger.

A maré crescente de "[pessoas de] cor"

Os primeiros escritores da nação estadunidense mobilizaram o arsenal da racialidade para construir os imigrantes vindos do leste e sul europeus e asiáticos (chineses e japoneses) como "migrantes ameaçadores" cujas capacidades naturais de suportar uma baixa "qualidade de vida" lhes conferia uma vantagem sobre a população nativa (anglo-saxã); entretanto, quando assim os escreveram, não os produziram como "raças superiores". Nos primeiros enunciados, eu encontro como o arsenal da racialidade resolveu uma necessidade econômica; pois os primeiros imigrantes compunham uma fonte de mão de obra barata essencial para se alcançar a prosperidade econômica,[476] o que ameaçava situar os Estados Unidos ainda mais distante da transparência. Nesse instante, a escrita dos "outros da Europa" como seres humanos afetáveis, portadores de corpos e mentes inferiores, indica explicitamente como a globalidade constitui um contexto ontológico na articulação do sujeito nacional estadunidense. Primeiramente, nem todos os "recém-chegados" foram escritos como permanentemente "estrangeiros". Europeus vindos das regiões leste e sul seriam eventualmente situados dentro dos limites da americanidade [*U.S. Americanness*] porque seus corpos comunicavam uma origem no espaço europeu.[477] Os primeiros imigrantes asiáticos, por outro lado,

---

476. Ao discutir os dois movimentos políticos mais importantes do período entre 1890 e 1930, Hofstadter (1977) argumenta que o Populismo e o Progressivismo se uniram para criticar as grandes corporações e que as leis de imigração foram escritas como defesa de antigos princípios políticos e econômicos estadunidenses. Segundo Hofstadter (1977, p. 8), esses movimentos se construíram como defensores dos princípios do "ianque rural", o protestante anglo-saxão, contra a modernização do espaço estadunidense que "trouxe consigo o que os contemporâneos pensavam ser uma 'invasão de imigrantes', um movimento migratório imenso de europeus, especialmente camponeses, cujas religiões, tradições, idiomas e um número tamanho de indivíduos que tornava a assimilação pacífica impossível". Segundo Hofstadter, durante a primeira década desse século ocorreu a fusão do Populismo com o Progressivismo, apesar de divisões internas entre os dois.
477. O fato de estes imigrantes europeus virem a "se tornar brancos" indica que a britanidade [*Englishness*] do "anglo-saxão" somente poderia ter triunfado na "disputa sobre a branquitude" se as "categorias raciais" se referissem à diferença substantiva, como as relações raciais presumem. Contudo, as

seriam os "recém-chegados" cujos corpos sempre comunicariam sua estrangeirice numa configuração social construída por e para europeus. Eles foram escritos como estrangeiros que habitavam a "terra da liberdade e prosperidade" embora suas presenças tenham resultado de decisões jurídicas que atenderam as necessidades responsáveis por garantir o sucesso do capitalismo estadunidense no início do século XX. A distinção entre os imigrantes asiáticos e europeus indica como a globalidade guia o mapeamento da configuração social dos Estados Unidos, pois possibilita a diferenciação entre o estrangeiro "ameaçador" e o "não ameaçador". Por um tempo, tanto imigrantes asiáticos quanto europeus compartilhavam o espaço de outros raciais ou nacionais; porém, os europeus rapidamente sairiam dessa posição, pois as gerações seguintes, já nascidas nos Estados Unidos, não possuíam nada a não ser o sobrenome que indicava sua origem não inglesa. A formulação inicial da (teoria) das relações raciais descreve esse processo de acordo com uma sócio-lógica da exclusão que sempre-já presume a branquitude como significante da transparência. Entretanto, a minha leitura indica que as formulações da ciência do homem informaram as próprias "reações naturais" que Park e seus estudantes investigaram, a construção feita sobre os "outros da Europa" como marcados por uma afetabilidade que, apesar de proclamar, nunca os considera uma ameaça séria ao sujeito transparente estadunidense.

Portanto, minha análise sobre a escrita do sujeito estadunidense conduzida entre os anos 1890 e 1930 concentra-se em destrinchar como a articulação da particularidade racial e cultural asiática produziu o sujeito estadunidense como o agente da prosperidade econô-

---

"categorias raciais" nos Estados Unidos, conforme Jacobson (1998, p. 9) nos lembrou, "refletem os conceitos antagônicos de história, pertencimento a um povo [*peoplehood*] e destino coletivo" porque elas são apenas marcas da posição de uma coletividade em uma configuração social regida pela racialidade que precisa ser navegada a partir da rede articulada pela diferença racial.

mica ameaçado, postulando simultaneamente que a particularidade anglo-saxã garantiria sua vitória sobre os "recém-chegados" que eram fundamentalmente incapazes de sobreviver numa configuração social (liberal-capitalista) moderna. A maior parte dos enunciados contrários à imigração chinesa mobilizavam os argumentos da ciência do homem; e assim como no caso dos imigrantes vindos do sul e leste europeus, esses enunciados também produziram os trabalhadores (imigrantes) chineses como uma ameaça ao anglo-saxão nativo. Como no caso destes últimos, a diferença de chineses também foi atribuída à situação econômica de seu lugar de origem. Quando combinada a argumentos que defendiam a restrição dos direitos civis e o fim da imigração chinesa, que se baseavam na ideia de que eram "não assimiláveis aos brancos", a construção dos trabalhadores chineses como ameaça iria prevalecer e, mais tarde, estender-se para incorporar japoneses e outros imigrantes vindos da Ásia. Durante as três primeiras décadas do século XX, a escrita da diferença asiática privilegiou a globalidade, e não a historicidade.

Ao explicar como a imigração causaria danos ao "caráter nacional" estadunidense, em 1904, Eliot Norton argumentou que o pós--Revolução até o período dos anos 1860 marcou o início da formação do "tipo nacional ou racial" responsável por fornecer os parâmetros morais específicos dos Estados Unidos. No entanto, ele observou que "religião, governo, leis e costumes são apenas o caráter nacional na forma de parâmetros de conduta. Já o caráter nacional pode se formar apenas numa população estável. A repetida introdução num corpo de homens de outros homens de tipos diferentes tende a apenas impedir sua formação".[478] Nesse enunciado, as zonas de mobilização do cultural e do racial não são borradas; na verdade, lê-se aqui como o cultural foi usado num contexto global-epistemológico em que a di-

---

478. Norton, Eliot *apud* Stoddard, Lothrop. *The Rising Tide of Color against White World Supremacy.* New York: Charles Scribner's Sons, 1920, p. 255.

ferença racial já havia estabelecido o lugar do sujeito estadunidense. Previsivelmente, o gesto de significação mais notável nos enunciados acerca dos imigrantes asiáticos foi, precisamente, a aparente reversão das formulações articuladas pela ciência do homem. Esses enunciados manifestavam dois argumentos contraditórios, à primeira vista. Por um lado, eles mobilizaram a "superioridade racial branca" com o intuito de escrever a particularidade dos Estados Unidos segundo sua prosperidade econômica. Por outro lado, entretanto, ao situar o sujeito estadunidense em oposição aos imigrantes asiáticos, esses enunciados mobilizaram a afetabilidade asiática numa versão baseada na tese da "sobrevivência do mais apto", o que aparentemente invertia o enunciado de Darwin sobre os efeitos da "civilização moderna", através do argumento de que as péssimas condições produzidas pela industrialização e urbanização eram adequadas apenas para as "raças (social, econômica e mentalmente) inferiores". Leia, por exemplo, o argumento de Stoddard,[479] de que o problema da "imigração de outras raças" é o fato de produzir estrago ainda maior na imigração branca porque os imigrantes que não são brancos são "totalmente alheios sanguineamente e possuem origens idealísticas e culturais absolutamente diferentes das nossas. Se o imigrante branco já é capaz de desordenar seriamente a vida nacional, não é exagero dizer que o imigrante que não é branco a condenaria à morte". Qual é a outra leitura possível deste enunciado senão o argumento da teoria das relações raciais de que a diferença asiática, a diferença (cultural) manifestada pelos corpos e maneiras (costumes) asiáticos, perturba a configuração social moderna? Aqui, outra vez o lugar do sujeito estadunidense sobrepõe-se aos limites da branquitude, pois sua particularidade existe precisamente no fato de estar conduzindo com sucesso o projeto capitalista, como o comentário de Ross indica:

---

479. Stoddard, 1920, pp. 267-8.

Represas para as raças não brancas, com vertedouros para estudantes, comerciantes e viajantes, iriam eventualmente cercar o mundo dos homens brancos. Nesta área, barragens menores protegerão os salários altos de povos menos produtivos contra o excesso de trabalho dos mais produtivos.[480]

Seguindo esta lógica, o problema com o imigrante chinês devia-se exatamente ao fato de que, segundo Ross,

> a competição de trabalho branco e amarelo não é um simples teste do valor humano, como algumas pessoas podem imaginar. Sob boas condições, o homem branco pode superar o homem amarelo em recusar trabalho. Contudo, sob más condições, o homem amarelo pode superar o homem branco porque ele tem maior capacidade de suportar comida estragada, roupas ruins, ar de baixa qualidade, barulho, calor, sujeira, desconforto e micróbios.[481]

Exatamente o que a teoria das relações raciais constrói como "reações instintivas" aos traços "visíveis" da diferença cultural irrompe nos enunciados políticos que articulam a diferença racial para produzir a afetabilidade do outro da Europa e defender políticas públicas que protegessem as fronteiras da prosperidade. "Em relação à imigração da mão de obra não especializada [*coolie*] chinesa e japonesa", Woodrow Wilson afirmou durante a campanha presidencial de 1921,

> eu apoio a política nacional de exclusão. A questão é da assimilação de raças diversas. Não podemos compor uma população homogênea com um povo que não se mescla com a raça caucasiana. A qualidade de vida mais baixa que chineses e japoneses suportam no trabalho vai

---

480. Ross, 1919, p. 170.
481. *Ibidem*, pp. 273-4.

causar um excedente de mão de obra e assim acabar com o espaço do fazendeiro branco e, em outros setores, tais imigrações são uma ameaça industrial gravíssima. O sucesso de instituições democráticas livres exige que nosso povo seja educado, inteligente e patriota, e o Estado deveria protegê-lo de ter de enfrentar competições injustas e impossíveis. Trabalho remunerado é o que sustenta a satisfação. A democracia depende da igualdade do cidadão. A mão de obra oriental nos trará outro problema racial a ser resolvido e definitivamente já tivemos a nossa lição sobre este assunto.[482]

Antes e depois do enunciado de Wilson, que indica, outra vez, como o racial mapeia o pensamento do início do século XX, o corpo jurídico mais importante dos Estados Unidos envolveu-se na questão com o intuito de garantir que as necessidades econômicas não atrapalhassem a escrita do espaço estadunidense como o local "indígena" da universalidade e autodeterminação. Por exemplo, em *Chae Chan Ping vs. Estados Unidos* (1889), a Suprema Corte estadunidense indeferiu o apelo de Ping em relação à decisão do Distrito do Norte da Califórnia de que o mesmo deveria ser preso por entrar no país ilegalmente. Por ter saído dos Estados Unidos antes da aprovação da lei pelo congresso em 1888 que excluía "mão de obra chinesa dos Estados Unidos", Ping fez menção às leis de 1882 e 1884, que garantiam aos trabalhadores chineses o direito de morar no país. Com essa decisão, a corte confirmou a soberania do congresso em relação à legislação de imigração e ainda comentou sobre a retidão moral de seu motivo. A corte afirmou:

> Se o governo dos Estados Unidos, através do legislativo, considera a presença de estrangeiros de raças diferentes no país, incapazes de se

---

482. Woodrow, Wilson apud Ringer, Benjamin. *"We the People" and Others.* New York: Tavistock, 1983, pp. 286-7.

assimilar conosco, um risco à paz e segurança da nação, a exclusão dos mesmos não pode ser interrompida porque, no momento, não existe hostilidade com a nação de onde os estrangeiros são sujeitos.

A razão pela qual a corte não se sentiu obrigada a especificar qual era o "risco" somente pode ser explicada pelo fato considerá-lo conhecido. E de fato era, e não apenas pelos escritores do sujeito estadunidense, mas também por políticos importantes como Woodrow Wilson, por trabalhadores brancos e por outros que viviam nos Estados Unidos quando a diferença racial regia os relatos ontoepistemológicos.

Os enunciados que produziram a diferença asiática indicam como os asiáticos foram colocados num contexto ontológico, a globalidade, em que a diferença entre as "civilizações" pôde ser articulada com o objetivo de produzir uma distinção entre o sujeito estadunidense transparente e os seus "outros" afetáveis. Como Said[483] já nos lembrou, o "Oriente" foi escrito como outro-temporal da Europa, isto é, o lugar das "civilizações" estagnadas e/ou decadentes. Contudo, a diferença asiática é construída precisamente por ser *exterior* à prosperidade estadunidense — isto é, alheia à sua capacidade de realizar os projetos do capitalismo. É aqui que localizo o espaço ambíguo ocupado por asiáticos-estadunidenses, que lhes permitiu entrar e sair dos limites da diferença cultural, ora classificados como "o perigo amarelo", ora como "a minoria modelo (ideal)", sem nunca poderem escapar do espaço que a racialidade lhes designou. Afinal, sempre que as necessidades políticas e econômicas estadunidenses precisavam da mão de obra asiática, as fronteiras da diferença asiática foram abertas, bem como para qualquer nacionalidade favorecida em cada momento específico, assim como foram fechadas para as nacionalidades desfavorecidas que seriam mantidas fora dos limites

---

483. Said, Edward W. *Orientalism*. New York: Vintage, 1978.

traçados por ela. Em ambos os instantes, as portas nunca seriam totalmente fechadas para estes outros afetáveis em particular porque os Estados Unidos sempre lançaram atos jurídicos com o intuito de atender às necessidades econômicas imediatas do Estado sem, contudo, arriscar posicionar o outro asiático no lugar ocupado pelo sujeito estadunidense.[484] Essa notável tarefa pertence à globalidade, pois permite a escrita do sujeito subalterno asiático tanto como uma ameaça à branquitude quanto um significante que excede o que somente ela significa de modo apropriado, isto é, o sujeito capaz de atualizar os fins econômicos e jurídicos da razão.

O(s) povo(s) dos Estados Unidos

Nos textos que escrevem a particularidade do sujeito estadunidense — os enunciados que buscavam responder à pergunta "o que é a nação estadunidense?" —, encontro precisamente como a globalidade constitui um momento da escrita do Eu transparente como coisa jurídica (liberal) e econômica (capitalista). Na virada do século XX, a globalidade mobilizou a diferença racial com o objetivo de escrever o sujeito estadunidense (anglo-saxão) em contraste com praticamente todo e qualquer outro habitante do espaço ocupado pelos Estados Unidos — primeiramente, mirando os povos indígenas e a população negra e, posteriormente, os imigrantes vindos do leste e sul europeus e asiáticos. A maior parte das análises acerca das estratégias de subjugação racial estadunidenses debruça-se majoritariamente sobre a escrita do "outro dentro" [*other within*] e presume que o racial opera

---

484. Como Lowe (1996, p. 13) argumenta, "as tentativas do Estado de 'resolver' a contradição econômica do capital e as contradições políticas do Estado-nação resultaram nas sucessivas exclusões dos chineses em 1882, indianos em 1917, japoneses em 1924 e filipinos em 1934, além da proibição de todos esses grupos de imigrantes de obter cidadania e adquirir propriedades".

somente como estratégia de exclusão. Contudo, a minha leitura demonstra que o outro da Europa teve de ser produzido nesta condição na representação, isto é, como uma coisa sempre-já afetável, para que não fosse impossível situar o sujeito e a configuração social estadunidenses na transparência. Além disso, minha leitura também mostra como este contexto fabricou um modo de subjugação racial, ou seja, a presunção da afetabilidade dos "outros da Europa", responsável por informar como estes estão situados diante do momento jurídico dos Estados Unidos.

Esses enunciados construíram a proximidade do sujeito estadunidense com (ou ao) espaço europeu em dois instantes. Por um lado, os enunciados mobilizaram a diferença racial com o objetivo de escrever a configuração social dos Estados Unidos como a expressão do poder-desejo anglo-saxão. Quando o corpo, o significante primordial da particularidade, sempre-já constrói o sujeito estadunidense como "inglês", europeu, a distância geográfica é dissolvida. Por outro lado, a racialidade mapearia a configuração social estadunidense como uma versão menor da própria globalidade ao assinalar aos "outros da Europa" uma posição moral não compreendida pelos princípios que somente os anglo-saxões atualizam, isto é, a universalidade e a autodeterminação (liberdade). Esse contexto indica que a subjugação racial não é resultado de estratégias de poder excessivas. Na verdade, ela é um efeito da analítica da racialidade, o aparato político-simbólico responsável por produzir, dentro dos Estados Unidos, sujeitos globais/ históricos, ou seja, o branco transparente (Eu nacional) e os seus "outros" afetáveis.

10. Democracia tropical

> O que se quer tornar patente é que o homem branco, para suportar a luta pela existência no meio brasileiro, para adaptar-se à sua nova pátria, teve de reforçar-se com o sangue das raças tropicais. Daí o cruzamento e daí o mestiço, que, como produto de uma adaptação, já é por si mais próprio para o meio e, se é inferior ao branco pela inteligência, é-lhe superior como agente de diferenciação, como elemento para a formação de um tipo nacional. Afinal é o branco que virá a prevalecer; porque ele é que nos trouxe a civilização; mas, para assegurar esta mesma vitória, para formar uma nacionalidade forte neste meio, ele teve de diluir-se na mestiçagem, teve de alterar a pureza de seu sangue, se é que neste século que determinou a origem humilde da pobre humanidade, ainda tenhamos necessidade de falar em pureza de sangue, e outras velhas frases místicas e lapsos [...].
> — SÍLVIO ROMERO, *História da Literatura Brasileira*[485]

Em 1848, o Imperador Dom Pedro II viajou pela primeira e possivelmente única vez pela região norte do Brasil. A irritação que vaza das páginas do seu diário de viagem, que escreveu quando estava em Salvador, provavelmente foi causada por memórias recentes das semanas desconfortáveis passadas em alto-mar. Enquanto esteve na capital da Bahia, o imperador dividiu seu nobre tempo entre visitas a obras inacabadas e passeios em eventos culturais. Mesmo assim, ele ainda

---

485. Romero, Sílvio. *História da Literatura Brasileira.* Rio de Janeiro: Garnier, 1888, p. 184.

teve tempo de observar os rostos locais. Surpreso com a composição da Guarda Nacional, ele comentou em seu diário: "Esqueci-me de dizer que não encontrei tantas faces escuras quanto esperava e que a Guarda Nacional não é tão negra; porém, sempre vê-se pelas janelas, os turbantes de 3 ou 4 mulheres negras mina".[486] Definitivamente, contudo, vossa majestade demonstrou preocupação muito maior com a aparência física das elites: "Os Bulcões", destacou, "têm traços faciais muito melhores que dos Munizes, e a baronesa de São Francisco é uma dama perfeita".[487] Ao investigar atentamente os rostos dos baianos, é muito provável que D. Pedro II, o jovem herdeiro do império brasileiro, famoso por sua busca incessante pela intelectualidade, tivesse em mente os comentários de europeus que o visitavam frequentemente e o alertavam sobre os riscos da "mistura racial". Quantas vezes Vossa Majestade havia sido repreendida por cientistas estrangeiros, intelectuais e representantes governamentais sobre os perigosos que a miscigenação trazia para as inclinações e caráter de seus subalternos? Como poderia o Brasil tornar-se uma "civilização moderna" se até mesmo nos corpos da elite nacional era possível perceber sinais explícitos de "mistura racial"? Qual tipo de "civilização" poderia ser construído por um povo que os cientistas do homem haviam escolhido como exemplo dos perigos escondidos nas colônias europeias?"

A preocupação de Dom Pedro II reflete os enunciados sobre a notável presença de pretos e *mulatos* nas ruas de Salvador durante o século XIX, como o texto do Conde de Suzannet que se referiu à "imoralidade de todas as classes, o que permitiu o cruzamento entre raças diferentes e destruiu o preconceito de cor". Fosse o tom de empolgação ou repulsa, a maioria dos diários dos viajantes europeus descrevia um cenário incomum: a mistura entre a África e a Europa,

---

486. Dom Pedro II. *Diário da viagem ao Norte do Brasil*. Salvador: Universidade da Bahia, 1959, p. 48.
487. *Ibidem*, p. 49.

a "degeneração moral" testemunhada por eles, andando e dançando com uma liberdade ameaçadora pelas ruas de Salvador. Por um lado, o perigo era representado pelos corpos da maioria esmagadora da população da cidade. "Em geral", escreveu Tschudi, "os mulatos são extremamente sensuais, frívolos, desatenciosos e, em sua maioria, preguiçosos, viciados em apostas e álcool, vingativos, dissimulados e astutos".[488] Por outro lado, eles escutavam e viam essa ameaça através do que "pretos e mulatos" faziam nas ruas de Salvador. William Scully, escrevendo em seu diário em 1886, disse que existia um lugar no Campo Grande onde "pretos africanos louvam de maneira supersticiosa, e [que] visitam frequentemente levando presentes em forma de frutas e legumes".[489] Von Martius, ao observar a tradicional celebração católica, a Festa do Bonfim, destacou que "o barulho e felicidade extravagante de tantos negros reunidos" promovia "um efeito especial e primoroso que somente poderia ser compreendido por quem tivesse a oportunidade de observar diversas raças humanas em promiscuidade".[490] Independentemente do adjetivo escolhido para descrever a "mistura" da África e da Europa, "selvageria" e "civilização", os diários desses viajantes globais ressaltavam um aspecto do espaço brasileiro que seria abordado por intelectuais brasileiros durante as duas últimas décadas do século XIX. Nesse período, eles finalmente escutaram a mensagem vinda da Europa que destacava como a sensualidade, a alegria e o barulho, em vez de serem meramente especiais e primorosos, indicavam, na verdade, a presença de um tipo de ser humano que, segundo o cientista do homem Robert Knox,[491] era "uma degradação da humanidade e rejeitado pela natureza", isto é, atualizavam uma consciência afetável.

---

488. Von Tschudi *apud* Augel, Moema, 1980, p. 199.
489. Scully *apud* Augel, Moema, 1980, p. 208.
490. Von Martius *apud* Augel, Moema, 1980, p. 209.
491. Knox, Robert, 1850, p. 497.

Minha tarefa neste capítulo é indicar como o arsenal da analítica da racialidade possibilitou a escrita do sujeito nacional brasileiro como *Eu transparente*, um espécime do *homo historicus*, contrariando os argumentos de pensadores europeus que afirmavam a impossibilidade de as populações preta e mestiça da nação atualizarem os princípios, isto é, a autodeterminação e a universalidade, cujo surgimento situa a poesis transcendental dentro das fronteiras da Europa pós-iluminista. Minha leitura dos enunciados da nação brasileira mobilizados entre os anos 1880 e 1930 descreve como eles possibilitaram exatamente a produção daquilo que os europeus duvidavam que o brasileiro era ou poderia um dia ser. Além disso, também mostro como a construção do sujeito brasileiro como Eu democrático foi viabilizada através da reescrita da miscigenação, a estratégia de contenção, como um significante (escatológico-teleológico) histórico. Em outras palavras, eu mostro como a miscigenação instituiu o sujeito brasileiro, delimitando seu espaço ético particular, precisamente por ter escrito a trajetória dos povos indígenas e africanos dentro da afetabilidade, como consciências incapazes de prosperarem na configuração social transparente construída pelo português em terras sul-americanas. Eu também indico como essa resolução viria a ser o dilema central da cultura brasileira graças à instabilidade intrínseca da miscigenação como significante científico. Ao descrever como o arsenal da racialidade informa as versões predominantes do texto brasileiro, isto é, a tese do branqueamento e a democracia racial, eu indico como a transformação dessa estratégia científica (de contenção) em uma estratégia histórica (de engolfamento) produziu um texto político genderizado, pois o poder/ desejo português somente poderia ser escrito como a força da história brasileira através da apropriação da sujeita mulher não europeia (colonizada ou escravizada) como instrumento. Estou sempre-já destacando que a produtividade do desejo europeu não habita a transcendentalidade, mas sim relacionamentos pré-modernos — porque, como a minha leitura das formulações de Locke indicou, as condições da subjugação da mulher tanto precedem quanto são abarcadas pela entidade política racional — com mulheres "outras da Europa" no período, a sexualidade capaz de ameaçar as fronteiras que a racialidade foi mobilizada para produzir.[492] Portanto, o sexual falha em fixar as fronteiras do Eu transparente não porque, como muitos argumentos sugerem, as coletividades humanas são produto da longa história da "mistura racial" — argumento usado para enfraquecer a "tipologia das raças" definida pela ciência do homem —, mas porque o sexual, como significante da exterioridade e espacialidade, refere-se a como a peça do engolfamento nunca consegue dissipar os relacionamentos instituídos por mobilizações do desejo (econômico e sexual) europeu em outras regiões globais. Nos primeiros textos que escreveram a nação brasileira, eu leio como a miscigenação, ao ser mobilizada como estratégia de particularização, produziu um sujeito moderno que incorporava a perigosa encruzilhada onde as estratégias coloniais de poder/ desejo, cuja mobilização contribuiu para o "progresso" europeu, ameaçavam a transparência do ser essencialmente autodeterminado, como os filósofos europeus haviam-no escrito. Contudo, precisamente por ter produzido corpos que significam a continuidade entre a Europa e outras regiões do espaço global, a miscigenação também constituiu um significante da globalidade capaz de ser mobilizado para se escrever uma zona pós-colonial abarcada pelo poder europeu na afetabilidade.

---

492. O conceito de hibridismo (miscigenação) introduzido pela ciência do homem é muito bem descrito por Robert Young (1995, p. 26) como a noção que "sugere um transtorno e a união forçada entre quaisquer dois seres vivos diferentes". Apesar de eu não concordar com seu argumento de que isto faz com que a "diferença se torne similaridade [*sameness*]" — o problema para os escritores da nação brasileira era o fato do hibridismo produzir uma diferença muito mais nociva do que a diferença significada pela negridade e indianidade, por exemplo —, Young indica por que a "existência do hibridismo" deveria preocupar quem estava envolvido no projeto de reconstruir o Brasil como Estado-nação moderno.

Ao direcionarem suas atenções às ruas de Salvador, intelectuais, políticos e cientistas brasileiros mobilizaram estratégias de significação que sempre-já presumiam a configuração social brasileira situada nas bordas da globalidade liberal-capitalista. Com o objetivo de situar a nação na transparência, eles transformaram o que a ciência do homem descreve como signos da degeneração, ou seja, barulho e sensualidade, em música e alegria, significantes de culturas africanas, isto é, eles transformaram o que negros fazem e dizem em fragmentos do "espírito" africano. O efeito primordial deste desejo antropológico produtivo foi reescrever os "outros da Europa" na afetabilidade ao transformar a miscigenação em um significante histórico (escatológico-teleológico) ambíguo, praticando assim um gesto político-simbólico cujo efeito crucial foi deslocar o social como a dimensão de operação do racial no Brasil. Em outras palavras, o ato de silenciar o racial sob a classe — exatamente o oposto do que ocorreu nos Estados Unidos, com o ato de silenciar a classe sob o racial — não se baseou no ato de situar o "outro" racial fora do lugar do sujeito nacional, mas sim em como os significados escatológicos da miscigenação produziram um modo de subjugação racial fundamentado na obliteração dos corpos e mentes sempre-já afetáveis dos "outros da Europa". Durante a maior parte do século XX, esse desejo antropológico forneceria o arsenal mobilizado nos enunciados que articularam o sujeito brasileiro. Além disso, ele também constituiria o *locus* privilegiado para a produção de estratégias de significação científicas mobilizadas nos enunciados que escreveram o sujeito brasileiro como um espécime particular do *homo historicus,* a saber, o sujeito da democracia.

O poder fetichista do desejo antropológico

O professor universitário, legista, etnógrafo e cientista do homem Raymundo Nina Rodrigues é o pesquisador da configuração social brasileira pós-escravidão que comunicou com mais veemência a necessidade de agarrar-se à concepção escatológica da miscigenação (precisamente por desafiar os enunciados dos cientistas do homem).[493] Por isso, antes de investigar como ele reuniu os fragmentos de africanidade que posteriormente seriam oferecidos pelos antropólogos aos escritores da nação brasileira, é importante aprender por que Nina Rodrigues considerava a miscigenação problemática. Em *As raças humanas e a responsabilidade penal*, Nina Rodrigues argumenta que a miscigenação foi responsável por produzir no Brasil tipos de corpos humanos que abrigam mentes patológicas. Em sua crítica ao primeiro Código Penal da República, ele contestou o modo pelo qual o código mobilizou o princípio do "livre-arbítrio". Ele então apresentou um mapa racial para defender definições diferentes de responsabilidade penal segundo a composição racial de determinada região geográfica, sugerindo assim uma reorganização do texto jurídico que, caso fosse adotada, teria criado um *apartheid* jurídico *de facto*. Para Nina Rodrigues, o "livre-arbítrio" não podia ser usado como o único fundamento responsável por determinar a responsabilidade criminal no Brasil porque tal princípio jurídico presume uma homogeneidade moral que o país carece. Ao justificar este argumento, ele mobiliza o significante miscigenação para demonstrar como a inferioridade (intelectual e moral) mental dos pretos e os diversos estágios de degeneração mental dos mestiços exigiam que, para o código penal ser aplicado de forma justa, diferentes níveis de responsabilidade penal fossem considerados. "Que a cada fase da evolução social de um povo, e ainda melhor, a cada fase da evolução da humanidade", ele

---

493. Cf. Corrêa, Mariza. *As ilusões da liberdade*. (Tese de doutoramento). São Paulo: Universidade de São Paulo, 1982; Leite, Dante Moreira. *O caráter nacional Brasileiro*. São Paulo: Livraria Pioneira Editora, 1969; Schwarcz, Lilia. *O espetáculo das raças*. São Paulo: Companhia das Letras, 1993; Skidmore, Thomas. *Black into White: Race and Nationality in Brazilian Thought*. New York: Oxford University Press, 1995.

argumenta, "se comparam raças antropologicamente distintas, corresponde uma criminalidade própria, em harmonia e de acordo com o grau do seu desenvolvimento intelectual e moral".[494] Segundo Nina Rodrigues, negros e indígenas deveriam receber responsabilidade penal atenuada por conta do

> desequilíbrio, a perturbação psíquica provocada por uma adaptação imposta e forçada de espíritos ainda tão atrasados a uma civilização superior; a solicitação do grande esforço mental, exigido pela atual luta pela existência social, com certeza hão de criar entre nós nas raças inferiores, vestidas de um momento para o outro a povos civilizados, tipos muito menos normais.[495]

Em relação a mestiços, Nina Rodrigues propõe que a responsabilidade penal deve ser determinada de acordo com o nível de instabilidade mental. Ele afirma que, embora a "miscigenação humana" não produza corpos híbridos (gerações estéreis), ela produz mentes (intelectual e moralmente) híbridas, isto é, patológicas. Por causa da *mestiçagem*, ele argumenta, originou-se "a falta de energia física e moral, a apatia, a imprevidência"[496] que ele enxergava como a característica fundamental da população brasileira. Ao comentar a primeira e segunda geração de mestiços, ele afirma:

> Parece que é nestes últimos precisamente que mais sensível se torna o desequilíbrio do mestiço e que o que eles ganham em inteligência perdem em energia e mesmo em moralidade. O desequilíbrio entre as faculdades intelectuais e as afetivas dos degenerados, o desenvolvimen-

---

494. Rodrigues, Raymundo Nina. *As raças humanas e a responsabilidade penal no Brasil*. Salvador: Livraria Progresso, [1894] 1957, p. 47.
495. *Ibidem*, p. 122.
496. *Ibidem*, pp. 134-5.

to exagerado de umas em detrimento das outras tem perfeito símile nesta melhoria da inteligência dos mestiços.[497]

Esse enunciado não é simplesmente uma reprodução das formulações articuladas pela ciência do homem com o objetivo de defender a tese da "pureza racial". Nina Rodrigues introduz uma tipologia mental de consciências *afetáveis* radicalmente distintas do sujeito da (auto) regulação (interna) que o conceito de "livre-arbítrio" pressupõe. Nina Rodrigues acreditava que, justamente pela miscigenação ter povoado o Brasil com uma enorme quantidade de pessoas cujos corpos expressavam uma consciência afetável, ou seja, que não possuíam autodeterminação, autocontrole e nenhum dos demais atributos assumidos sob a noção do livre-arbítrio, a configuração social brasileira nunca seria inteiramente regida pela universalidade e autodeterminação. Através deste enunciado, ele reescreveu o mestiço como o significante do dilema brasileiro, precisamente o que havia sido destacado por tantos viajantes europeus e o que ainda assombra os intérpretes do Brasil. Precisamente pela ciência do homem ter articulado a miscigenação como significante de contenção, a construção do povo brasileiro apresentada por Nina Rodrigues é um lamento; porém, ele não lastimava o desperdício do desejo europeu, mas sim o efeito indesejável do mesmo, isto é, a produção de corpos que significam a Europa e seus "outros", sujeitos modernos permanentemente suscetíveis a serem articulados de maneira a significarem Outra--mente. Partindo do desejo de salvar o Brasil do maior erro histórico cometido pelo colonizador, Nina Rodrigues ofereceu uma solução que limitaria este efeito indesejado: ele escreveu pretos e mestiços (a maior parte da população brasileira) fora do domínio da universalidade, isto é, um enunciado que somente poderia ser sustentado com as estratégias do nomos produtivo. Apesar deste enunciado poder ser

---

497. Rodrigues, [1894] 1957, p. 145.

reduzido a uma versão da "hierarquia das raças", precisamente como muitos intérpretes do dilema brasileiro sugerem, em sua defesa sobre os variados níveis de responsabilidade jurídica eu encontro uma tentativa de demarcar no espaço brasileiro um terreno exclusivo para o Eu transparente. A maior parte dos analistas críticos da subjugação racial lerão este enunciado imediatamente como uma articulação da supremacia branca ou um projeto para um *apartheid* brasileiro, e quando aprendem que Nina Rodrigues é um antropólogo *mulato*, tais analistas leriam seu enunciado como o ensaio do paradoxo brasileiro.

Embora eu não desqualifique a primeira leitura, acredito que esta tese-paradoxo já foi exagerada ao ponto de se tornar irrelevante. E, portanto, em vez de seguir este trajeto, eu leio o enunciado de Nina Rodrigues como uma articulação do dilema inicialmente enfrentado por espaços pós-coloniais, o que inclui a África do Sul. No fim do século XIX, esses espaços enfrentaram a exigência (jurídico-econômica) global para se remoldarem como configurações sociais modernas em um contexto ontoepistemológico informado pela analítica da racialidade, a qual constrói áreas negras como as regiões subalternas (afetáveis) da globalidade. No caso brasileiro, a solução encontrada foi mobilizar uma série de estratégias antropológicas através de uma reescrita da miscigenação que também ressignificou a branquitude; uma reescrita em que a trajetória temporal do sujeito nacional não é narrada como a atualização da "pureza racial", mas sim como processo de "purificação racial ou cultural" — isto é, a realização da lógica da obliteração. Apesar de não ter eliminado a negridade e, de fato, ter produzido a própria africanidade, essa solução foi constituída como estratégia poderosa de subjugação racial cujos efeitos não são melhores ou piores, mas tão eficientes quanto as estratégias usadas nos Estados Unidos e na África do Sul.

Fragmentos de africanidade

Nem o financiamento da imigração europeia, nem a total indiferença à péssima situação econômica de pretos e mestiços conseguiram o que a escrita do Eu transparente brasileiro foi capaz de propiciar. Afinal, como a nação é uma coisa (interior/ temporal) *histórica*, a escrita de sua particularidade exigiu a especificação da sua "diferença intrínseca", precisamente o que seria extraído de seus relatos sobre ser/ vir-a-ser [*be/ coming*]. Na versão articulada pela ciência do homem sobre este significante, a miscigenação não poderia constituir a fundamentação para esse relato; fazia-se necessário um conceito de miscigenação cultural, precisamente o que encontrei na "teoria dos contatos entre raça e cultura" que informa o texto das relações raciais. Em seu trabalho etnográfico *O animismo fetichista dos negros bahianos*, Nina Rodrigues mobiliza este conceito de miscigenação com o intuito de rebater o esperançoso argumento de que o catolicismo era a religião predominante entre os baianos pretos, mestiços e brancos. Ao delimitar o aspecto africano ("animista e fetichista") das práticas religiosas na Bahia, ele fornece descrições detalhadas sobre os "rituais e crenças" que viriam a ser as características principais do Candomblé. Obviamente praticantes e observadores já haviam feito esse movimento; porém, foi precisamente neste texto que o barulho e a comida espalhados por pretos e *mulatos* nas esquinas da cidade foram identificados, classificados e produzidos como produtos culturais africanos modificados, isto é, pela primeira vez foram apreendidos como efeitos da peça do nomos produtivo.[498] Nina Rodrigues explica,

> Inteiro e puro só devemos encontrar o sentimento que anima as suas crenças, tão fetichista quando delas são o objeto as pedras, as árvores, os búzios

---

498. Maggie, Yvonne. *Medo do feitiço: relações entre magia e poder no Brasil*. Rio de Janeiro: Arquivo Nacional, 1995.

da Costa, como quando se dirigem aos muitos santos do catolicismo. No exame e na análise deste sentimento, tal como ele se revela e sobrevive nos negros que se incorporaram à população brasileira, tal como ele está atuando grandemente em todas as manifestações da nossa vida particular e pública, pusemos a mira deste estudo, que pretende deduzir deles leis e princípios sociológicos, geralmente despercebidos ou ignorados.[499]

Previsivelmente, Nina Rodrigues concluiu que a mente atualizada através dos "rituais e crenças" do Candomblé e na forma peculiar de catolicismo praticado pelos baianos não possuía a capacidade de produzir o pensamento abstrato exigido pelas religiões "civilizadas".

Contudo, Nina Rodrigues também fornece duas avaliações contraditórias acerca dos efeitos provocados pela presença de corpos e mentes africanas no espaço brasileiro. Por um lado, segundo ele, ao cooptarem as elites através da oferta de serviços religiosos e ao nomear integrantes desta elite para as posições mais altas na hierarquia religiosa, os praticantes de Candomblé garantiram a sobrevivência de suas "práticas religiosas primitivas". Por outro lado, ele argumenta que, além do desaparecimento de sacerdotes e praticantes nascidos no continente africano, a miscigenação racial e cultural (também) estava provocando a eliminação das práticas. "Mas, se o negro africano havia e há ainda simples justaposição das ideias religiosas bebidas no ensino católico, às ideias e crenças fetichistas, trazidas da África; no crioulo e no *mulato* há uma tendência manifesta e incoercível a fundir essas crenças, a identificar esses ensinamentos."[500] Nesse instante, a miscigenação sustenta o enunciado de que a presença dos outros afetáveis da Europa é uma ameaça às "raças e culturas superiores" e, que o "contato" com os "outros" levará ao desaparecimento das raças

---

499. Rodrigues, Raymundo Nina. *O animismo fetichista dos negros bahianos.* Rio de Janeiro: Civilização Brasileira, [1900] 1935, pp. 20-1.
500. *Ibidem*, p. 171.

e culturas superiores. No texto estadunidense, este enunciado reproduz a lógica da exclusão, pois a diferença racial é mobilizada com o intuito de sinalizar uma "distância" impossível de ser dissolvida. No texto brasileiro, ele repete a lógica da obliteração, pois a miscigenação como significante presume a (e aposta na) afetabilidade dos "outros da Europa". Os enunciados proferidos posteriormente pela geração de antropólogos que celebraram Nina Rodrigues como o fundador da disciplina no Brasil herdaram a escrita da miscigenação e mobilizaram o cultural com o objetivo de mapear como a obliteração da negridade e africanidade eventualmente produziriam a cultura brasileira, na qual a africanidade permaneceria como fragmentos a serem subsequentemente apropriados durante a escrita do sujeito brasileiro com o intuito de delimitar um sujeito "essencialmente" europeu, a saber: o sujeito tropical da democracia.

Contudo, nos anos 1930, as práticas de pretos e mestiços pelas ruas de Salvador foram reescritas como "resíduos" de uma configuração mental africana, isto é, como atualizações "autênticas" de culturas africanas que haviam "sobrevivido" e transformado o espaço brasileiro, apesar das influências culturais europeias e indígenas e das dificuldades impostas pela escravatura. Arthur Ramos, a figura mais importante da primeira geração de antropólogos culturais brasileiros, que eventualmente lideraria o projeto da UNESCO cujo objetivo era descobrir os "segredos" da democracia racial brasileira, descreve seu próprio trabalho como sequência esclarecida do projeto de Nina Rodrigues. Em *O negro brasileiro,* Ramos argumenta que as investigações antropológicas sobre os "rituais e crenças" da população negra brasileira deveriam ter como objetivo "identificar, usando o método comparativo, as origens tribais do negro brasileiro, reconstituir sua personalidade cultural perdida ao longo de séculos de escravidão e modificada devido à mudança social e cultural".[501] Ao escavar as "es-

---

501. Ramos, Arthur. *O negro brasileiro.* Rio de Janeiro: Civilização Brasileira, 1934, p. 50.

truturas elementares" de culturas africanas existentes nas práticas religiosas dos negros brasileiros, Ramos, assim como seu mentor, também registra a extensa presença da cultura iorubá, que foi selecionada por ele com o intuito de delimitar o tipo particular de africanidade que a escravização trouxe ao Brasil. "Os negros iorubá", ele ressalta, "foram, desde o início, os preferidos nos mercados de escravos na Bahia". Ele continua: eles eram "altos, [tinham] forma física ideal, corajosos e trabalhadores dedicados" e tinham "as melhores condições físicas e eram os mais inteligentes de todos". Entretanto, Ramos não captura o "espírito" inteiro e incólume iorubá. "A descrição e investigação dos traços culturais negros-Iorubá no Brasil somente pode ser conduzida com seriedade", ele argumenta "em termos de aculturação e sobrevivência. Na realidade, essa cultura não se manteve pura em seu novo ambiente; elas misturaram-se entre si e com as culturas ameríndias e europeias que encontraram no Brasil".[502]

O resultado deste mapeamento das "sobrevivências africanas" foi a escrita dos "rituais e crenças" dos negros brasileiros como fragmentos de africanidade, "resíduos" de culturas africanas que ainda sobreviviam em meio à predominante cultura europeia. Ramos argumenta:

> Contudo, existem aspectos que deveriam ser considerados imediatamente: a sobrevivência direta, resultado da herança original que o negro recebeu no novo habitat. Aqui um fenômeno interessante é observado. Durante a investigação sobre os resíduos culturais, destacamos que, enquanto os traços culturais materiais quase desapareceram por completo [...] os traços não materiais, principalmente os relacionados à cultura religiosa, permanecem, de certa maneira, absolutamente puros.[503]

---

502. Ramos, 1934, p. 75.
503. *Ibidem*, p. 76.

Portanto, o fato de que o mapeamento antropológico de resíduos africanos atende ao desejo nacional de obliterar esses símbolos de afetabilidade com o objetivo de escrever o Brasil como configuração social transparente é evidente na perspectiva de Ramos sobre o papel da pesquisa antropológica, isto é, "conhecer os tipos de pensamento 'primitivo' para corrigi-los, elevá-los aos patamares mais desenvolvidos, o que será alcançado com uma revolução educacional radical".[504, 505] O efeito primordial deste desejo antropológico foi oferecer os rituais e crenças dos negros brasileiros como resíduos a serem apropriados pela reescrita da miscigenação como significante histórico.

Independentemente de quaisquer boas intenções, essas missões antropológicas de resgate mobilizam a ferramenta da disciplina num contexto previamente mapeado pelos produtos da ciência do homem, isto é, numa conjuntura em que a miscigenação já era presumida como o produto abominado de um desejo desvairado. Portanto, a principal consequência deste desejo antropológico foi a transformação do significante global de contenção (a miscigenação) em um objeto pronto para ser engolfado no texto que escreve o sujeito brasileiro como Eu transparente particular. Entretanto, no processo de escrita o dilema da cultura brasileira foi reproduzido com exatidão, pois a miscigenação poderia constituir um significante histórico útil somente devido à instabilidade que produzia como ponto de "contato" entre a consciência escrita pela analítica da racialidade como fundamentalmente — porque institui a "diferença" como efeito do nomos produtivo — irreconciliável e insuprassumível. Por isso, a mis-

---

504. Ramos, 1934, p. 23.
505. Em suma, essa geração de antropólogos, que incluía Roger Bastide, Edison Carneiro, Manuel Querino e Melville Herskovits, entre outros, produziu relatos sobre a cultura brasileira como se ela fosse decorrência dos "resíduos" do "espírito africano" no espaço americano. Através da mesma manobra em que a africanidade foi forçada a ficar disponível para a escrita da particularidade brasileira, sua influência precisava ser minimizada com o objetivo de evitar a colocação do Brasil totalmente fora do momento da transcendentalidade.

cigenação ameaçaria continuamente o futuro do Brasil, conforme a discussão sobre os usos do arsenal das relações raciais indica, pois ela sempre está disponível como significante (racial e cultural) global para explicar por que o Brasil foi condenado a permanecer na periferia da globalidade capitalista.

O sujeito transparente (levemente) bronzeado

Em 1911, durante o Primeiro Congresso Universal de Raças, sediado em Londres, o tema abordado por João Baptista de Lacerda, então diretor do Museu Nacional do Rio de Janeiro, foi a miscigenação. Acompanhando o tom do congresso, cujos participantes veementemente condenaram a ciência do homem, Lacerda optou por contestar o argumento de que a "mistura racial" produzia "tipos degenerados". O antropólogo brasileiro, para comprovar seu argumento, apresentou indícios de que, apesar do alto número de escravos trazidos ao Brasil, os relacionamentos sexuais entre os senhores de engenho e escravas produziram um alto número de mestiços que haviam desempenhado uma função importante na formação da "civilização" brasileira. Em sua conclusão, Lacerda listou diversos fatores que indicavam como, em aproximadamente cem anos, o Brasil se tornaria uma das "civilizações mais importantes do mundo"; pois a população mestiça tende a se casar com brancos, e assim se daria a desaparição da população negra, graças aos efeitos de "agências destrutivas", à falta de recursos e, por último, à imigração europeia, que, segundo o autor, "depois de algum tempo irá deslocar os elementos que possivelmente preservariam quaisquer atributos do negro".[506] Lacerda, portanto, garantiu: em cerca de 100 anos, além da afetabilidade dos negros, o desejo

---

506. Lacerda *apud* Spiller, Gustav. *Papers on Inter-Racial Problems*. New York: Arno, [1911] 1969, p. 381.

"meio-branco" ["*half-white*"] da população mestiça levaria o Brasil a juntar-se às outras "civilizações modernas" brancas pós-coloniais. O enunciado de Lacerda indica que, no início do século XX, uma conclusão escatológica parecia ser o único destino possível para essas coletividades modernas produzidas pela analítica da racialidade como consciências (degeneradas, indesejadas, patológicas e improdutivas) afetáveis, isto é, as gerações perigosamente ambíguas criadas pelo projeto colonial europeu.

Nesta articulação da figura híbrida (mestiça) na escrita do sujeito brasileiro, eu destaco o processo de delimitação do espaço perigoso em que a particularidade europeia foi ameaçada pela proximidade exigida pelos deslocamentos responsáveis por garantir as apropriações jurídicas e econômicas que asseguraram a trajetória bem-sucedida do capitalismo. Nas escritas do sujeito brasileiro, a remodelagem da miscigenação como significante histórico possibilitou a criação da narrativa sobre a trajetória temporal de um sujeito europeu "adaptado" às condições (naturais) das regiões tropicais globais. O significante que, assim como a diferença racial, vincula corpo, região global e a mente seria o regente do texto brasileiro, exatamente como a última estabeleceu o lugar do sujeito estadunidense. Entretanto, essa correspondência não deve ser lida meramente como efeitos paralelos de um determinante exterior, como o texto das relações raciais a constrói. Portanto, é possível notar que, ao conferir centralidade analítica à globalidade, a miscigenação organizou o texto brasileiro exatamente porque situou determinados espaços pós-coloniais, como os países da América Latina, na periferia da globalidade capitalista. Logo, argumento que, para entender os dois momentos em que a miscigenação foi ressignificada, isto é, a tese do branqueamento e a democracia racial, é necessário prestar atenção a como o racial informou as condições globais sob as quais ambos foram mobilizados. Ambas as versões do texto brasileiro tratam deste desafio: como determinar a "diferença intrínseca" ao povo brasileiro e como narrar a trajetória do "espírito" brasileiro como desdobramento temporal do sujeito miscigenado enquanto Eu transparente.

Ao abordar este desafio, os escritores do texto brasileiro construíram o dilema da cultura brasileira como efeito de circunstâncias geo-históricas específicas que, além de requererem a presença de um grande número de mestiços na população, também exigiam que indígenas, africanos e portugueses criassem juntos uma língua, religiosidade e costumes diferentes dos encontrados na cultura europeia pós-iluminista. Quando tentaram reescrever este dilema como a trajetória de um sujeito europeu, eles mobilizaram os três enunciados básicos do texto brasileiro: (a) a reivindicação de que a "civilização brasileira" é um exemplo de "civilização" europeia (portuguesa) "nos trópicos"; (b) a afirmação de que os traços físicos indígenas e africanos estavam desaparecendo da população brasileira graças à miscigenação e à imigração europeia; e (c) a alegação de que o português, ao contrário do inglês, não tem "preconceito racial" e, por isso, misturou-se livremente aos indígenas e africanos, o que resultou na constituição do mestiço, um "tipo racial" perfeitamente apto para enfrentar a tarefa de construir uma "civilização (moderna) tropical". Apesar dos três (enunciados) serem temas recorrentes nas reescritas do texto brasileiro, os dois primeiros dominaram a versão inicial. No último quarto do século XIX, as estratégias da ciência do homem regeram os enunciados mobilizados por quem tratava da reconfiguração jurídica e econômica desta ex-colônia europeia imposta pela crise cíclica do capitalismo das últimas décadas daquele século.[507, 508] Nesse momento, a primeira versão do texto brasileiro,

---

507. Hobsbawm, Eric. *The Age of Empire, 1875-1914*. New York: Pantheon, 1987.
508. De acordo com Carvalho (1990), o Positivismo, além de apropriar o slogan da Revolução Francesa, também forneceu as bases para a crença num projeto de reconfiguração das estruturas jurídico-políticas desenvolvido pela elite que via como sua tarefa transformar radicalmente as condições sociais brasileiras.

isto é, a tese do branqueamento, ressignificou a miscigenação como o significante histórico-escatológico responsável por transformar a trajetória temporal de um "espírito essencialmente" europeu através do espaço tropical também na simultânea apropriação e aniquilação de africanos e indígenas afetáveis. No início dos anos 1930, a segunda versão do texto nacional, isto é, a democracia racial, reescreveria a miscigenação como um significado histórico-teleológico capaz de indicar que a condição intrinsecamente democrática do português possibilitou a construção de uma "civilização moderna" nos trópicos. Nessa versão, que ainda se mantém como o relato hegemônico da nacionalidade brasileira, o arsenal das relações raciais desempenha um papel central, pois apenas quando o significado escatológico da miscigenação foi confrontado pela diferença racial o próprio pôde ser reescrito como efeito secundário e benigno resultante da mobilização de um "Eu" intrinsecamente democrático.[509]

Meu objetivo neste capítulo não é apresentar novas provas, tampouco revelar aspectos sobre os enunciados da nação brasileira que não foram destacados anteriormente. Em vez de percorrer este caminho, eu leio os enunciados mobilizados pelos dois principais articuladores da tese do branqueamento e da democracia racial — o crítico literário Sílvio Romero e o antropólogo Gilberto Freyre, respectivamente, autores provavelmente bastante conhecidos por quem estuda a subjugação racial brasileira — para descrever as estratégias de significação responsáveis por possibilitar a escrita da negridade e africanidade com o objetivo de significar a particularidade brasileira e simultaneamente produzir pretos e mestiços como sujeitos socialmente subalternos.[510] Em outras palavras, estou interessada

---

509. Silva, Denise Ferreira da. "Facts of Blackness: Brazil Is Not Quite the United States... and Racial Politics in Brazil?". *In*: *Social Identities*, v. 4, n. 2, 1998, pp. 201-23.
510. A maior parte das análises sobre o pensamento social brasileiro do século XIX — como a de Skidmore (1995), Silva (1989) e Santos (2002), entre outros

em como, nesses enunciados, o que transforma a miscigenação numa ameaça, ou seja, a violência produtiva ocorrida na intimidade sexual entre o homem colonizador europeu e mulheres "nativas" do passado, foi reescrita como determinante da trajetória de um sujeito histórico em direção à transparência. Essa escrita da miscigenação como significante da violência produtiva, que transforma a narrativa nacional brasileira necessariamente num texto político genderizado, isto é, marcado pelo conceito de gênero, escapou dos estudos que mobilizam o arsenal das relações raciais porque ele é capaz de capturar apenas modos de subjugação racial baseados na diferença racial, isto é, os modos que se sustentam na lógica da exclusão e precisam nomear o subalterno racial permanentemente como "o estranho". Como discuti anteriormente, no texto estadunidense a articulação da *ausência* dos "outros da Europa" sustenta sua exclusão do lugar do sujeito (jurídico-moral) liberal. No texto brasileiro, a articulação das *presenças* indígena e africana reescreve a peça do engolfamento como o movimento temporal duplo contido na obliteração dos "outros da Europa" (escatológica) como a condição que possibilita a manifestação do Eu transparente (teleológico). Embora tanto a lógica da exclusão quanto a lógica da obliteração necessitem de um gesto produtivo (significativo), ou seja, da articulação dos "outros da Europa" na afetabilidade, o que situa impreterivelmente o sujeito

---

— identificam as primeiras versões do texto da democracia tropical nos enunciados abolicionistas que combinavam a ideia do Brasil como "paraíso racial" com formulações da ciência do homem, principalmente as que se referiam aos efeitos negativos da miscigenação. Definitivamente, embora ninguém tenha conduzido tal tarefa, a preocupação com os efeitos da miscigenação afetaria o futuro da nação que estava sendo construída, que implícita ou explicitamente informava o pensamento social brasileiro desde meados do século XIX até que as formulações de Freyre resolvessem a questão. Eu teria incluído com prazer muitos exemplos destes enunciados anteriores se um repentino desejo por "descoberta" me causasse uma amnésia que me faria esquecer que meu projeto neste livro é mapear os efeitos da mobilização das estratégias científicas e históricas nos textos que escreveram os sujeitos políticos modernos.

nacional na transparência, a segunda (lógica) obtém maior sucesso em adiar a espacialidade, garantindo assim uma configuração social inteiramente regida pela transcendentalidade. Em outras palavras, a miscigenação é mais consistente do que a diferença racial em escrever ambas as versões da cena do engolfamento, a saber: a poesis transcendental e o nomos produtivo. Por isso, espero que esta leitura do dilema do sujeito brasileiro contribua para o desenvolvimento de estratégias de análise críticas da atual configuração político-global. No mínimo, a atenção aos efeitos da significação científica nos ajudará a compreender como, diante do atual remapeamento capitalista neoliberal da configuração global, a analítica da racialidade reescreve os "outros da Europa" como sujeitos modernos cujas trajetórias temporais representam o cumprimento da lógica da obliteração.

O tipo nacional (brasileiro)

Poucas décadas antes da intervenção de Lacerda no Primeiro Congresso Universal de Raças, o crítico literário Sílvio Romero aconselhou cientistas brasileiros a investigarem e arquivarem os últimos traços "autênticos" remanescentes de africanidade antes que desaparecessem por completo. É possível observar nos enunciados de Romero como as narrativas pós-coloniais da nação combinam estratégias históricas e científicas de significação que, no caso brasileiro, são responsáveis por escrever a trajetória temporal de um sujeito capaz de produzir uma configuração social transparente com o objetivo de contestar o argumento dos cientistas do *homem* de que este projeto estava fadado a fracassar. Em *História da literatura brasileira*, Romero[511] descreve como a miscigenação garantira a trajetória bem-sucedida do Eu europeu nas terras tropicais. Segundo ele, a participação de indígenas e africanos na construção da "civilização"

---

511. Romero, 1888.

brasileira, apesar de necessária neste processo de miscigenação, não seria duradoura ou determinante. O português, e especialmente sua descendência misturada, eram os agentes da história brasileira. De acordo com Romero,[512] o português, através de seu sangue e ideias, vinculava o Brasil ao "grande grupo de povos da civilização ocidental" aos quais "devemos nossas instituições, nossa cultura e o contato com a civilização europeia".[513] Em sua versão da tese do branqueamento, Romero escreve tanto a trajetória temporal da nação brasileira como o movimento teleológico de um sujeito europeu (levemente bronzeado) quanto a trajetória escatológica das populações tropicais que o ajudaram em seu projeto, isto é, sua escrita do mestiço como sujeito brasileiro baseia-se na afetabilidade intrínseca dos africanos e indígenas. "O mestiço", Romero argumenta,

> é o produto psicológico, étnico e histórico do Brasil; é a nova forma da nossa diferenciação nacional. Nossa psicologia popular é um produto deste estado inicial. Não quero dizer que constituiremos uma nação de mulatos; pois que a forma branca vai prevalecendo e a prevalecerá; quero dizer apenas que o europeu aliou-se aqui a outras raças, e, desta união, saiu o genuíno brasileiro, aquele que não se confunde mais com o português e sobre o qual repousa o nosso futuro.[514]

Quando esta é aqui mobilizada como um significante escatológico o qual refigura o processo histórico de obliteração dos "outros

---

512. Romero, 1888, p. 60.
513. Leite (1969), em sua análise sobre os escritores do caráter nacional brasileiro, classifica Sílvio Romero, com Nina Rodrigues, entre o grupo de intelectuais racistas que adotaram as formulações da ciência do homem, enquanto situa Gilberto Freyre entre os que confiavam no futuro da nação. Na verdade, quero destacar que a divisão dos escritores da nação brasileira entre racistas e não racistas não é capaz de situar estes textos em suas circunstâncias global-epistemológicas específicas.
514. Romero, 1888, p. 75.

da Europa", a miscigenação se torna um efeito da "força interior" e da "diferença intrínseca" do português (embora seu "desejo" de estuprar mulheres africanas e indígenas obviamente tenha colaborado) ao mesmo tempo que articula a afetabilidade dos "outros da Europa", que entram no texto como sempre-já condenados a sucumbir à força da "raça superior". Conforme muitos destacaram, a tese do branqueamento não estava contida apenas nos livros de alguns escritores e cientistas; ela era objeto de intensos debates no congresso brasileiro, bem como grandiosos projetos de imigração, articulados ao redor da necessidade de fornecer a mão de obra especializada necessária para o setor industrial em desenvolvimento e da imprescindibilidade de aumentar o fluxo de imigração de corpos e mentes europeus com o objetivo de salvar a nação dos efeitos nocivos causados por suas escolhas perigosas no passado, isto é, a escravidão e a miscigenação. O objetivo destes projetos era aumentar o número de brancos na população e esperava-se que a mistura com a população nativa aceleraria a eliminação de pretos e mestiços escuros.[515] A ameaça representada pela miscigenação determinou que esses textos privilegiariam dois temas: o desaparecimento dos negros da população e a cultura brasileira, fundamentalmente branca e europeia, seria ainda mais aperfeiçoada através da imigração europeia.[516] Pouco importava o fato dos imigrantes serem majoritariamente italianos, espanhóis e portugueses, isto é, nacionalidades pertencentes ao sul da Europa que, como ressaltei anteriormente, poderiam facilmente ser escritas fora da branquitude. No fim do dia, para os articuladores da tese do branqueamento, eles eram brancos; eles viriam da Europa e suas

---

515. Vianna Oliveira, F. J. *A evolução do povo brasileiro.* São Paulo: Cia Editora Nacional, 1938.
516. Cf. Silva, Denise Ferreira da. "Repensando a 'democracia racial': raça e identidade nacional no pensamento brasileiro". *In*: *Estudos afro-asiáticos*, v. 16, 1989, pp. 157-70; Skidmore, Thomas. *Black into White: Race and Nationality in Brazilian Thought.* New York: Oxford University Press, 1995.

presenças, imediata e futuramente, ajudariam a garantir que o Brasil constituísse uma configuração social moderna.

No último quarto do século XIX, o Brasil era uma das poucas ex-colônias europeias que não se configurava como uma entidade política jurídico-econômica liberal; a escravidão somente seria abolida em 1888 e a República proclamada no ano seguinte. Em *Doutrina contra doutrina*, Romero[517] defende a imprescindibilidade de reorganizar o Brasil como uma entidade política liberal; porém, ele se recusa a atribuir a situação política do país à miscigenação irrestrita. Pelo contrário, ele identifica a miscigenação como o que representa as características intrinsecamente democráticas da população brasileira. Por que o Brasil era politicamente instável? Segundo Romero, tal instabilidade era resultado da influência de políticos e intelectuais positivistas que ignoravam as reformas sociais necessárias para viabilizar a república recém-nascida. Romero listou o atraso do país,

> onde nove décimos da população são de analfabetos; onde a maior parte do centro e do longo oeste é desconhecida e inabitada; onde a organização do ensino na realidade, e a abstração feita da charlataneria do papelório, é verdadeiramente primitiva; onde o povo não tem ainda a consciência de um grande ideal a realizar; onde todas as classes jazem amorfas e indistintas; onde a opinião pública não tem disciplina nem orientação segura e racional; onde os mais adiantados ainda pensam que o *velho positivismo francês* é a última palavra da sabedoria humana [...].[518]

O atraso das elites, portanto, também era marcante na configuração econômica do país. "Economicamente", ele ressalta, "somos uma nação embrionária, cuja mais importante indústria é ainda uma

---

517. Romero, Sílvio. *Doutrina contra doutrina: o evolucionismo e o positivismo na República do Brasil*. Rio de Janeiro: J. B. Nunes, 1894.
518. *Ibidem*, p. LVIII. Grifo do autor.

lavoura rudimentar, *extensiva*, servida ontem por dois milhões de escravos e algumas dezenas de milhares de colonos de procedência europeia [...]; o *capitalismo nacional* é exíguo, quase mesquinho".[519]

Em geral, conforme os enunciados anteriores indicam, o texto de Romero alveja a adoção do positivismo pelas elites conservadoras como o que fundamentou a reconfiguração política e econômica da república brasileira pós-escravidão. Porém, Romero também aborda os enunciados negativos sobre o impacto que a miscigenação causaria ao povo brasileiro e ao futuro da democracia recém-nascida no país. Romero relembra as elites positivistas:

> O Brasil é um país fatalmente democrático. Filho da cultura moderna, depois da época das grandes navegações e das grandes descobertas, o que importa dizer, depois da constituição forte da plebe e da burguesia, ele é, além do mais, o resultado do cruzamento de raças diversas, onde evidentemente predomina o sangue tropical. Ora, os dois maiores fatores de equalização entre os homens são a democracia e a mestiçamento. E estas condições não nos faltam em grão algum, temo-las de sobra. E uma cousa e outra entram amplamente na característica da civilização moderna: na Europa a mescla cada vez maior de todas as classes, principalmente a contar da Revolução Francesa; no resto do mundo, mormente nas fundações coloniais da América, África e Oceania, a mistura enorme das raças.[520]

Quando mobiliza a miscigenação como conceito político, Romero não apenas enfatiza um posicionamento liberal. Ele argumenta:

> No Brasil, onde as duas forças, a natural e a social, têm estado constantemente em ação; onde a formação do povo foi, por um lado, um

---

519. Romero, 1888, p. XXXIII. Grifo do autor.
520. *Ibidem*, p. XX.

resultado da burguesia, da plebe, do terceiro e do quarto Estado, e onde, por outro lado, o caldeamento das três raças fundamentais tem sido imenso, a democratização é fatal e a monarquia é uma quimera. Em um povo destarte argamassado, os mestiços de todas as gradações e matizes estão em maioria e nos governos democráticos a maioria dita a lei. Todos os grandes fatos de nossa história são outras tantas vitórias das populações brasileiras, novas, mestiçadas de sangue e de sentimentos e intuições.[521]

Ao acusar a elite positivista de ignorar a democracia, um princípio moderno fundamental já atualizado pelo povo brasileiro, Romero repete a recriminação feita por Herder contra quem adotava a "razão doente" com o intuito de escrever a miscigenação como significante da democracia.

Quando estudo as escritas do texto brasileiro do fim do século XIX, eu encontro a fabricação do relato histórico que constituiria o povo brasileiro como um Eu transparente, mas tal fabricação é complicada pelo argumento predominante de que a miscigenação produzia um "tipo racial" "instável" e "degenerado". Para os intelectuais e políticos brasileiros que, na década de 1880, pensaram que era hora de reorganizar o país seguindo os parâmetros dos Estados-nação capitalistas modernos, combater esse argumento tornou-se uma tarefa essencial. De fato, a centralidade da miscigenação no texto brasileiro é tudo menos uma ruptura completa com os argumentos do século XIX responsáveis por articular a branquitude como a única capaz de significar o tipo de consciência destinada a cumprir os projetos da modernidade. Por isso, a tese do branqueamento precisava obrigatoriamente reescrever a miscigenação como um significante escatológico que não resultaria na "degeneração" do europeu, mas sim na obliteração dos (traços) indígenas e africanos dos corpos e mentes

---

521. Romero, 1894, p. XXIII.

brasileiros. Não somente era o mestiço, a incorporação do desejo português, o agente privilegiado da história brasileira; no fim do século XIX, este pôde ser usado para sustentar, graças ao grande número de brasileiros "misturados", o argumento de que o Brasil estava à frente no caminho para a branquitude completa. Por que a branquitude era uma condição necessária para a constituição da nação brasileira? O texto da ciência do homem produziu a branquitude com o objetivo de significar uma consciência dotada da capacidade produtiva responsável por construir espaços sociais modernos na Europa e nos Estados Unidos. Portanto, somente a escrita da miscigenação como significante histórico-escatológico era capaz de propiciar a perspectiva de que, no futuro, o sujeito brasileiro realizaria o desejo europeu. Neste momento, o brasileiro, então, é produzido como sujeito racial cujo "espírito" é europeu, assim como havia ocorrido com o sujeito estadunidense, enquanto o espaço nacional — um defeito que os escritores do texto estadunidense isolaram com sucesso na região sul do país — não estava apenas situado fora do espaço europeu, mas também compartilhado com os "outros da Europa". Contudo, antes da década de 1930 — isto é, antes da escrita da diferença racial como significante substantivo da diferença cultural —, a reescrita da miscigenação como significante histórico-teleológico, com o intuito de diferenciar a trajetória temporal de uma consciência tropical transparente, era impossível.[522]

---

522. Na década de 1920, esse desejo informaria os enunciados mobilizados por artistas e intelectuais identificados com o Modernismo, a contribuição brasileira às transformações estéticas do período que viu o surgimento de movimentos artísticos como o Futurismo, Dadaísmo, Surrealismo, entre outros. Por exemplo, em *Macunaíma*, seu texto modernista clássico, Mário de Andrade (1986) apresenta a figura homônima de um sujeito de certa maneira antimoderno que se afasta da negridade — "Macunaíma, herói de nossa gente [nasceu] preto retinto e filho do medo da noite" (Andrade, 1986, p. 9) — em direção à indianidade e à branquitude até que, cansado da turbulenta trajetória através da qual encontra diversas figuras do folclore brasileiro, é

"Civilização" patriarcal

No texto da democracia racial, a apropriação das estratégias da antropologia e da (teoria) das relações raciais finalmente propicia a escrita da particularidade (histórica) brasileira. A lógica da obliteração que informa essas versões científicas do cultural possibilita a escrita de uma versão da peça do engolfamento em que os dois significados da miscigenação, isto é, o teleológico e o escatológico, podem ser mobilizados com o objetivo de escrever a trajetória temporal do sujeito (brasileiro) mestiço como um movimento em direção à transparência. A mobilização destas estratégias de significação científica teve dois efeitos primordiais. Por um lado, ambas possibilitaram a narrativa responsável por demonstrar que, desde suas "origens", o sujeito brasileiro demonstra as características necessárias para construir uma "civilização moderna" nos trópicos, a saber: a capacidade de "assimilar" as "raças e culturas inferiores" com o objetivo de completar o "ciclo das relações raciais". E, por outro lado, tanto a escrita antropológica do "nativo" como sempre-já "esvanecente" quanto o enunciado sociológico de que a miscigenação era a única solução para o "problema das relações raciais" sustentariam o enunciado do Brasil como uma *democracia racial* exatamente porque o fato do português não ter "preconceito racial" teve como efeito o desaparecimento dos indígenas e o rápido processo de sumiço dos africanos do Brasil. Afi-

---

resgatado por uma bruxa que o transforma na Ursa Maior. Se Andrade escreveu Macunaíma para este significar o sujeito brasileiro é irrelevante porque, assim como outros nas décadas anteriores, a defesa feita pelo Modernismo do sujeito brasileiro atribui consistentemente os fracassos da nação ao desejo sexual incontrolável. Ainda nos anos de 1920, Paulo Prado, em seu *Retrato do Brazil* ([1926] 1962, p. 3) respondeu à pergunta sugerida na primeira página do livro — "Numa terra radiosa vive um povo triste" — ao argumentar que a sensualidade e ambição ilimitadas produziram, no Brasil, um povo marcado pela *afetabilidade*, pela preguiça, doença, melancolia e violência (Prado, [1926] 1962, p. 125).

nal, indígenas, africanos e europeus já estavam democraticamente unidos no momento transcendental da nação exatamente porque a miscigenação constitui a "diferença intrínseca" brasileira; ela dota os brasileiros, ainda irremediavelmente miscigenados, de seu modo particular (tropical) de transparência. Isto é, o texto brasileiro poderia ser reescrito pois finalmente era seguro mobilizar a miscigenação para escrever a trajetória teleológica — o movimento em direção à transparência — do sujeito da "civilização moderna" patriarcal. Não houve uma crise ética diante desta celebração da obliteração do "outro" porque, na globalidade, os sujeitos políticos sempre-já existem diante do horizonte da morte e, como estabelece o enunciado fundante da (teoria) das relações raciais, o destino histórico dos "outros" (afetáveis) da Europa é a obliteração.

A esta altura, espero que a leitora não se assuste com o meu argumento de que a escrita do sujeito transparente brasileiro como Eu (patriarcal) tradicional foi possibilitada graças ao uso das celebradas estratégias de significação pós-iluministas. Caso a leitora leia somente a versão brasileira da poesis transcendental como contraditória, eu a lembraria de dois pontos. Em primeiro lugar, o relato de Herder sobre a poesis interiorizada, em que a tradição rege o histórico, tenta proteger a interioridade do nomos universal e apresenta o conceito da universalidade da diferenciação. Além disso, o patriarcado, no texto da democracia racial, marca a diferença brasileira apenas porque é mobilizado em um texto moderno, isto é, um texto regido pela poesis transcendental. Em segundo lugar, o texto nacional é um texto histórico (regido pela poesis transcendental) em que as estratégias científicas (as ferramentas do nomos produtivo) ocupam o papel do suplemento justamente por instituírem o que a tese da transparência presume, mas não é capaz de concretizar, isto é, elas marcam o lugar do Eu transparente. Portanto, as narrativas nacionais, como versões da cena do engolfamento, instituem sujeitos fundamentalmente modernos exatamente porque o histórico e o científico presumem que a realização do Eu transparente exige o engolfamento dos "outros da Europa", além de presumir o "outro" contexto ontológico, a globalidade (espacialidade-exterioridade), instituído pela analítica da racialidade.

Em *Casa-grande e senzala*, Gilberto Freyre[523] fornece uma versão do texto brasileiro em que os arsenais da (teoria) das relações raciais e da antropologia produzem uma versão da peça do engolfamento em que o patriarcado marca a diferença brasileira. Embora esta versão, isto é, a democracia racial, articule a presença dos "outros da Europa" ao especificar a suas contribuições na construção da particularidade brasileira, esta escreve a miscigenação como um efeito do desejo português quando escreve a história brasileira como o processo temporal de obliteração dos africanos e indígenas. O gesto produtivo mais importante deste texto é o engolfamento da diferença racial, o que ocorre através de três enunciados: no primeiro momento, a ocupação árabe sobre o território de Portugal é usada para justificar o argumento de que, antes mesmo de iniciar sua aventura colonial tropical, o português já possuía os atributos raciais e culturais necessários para ter sucesso como colonizador na região tropical. Isto é, exatamente porque os corpos e mentes portugueses conservaram traços, mesmo que fracos, dos "outros da Europa" que os subjugaram durante séculos, era impossível que tivessem "preconceito racial". No segundo momento, a articulação da diferença cultural com o intuito de descrever o processo histórico desloca as considerações acerca dos aspectos jurídicos e econômicos da colonização portuguesa. Logo, Freyre reescreve a história brasileira como atualização da "marca distintiva" da consciência portuguesa, ou seja, seus valores patriarcais, ainda presentes na configuração social pós-colonial e pós-escravidão brasileira. Além disso, porque a mente portuguesa e a configuração

---

523. Freyre, Gilberto. *Casa-grande e senzala*. Rio de Janeiro: José Olympio Editora, [1933] 1987.

social colonial ou escravocrata não manifestavam "preconceito racial", Freyre reproduz a perspectiva da (teoria) das relações raciais de que a diferença racial opera na configuração social brasileira. No terceiro momento, a opção pelo patriarcado no lugar das concepções modernas de autoridade jurídica e relações econômicas transforma a "família" e a "vida sexual" nos espaços privilegiados para narrar como a diferença racial atuou na história brasileira, sendo este o enunciado mais importante [produtivo] do texto da democracia racial, pois torna o escravizado, que trabalhava nas *plantations*, absolutamente irrelevante para a narrativa sobre a história brasileira e, consequentemente, enfatiza a posição privilegiada do colonizador branco europeu. Apenas a escravizada ocuparia o espaço de outra da Europa que colaborou com a mestiçagem, isto é, aquilo que marca a "diferença intrínseca" brasileira. Desta maneira, portanto, Freyre escreve os "outros da Europa" como duplamente afetáveis porque, além de ser jurídica e economicamente subjugada, a escravizada enfrenta um modo de subjugação de gênero singular, pois na configuração social patriarcal ou escravocrata, a família é o centro dos conceitos morais predominantes. Na democracia racial, a diferença racial não desempenha qualquer papel jurídico, econômico e moral na configuração colonial do Brasil. Ao contrário, ela é resolvida na interioridade do sempre-já ligeiramente bronzeado sujeito do patriarcado. A partir desta articulação, surge um modo de subjugação racial que a lógica sócio-histórica de exclusão não é capaz de capturar porque ambas presumem que a miscigenação, como processo e índice da obliteração da diferença racial, institui configurações sociais em que o racial não funciona como estratégia de poder.

De acordo com Freyre, o colonizador português, ao contrário do inglês, foi capaz de aproveitar-se da familiaridade dos povos indígenas e africanos com o ambiente tropical, apesar de nunca ter dependido deles para construir a "civilização" brasileira. "Quando em 1532 se organizou econômica e civilmente a sociedade brasileira",

Freyre argumenta, "já foi depois de um século inteiro de contato dos portugueses com os trópicos; de demonstrada na Índia e na África sua aptidão para a vida tropical [...] [porque lá] organizada a sociedade colonial sobre base mais sólida e em condições mais estáveis que na Índia ou nas feitorias africanas, no Brasil é que se realizaria a prova definitiva daquela aptidão".[524] Tal aptidão existia porque o português, graças ao seu "passado étnico, ou melhor, cultural", é um "povo indefinido" entre a Europa e a África,[525] responsável por ter produzido a civilização tropical. "Formou-se na América tropical", segundo Freyre,

> uma sociedade agrária na estrutura, escravocrata na técnica de exploração econômica, híbrida de índio — e mais tarde de negro — na composição. Sociedade que se desenvolveria defendida menos pela consciência de raça. Quase nenhuma no português cosmopolita e plástico, do que pelo exclusivismo religioso atualizado em um sistema de profilaxia social e política.[526]

Não é a violência e sim a "ambiguidade étnica e cultural" do português que, de acordo com Freyre, melhor representa o sucesso da colonização do Brasil e atesta que "O Brasil formou-se, despreocupados os seus colonizadores da unidade ou pureza de raça".[527] O conceito do cultural, tanto como articulado por Herder em sua versão da poesis universal quanto em sua versão antropológica, organiza inteira e consistentemente a escrita de Freyre sobre a nação brasileira. Ao descrever as condições do período colonial, Freyre fornece uma descrição viva e detalhada de uma configuração social (patriarcal) tradicional, isto é, uma sociedade religiosa, agrícola e centrada na família, que constitui a "diferença intrínseca" brasileira.

---

524. Freyre, [1933] 1987, p. 4.
525. *Ibidem*, p. 5
526. *Ibidem*, p. 4.
527. *Ibidem*, p. 29.

A tradição conservadora no Brasil sempre se tem sustentado do sadismo do mando, disfarçado em "princípio de Autoridade" ou "defesa da Ordem". Entre essas duas místicas — a da Ordem e a da Liberdade, a da Autoridade e a da Democracia — é que se vem equilibrando entre nós a vida política, precocemente saída do regime de senhores e escravos. Na verdade, o equilíbrio continua a ser entre as realidades tradicionais e profundas: sadistas e masoquistas, senhores e escravos, doutores e analfabetos, indivíduos de cultura predominantemente europeia e outros de cultura principalmente africana e ameríndia.[528]

Considerando a articulação da presença dos "outros da Europa", essa reescrita do dilema da cultura brasileira que, como destaquei anteriormente, é remobilizada nas investigações sociológicas, possibilita a Freyre praticamente ignorar os aspectos violentos da colonização e escravização com o intuito de privilegiar a influência de ambos os sistemas na família colonial. Desta maneira, portanto, ele reescreve a afetabilidade de indígenas e de africanos ao circunscrevê-los no aspecto culinário, afetivo e patológico da família patriarcal. Ao descrever o lugar dos povos indígenas dentro deste contexto, Freyre rapidamente escreve a irrelevância dessa população, destacando que a "preguiça" dos indígenas exigiu sua imediata substituição pelos africanos. Dos indígenas, além de itens culinários e folclore, restou apenas "a parte, por assim dizer, feminina de sua cultura [...] que era só feminina na sua organização técnica" porque as mulheres eram responsáveis pelo trabalho agrícola necessário para a "organização econômica agrária estabelecida pelos portugueses em terras da América".[529]

Cerca da metade do texto de Freyre, no entanto, dedica-se a relatar a "[influência] do escravo negro na vida sexual e familiar brasileira".

---

528. Freyre, [1933] 1987, p. 52.
529. *Ibidem*, p. 159.

Neste ponto, o uso freyriano da diferença cultural que escreve o sujeito brasileiro como sujeito (patriarcal) *tradicional* de uma democracia depende da articulação dos "outros da Europa" na afetabilidade, e estabelece assim uma versão histórica em que a obliteração dos últimos é necessária (conforme as estratégias da razão científica postulam). O gesto de significação produtivo, o engolfamento, possibilita o relato da miscigenação como processo de violência produtiva, isto é, recupera a produtividade do sujeito português e narra sua teleologia como efeito da obliteração do sujeito negro ou escravizado, algo que não é efeito do desejo violento do português, mas algo presumido nas estratégias de significação científicas mobilizadas por Freyre. O privilégio conferido à família patriarcal propicia o deslocamento imediato do escravo adulto, que passa a ser compreendido através das referências genéricas ao "Negro" ou ao "escravo", mas praticamente nunca entra no texto em relatos sobre a labuta nos latifúndios. Freyre afirma:

> Na ternura, na mímica excessiva, no catolicismo em que se deliciam nossos sentidos, na música, no andar, na fala, no canto de ninar menino pequeno, em tudo que é expressão sincera de vida, trazemos quase todos a marca da influência negra. Da escrava ou ama que nos embalou. Que nos deu de mamar. Que nos deu de comer, ela própria amolengando na mão o bolão de comida. Da negra velha que nos contou as primeiras histórias de bicho e de mal-assombrado. Da mulata que nos tirou o primeiro bicho-de-pé de uma coceira tão boa. Da que nos iniciou no amor físico e nos transmitiu, ao ranger da cama de vento, a primeira sensação completa de homem. Do moleque que foi o nosso primeiro companheiro de brinquedo.[530]

Ao rejeitar o argumento projetado pela ciência do homem sobre a "inferioridade mental do negro", em sua epígrafe inicial, Freyre cita

---

530. Freyre, [1933] 1987, p. 283.

estudos antropológicos de sua época com o objetivo de reescrever a afetabilidade dos negros como efeito de processos sócio-históricos. Apesar de este enunciado referir-se aos efeitos da posição jurídico-econômica dos escravos, para Freyre esses momentos da configuração social patriarcal não são relevantes se o intuito for capturar a consciência negra brasileira. Acompanhando a lógica da obliteração mobilizada pela "teoria dos contatos entre raças e culturas", Freyre descreve como o escravizado africano seria "assimilado" para dentro da configuração social patriarcal portuguesa:

> Na ordem de sua influência, as forças que no sistema escravocrata atuaram no Brasil sobre o africano recém-chegado foram: a igreja (menos a Igreja com I maiúsculo, que a outra, com i minúsculo, dependência do engenho ou da fazenda patriarcal); a senzala; a casa-grande propriamente dita — isto é, considerada como parte, e não dominador do sistema de colonização e formação patriarcal do Brasil. O método de desafricanização do negro "novo", aqui seguido, foi o de misturá-lo com a massa de "ladinos", ou veteranos; de modo que as senzalas foram uma escola prática de abrasileiramento.[531]

Apesar de se ocupar em listar as "influências culturais africanas" não determinantes, como as contribuições culinárias, o folclore e afins que o colonizador português recebeu de sua mãe preta (escravizada) e de seus jovens companheiros negros, para Freyre, somente o corpo da escravizada podia ser considerado uma contribuição relevante. No enunciado que escreve a miscigenação como significante *teleológico*, o poder produtivo, a "força interior", pertence ao português, pois sua "inclinação" à intimidade sexual produz o sujeito brasileiro ligeiramente bronzeado. Freyre explica:

---

531. Freyre, [1933] 1987, p. 357.

Quanto à miscibilidade nenhum povo colonizador, dos modernos, excedeu ou sequer igualou nesse ponto aos portugueses. Foi misturando-se gostosamente com mulheres de cor logo ao primeiro contato e multiplicando-se em filhos mestiços que uns milhares apenas de machos atrevidos conseguiram firmar-se na posse de terras vastíssimas e competir com povos grandes e numerosos na extensão de domínio colonial e na eficácia de ação colonizadora.[532]

Sem dúvida, o privilégio conferido à sexualidade portuguesa constitui uma dimensão crucial da escrita dos negros brasileiros como sujeitos subalternos, pois não fornece qualquer relato sobre a sexualidade do homem negro porque ela já havia sido removida do texto do patriarcado brasileiro, desde o início escrito como a "diferença intrínseca" portuguesa. Contudo, estou mais interessada em como este privilégio concedido à sexualidade na escrita da particularidade brasileira produz um sujeito subalterno racial/ genderizado. Nos enunciados de Freyre, a subjugação racial e de gênero é produzida através do mesmo movimento responsável por articular a negridade como marcador auxiliar (e não determinante) da particularidade brasileira.

Com este posicionamento da miscigenação no cerne do texto nacional, o sujeito subalterno racial/ de gênero é escrito como exibindo uma dupla afetabilidade. Mais importante ainda, a articulação dos corpos das mulheres indígenas e africanas escravizadas como instrumentos do desejo português transforma em produtiva a violência que criou o sujeito brasileiro. De acordo com Freyre, a "promiscuidade" característica da sociedade colonial foi resultado da luxúria incontrolada do português e o fácil acesso que ele tinha ao corpo da escrava. Portanto, apesar do escravo e da mulher branca terem suas sexualidades controladas pelo sistema patriarcal, o português e a

---

532. Freyre, [1933] 1987, p. 9.

escrava irromperam como os principais agentes (melhor dizendo, o agente e o instrumento) da miscigenação. "Daí fazer-se da negra ou mulata", ele reivindica, "a responsável pela antecipação de vida erótica e pelo desbragamento sexual do rapaz brasileiro. Com a mesma lógica poderiam responsabilizar-se os animais domésticos; a bananeira; a melancia [...]. Que todos foram objetos em que se exerceu — e ainda se exerce — a precocidade sexual do menino brasileiro".[533] O efeito mais importante desta celebração da sexualidade incontrolada não foi apenas o de mascarar a violência inerente à escravidão. O subalterno racial e de gênero era duplamente afetável. Nem a paixão (que, apesar de não determinada pela razão, instituía um sujeito como Eu afetável determinado por um dado objeto), nem o amor (que também se refere a um modo de afetabilidade, mas ainda dentro dos limites da moralidade racional), tampouco o consentimento (um privilégio da coisa racional autodeterminada), podem ser mobilizados para entender a mulher subalterna racial. Suas razões e paixões, os atributos de alguém que deseja, de um sujeito, foram escritas como irrelevantes no enunciado em que ela é comparada a uma bananeira, um objeto a ser engolfado, uma coisa exterior cuja apropriação era necessária para a atualização do desejo do homem, exatamente o que o português precisava para libertar o desejo incontrolado que marcava seu poder produtivo singular.

Estou argumentando que a efetividade da democracia racial como relato histórico positivo dependia da produção do corpo da mulher preta (e *mulata*) como propriedade (do homem) coletiva sobre quem nenhum conceito jurídico aplicava-se, isto é, nem a lei racional (a lei moral ou a lei da sociedade) e tampouco a lei patriarcal (a "lei [divina] natural"), exatamente o que constitui o determinante principal da subjugação de gênero em configurações sociais modernas. Isto é, a escrita do corpo da escravidão brasileira como instrumento para o

---

533. Freyre, [1933] 1987, p. 371.

desejo português instaurou um modo de subjugação racial que funcionava simultaneamente como a condição que possibilitava a escrita da trajetória do Eu transparente. Portanto, na democracia racial, o uso da versão articulada pela (teoria) das relações raciais sobre a miscigenação (física e cultural) escreveu a negridade e a africanidade com o intuito de distinguir o sujeito nacional, isto é, como "resíduos" do "espírito" africano capturados pelos antropólogos contemporâneos de Freyre. Isto é, estes traços não eram determinantes porque a diferença racial negra fazia parte da narrativa sobre a trajetória temporal do sujeito brasileiro na afetabilidade, como culturas africanas sempre-já "esvanecentes" responsáveis por fornecer traços culturais não determinantes (contribuições culinárias e folclore) e como subalterna duplamente afetável, porque determinada exteriormente por sua condição jurídico-econômica e posicionamento fora das regras morais do patriarcado.

Em outras palavras, a democracia racial pode descrever a trajetória temporal do sujeito, escrevendo-o como sujeito singular (particular) da poesis transcendental, porque em seu relato sobre a miscigenação, a apropriação de corpos de mulheres negras possibilitou a mobilização do poder produtivo do português, o necessário para a escrita de uma teleologia. Contudo, o significado escatológico da miscigenação fazia-se necessário neste contexto para a escrita do mestiço, o sujeito brasileiro, de maneira que ele significasse apenas o poder produtivo português. Somente por ser a democracia racial um texto explicitamente centrado na diferença de gênero, em que a escravizada afetável escreve o poder produtivo do português, é que a mobilização do racial num texto regido pelo cultural foi capaz de escrever a teleologia de um sujeito (europeu) transparente mesmo sendo apenas possível articulá-lo como Eu patriarcal. Essa versão bem-sucedida do sujeito brasileiro custou caro. Precisamente pelo "espírito" da nação encapsular os traços culturais e físicos africanos, nesta versão do texto brasileiro a negridade não pode significar um sujeito autodeterminado e produtivo, mesmo que subalterno. Entretanto, exatamente devido ao fato de que a apropriação do corpo da escrava também foi baseada na ideia de que somente a branquitude significa o Eu transparente, a negridade e a africanidade herdadas por sua descendência continuam a ser significantes perigosos de um sujeito afetável que significa inevitavelmente o lugar instável ocupado pelo Brasil na periferia da configuração global moderna.

Hibridismo

Será que esta versão do texto brasileiro foi deslocada? Caso ainda haja dúvidas em relação à resposta desta pergunta, em *Guerra e paz,* Ricardo B. Araújo[534] fornece uma leitura "pós-moderna" de *Casa-grande e senzala* e de outros textos de Gilberto Freyre que indica como o dilema da miscigenação ainda assombra os antropólogos brasileiros. Araújo, ao ler a versão freyriana da democracia racial, tenta discernir o que diferencia a sociologia de Freyre considerando principalmente (mas não apenas) a sua reescrita do texto brasileiro. Ele contesta a "acusação" de que Freyre usou a miscigenação com o objetivo de produzir uma imagem do Brasil como "paraíso racial" — ao mascarar a brutalidade inerente à escravização — argumentando que Freyre escreve os colonizadores portugueses como híbridos diante da missão de reconciliar suas tendências distintas. Não haveria nada problemático neste argumento, caso Araújo não tivesse centralizado o hibridismo (traduzido por ele como excesso) na sociologia de Freyre. Na verdade, Araújo captura uma dimensão essencial da versão de Freyre acerca da "democracia tropical", pois ele identifica o hibridismo como tropo consistente presente na construção freyriana do português, do trópico e da escravização brasileira. Porém, a figura retórica que Araújo mobiliza para responder à questão sobre por que

---

534. Araújo, Ricardo B. *Guerra e paz.* Rio de Janeiro: Editora 34, 1994.

tais tendências discrepantes existem numa situação de equilíbrio, incluindo aquela entre a natureza despótica e íntima das relações (sociais) escravocratas, torna-se a correspondente interpretativa da violência apagada na leitura freyreana da escravidão. Afinal, Araújo argumenta que "o excesso sexual é, de fato, o principal responsável pela constituição de 'zonas de confraternização' [...] que contrabalançavam, até certo ponto, o despotismo típico da escravidão".[535] O fato de este excesso continuar a ser um atributo do português, uma metáfora para a brutalidade, torna-se irrelevante quando Araújo sugere que a perda desta dimensão de intimidade entre donos e escravos é a responsável pela modernização da sociedade brasileira. Além disso, justamente pelo projeto de Araújo visar a recuperação de Freyre como crítico do essencialismo, um tipo de ancestral dos críticos pós-modernos e cosmopolitas da modernidade, a defesa que Freyre conduz em relação ao hibridismo é repetida na reapropriação feita por Araújo, pois o "objeto" do desejo (excessivo) incontrolável do português continua a ser a condição que possibilita a escrita da configuração social brasileira — se, no texto de Freyre, como configuração social *(tropical) moderna*, no de Araújo, ela torna-se sempre-já pós-moderna.

Na leitura de Araújo, a subalterna racial e de gênero emerge novamente em sua afetabilidade dupla. Por outro lado, o reconhecimento do lugar da escrava teria levado o autor a perceber que tal libido incontrolada (a força da miscigenação) é, na verdade, outro momento (genderizado/ patriarcal) da violência inerente à relação senhor-escravo. Apesar do desejo da mulher subalterna — paixão, amor e consentimento (ou a falta deles) não poder ser articulada no texto que (re)produz sua subjugação, seu silêncio não é irrelevante.[536] Todas as

---

535. Araújo, 1994, pp. 64-5.
536. Spivak, Gayatri Chakravorty. "Can the Subaltern Speak?". *In*: Williams, Patrick; Chrisman, Laura (eds.). *Colonial Discourse and Post-Colonial Theory*. New York: Columbia University Press, 1994, pp. 66-111.

leituras do contexto de significação que produz seu apagamento devem buscar seus efeitos produtivos. Caso contrário, simplesmente repetirão a obliteração da mulher subalterna, que, no caso brasileiro, articula o desejo de obliterar cerca de metade da população. Como a leitura pós--moderna conduzida por Araújo acerca da democracia racial mobiliza outra versão da exigência ética pela eliminação do racial da gramática política moderna, ela apaga precisamente o fato de que a miscigenação funcionou como a solução para o dilema das elites brasileiras, justamente por significar a obliteração da diferença racial. Somente ao reconhecer-se que esse dilema é produto das próprias estratégias de significação mobilizadas para desconstruí-lo, o que escreveu tanto o Brasil quanto seus habitantes sempre-já ligeiramente mais escuros como sujeitos que habitavam a dimensão da exterioridade, será possível formular estratégias de emancipação capazes de escrever um futuro para a maior parte da população do país, justamente a população que foi escrita através da nossa estratégia de subjugação racial não como sempre-já exterior, mas sim como sempre mais próxima do momento da obliteração final. Hoje, o que muitos lastimam e chamam de *violência fora de controle*, o que assombra as elites brasileiras e fazem-nas se esconderem em seus carros blindado e condomínios de alta segurança, bem como o que rouba o futuro de gerações inteiras de brasileiros pretos e pardos é simplesmente a manifestação mais recente do desejo nacional de obliterar o povo brasileiro que, apesar do desejo das elites pela branquitude, insistem em significar Outra-mente.

Acompanhando a gramática da poesis transcendental, o texto da democracia racial reproduz o enunciado sociológico de que a diferença racial como significante da diferença cultural não poderia operar na configuração social brasileira porque a obliteração da primeira resultaria na reinstituição da transparência em configurações sociais que atualizam uma consciência europeia. A partir deste contexto, articulam-se mapeamentos da configuração social brasileira moderna em que o mestiço irrompe como o sujeito social brasileiro. Tal articulação presume que as causas da subjugação social somente podem ser explicadas através da categoria mais apropriada para explicar-se as configurações sociais modernas, isto é, a classe. O sujeito brasileiro é o mestiço; a proporção dos marcadores de negridade no corpo dela ou dele determinarão se ela ou ele pertencem ao presente e ao futuro da nação. Em outro artigo,[537] eu argumento que um efeito crucial desta estratégia político-simbólica foi o de excluir qualquer consideração sobre a diferença racial como dimensão do espaço social brasileiro. O efeito não é ideológico como se a "ideologia racial dominante" escondesse como a diferença racial opera na configuração social brasileira, mas sim produtivo. A estratégia de subjugação racial que resulta desta estratégia não precisa da diferença racial para delimitar o lugar do sujeito nacional. Por isso, o arsenal das relações raciais não consegue capturar este modo de subjugação racial; não porque tal estratégia prova a aplicabilidade universal do "ciclo das relações raciais", mas porque mobiliza a lógica de obliteração que ela institui. Justamente porque a diferença racial tenta resolver o dilema brasileiro através de uma versão da cena do engolfamento, em que o momento produtivo é a violenta apropriação do corpo de mulheres negras, a "consciência racial" da qual os atuais estudantes da política racial brasileira sentem falta não está disponível, ela presume um outro excluído, um outro que não foi engolfado pela narrativa de um sujeito particular da poesis transcendental, um outro capaz de tornar-se [be/ come] um sujeito da poesis racial. Através deste argumento, não estou lamentando a impossibilidade de escrever o sujeito negro brasileiro como Eu transparente; estou meramente destacando como a analítica da racialidade produz de modo consistente o Brasil, bem como outras entidades políticas situadas no Sul Global, como sujeitos subalternos globais.

---

537. Silva, 1998.

Como esta modelagem do brasileiro como espécime do *homo modernus* ajuda a entender a configuração global contemporânea? Ao longo do século XX e ao redor do mundo, historiadores, escritores de ficção e críticos literários produziram narrativas (históricas) nacionais em que os significantes científicos garantiram o que a poesis transcendental prescreve, isto é, a posição assegurada do sujeito nacional na transparência. Assim como em outras entidades políticas pós-coloniais hoje situadas no Sul Global, um esforço adicional foi necessário no Brasil. Ao contrário dos estadunidenses, os escritores da nação brasileira não puderam produzir imediatamente um relato da mobilização de um desejo europeu porque a analítica da racialidade havia produzido os corpos de suas conterrâneas e conterrâneos como significantes de uma consciência afetável. O que torna a miscigenação o significante global que indica com maior impetuosidade a precariedade do Eu transparente, devido à sua situação desesperadora, é o fato de que a escrita da trajetória temporal de um sujeito mestiço obriga o estabelecimento de um relato sobre os relacionamentos desenvolvidos entre aqueles a quem as armas da racialidade atribuem uma diferença tão (irredutível e insuprassumível) fundamental, que seu encontro com o Eu transparente levaria à destruição dos afetáveis ou de ambos. De modo previsível, eu demonstro como na versão bem-sucedida do texto brasileiro, esses relacionamentos foram eliminados do momento da transparência (o presente atual) e situados no passado, onde o outro afetável irrompe como instrumento e matéria-prima da consciência-a-ser-transparente cuja trajetória temporal sempre-já presume a eventual obliteração do subalterno racial. O fato da lógica de exclusão sócio-histórica não ser capaz de compreender este modo de subjugação racial sem reduzi-lo a uma variação do modo de subjugação racial dos Estados Unidos não deveria esconder sua eficácia. Uma observação atenta a como a miscigenação opera como significante global levaria a uma inspeção crítica acerca das celebrações (pós-modernas, entre outras) do hibridismo, birracialidade, multirracialidade e pós-racialidade que, por terem a diferença racial como único alvo, acabam por renovar o enunciado fundador das relações raciais, que atribui as causas da subjugação racial à incapacidade dos "outros da Europa" de tornarem-se transparentes. Além disso, porque esta análise captura a lógica de obliteração mais explicitamente, ela indica como os significantes da globalidade instituem regiões globais que permanecem perigosamente na periferia da modernidade. O que impossibilitou que o Brasil fosse visto como a entidade ("empírica") referencial do texto sociológico senão o perfil de sua população? Apenas estratégias antropológicas pareciam adequadas para compreender-se a presença conspícua dos "outros da Europa" e de uma população *mestiça* que significa a europeidade Outra-mente. Para o desespero dos legisladores contemporâneos, o posicionamento político-econômico global do Brasil é praticamente idêntico ao de países da Ásia, das ilhas do Pacífico e de países africanos cujas populações significam Outra-mente de maneira dramática. Os "outros da Europa" sempre-"esvanecentes" prosperam sob políticas econômicas globais que precisam explorar sua mão de obra e espremer seu já limitado poder de consumo através da destruição das redes de segurança social. Estou argumentando que para se entender a repetida determinação jurídica e econômica do lugar de países como o Brasil é necessário o reconhecimento de que a analítica da racialidade rege a configuração global há mais ou menos cem anos.

Situado precariamente no Sul Global, o Brasil agora enfrenta novas mobilizações do poder/ desejo modernos e não mais apenas europeus e brancos (europeu, estadunidense e japonês), que não precisa mais ocupar as terras ou escravizar os corpos "nativos" para explorá-los porque os sempre-já afetáveis sujeitos subalternos globais também foram engolfados por estratégias de poder desincorporadas e virtuais capazes de roubar-lhes o futuro sem serem responsabilizadas — graças à acumulação de tantos textos científicos que articulam sua exterioridade — pelo passado. Mais de meio século atrás, os sujeitos colonizados da África, Ásia, América Latina e Caribe agarraram-se à sua diferença racial e organizaram projetos emancipatórios transregionais, como o Pan-Africanismo e o Movimento da Negritude, movimentos que formaram muitos líderes pós-coloniais; cerca de vinte anos atrás, os "outros da Europa", ao redor do mundo, agarraram-se à sua diferença cultural para exigir a ampliação do espaço da universalidade e da autodeterminação em seus países. Quanto tempo ainda será necessário para finalmente reconhecerem que as condições sob as quais reescrevem sua própria história não são propriamente suas, que a diferença que os marca como sujeitos subalternos também instituiu o lugar dos que os exploram e os dominam? Mais de cinquenta anos já se passaram desde que Fanon delimitou as figuras somente capazes de irromper na representação moderna, os espécimes do *homo modernus*, isto é, as figuras cujas configurações sociais e corporais não soletram o nome próprio do homem, ou seja, os sujeitos subalternos globais.

Conclusão: futuro anterior

> Ele percorre tal plano indefinidamente sem jamais atravessar as fronteiras nítidas da diferença ou alcançar o coração da identidade. Além do mais, ele mesmo é como um signo, um grafismo longo e afinado, uma letra que acabou de escapar das páginas abertas de um livro. Todo o seu ser é feito apenas de linguagem, folhas impressas, histórias que já foram escritas. Ele é feito de palavras entrelaçadas; ele é a própria escrita, uma escrita errante perambulando pelo mundo entre as semelhanças das coisas. Porém, não inteiramente: afinal, em sua realidade de fidalgo empobrecido ele somente pode tornar-se um cavaleiro ao escutar, de longe, a antiga epopeia responsável por formar a Lei.
> — MICHEL FOUCAULT, *As palavras e as coisas*

> Minha vida teve seu significado e seu único significado profundo apenas por ser parte de um Problema; mas esse problema era, como continuo pensando, o problema central das maiores democracias do mundo e, portanto, o Problema do mundo futuro.
> — W. E. B. DU BOIS, *Dusk of Dawn* [Crepúsculo do amanhecer]

Que tipos de respostas alguém encontraria se abordasse os enunciados fundadores da representação moderna, perguntas que presumem Outra-mente? A analista social, ao abandonar as noções de "descobrimento", a rotina da "ciência padrão", que, com frequência, repete enunciados como "logo, está provado que",[538] faz outras e perturba-

---

538. Kuhn, Thomas S. *The Structure of Scientific Revolutions*. Chicago: University of Chicago Press, 1970.

doras perguntas — por exemplo, perguntas capazes de presumir que Dom Quixote está tanto "certo" quanto "errado", isto é, os moinhos eram, de fato, cavaleiros, apesar de cavaleiros jamais poderem ser ou tornarem-se moinhos. Para que tais perguntas possam ser imaginadas, o relato-mestre não pode iniciar-se, conforme o faz até hoje, com "No início, quando Deus criou os céus e a terra, havia um vazio sem forma e a escuridão cobria as profundezas, enquanto um vento [o espírito, o respiro] de Deus deslocava-se pelas águas...". Afinal, se assim prosseguisse, seria necessário presumir que a escrita do tempo como "a *interioridade* do próprio sujeito e o espaço [como] sua *exterioridade*",[539] tomando emprestado a investigação de Luce Irigaray, sempre-já pressupôs, antes do *logos*, o parâmetro irredutível e a ontologia anunciada, justamente o que institui e perturba o que as distinções entre "tempo e espaço", "alma e corpo", "certo e errado", "verdade e falsidade", "liberdade e subordinação" significam — algo que a analista social deveria presumir mesmo se ela não for capaz de reconhecer.

Enquanto escavava os enunciados fundacionais do pensamento moderno com essas perguntas em mente, me encontrei numa posição muito similar à da socióloga "distraída", como Avery Gordon formula em sua busca pela nomeação estratégica de uma posição sociológica crítica capaz de abandonar o caminho da "descoberta". Em vez de seguir pela estrada literária, optei por uma estrada secundária em direção à filosofia, perguntando se minha irritação com a historicidade e a universalidade, se minha inclinação desesperançada em questionar Outra-mente, havia feito eu perder o caminho. Afinal, eu abordei as intervenções mobilizadas num momento em que o pensamento ocidental reverenciava a "verdade" do nomos, quando a razão era considerada uma força restritiva, esperando encontrar enunciados que rechaçassem a ilusão da poesis. Entretanto, encon-

---

539. Irigaray, 1993, p. 7. Grifos da autora.

trei enunciados que protegiam a autodeterminação da mente. E foi precisamente este desinteresse respeitoso em torná-la um objeto da razão científica que abriu o caminho para sua apropriação pelos relatos da poesis universal. Será que eu me perdi pelo caminho? Talvez, mas provavelmente não, porque, em vez da contradição que minha leitura de críticos pós-modernos e pós-coloniais da ontologia moderna me treinou a identificar, isto é, a contradição que a adoção da historicidade feita por tais críticos pressupõe, encontrei uma intimidade que explica por que minha rejeição da opção normativa me levou de volta exatamente ao lugar de onde comecei. Por isso, abandonei minha pergunta inicial — a saber: "e se o pensamento moderno tivesse sido Outra-mente, se sempre tivesse privilegiado a exterioridade?" — ao não encontrar a contradição que eu estava destinada a detectar, aprendi que as coisas não teriam sido tão diferentes. Acredito que não ter conseguido entender a diferença entre interioridade e exterioridade é resultado do fato de que tal distinção sempre-já "significa" dentro da representação moderna, na dimensão em que ela corresponde aos campos da história e da ciência e aos dois relatos da coisa autodeterminada que tais campos autorizam. Portanto, minha única opção foi retornar à formulação menos complicada de uma pergunta mais inquietante: se a distinção entre interioridade e exterioridade de fato pertencem ao momento ontológico da globalidade — pois o pensamento moderno repetidamente aceitou a noção de que o interno e o externo, o dentro e o fora, são atributos dos corpos, de coisas (exteriores/ afetáveis) estendidas — como é possível que tal distinção preserve a interioridade como atributo exclusivo do Eu transparente?

Perseguindo esta pergunta, eu tracei a trajetória da autoconsciência, isto é, a figura que, no final do século XVII, havia sido responsável por exilar astrólogos, magos, curandeiros e outros indivíduos interessados em decifrar os símbolos do mundo acusando-os de superstição; a figura que, justamente por sempre-já ser presumida, não precisava ser reafirmada nos enunciados responsáveis por reescrever a razão universal como força reguladora ou produtiva. Afinal, se a autoconsciência, ou seja, a coisa autodeterminada, a única entidade capaz de compreender e decidir sobre sua essência e existência, não compartilhasse uma intimidade profunda com um *logos* regulador ou produtivo, a razão universal, ela não teria organizado a "tabela de identidades e diferenças", o "espaço da ordem" nas margens daquilo onde Foucault[540] localiza duas figuras que mantêm relacionamentos contrastantes com a significação moderna: o louco e o poeta. Revisitando esta configuração epistemológica, impulsionada pela contestação da interioridade que o racial necessariamente impõe sobre a representação moderna, aprendi que o louco e o poeta apenas são (os) limites porque ambos constituem as duas faces da autoconsciência. Nunca indiferente ao *logos,* se este último significar uma determinada ordem (regra ou disposição, conexão ou [a]palavr[amento]) das coisas, mente que mal representa, incapaz de comunicar significados apropriados, ainda presume a correspondência entre as palavras e as coisas que define representação. Em vez de não possuir razão e palavra, o louco representa segundo outras regras de significação. Tampouco o poeta, isto é, a mente que tenta desenterrar similitudes escondidas, desloca-se além dos limites da representação moderna; caso assim o fizesse, os significados produzidos por ela desapareceriam como ruído, perda e nunca seriam apreciados como adições à significação.

Nem o louco nem o poeta seguem a lógica do "descobrimento" — precisamente o motivo pelo qual chamam tanta atenção da imaginação moderna —, isto é, as estipulações (controle e instrumentalidade) da razão científica que tanto consolidam quanto ameaçam a autoconsciência como uma coisa da liberdade. Ambos, no entanto, como refigurações da autodeterminação, de autoconsciências que chegam ao limite das proteções restritivas do *logos*, representam a interioridade "pura", pois anunciam a (im)possibilidade da última.

---

540. Foucault, 1994.

Conforme indicado nas páginas anteriores, a figura da autoconsciência não seria capaz de prosseguir sem o *logos* que, tanto na peça do nomos quanto na da poesis, possibilita a afirmação da capacidade da mente de acessar a "verdade das coisas" e capturar a multiplicidade que constitui a totalidade das coisas criadas através de símbolos abstratos (matemáticos ou não matemáticos). Disfarçada como força reguladora (científica, jurídica) ou produtiva (moral), a razão universal rege a representação moderna apesar de ter sido dividida entre temas da universalidade e da historicidade diante da tentativa de garantir o privilégio da autoconsciência em relação a outras coisas existentes. Por isso, o louco e o poeta seguiriam trajetórias distintas. O poeta, a mente que revela através do rearranjo de significados, é a autoconsciência que contempla em direção à razão universal porque — desde que a poesis, este anseio produtivo humano, não tente substituir o autor divino (como foi o caso de Frankenstein) — ela permanece dentro das fronteiras da razão universal, no espaço a partir do qual busca expandir seus fins ou (re)interpretar seus efeitos, como no relato de Herder sobre a poesis universal, o texto em que a mente atualiza os princípios que recebe do criador universal sem nunca deslocá-lo. Por outro lado, a mente que representa de acordo com outras regras, isto é, a autoconsciência que dá as costas à razão universal, perscrutando sem o nomos e sem a poesis, o louco (como o fidalgo errante de Cervantes) foi expulso para as margens irrelevantes da representação moderna como significante de uma mente incapaz de compreender o espaço e o tempo. Afinal, o que explica o porquê de nem o nomos produtivo (responsável por trancafiar a loucura por considerá-la abjeta e lamentável) nem a poesis transcendental (para a qual a loucura não chega nem mesmo a ser um problema) tem escrúpulos, porque riem abertamente das admoestações feitas pelo louco?

Nem as críticas ao pensamento moderno articuladas na segunda metade do século XX nem as articuladas pelos críticos pós-modernos na sequência escutaram aos alertas feitos pelo louco, apesar de sua dívida a Nietzsche e o ataque que ele conduziu contra a razão ser tão grande quanto sua dívida a Freud e seu uso dos sonhos de uma paciente histérica para mapear o inconsciente, ao projeto de Lacan de decifrar a fala psicótica ao mapear uma economia simbólica que não precisa da transparência, o relato de Fanon sobre os efeitos psíquicos da violência colonial e a politização da insanidade conduzida por Foucault. Afinal, as "pós"-críticas à modernidade, tanto as analíticas quanto as hermenêuticas, contestam a razão universal, mas adotam a poesis universal, permanecendo assim firmemente no centro da representação moderna. Os exercícios críticos pós-modernos apresentam esta limitação ao privilegiarem a historicidade através de estratégias de inclusão ou desmascaramento ideológico que tornariam possível cumprir as promessas da universalidade, isto é, revelar a "verdade", nada mais do que o outro nome da justiça e vice-versa, dessa maneira finalmente realizando-a. Estou argumentando que a historicidade não pode dissipar seus próprios efeitos que, no caso das estratégias pós-modernas, são (a) um relato sobre a particularidade como efeito da universalidade da diferenciação responsável por instituir o "ser" ["*being*"] antes de qualquer possível relacionamento ser considerado político e (b) um relato sobre a universalidade que presume a operação de estratégias ideológicas responsáveis por unir coletividades ("intrinsecamente diferentes") particulares na dimensão da "igualdade ideal", mascarando a base "real" de suas existências sociais, isto é, que tais relacionamentos são necessariamente "políticos" (jurídica e economicamente desiguais).

Contudo, admito que nenhum dos efeitos da historicidade impediria a formulação de projetos emancipatórios globais, isto é, que abordariam as condições do sujeito subalterno racial, se apenas a poesis transcendental regresse as configurações sociais contemporâneas. Na poesis transcendental, o "Espírito" resolve a particularidade e a universalidade, efeito e causa, multiplicidade e "causa interior" através de uma narrativa em que a temporalidade torna-se a "essência" da razão universal; ele reúne o homem e as coisas (da natureza) ao transformar as últimas em momentos da trajetória da razão universal autoprodutiva, cujo conhecimento tem a tarefa de revelar — no mesmo movimento que ele desvela — como as ações e consciências dos indivíduos não fazem nada além de atualizar a vontade e desígnio do Espírito. O primeiro efeito da historicidade irrompe a partir deste movimento, isto é, em que as diversas coletividades particulares indicam a contemporaneidade dos diferentes estágios da trajetória do Espírito como fundamentalmente unidas através da força produtiva transcendental que atualizam. Entretanto, a poesis transcendental não é capaz de cumprir a promessa da inclusão porque nem as condições sociais transparentes que descreve, nem o princípio ético que a atualiza — quero dizer, a transcendentalidade — são globais. Acompanhando as narrativas do século XVIII sobre a história humana, descobre-se que o relato hegeliano sobre os diversos estágios do autodesenvolvimento humano situa o momento final da realização do Espírito dentro das fronteiras espaciais-temporais da Europa pós-iluminista, isto é, o instante em que a consciência humana e as configurações (jurídicas, econômicas e morais) sociais atingiram o momento da transparência — ou seja, quando compreendem a razão universal como liberdade. Portanto, aqui irrompe o segundo efeito da historicidade que, embora não imediatamente prescrito por Hegel, é compatível com sua narrativa. Afinal, caso o ponto de partida seja a presunção de que a particularidade é meramente a manifestação de "algo não essencial", de uma diferenciação "não fundamental" — isto é, caso assuma-se que toda e qualquer particularidade é resolvida na universalidade (reguladora/produtiva) transfigurada em transcendentalidade —, qualquer mobilização da diferença para justificar a dominação e a exploração não faz mais do que mascarar a verdade, ou seja, a de que qualquer coletividade e todo ser humano constituem uma manifestação do Espírito.

Estou sugerindo que a poesis transcendental não é capaz de sustentar as fronteiras que ela mesma descreve. Afinal, se o destino do Espírito é sua realização, todas as configurações sociais e tipos de consciências precedentes à da Europa pós-iluminista eventualmente alcançariam o momento da transparência. Para que tal possibilidade fosse descartada, foi necessário escrever a particularidade da Europa pós-iluminista como irredutível e insuprassumível, impossível de ser resolvida ou dissipada durante a trajetória do sujeito da poesis transcendental e que somente poderá ser alcançada quando a diferença entre os europeus e os nativos do passado tornar-se um efeito das ferramentas do nomos produtivo. Os críticos pós-modernos e pós-coloniais, justamente por não tratarem da significação científica, abraçam as promessas da historicidade sem perceber que os limites da mesma não residem nas suas margens, no "outro" — um outro poeta, o sujeito de uma outra poesis —, mas sim no "Outro" modo (im)possível de representação que a fala do louco necessariamente significa. Por este motivo, a primeira manobra deste livro foi identificar no momento simbólico do poder moderno a operação das regras científicas e históricas de significação. Eu leio a representação moderna como um texto em que as estratégias científicas "suplementam" a historicidade regente. Ao serem mobilizados nos textos históricos, os significantes científicos tanto adicionam quanto suplementam, constituem e interrompem, a tese da transparência. Por um lado, eles simultaneamente instituem e suspendem a narrativa do Eu transparente constituída pelos significantes da exterioridade ao adicionar, isto é, ao tornar possível equiparar determinadas condições exteriores "objetivas" à realização do movimento temporal transcendental. Por outro lado, eles também delimitam e produzem a zona de operação do princípio da transcendentalidade porque, como produtos de textos científicos, indicam um momento de significação em que a "ciência" coexiste com a "história", em que o "espaço" toca as fronteiras do "tempo", em que a interioridade passa a existir em relação ao que não é, isto é, a exterioridade.

Meu objetivo neste livro consiste em argumentar que a representação moderna consegue sustentar a transparência como a característica distintiva das configurações sociais da Europa pós-iluminista apenas através do engolfamento das coisas exteriores, justamente o efeito inescapável provocado pela versão da universalidade articulada pela razão científica, enquanto adia a "Outra" ontologia que ameaça instituir. Mas a importância de abordar a razão científica já havia sido indicada pelo próprio texto responsável por introduzir o argumento ideológico mobilizado pelos textos (argumentos, articulações) pós-modernos. É na significação científica que Marx encontra suas próprias estratégias para articular sua crítica ao relato da poesis transcendental classificando-o como ideologia — a saber: o ato de mascarar as condições econômicas "materiais" (em vez de "ideais") que constituem os seres humanos como coisas (interdependentes) sociais —; tal crítica, é necessário admitir, somente deu-se devido à resolução limitada de Hegel. Afinal, a consolidação da poesis universal como poesis transcendental não é capaz de deslocar os momentos científicos e jurídicos do nomos universal porque a autoconsciência não podia abdicar do que sustenta sua reivindicação fundamental, isto é, a capacidade de conhecer a "verdade das coisas" e determinar ações. Além disso, ao resolver a razão em liberdade, a narrativa da poesis transcendental introduz o simbólico ao escrever a nação como um momento político-moral, ou seja, um momento que, ao lado do jurídico e do econômico, nada mais é do que um momento da atualização (exteriorização) da razão universal como Espírito, isto é, a força reguladora/ produtiva responsável por escrever o *homo historicus* como o sujeito da transparência ao postular o efeito da mobilização do nomos nas condições sociais como realização da poesis.

Esses gestos possibilitam o surgimento de projetos científicos responsáveis por introduzir um relato sobre a razão universal como nomos produtivo. Tais narrativas, ao presumirem a resolução da regulação em representação (produtividade), executam o engolfamento da natureza, o que resulta na transformação da universalidade e exterioridade, subsumidas pela temporalidade transcendental, em momentos de um processo (temporal) produtivo, universalização e exteriorização, respectivamente. A resolução de Hegel, responsável por consolidar a representação moderna, também oferece o ponto de partida para as reescritas científicas da figura que habita em seu centro, isto é, o *homo historicus*. Não estou afirmando que essa seja a única fonte, mas ainda não localizei nenhuma mobilização do nomos produtivo que, direta ou indiretamente, não envolva o relato hegeliano. Quando decidi procurar este efeito da poesis transcendental, embarquei, ao contrário, numa análise da representação moderna capaz de abordar suas promessas e limites, pois os projetos críticos que não o fizeram, isto é, os projetos que as abordaram isoladamente ou em conjunto, mas parcialmente, (re)produziram seus efeitos (altamente produtivos).

Talvez o maior obstáculo dos projetos críticos pós-modernos tenha sido o fato de terem recusado tratar deste dilema. Na verdade, nossa recusa automática em alinhar-nos com o louco trai a intuição de que qualquer crítica da representação moderna não deveria abandonar sua gramática e léxico de modo a não cair num esquecimento risível. Escrevi este texto dentro da mesma limitação. Afinal, o mapeamento da analítica da racialidade é resultado de uma análise crítica da região da representação moderna, isto é, o campo da ciência, consistentemente rechaçada por analistas contemporâneos da subjugação racial como o momento da "falsificação". Esse mapeamento não é uma tarefa fácil. O problema é que desenvolver este projeto, absolutamente crucial se o desejo for capturar os efeitos políticos do racial, exige um mergulho nas reservas das estratégias críticas disponíveis, evitando simultaneamente suas limitações. Esta posição crítica, longe do louco, porém mais distante ainda do poeta, encara a representação moderna através de uma abordagem oblíqua — desde fora, mas sem dispensar (como mera falsificação) a lógica da "descoberta" — com os projetos científicos que a resolução hegeliana tanto necessitava quanto autorizava. Afinal, para capturar os efeitos políticos dos textos científicos em que o homem se torna uma coisa da natureza, isto é, as estratégias modernas de poder mais poderosas e eficientes justamente por serem as mais produtivas, é necessário reconhecer que a poesis transcendental não é capaz de dissipar seus efeitos porque tornou obrigatória a mobilização de tais estratégias.

Quando iniciei este projeto, eu tinha uma ideia vaga sobre o que gostaria de realizar. Eu não estava satisfeita com o modo pelo qual o conceito de raça era usado em estudos sociológicos que tentavam explicar as condições sociais predominantes nas coletividades às quais eu pertenço juridicamente, isto é nascida no Brasil e residente permanente nos Estados Unidos, embora a raça obviamente seja uma dimensão crucial do momento econômico e simbólico de ambas as coletividades. Eu estava cansada de enunciados como, "o Brasil tem um sistema de classificação racial múltiplo ao passo que os Estados Unidos possuem um sistema binário", "estadunidenses são obcecados com a raça, já os brasileiros a reprimem", "ao contrário dos negros dos Estados Unidos, os negros no Brasil não têm consciência racial", e assim por diante. Eu queria entender, mas o arsenal sociológico disponível não conseguia me ajudar, embora em ambos os países os negros ocupem uma posição subalterna, diante dos princípios que governam as dimensões jurídicas e econômicas modernas, isto é, a universalidade e a autodeterminação. Contudo, o momento político--simbólico do racial parecia assustadoramente diferente. Assim como outras estudantes da subjugação racial, eu sabia que tal diferença tinha a ver como o relacionamento entre raça e nação. Era tudo o que eu sabia.

A partir de uma perspectiva sociológica — o que é relevante, pois esta é minha disciplina de formação oficial —, continuo sabendo a mesma coisa. Entretanto, antes eu não conseguia entender diversos eventos! Eventos que são, com certeza, totalmente explicados pelo que e como eu sei: outra morte da juventude negra ou "morena"[541] nas mãos das forças policiais, outra morte relacionada ao tráfico de drogas, outra rebelião numa cadeia em que muitos prisioneiros morrem, outro ataque suicida com bombas, outra legislação cujo objetivo é situar ainda mais "outros da Europa" numa situação de ilegalidade. Ao ouvir essas histórias, eu ficava furiosa, pois aquilo que possibilita minha "compreensão" também explica esses eventos (e o medo provocado por eles), resolvendo-os através de formulações sociológicas limpas responsáveis por escrever as mortes de que fico sabendo e as que imagino como eventos prenunciados. A fúria não é ruim, pois, como Patricia Williams nos lembra, esta marca a posição crítica que o racial exige. É bom ter companhia. Eu somente gostaria que ela fosse maior. Quando leio Gordon[542] descrevendo a distração que a levou a "ver" fantasmas, penso na minha incapacidade de viver com os meus. Esses fantasmas têm nome e sobrenome: eu os conheci na infância; outros conheci logo após nascerem e já mortos; e os inúmeros outros sobre quem não saberei nada acerca de suas vidas ou mortes. Assombrada e furiosa, eu me engajei no projeto de mapear a trajetória do racial, o significante moderno responsável por delimitar todos os assassinatos que produzem o *lugar* onde as vidas, a trajetória social, dos sujeitos subalternos raciais se desenrolam.

Minha descrição dos efeitos de significação originados pelas ferramentas da racialidade nas narrativas nacionais (sobre a nação) transforma esses antigos sujeitos políticos modernos em sujeitos globais, espécimes do *homo modernus*, produzidos através de estratégias de significação construídas nos dois domínios do pensamento moderno. Deste modo, mostro como a escrita teleológica dos sujeitos nacionais dos Estados Unidos e do Brasil na transparência precisava

---

541. *Black and brown.* Cf. nota 25.
542. Gordon, Avery. *Ghostly Matters.* Minneapolis: University of Minnesota Press, 1997.

que o arsenal da racialidade fosse mobilizado, possibilitando assim o estabelecimento de suas posições políticas, enquanto fornecia elementos simbólicos que podem ser usados no mapeamento desses espaços sociais. Isto é, indico que as configurações sociais modernas são efeitos de estratégias político-simbólicas responsáveis por definirem quais habitantes de determinado Estado-nação ocupariam o território da transparência, (o espaço) regido pela universalidade e pela autodeterminação. Em outras palavras, meu mapeamento da analítica da racialidade demonstra como o deslocamento e negação do corpo humano conduzidos pela filosofia para instituir o *homo historicus* foi apenas um dos momentos na escrita do sujeito moderno, isto é, o *homo modernus*. Além disso, a repetida mobilização das estratégias do nomos produtivo que delimitam o lugar do Eu transparente indica a necessidade de escrever determinados seres humanos como sujeitos da afetabilidade; caso contrário, as fronteiras entre os europeus pós-iluministas e seus "outros" não se sustentariam.

Não obstante, a tese da transparência ainda é muito poderosa; seu apelo é tamanho que até as críticas mais radicais ao pensamento moderno não conseguiram escapar da sua lógica. Como destaquei anteriormente, o próprio materialismo histórico, que trata das duas dimensões do *homo modernus*, fornece um relato emancipatório que simplesmente é a instituição da "verdadeira" transparência, ou seja, o momento em que o proletariado universalmente despossuído supera a alienação imposta pelas ideologias liberais com o objetivo de tomar os meios e resultados dos poderes produtivos do homem. A adoção da historicidade pelo marxismo limita sua mobilização como fundamentação para projetos de emancipação racial. O fato de o marxismo presumir um ser humano universal além da exploração econômica torna impossível fazer relatos de modos de subjugação que escrevem seres humanos como fundamentalmente diferentes. Estou sugerindo que a própria ideia de alienação pressupõe a transparência, pois ela espera pelo momento em que a mão de obra produtiva será reconhecida, em que o desejo por definir que os produtores devem desfrutar dos benefícios gerados por eles mesmos surgirá. Exatamente devido ao seu desejo pela transparência, o materialismo histórico é uma estratégia limitada para o projeto de escrever o subalterno racial como sujeito.

O que distingue a escrita do sujeito subalterno racial é precisamente o fato das estratégias da razão científica, isto é, o racial e o cultural, articularem consistentemente sua afetabilidade. Cá estamos, diante do momento da transparência, mas já quando as mentes modernas reivindicam uma particularidade originada na interioridade e na temporalidade. Neste instante, o pensamento moderno aprende sobre a universalidade (jurídica) da lei e sobre a universalidade (científica) da causalidade; que somente podem ser capturadas por serem detentores da razão. Como sugeri na Parte I, o relato liberal sobre o surgimento do político baseia-se na certeza em relação à naturalidade da regulação, pois seus primeiros articuladores presumiam que o criador regente e divino era o regulador supremo da natureza, incluindo os seres humanos. Porém, eles também presumiam — estou pensando em Hobbes e Locke, não em Kant — que o criador regente e divino havia dotado os seres humanos de autodeterminação, que a liberdade significava agir somente de acordo com a determinação da vontade. É justamente nesse momento que a universalidade das "leis da causalidade" e a pressuposição da liberdade (como dádiva divina) universal entram em conflito, um problema que Kant tentou resolver com o imperativo categórico, responsável por estabelecer a liberdade como sempre-já determinada pela razão universal interiorizada. Nesse momento, a razão universal torna-se a fundamentação de uma entidade política, pois a autoridade do Estado baseia-se na democracia; além disso, mais importante do que desempenhar seu papel dominante é proteger a liberdade. Isto é, conforme Locke, Rousseau e Rawls argumentam, sacrificar a autodeterminação somente é justificável se perante e antes da (criação da ou decisão sobre a) lei não existir nenhuma diferenciação fundamental de poder (capacidade desigual de afetar ou ser afetado por alguém) entre os articuladores do "contrato social" responsável por instituir a sociedade política. Por isso, a teoria política liberal e a teoria legal lidam continuamente com a questão da exclusão e da universalidade, pois ambos os campos são consistentemente invocados para estabelecer os fundamentos e alcance da liberdade e da igualdade.

Sabemos que a liberdade e a igualdade nunca abrangeram a todos; que pobres, escravos e mulheres, assim como indígenas e pessoas não cis-heterossexuais, não fizeram parte do acordo que funda o corpo político liberal. Entretanto, isto não nos impediu de exigir que a justiça passasse a basear-se na ideia da universalidade. Em outras palavras, como demandas pela atualização do ou como críticas ao seu pretenso universalismo. As demandas tanto pela inclusão econômica do subalterno racial quanto pela denúncia da discriminação racial (individual ou institucional) seguem este padrão, pois apontam de modo consistente os "fatos" do racismo — ou seja, as evidências sociológicas (quantitativas e qualitativas) da exclusão racial. Inúmeros estudos sociológicos já mostraram que pessoas negras detêm uma pequena proporção da prosperidade econômica dos Estados Unidos. Os fatores determinantes, passados ou presentes, são conhecidos: os efeitos cumulativos do abandono da Reconstrução; segregação; as repetidas estratégias, explícitas e implícitas, usadas para negar à população negra estadunidense acesso à educação formal adequada, empregos e casa própria; e a fuga das indústrias em direção aos subúrbios e a outros países. Os recentes ataques às ações afirmativas, como sabemos, somente vão piorar esta situação, pois nos Estados Unidos, a ideia de que somente os descendentes dos europeus possuem os atributos mentais (morais e intelectuais) necessários para se beneficiarem da prosperidade não foi dissipada. Uma parcela da população asiática-estadunidense recebeu uma parte de tal prosperidade, mas sua "estrangeirice" fundamental ajuda, em vez de atrapalhar, a estratégia de subjugação racial predominante porque essa população pode ser usada como exemplo para justificar que a despossessão econômica de populações negras, latinas e sudeste-asiáticas é resultado de seus respectivos fracassos, de sua afetabilidade intrínseca.

Nem o argumento liberal (discriminação não sistêmica ou institucional), nem o foco dado pelo campo crítico dos estudos raciais e étnicos ao racismo institucional conseguem abordar as consequências mais catastróficas da despossessão econômica e tampouco são capazes de entender as ressignificações mais recentes sofridas pela racialidade. Embora reconheçam que termos criados pela mídia como "bandido" ["*gang banger*"] e "rainha do auxílio" ["*welfare queen*"] referem-se aos subalternos raciais e de gênero, estes dois campos os leem como códigos da diferença racial que mascaram os objetivos racialmente excludentes da legislação e de políticas públicas que são sustentadas por tais termos. Meu objetivo é obviamente destacar a relação entre as subjugações de raça e classe. Como podemos reconciliar modos de subjugação modernos que possuem referentes distintos, isto é, posição econômica e diferença racial? A lógica de exclusão sócio-histórica definitivamente explica este relacionamento. Afinal, ela afirma que os subalternos raciais serão mantidos em condições econômicas precárias, pois não competirão sob condições iguais. Contudo, o problema é que o "bandido" e a "rainha do auxílio" não participam da economia dos Estados Unidos e tanto a legislação (reforma do Estado de bem-estar social na década de 1990 e as leis criminais), quanto as políticas públicas que as duas figuras possibilitam também os deslocam do momento jurídico, assim como a decisão sobre o caso *Plessy* deslocou a população negra do sul dos Estados Unidos da dimensão política, isto é, da dimensão da constituição estadunidense e suas Emendas. Estou sugerindo que, para entender os efeitos contemporâneos da racialidade, é necessário abordar como ela própria opera em todos os momentos da configuração política estadunidense. E para fazê-lo, não é possível considerar a diferença racial (substantiva) como o referente oculto de uma nova estratégia ideológica racialmente conservadora, que obteve êxito por esconder seu racismo através do uso de códigos da mesma forma como a lógica de exclusão sócio-histórica prontamente explica a subjugação racial ao vincular seus efeitos políticos a preconceitos individuais (liberal) ou fracassos culturais (sociológico) do sujeito subalterno racial. A estratégia predominante da subjugação racial nos Estados Unidos não indica que o racial explica a subjugação de classe, mas sim que a vinculação da criminalidade e despossessão (econômica) material tornou-se o novo significante da afetabilidade do subalterno racial. Isto é, o "bandido" e a "rainha do auxílio" correspondem ao rearranjo da analítica da racialidade; tal processo não depende das estratégias da ciência do homem, mas sim das estratégias sociológicas que permitem a identificação das *causas* da exclusão jurídica e econômica dos subalternos raciais.

Da mesma forma, para compreender como o racial e o patriarcado operam como estratégias de subjugação é necessário um relato sobre como a diferença racial e a diferença de gênero significam a afetabilidade, isto é, a determinação exterior. Nenhuma outra figura está tão bem-posicionada para indicar o efeito combinado de ambas do que a "rainha do auxílio": a mulher solteira que pratica sexo sem proteção e usa sua prole para permanecer desempregada. Além de sustentar o desmonte do Estado de bem-estar social dos Estados Unidos, a construção da "rainha do auxílio" também produziu mães negras economicamente despossuídas como sujeitos sociais que não têm direito a proteções legais nem a reparações garantidas pela legislação dos direitos civis. O ataque ao seu direito reprodutivo — um direito que mulheres não brancas em outras partes do mundo nunca tiveram, como pode-se testemunhar através dos projetos de controle populacional ao redor do globo juntamente à criminalização de mulheres negras usuárias de drogas, possibilitada por sua construção como "problema social" — indica uma posição jurídica totalmente desprotegida, sob ataque, mas garantida pela decisão sobre o caso *Roe*.[543] Neste contexto, o consentimento é inteiramente removido, ou seja, precisamente o que garante a autodeterminação como o atributo que distingue o sujeito político moderno no relato sobre a cena da regulação escrita por Locke. A criminalização da reprodução opera antes do consentimento porque as condições culturais e econômicas dessas mulheres negras se tornam o único determinante da forma pela qual as leis são aplicadas a elas. O conceito que guia os estudos de gênero, isto é, o patriarcado, não captura esta posição política porque presume uma mulher capaz de decidir, agir e atuar de acordo com seu próprio desejo, isto é, um sujeito feminino transparente que irromperá quando o véu do patriarcado for removido. A mãe negra economicamente desapropriada não pode ocupar esta posição porque nas diversas versões da racialidade ela é um sujeito sempre-já externamente determinada cuja trajetória social é um efeito direto em relação a como o nomos produtivo institui sua posição biológica, cultural e social.

A lógica de exclusão sócio-histórica e o conceito de patriarcado não são capazes de lidar com este modo particular de subjugação racial. Exatamente por ambos assumirem que a subjugação da mulher negra é um efeito de sua diferença substantiva, o que se torna o ponto de partida para as representações raciais e de gênero responsáveis por sustentar a discriminação, a lógica de exclusão sócio-histórica e o patriarcado não conseguem compreender como uma afetabilidade dupla situa a mulher não branca diante das fronteiras morais (texto patriarcal) da feminidade e das fronteiras racionais (jurídicas) da branquitude. Meu argumento é o seguinte: Embora o sujeito mulher branca tenha sido escrito na domesticidade (como esposa e mãe) pelo domínio (moral) patriarcal, que a manteve fora do domínio (masculino) público, a mulher subalterna racial foi repetidamente articulada para provar que ela habita o espaço (não europeu ou não branco)

---

543. Roberts, Dorothy. *Killing the Black Body*. New York: Pantheon, 1997.

público produzido pelas estratégias científicas em que seu corpo é imediatamente posto à disposição do desejo transparente masculino, mas onde seu desejo (paixão, amor, consentimento) está sempre-já mediado por sua dupla afetabilidade. Consequentemente, ela é construída como o sujeito da luxúria; sua vontade é perigosamente improdutiva por ser guiada por nada além do que os seres humanos possuem, não sendo regida nem mesmo pelas "leis da natureza [divina]", isto é, a preservação da vida. Durante os últimos cinquenta anos aproximadamente, desde a publicação do relatório de Daniel Patrick Moynihan[544] *The Negro Family: The Case for National Action* [A família negra: um caso para ação nacional], essa construção tornou a mulher negra economicamente despossuída o objeto das políticas públicas, pois ela foi construída como o sujeito de um desejo sexual incontrolado e ingovernável prosperando através da depravação moral que prolifera no espaço habitado pelo sujeito subalterno negro.

Durante as últimas décadas, o racial passou por outra ressignificação cujas consequências tornam-se mais visíveis se seus efeitos forem analisados no momento jurídico. Não estou sugerindo que o momento econômico é irrelevante. Minha preocupação é entender como esta remodelagem da analítica da racialidade situa extensas regiões do espaço social e global — os espaços habitados pelos "outros da Europa" — totalmente fora da dimensão da operação da lei, o que resulta no fato de as pessoas não brancas passarem a habitar um tipo de "estado de natureza" em que os aparelhos jurídicos considerados necessários pelos teóricos liberais para a proteção da vida e da liberdade não são aplicados. Estou argumentando que isso é um efeito do arsenal social científico responsável por produzir os "outros da Europa" como consciências afetáveis que, por serem ex-

---

544. Moynihan, Daniel P. *The Negro Family: The Case for National Action*. Washington, D.C.: Office of Planning and Research/ U.S. Department of Labor, 1965.

ternamente determinadas, somente conseguem atualizar o que está além do domínio da justiça; isto é, um efeito da significação da lógica de exclusão sócio-histórica é justamente manter os determinantes político-simbólicos de tais eventos atrás do véu da transparência.

Na atual configuração global, eu enxergo atos simbólicos e concretos de violência em funcionamento que seguem os parâmetros da lógica da obliteração. Os subalternos raciais de hoje, lutando por justiça jurídica e econômica num contexto ontoepistemológico, a globalidade, em que existem diante do princípio ético regente da transcendentalidade, contemplam o horizonte da morte: vivendo em espaços urbanos marcados por revoltas urbanas, atentados suicidas ou violência relacionada ao tráfico de drogas, ou atacados por guerras, em busca dos poucos recursos e riquezas naturais remanescentes no continente africano, no continente asiático, nas ilhas do Pacífico e nos Estados Unidos, com seu desejo neoconservador capitalista insaciável. Precisamos traçar todas as articulações da racialidade, inclusive as que afirmam sua irrelevância, traçar todos os momentos em que a racialidade reescreve o sujeito subalterno na afetabilidade, produzindo enunciados que, além de justificarem os efeitos violentos desta reescrita, também remobilizam a tese da transparência.

O que está diante das leitoras deste texto? Deter nosso futuro anterior (o que a configuração global escreve como o que "deveria ter sido para o que está em vias de vir-a-ser"). Abordá-lo com estratégias críticas capazes de minar o arsenal político ou simbólico — as ferramentas da obliteração — responsável por remapear o lugar da transparência ao instituir regiões e populações globais que podem ser "resgatadas" por meio de implantações da "violência total", recentemente rebatizada de "Liberdade Duradoura".[545]

---

545. Liberdade Duradoura (em inglês, Enduring Freedom) é o nome que os Estados Unidos deram à sua campanha militar, em particular à ocupação do Afeganistão, como resposta aos ataques de 9 de setembro de 2001.

Referências bibliográficas

Albert, Ethel M.; Denise, Theodore C.; Peterfreund, Sheldon P. *Great Traditions in Ethics*. New York: Van Nostrand Reinhold, 1969.

Alexander, Jeffrey. *Theoretical Logic in Sociology*. 4 vols. Berkeley: University of California Press, 1982.

Anderson, Benedict. *Imagined Communities: Reflections on the Origin and Spread of Nationalism*. London: Verso, 1983.

Andrade, Mario de. *Macunaíma: O herói sem nenhum caráter*. Belo Horizonte: Editora Itatiaia, 1986.

Andrews, G. Reid. *Blacks and Whites in São Paulo*. Madison: University of Wisconsin Press, 1992.

Appadurai, Arjun. "Disjuncture and Difference in the Global Cultural Economy". *In*: Featherstone, Mike (ed.). *Global Culture: Nationalism, Globalization, and Modernity*. London: Sage, 1990, pp. 295-310.

Appiah, Kwame A. *In My Father's House: Africa in the Philosophy of Culture*. New York and Oxford: Oxford University Press, 1992.

Araújo, Ricardo B. *Guerra e paz*. Rio de Janeiro: Editora 34, 1994.

Archer, Margaret. *Culture and Agency: The Place of Culture in Social Theory*. Cambridge: Cambridge University Press, 1988.

Arendt, Hannah. *The Origins of Totalitarianism*. London: Harcourt, Brace, 1979.

_____. *The Portable Hannah Arendt*. New York: Penguin, [1960] 2000.

Aristotle. *Physics*. New York: Oxford University Press, 1996.

Arnold, Matthew. *Civilization in America*. Philadelphia: Leonard Scott, 1888.

Asante, Molefi K. *The Afrocentric Idea*. Philadelphia: Temple University Press, 1987.

Augel, Moema. *Visitantes estrangeiros na Bahia oitocentista*. São Paulo: Cultrix, INL — Ministério da Educação e Cultura, 1980.

Azevedo, Aluísio. *O mulato*. São Paulo: Martins, [1881] 1973.

Azevedo, Celia M. *Onda negra, medo branco*. São Paulo: Brasiliense, 1988.

Azevedo, Thales. *Cultura e situação racial no Brasil*. São Paulo: Cia Editora Nacional, 1966.

Bacon, Francis. *New Organon*. New York: Liberal Arts Press, [1620] 1960.

Baker Jr., Houston A.; Diawara, Manthia; Lindeborg, Ruth H. (eds.). *Black British Cultural Studies*. Chicago: University of Chicago Press, 1996.

Balfour, Henry. *Introduction to The Evolution of Culture and Other Essays*. Lane-Fox Pitt-Rivers, A.; Myres, J.L. (eds.). Oxford: Clarendon, 1906.

Balibar, Étienne; Wallerstein, Immanuel. *Race, Class, and Nation: Ambiguous Identities*. London: Verso, 1991.

Banton, Michael. *Race Relations*. New York: Basic Books, 1967.

Barthes, Roland. *Critical Essays*. Evanston, Ill.: Northwestern University Press, 1972.

Barzun, Jacques. *Race: A Study in Modern Superstition*. London: Methuen, 1938.

Bauman, Richard; Briggs, Charles. *Voices of Modernity*. Cambridge: Cambridge University Press, 2003.

Bauman, Zygmunt. *Globalization: The Human Consequences*. New York: Columbia University Press, 1998.

Beard, Charles. *Contemporary American History*. New York: Macmillan, 1913.

Bell, Derrick. *Race, Racism, and American Law*. Gaithersburg, Md.: Aspen Law and Business, 2000.

Berkhofer, Robert Jr. *The White Man's Indian*. New York: Vintage, 1979.

Bhabha, Homi K. "Race and the 'Ends' of Modernity?". In: *Public Culture*, v. 4, n. 2, 1992, pp. 47-65.

_____. *Nation and Narration*. London: Routledge, 1994a.

_____. *The Location of Culture*. London: Routledge, 1994b.

_____. "Unpacking My Library ... Again". In: Chambers, Iain; Curti, Lidia (eds.). *The Post-Colonial Question: Common Skies, Divided Horizons*. London: Routledge, 1996, pp. 199-211.

Bhavnani, Kum-Kum (ed.). *Feminism and "Race"*. Oxford: Oxford University Press, 2001.

Boas, Franz. *The Mind of Primitive Man*. New York: Macmillan, 1911.

_____. *Race, Language, and Culture*. New York: Free Press, [1899] 1966.

Bourdieu, Pierre. *Outline of a Theory of Practice*. London: Cambridge University Press, 1977.

_____. *Distinction: A Social Critique of the Judgment of Taste*. Cambridge, Mass.: Harvard University Press, 1984.

Brantlinger, Patrick. "Victorians and Africans: The Genealogy of the Myth of the Dark Continent". In: Gates, Henry Louis (ed.). *"Race," Writing, and Difference*. Chicago: University of Chicago Press, 1986, pp. 185-222.

Brinton, Daniel Garrison. *Races and Peoples: Lectures on the Science of Ethnography*. Philadelphia: D. McKay, [1870] 1901.

Broca, Paul. *Phenomena of Hybridity in the Genus Homo*. London: Longman, Green, Longman and Roberts, 1864.

_____. *Instructions générales pour les recherches anthropologiques à faire sur le vivant*. Paris: Societé d'Anthropologie de Paris, 1879.

Brock, Lisa; Fuertes, Digna Castañeda. *Between Race and Empire: African--Americans and Cubans before the Cuban Revolution*. Philadelphia: Temple University Press, 1998.

Brooks, John G. *As Others See Us*. New York: Macmillan, 1909.

Buffon, G.L.L. "Geographical and Cultural Distribution of Mankind". In: Eze, Emmanuel C. (ed.). *Race and the Enlightenment*. Cambridge, Mass.: Blackwell, 1997.

Butler, Judith. *Gender Trouble*. New York: Routledge, 1990.

_____. *Bodies That Matter*. London: Routledge, 1993.

_____. "Restaging the Universal: Hegemony and the Limits of Formalism". In: Butler, Judith; Laclau, Ernesto; Žižek, Slavoj (eds.). *Contingency, Hegemony, Universality*. London: Verso, 2000, pp 11-43.

Caminha, Pero Vaz de. "Carta de Pero Vaz de Caminha a El-Rei Dom Manuel, dando-lhe notícia do descobrimento da terra de Vera Cruz, hoje Brasil, pela Armada de Pedro Álvares. Cabral". In: *Revista Trimestral do Instituto Geographico e Historico da Bahia*, ano 1, v. 1, [1500] 1894.

Carby, Hazel. *Reconstructing Womanhood: The Emergence of the African-American Woman Novelist*. New York: Oxford University Press, 1987.

Carvalho, José Murilo de. *A formação das almas*. São Paulo: Companhia das Letras, 1990.

Cassirer, Ernst. *The Philosophy of the Enlightenment*. Boston: Beacon, 1951.

Chakrabarty, Dipesh. *Provincializing Europe*. Princeton, NJ: Princeton University Press, 2000.

Chatterjee, Partha. *The Nation and Its Fragments*. Princeton, N.J.: Princeton University Press, 1993.

Cheng, Ann. *The Melancholy of Race*. Oxford: Oxford University Press, 2001.

Cicero, Marcus Tulius. *De Officiis*. New York: Oxford University Press, 1994.

Clifford, James. "Introduction: Partial Truths". In: Clifford, James; Marcus, George E. (eds.). *Writing Culture: The Poetics and Politics of Ethnography*. Berkeley: University of California Press, 1986, pp. 1-26.

_____. *The Predicament of Culture: Twentieth-Century Ethnography, Literature, and Art*. Cambridge, Mass.: Harvard University Press, 1988.

Clifford, James; Marcus, George E. (eds.). *Writing Culture: The Poetics and Politics of Ethnography*. Berkeley: University of California Press, 1986.

Collins, Patricia Hill. "The Social Construction of Black Feminist Thought". In: *Signs*, v. 14, n. 4, 1989, pp. 745-73.

_____. *Black Feminist Thought: Knowledge, Consciousness, and the Politics of Empowerment*. London: HarperCollins, 1990.

Commager, Henry Steele. *The American Mind*. New Haven, Conn.: Yale University Press, 1950.

Condorcet, Marquis de. "The Future Progress of the Human Mind". *In:* Kramnick, Isaac (ed.) *The Portable Enlightenment Reader*. New York: Penguin, 1995, pp. 26-38.

Cope, Edward D. *On the Hypothesis of Evolution: Physical and Metaphysical*. New Haven, Conn.: C. C. Chatfield, 1870.

Corrêa, Mariza. *As ilusões da liberdade*. (Tese de doutoramento). São Paulo: Universidade de São Paulo, 1982.

Count, Earl. *This Is Race: An Anthology Selected from the International Literature on the Races of Man*. New York: Shuman, 1950.

Crenshaw, Kimberlé. "Mapping the Margins: Intersectionality, Identity Politics, and Violence against Women of Color". *In:* Crenshaw, Kimberlé; Gotanda, Neil; Peller, Gary; et al. (ed.). *Critical Race Theory: The Key Writings That Formed the Movement*. New York: New Press. Distributed by Norton, 1995, p. 357-83.

Crenshaw, Kimberlé; Gotanda, Neil; Peller, Gary; et al. (eds.). *Critical Race Theory: The Key Writings That Formed the Movement*. New York: New Press. Distributed by Norton, 1995.

Cuvier, Georges. *Lectures on Comparative Anatomy*. London: Wilson Fort, N. Longman, and O. Rees, 1802.

_____. *The Animal Kingdom Arranged According to Its Organization*. London: Henry G. Bohn, 1863.

Darwin, Charles. *The Descent of Man*. London: J. Murray, 1871.

_____. *The Origin of Species by Means of Natural Selection; or The Preservation of Favored Races in the Struggle for Life*. London: Studio Editions, [1859] 1994.

Degler, Carl. *Neither Black nor White: Slavery and Race in Brazil and the United States*. Madison: University of Wisconsin Press, [1971] 1986.

De Lauretis, Teresa. *Technologies of Gender*. Bloomington: Indiana University Press, 1987.

Deleuze, Giles. *Kant's Critical Philosophy*. Minneapolis: University of Minnesota Press, 1984.

_____. *Difference and Repetition*. New York: Columbia University Press, 1994.

Delgado, Richard. *Critical Race Theory: The Cutting Edge*. Philadelphia: Temple University Press, 1995.

Derrida, Jacques. *Speech and Phenomena*. Evanston, Ill.: Northwestern University Press, 1973.

_____. *Of Grammatology*. Baltimore: Johns Hopkins University Press, 1976, p. 14.

_____. *Specters of Marx*. London: Routledge, 1994.

Descartes, René. *Meditations on First Philosophy*. Cambridge: Cambridge University Press, [1641] 1986.

Dreyfus, Hubert; Rabinow, Paul. *Michel Foucault: Beyond Structuralism and Hermeneutics*. Chicago: University of Chicago Press, 1982.

Dom Pedro II. *Diário da viagem ao Norte do Brasil*. Salvador: Universidade da Bahia, 1959.

Du Bois, W. E. B. *The Souls of Black Folk*. New York: Penguin, [1903] 1989.

_____. *Dusk of Dawn*. New York: Schocken, [1940] 1968.

Dumont, Louis. *Homo Hierarchicus*. Chicago: University of Chicago Press, 1980.

_____. *Essays on Individualism: Modern Ideology in Anthropological Perspective*. Chicago: University of Chicago Press, 1992.

Dupré, Louis. *Marx's Critique of Culture*. New Haven, Conn.: Yale University Press, 1983.

Durkheim, Émile. *The Elementary Forms of the Religious Life*. New York: Free Press, [1915] 1965.

_____. *The Division of Labor in Society*. Houndmills, Basingstoke, Hampshire: Macmillan, [1893] 1984.

Elias, Norbert. *The Civilizing Process*. New York: Pantheon, 1982.

Espiritu, Yen Le. *Asian American Men and Women*. Thousand Oaks, Calif.: Sage, 1997.

Eze, Emmanuel C. *Race and the Enlightenment*. Cambridge, Mass.: Blackwell, 1997.

_____. *Achieving Our Humanity: The Idea of a Postracial Future*. New York: Routledge, 2001.

Fabian, Johannes. *Time and the Other: How Anthropology Makes Its Objects*. New York: Columbia University Press, 1983.

Fanon, Frantz. *Black Skin, White Masks*. New York: Grove, [1952] 1967.

Featherstone, Mike (ed.) *Global Culture: Nationalism, Globalization, and Modernity*. London: Sage, 1990.

_____. *Consumer Culture and Postmodernism*. London: Sage, 1991.

Featherstone, Mike; Lash, Scott; Robertson, Roland. *Global Modernities*. London: Sage, 1995.

Fitzpatrick, Peter. *The Mythology of Modern Law*. New York: Routledge, 1992.

_____. *Modernism and the Grounds of Law*. Cambridge: Cambridge University Press, 2001.

Forbes, Jack D. *Africans and Native Americans*. Urbana: University of Illinois Press, 1993.

Foucault, Michel. *The Archaeology of Knowledge*. New York: Vintage, 1972.

_____. *The History of Sexuality: An Introduction*. New York: Vintage, 1978.

_____. *Discipline and Punish*. New York: Vintage, 1979.

_____. *Power/ Knowledge*. New York: Pantheon, 1980.

_____. *Madness and Civilization: A History of Insanity in the Age of Reason*. New York: Vintage, 1988.

_____. *The Order of Things: An Archeology of the Human Sciences*. New York: Vintage, 1994.

_____. *Society Must be Defended*. New York: Picador, 2003.

Freyre, Gilberto. *Casa-grande e senzala*. Rio de Janeiro: José Olympio Editora, [1933] 1987.

Gaines, Kevin. "Black Americans' Racial Uplift Ideology as 'Civilizing Mission': Pauline E. Hopkins on Race and Imperialism". *In*: Kaplan, Amy; Pease, Douglas E. (ed.). *Cultures of United States Imperialism*. Durham, N.C.: Duke University Press, 1993, pp. 433-55.

Galton, Francis. Hereditary Genius: An Inquiry into Its Laws and Consequences. London: Macmillan, [1869] 1925.

Gates, Henry Louis. "Introduction: Writing 'Race' and the Difference It Makes". *In*: Gates, Henry Louis (ed.). *"Race," Writing, and Difference*. Chicago: University of Chicago Press, 1986, pp. 1-20.

Gellner, Ernest. *Nations and Nationalism*. Oxford: Blackwell, 1983.

Giddens, Anthony. *Capitalism and Modern Social Theory*. Cambridge: Cambridge University Press, 1971.

_____. *The Constitution of Society: Outline of the Theory of Structuration*. Berkeley and Los Angeles: University of California Press, 1984.

_____. *The Consequences of Modernity*. Stanford, Calif.: Stanford University Press, 1990.

Gilroy, Paul. *"There Ain't No Black in the Union Jack": The Cultural Politics of Race and Nation*. Chicago: University of Chicago Press, 1987.

_____. *Small Acts: Thoughts on the Politics of Black Culture*. London: Serpent's Tail, 1993a.

_____. *The Black Atlantic: Modernity and Double Consciousness*. Cambridge, Mass.: Harvard University Press, 1993b.

_____. *Against Race: Imagining Political Culture beyond the Color Line*. Cambridge, Mass.: Belknap Press, Harvard University Press, 2000.

Gobineau, Arthur de. *The Inequality of Human Races*. New York: Howard Fetig, [1854] 1967.

Godelier, Maurice. *Perspectives in Marxist Anthropology*. Cambridge: Cambridge University Press, 1973.

Goldberg, David Theo (ed.). *Anatomy of Racism*. Minneapolis: University of Minnesota Press, 1991.

_____. *Racist Culture*. Oxford and Cambridge: Blackwell, 1993.
_____. *The Racial State*. Oxford: Blackwell, 2002.
Gordon, Avery. *Ghostly Matters*. Minneapolis: University of Minnesota Press, 1997.
Gossett, Thomas F. *Race: The History of an Idea in America*. Dallas: Southern Methodist University Press, 1963.
Gould, Stephen. *The Mismeasure of Man*. New York: Norton, 1981.
Gouldner, Alvin. *The Coming Crisis of Western Sociology*. New York: Basic Books, 1970.
Gramsci, Antonio. *Selections from the Prison Notebooks*. New York: International Publishers, 1999.
Grant, Madison. *The Passing of the Great Race*. New York: Charles Scribner's Sons, 1921.
Guillaumin, Collete. *Racism, Sexism, Power, and Ideology*. London: Routledge, 1995.
Habermas, Jürgen. *Legitimation Crisis*. Boston: Beacon, 1973.
_____. *The Theory of Communicative Action*. Boston: Beacon, 2 vols., 1984.
_____. *The Philosophical Discourse of Modernity*. Cambridge, Mass.: MIT Press, 1987.
Hall, Stuart. "Race, Articulation, and Societies Structured in Dominance". *In*: *Black British Cultural Studies*. Baker Jr., Houston; Diawara, Manthia; Lindeborg, Ruth H. (eds.). Chicago: University of Chicago Press, [1980] 1996, pp. 16-60.
_____. "New Ethnicities". *In*: Morley, David; Kuan-Hsing, Chen (ed.). *Stuart Hall Critical Dialogues in Cultural Studies*. London: Routledge, 1996, pp. 441-49.
_____. "The Local and the Global: Globalization and Ethnicity". *In*: King, Anthony D. (ed.). *Culture, Globalization, and the World-System*. Minneapolis: University of Minnesota Press, 1997, pp. 19-40.
Hannerz, Ulf. *Transnational Connections*. London: Routledge, 1996.
Hardt, Michael; Negri, Antonio. *Empire*. Cambridge, Mass., and London: Harvard University Press, 2000.
Harvey, David. *The Condition of Postmodernity*. Oxford: Basil Blackwell, 1989.
_____. *Spaces of Hope*. Berkeley and Los Angeles: University of California Press, 2000.
Hegel, G. W. F. *Lectures on the Philosophy of History*. New York: Wiley, 1900.
_____. *Philosophy of Right*. London: Oxford University Press, [1821] 1952.
_____. *Reason in History*. New York: Library of Liberal Arts, 1953.
_____. *Phenomenology of Spirit*. Oxford: Oxford University Press, [1807] 1977.

Herder, J. G. *Philosophical Writings*. Cambridge: Cambridge University Press, 2002.

Herskovitz, Melville. *Man and His Works*. New York: Knopf, 1967.

Higgibotham, Evelyn B. "African-American Women's History and the Metalanguage of Race". In: *Signs: Journal of Women in Culture and Society*, 1992, v. 12, n. 21, 1992, pp. 251-74.

Hill, Frank E. *What Is America?* New York: John Day, 1933.

Hill, John Louis. *Negro: Liability or Asset?* New York: Literary Associates, 1930.

Hobsbawm, Eric. *The Age of Empire, 1875-1914*. New York:Pantheon, 1987.

_____. *Nations and Nationalism*. Cambridge: Cambridge University Press, 1994a.

_____. *The Age of Extremities*. Cambridge: Cambridge University Press, 1994b.

Hofstadter, Richard. *Social Darwinism in American Thought*. Boston: Beacon, 1944.

_____. *The Age of Reform*. New York: Alfred Knopf, 1977.

hooks, bell. *Feminist Theory: From Margins to Center*. Boston: South End Press, 1984.

Horkheimer, Max; Adorno, Theodor. *Dialectic of Enlightenment*. New York: Continuum, 2001.

Howe, Stephen. *Afrocentrism: Mythical Pasts and Imagined Homes*. London: Verso, 1998.

Hume, David. "Of the Populousness of Ancient Nations". In: Eze, Emmanuel C. (ed.). *Race and the Enlightenment*. Cambridge, Mass.: Blackwell, [1754] 1997, p. 29.

_____. *An Enquiry concerning Human Understanding*. Indianapolis: Hackett, [1777] 1977.

Irigaray, Luce. *An Ethics of Sexual Difference*. Ithaca, N.Y.: Cornell University Press, 1993.

Jacobson, Mathew Frye. *Whiteness of a Different Color*. Cambridge, Mass.: Harvard University Press, 1998.

James, C.L.R. *American Civilization*. Grimshaw, Anna; Hart, Keith (eds.). Cambridge, Mass., and Oxford: Blackwell, 1993.

Jameson, Fredric. *Postmodernism, or The Cultural Logic of Late Capitalism*. Durham, N.C.: Duke University Press, 1991.

Kant, Immanuel. *Prolegomena to Any Future Metaphysics*. Indianapolis: Liberal Arts Press, [1783] 1950.

_____. *Observations on the Feeling of the Beautiful and the Sublime*. Berkeley and Los Angeles: University of California Press, [1764] 1960.

_____. *Logic*. New York: Dover, [1800] 1974.

_____. *Critique of Pure Reason.* Buffalo, N.Y.: Prometheus, [1781] 1990.

_____. *The Critique of Practical Reason.* Upper Saddle River, N.J.: Prentice--Hall, [1788] 1993.

_____. "On the Different Races of Man". *In*: Eze, Emmanuel C. (ed.). *Race and the Enlightenment.* Cambridge, Mass.: Blackwell, [1775] 1997, pp. 38-48.

Karenga, Ron M. *The Roots of the U.S. Panther Conflict.* San Diego: Kwaida, 1976.

_____. *Introduction to Black Studies.* Los Angeles: University of Sankore Press, 1993.

Kelley, Robin. *Yo' Mama's Disfunktional! Fighting the Cultural Wars in Urban America.* Boston: Beacon, 1997.

King, Anthony D. (ed.). *Culture, Globalization, and the World-System.* Minneapolis: University of Minnesota Press, 1997.

Kluckhohn, Clyde. *Mirror for Man: The Relation of Anthropology to Modern Life.* New York: Whittlesey House, 1949.

Knox, Robert. *The Races of Man: A Fragment.* Philadelphia: Lea and Blanchard, 1850.

Kojève, Alexandre. *Introduction to the Reading of Hegel.* New York: Basic Books, 1969.

Kolko, Gabriel. *The Triumph of Conservatism.* New York: Free Press, 1963.

Kroeber, A. L. *The Nature of Culture.* Chicago: University of Chicago Press, 1951.

Kuhn, Thomas S. *The Structure of Scientific Revolutions.* Chicago: University of Chicago Press, 1970.

Lacan, Jacques. *Écrits: A Selection.* New York: Norton, 1977.

Laclau, Ernesto; Mouffe, Chantal. *Hegemony and Socialist Strategies.* London: Verso, 1985.

Lefebvre, Henri. *The Production of Space.* Oxford: Blackwell, 1991.

Leibniz, Gottfried Wilhelm. *Philosophical Essays.* Indianapolis: Hackett, 1989.

Leite, Dante Moreira. *O caráter nacional brasileiro.* São Paulo: Livraria Pioneira Editora, 1969.

Levinas, Emmanuel. *Basic Philosophical Writings.* Bloomington: Indiana University Press, 1996.

Lévi-Strauss, Claude. "Race and History". *In*: UNESCO (ed.). *Race and Science.* New York: Columbia University Press, 1961, pp. 219-59.

_____. *Structural Anthropology.* New York: Basic Books, 1963, v. 1.

Lipsitz, George. *The Possessive Investment in Whiteness.* Philadelphia: Temple University Press, 1998.

Locke, John. *Two Treatises of Government.* New York: Hafner, [1690] 1947.

Low, Maurice. *The American People: A Study in National Psychology*. Boston: Houghton and Mifflin, 1911.

Lowe, Lisa. *Immigrant Acts: On Asian American Cultural Politics*. Durham. N.C.: Duke University Press, 1996.

Lowie, Robert. *An Introduction to Cultural Anthropology*. New York: Farrar and Rinehart, 1934.

Lyotard, Jean-François. *The Postmodern Condition: A Report on Knowledge*. Minneapolis: University of Minnesota Press, 1984.

Mabry, Philip. "We're Bringing Them Home: Resettling Vietnamese Amerasians in the United States". Ph.D. dissertation, University of Pittsburgh, 1996.

MacGrane, Bernard. *Beyond Anthropology*. New York: Columbia University Press, 1989.

Maggie, Yvonne. *Medo do feitiço: relações entre magia e poder no Brasil*. Rio de Janeiro: Arquivo Nacional, 1995.

Malinowski, Bronislaw. *Crime and Custom in Savage Society*. New York: Harcourt, Brace, 1926.

Marcus, George. "Contemporary Problems of Ethnography in the Modern World System". In: *Writing Culture: The Poetics and Politics of Ethnography*. Clifford, James; Marcus, George (eds.). Berkeley: University of California Press, 1986, pp. 165-93.

Marcus, George; Fischer, Michael. *Anthropology as Cultural Critique*. Chicago: University of Chicago Press, 1986.

Marx, Karl. *Selected Writings in Sociology and Social Philosophy*. Translated by T. B. Bottomore. New York: McGraw, 1956.

_____. *Capital — Vol. 1*. Moscow: Progress Publishers, [1867] 1977.

_____. *Grundrisse*. New York: Random House, [1857-58] 1993.

Marx, Karl; Engels, Friedrich. *The German Ideology*. New York: International Publishers, 1947.

Mason, Philip. *Prospero's Magic*. London: Oxford University Press, 1962.

_____. *Patterns of Dominance*. Oxford: Oxford University Press, 1970a.

_____. *Race Relations*. Oxford: Oxford University Press, 1970b.

Matthews, Brander. "American Character". In: *Columbia University Quarterly*, v. 98, n. 2, 1906, pp. 97-114.

McGrane, Bernard. *Beyond Anthropology*. New York: Columbia University Press, 1989.

Mead, Margaret. *Anthropology, a Human Science: Selected Papers, 1939-1960*. Princeton, N.J.: Van Nostrand, 1964.

Mills, Charles. *The Racial Contract*. Ithaca, N.Y.: Cornell University Press, 1997.

Mohanty, Chandra T. "Cartographies of Struggle: Third World Women and the Politics of Feminism". In: Mohanty, Chandra T.; Russo, Ann; Torres, Lourdes (eds.). *Third World Women and the Politics of Feminism*. Bloomington: Indiana University Press, 1991a, pp. 1-47.

_____. "Under Western Eyes: Feminist Scholarship and Colonial Discourses". In: *Third World Women and the Politics of Feminism*. Mohanty, Chandra T.; Russo, Ann; Torres, Lourdes (eds.). Bloomington: Indiana University Press, 1991b, pp. 51-80.

_____. "Women Workers and Capitalist Scripts: Ideologies of Domination, Common Interests, and the Politics of Solidarity". In: *Feminist Genealogies, Colonial Legacies, Democratic Futures*. Alexander, M. Jacqui; Mohanty, Chandra (ed.). New York: Routledge, 1997, pp. 3-29.

Montagu, Ashley. *Man's Most Dangerous Myth: The Fallacy of Race*. Cleveland, Ohio: World Publishing, 1964.

Morgan, H. Wayne. *Unity and Culture*. London: Allen Lane, Penguin, 1971.

Moynihan, Daniel P. *The Negro Family: The Case for National Action*. Washington, D.C.: Office of Planning and Research/ U.S. Department of Labor, 1965.

Mudimbe, V. Y. *The Invention of Africa*. Bloomington: Indiana University Press, 1988.

_____. *The Idea of Africa*. Bloomington: Indiana University Press, 1994.

Myrdal, Gunnar. *An American Dilemma*. New York: Harper and Row, [1944] 1962.

Nancy, Jean-Luc. *The Birth to Presence*. Stanford, Calif.: Stanford University Press, 1993.

Negri, Antonio. *The Savage Anomaly*. Minneapolis: University of Minnesota Press, 1991.

Newby, I. A. *Jim Crow's Defense: Anti-Negro Thought in America, 1900-1930*. Baton Rouge: Louisiana State University Press, 1965.

Newton, Isaac. *Principia*. Amherst, N.Y.: Prometheus Books, [1686] 1995.

Nicholson, Linda; Seidman, Steven (eds.). *Social Postmodernism*. Cambridge: Cambridge University Press, 1995.

Nietzsche, Friedrich. *The Gay Science*. New York: Vintage, 1974.

Nogueira, Oracy. *Tanto preto quanto branco*. São Paulo: T. A. Queiroz, 1985.

Nott, J. C.; Gliddon, G. R. *Types of Mankind*. Philadelphia: Lippincott, Grambo, 1854.

Omi, Michael; Winant, Howard. *Racial Formation in the United States: From the 1960s to the 1990s*. London, New York: Routledge, 1994.

Ortner, Sheryl B.; Whitehead, Harriet (eds.). *Sexual Meanings*. Cambridge: Cambridge University Press, 1981.

Oyěwùmi, Oyèrónké. *The Invention of Women*. Minneapolis: University of Minnesota Press, 1997.

Page, Thomas. *The Negro: The Southerners Problem*. New York: Charles Scribner's Sons, 1904.

Parekh, Bhikhu. *Rethinking Multiculturalism*. Cambridge, Mass.: Harvard University Press, 2000.

Park, Robert Ezra. *Introduction to Negroes in Brazil: A Study of Race Contact in Bahia, by Donald Pierson*. Chicago: University of Chicago Press, 1942.

_____. "Racial Assimilation in Secondary Groups". In: *Race and Culture*. Glencoe, Ill.: Free Press, [1913] 1950, pp. 204-20.

_____. "Race Prejudice and Japanese — American Relations". In: *Race and Culture*. Glencoe, Ill: Free Press, [1917] 1950, pp. 223-9.

_____. "Negro Consciousness as Reflected in Race Literature". In: *Race and Culture*. Glencoe, Ill.: Free Press, [1923] 1950, pp. 284-300.

_____. "The Concept of Social Distance". In: *Race and Culture*. Glencoe, Ill.: Free Press, [1924a] 1950, pp. 256-60.

_____. "Experience and Race Relations". In: *Race and Culture*. Glencoe, Ill.: Free Press, [1924b] 1950, pp. 152-57.

_____. "The Bases of Race Prejudice". In: *Race and Culture*. Glencoe, Illinois: Free Press, [1928] 1950, pp. 230-43.

_____. "The Problem of Cultural Differences". In: *Race and Culture*. Glencoe, Ill.: Free Press, [1931] 1950, pp. 3-14.

_____. "The Etiquette of Race Relations in the South". In: *Race and Culture*. Glencoe, Ill.: Free Press, [1937] 1950, pp. 177-88.

_____. "The Nature of Race Relations". In: *Race and Culture*. Glencoe, Ill.: Free Press, [1939] 1950, pp. 81-116.

_____. "Race Ideologies". In: *Race and Culture*. Glencoe, Ill.: Free Press, [1943] 1950, pp. 301-15.

_____. "An Autobiographical Note". In: *Race and Culture*. Glencoe, Ill.: Free Press, 1950a, pp. V-X.

_____. "Culture and Civilization". In: *Race and Culture*. Glencoe, Ill.: Free Press, 1950b, pp. 15-23.

_____. *Race and Culture*. Glencoe, Ill.: Free Press, 1950c.

Park, Robert Ezra; Burgess, Ernest W. *Introduction to the Science of Sociology*. Chicago: University of Chicago Press, 1924.

Parsons, Talcott. *The Structure of Social Action*. Glencoe, Ill.: Free Press, 1939.

_____. *The Social System*. New York: Free Press, 1951.

_____. *The Evolution of Societies*. Englewood Cliffs, N.J.: Prentice-Hall, 1977.

Pateman, Carole. *The Sexual Contract*. Stanford, Calif.: Stanford University Press, 1988.

Paxton, Frederic. *Recent History of the United States*. Boston: Houghton and Mifflin, 1921.
Pierson, Donald. *Negroes in Brazil: A Study of Race Contact in Bahia*. Chicago: University of Chicago Press, 1942.
Poliakov, Leon. *The Aryan Myth*. New York: Basic Books, 1974.
Prado, Paulo. *Retrato do Brasil*. Rio de Janeiro: José Olympio Editora, [1926] 1962.
Radcliffe-Brown, A.R. *Structure and Function in Primitive Society*. Glencoe, Ill.: Free Press, 1952.
_____. *Method in Social Anthropology*. London: Asia Publishing, 1958.
Ramos, Arthur. *O negro brasileiro*. Rio de Janeiro: Civilização Brasileira, 1934.
_____. *O Folclore Negro do Brasil*. Rio de Janeiro: Casa do Estudante do Brasil, 1935.
Renan, E. "What Is a Nation". *In*: Bhabha, Homi (ed.). *Nation and Narration*. London: Routledge, 1994, pp. 8-22.
Reuter, E. B. *Race and Culture Contacts*. New York, London: McGraw-Hill, 1934.
Ringer, Benjamin. *"We the People" and Others*. New York: Tavistock, 1983.
Ripley, William Z. *The Races of Europe*. New York: D. Appleton, 1899.
Roberts, Dorothy. *Killing the Black Body*. New York: Pantheon, 1997.
Robertson, Roland. "Globalization: Time-Space and Homogeneity-Heterogeneity". *In*: Featherstone, Mike; Lash, Scott; Robertson, Roland (eds.). *Global Modernities*. London: Sage, 1995, pp. 25-44.
Rodrigues, Raymundo Nina. *O animismo fetichista dos negros bahianos*. Rio de Janeiro: Civilização Brasileira, [1900] 1935.
_____. *As raças humanas e a responsabilidade penal no Brasil*. Salvador: Livraria Progresso, [1894] 1957.
Romero, Sílvio. *História da literatura brasileira*. Rio de Janeiro: Garnier, 1888.
_____. *Doutrina contra doutrina: o evolucionismo e o positivismo na República do Brasil*. Rio de Janeiro: J. B. Nunes, 1894.
_____. *O Brasil Social*. Rio de Janeiro: Typographia do Jornal do Comércio, 1906.
_____. *Teoria, Crítica, e História Literária*. Rio de Janeiro: Livros Técnicos e Científicos Editora, 1978.
Rorty, Richard. *Philosophy and the Mirror of Nature*. Princeton, N.J.: Princeton University Press, 1979.
Rosenau, Pauline. *Postmodernism and the Social Sciences*. Princeton, N.J.: Princeton University Press, 1992.
Ross, Edward A. *What Is America?* New York: Century, 1919.
Ruchames, Louis (ed.). *Racial Thought in America*. Amherst: University of Massachusetts Press, 1969.

Said, Edward W. *Orientalism*. New York: Vintage, 1978.
Santos, Gislene Aparecida dos. *A Invenção de Ser Negro*. São Paulo: Editora da Pontifícia Universidade Católica, 2002.
Sartre, Jean-Paul. *Being and Nothingness*. New York: Washington Square Press, [1943] 1984.
Schmitt, Carl. *The Concept of the Political*. New Brunswick, N.J.: Rutgers University Press, 1976.
Schwarcz, Lilia. *O espetáculo das raças*. São Paulo: Companhia das Letras, 1993.
Scott, Joan W. "The Evidence of Experience". In: *Critical Inquiry*, v. 17 (Summer), 1991, pp. 773-97.
_____. *Gender and the Politics of History*. New York: Columbia University Press, 1999.
Seidman, Steven. *Contest Knowledge*. Oxford: Blackwell, 1994.
Shakespeare, William. *The Tempest*. Oxford: Oxford University Press, 1987.
Shelley, Mary. *Frankenstein*. New York: Bantam, [1818] 1991.
Silva, Denise Ferreira da. "Repensando a 'democracia racial': raça e identidade nacional no pensamento brasileiro". In: *Estudos afro-asiáticos*, v. 16, 1989, pp. 157-70.
_____. "Facts of Blackness: Brazil Is Not Quite the United States... and Racial Politics in Brazil?". In: *Social Identities*, v. 4, n. 2, 1998, pp. 201-23.
_____. "Towards a Critique of the Socio-Logos of Justice: The Analytics of Raciality and the Production of Universality". In: *Social Identities*, v. 7, n. 3, 2001, pp. 421-54.
_____. "Re-writing the Black Subject". In: Osborne, Peter; Sandford, Stella (eds.). *Philosophies of Race and Ethnicity*. London: Continuum, 2002, pp. 160-71.
_____. "An Introduction: The Predicament of Brazilian Culture". In: *Social Identities*, v. 10, n. 6, 2004a, pp. 719-34.
_____. "Mapping Territories of Legality: An Exploratory Cartography of Black Female Subjects". In: Truitt, Patricia; Fitzpatrick, Peter. (eds.). *Critical Beings: Race, Nation, and the Global Subject*. Aldershot, UK: Ashgate, 2004b.
_____. "'Bahia Pêlo Negro': Can the Subaltern (Subject of Raciality) Speak?". In: *Ethnicities*, v. 5, n. 3, 2005, pp. 321-42.
Simmel, Georg. *On Individuality and Social Forms: Selected Writings*. Chicago: University of Chicago Press, 1971.
Skidmore, Thomas. *Black into White: Race and Nationality in Brazilian Thought*. New York: Oxford University Press, 1995.
Smith, Anthony. *Theories of Nationalism*. New York: Holmes and Meyer, 1983.
Smith, Valerie. "Black Feminist Theory and the Representation of the 'Other'". In: Wall, Cheryl (ed.). *Changing Our Own Words*. New Brunswick, N.J.: Rutgers University Press, 1991, pp. 38-57.

Spiller, Gustav. *Papers on Inter-Racial Problems.* New York: Arno, [1911] 1969.
Spivak, Gayatri Chakravorty. "Scattered Speculations on the Question of Value". In: *In Other Worlds.* London: Routledge, 1987, pp. 154-75.
_____. "Can the Subaltern Speak?". In: Williams, Patrick; Chrisman, Laura (eds.). *Colonial Discourse and Post-Colonial Theory.* New York: Columbia University Press, 1994, pp. 66-111.
_____. *A Critique of Postcolonial Reason.* Cambridge, Mass.: Harvard University Press, 1999.
Stepan, Nancy. *The Idea of Race in Science.* Hamden, Conn.: Anchor Books, 1982.
_____. *Hour of Eugenics.* Ithaca, N.Y.: Cornell University Press, 1991.
Stocking, George. *Race, Culture, and Evolution.* New York: Free Press, 1968.
Stoddard, Lothrop. *The Rising Tide of Color against White World Supremacy.* New York: Charles Scribner's Sons, 1920.
Stoler, Ann L. *Race and the Education of Desire.* Durham, N.C.: Duke University Press, 1995.
Strong, Josiah. *Our Country.* New York: Baker and Taylor, 1885.
Tannenbaum, Frank. *Slave and Citizen.* New York: Vintage, 1946.
Taussig, Michael. *Shamanism, Colonialism, and the Wild Man.* Chicago: University of Chicago Press.
Taylor, Charles. *Hegel.* Cambridge: Cambridge University Press, 1975.
Taylor, George Rogers. *The Turner Thesis. Lexington.* Mass.: D. C. Heath, 1972.
Theory, Culture, and Society. Special Issue on Postmodernism. *Theory, Culture, and Society,* v. 5, n. 2-3, 1988.
Tilly, Charles. *The Formation of National States in Western Europe.* Princeton, N.J.: Princeton University Press, 1975.
Tocqueville, Alexis de. *Democracy in America.* Garden City, N.Y.: Doubleday, 1969.
Todorov, Tzvetan. *On Human Diversity.* Cambridge, Mass.: Harvard University Press, 1993.
Topinard, Paul. *Eléments d'anthropologie générale.* Paris: Adrien Delahaye et Emile Lecrosnier, 1885.
Toplin, Robert. *Freedom and Prejudice: The Legacy of Slavery in the United States and Brazil.* Westport, Conn.: Greenwood, 1981.
Touraine, Alain. *Critique of Modernity.* Oxford: Blackwell, 1995.
_____. *Beyond Neoliberalism.* Cambridge, England: Polity Press, 1998.
Tumin, Melvin. *Comparative Perspectives on Race Relations.* Boston: Little, Brown, 1969.
Ture, Kwame; Hamilton, Charles V. *Black Power.* New York: Random House, [1967] 1992, p. 35.

Turner, Bryan S. (ed.). *Theories of Modernity and Postmodernity*. London: Sage, 1990.

Tussman, J. (ed.). *The Supreme Court on Racial Discrimination*. New York: Oxford University Press, [1896] 1963.

Tylor, E. B. *Anthropology: An Introduction to the Study of Man and Civilization*. New York: D. Appleton, 1898.

UNESCO (United Nations Educational, Scientific, and Cultural Organization). *Race and Science*. New York: Columbia University Press, 1961.

Van den Berghe, Pierre. *Race and Racism*. New York: Wiley and Sons, 1967.

Vattimo, Gianni. *The Transparent Society*. Baltimore: Johns Hopkins University Press, 1992.

Vianna Oliveira, F. J. *A evolução do povo brasileiro*. São Paulo: Cia Editora Nacional, 1938.

Vogt, Karl. *Lectures on Man: His Place in the History of the Earth*. London: Longman, Green and Roberts, 1864.

Von Eschen, Penny. *Race against Empire: Black Americans and Anticolonialism, 1937-1957*. Ithaca, N.Y.: Cornell University Press, 1997.

Wall, Cheryl. *Changing Our Own Words*. New Brunswick, N.J.: Rutgers University Press, 1989.

Wallerstein, Immanuel. *Unthinking Social Sciences*. Cambridge, Mass.: Polity Press and Blackwell, 1991.

Weber, Max. *Economy and Society: Outline of Interpretive Sociology*. Berkeley and Los Angeles, and London: University of California Press, 1978.

_____. *The Protestant Ethics and the Spirit of Capitalism*. London: Unwin Paperbacks, 1987.

West, Cornel. *Prophesy Deliverance!* Philadelphia: Westminster Press, 1982.

_____. "Black Strivings in a Twilight Civilization". *In*: Gates, Henry L.; West, Cornel (eds.). *The Future of the Race*. New York: Vintage, 1997, pp. 53-114.

White, Morton. *Social Thought in America*. Boston: Beacon, [1947] 1964.

Wilkins, David. *American Indian Sovereignty and the U.S. Supreme Court*. Austin: University of Texas Press, 1997.

Williams, Raymond. *Marxism and Literature*. Oxford: Oxford University Press, 1977.

Wilson, William Julius. *The Declining Significance of Race*. Chicago: University of Chicago Press, 1978.

_____. *The Truly Disadvantaged*. Chicago: University of Chicago Press, 1987.

Winant, Howard. *Racial Conditions*. Minneapolis: University of Minnesota Press, 1994.

_____. *The World Is a Ghetto*. New York: Basic Books, 2001.

Wish, Harvey. *Contemporary America*. New York: Harpers and Brothers, 1945.

Wittig, Monique. *The Straight Mind and Other Essays*. Boston: Beacon, 1981.
Wolf, Eric. *Europe and the People without History*. Berkeley and Los Angeles: University of California Press, 1997.
Young, Iris Marion. *Justice and the Politics of Difference*. Princeton, N.J.: Princeton University Press, 1990.
Young, Robert. *Colonial Desire*. London: Routledge, 1995.
Yu, Henry. *Thinking Orientals*. New York: Oxford University Press, 2001.
Žižek, Slavoj. *The Ticklish Subject*. London: Verso, 1999.

Sobre os livros da Encruzilhada

Se a encruzilhada no Ocidente reaparece como uma imagem, metáfora do impasse em seu instante decisório, quando não reduzida a cruz, tantas vezes tomada como condenação e condição de uma transcendência redentora, para o pensamento que nos interessa, a encruzilhada é uma instauração, é chave para a compreensão das experiências diaspóricas, na emergência de temporalidades e lugares forjados no trânsito de corpos e tradições. Do sequestro e tráfico de gente, do holocausto naturalizado desde o porão de navios e o cemitério atlântico até o campo aberto da plantação, emerge o aprendizado sobre um passado que *passou e não passou*, dando à noção de justiça o sentido próprio de uma escuta que se faz trabalho presente. Encruzilhada então resulta de uma confluência de conhecimentos, comportando o desafio e a viravolta, saberes e sua reinvenção — mapa de caminhos já transitados e ainda transitáveis, gesto de uma cena que é escolha e instância de uma ação prevista, mas não precipitada, em constante tradução. A convivência de fusos históricos — que a modernidade europeia tenta dissimular — faz supor o planeta como sendo um complexo de mundos e seus modos de vida.

A ideia de um fim de mundo, tão cara aos mundos que aprenderam a se reinventar, quando capturada pela lógica destrutiva do capitalismo e seu fetiche de um apocalipse final, acaba por impor a fraseologia acerca de um planeta que se confundiria com *esse* mundo. Aqui a pergunta não pode ser outra: o que acontece quando nos deparamos com o *fim deste mundo como o conhecemos?* Um livro, na sua singularidade, certamente não poderá responder a essa pergunta, mas, nos desvios que ensaia, talvez nos permita habitar a encruzilhada que aprendemos a nomear como presente, e, com isso, vislumbrar outras formas de conhecer. Na luta antissistema, trata-se de compreender o que ainda se pode imaginar *junto*. Aos sujeitos que conformam esse junto, talvez reste o trabalho de imaginar modos de fazer do capitalismo uma cidade fantasma. O antirracismo, os feminismos, o anticolonialismo, e reconfigurações imprevistas de classes em guerra, momentos de uma teoria crítica em movimento e outras formas da negação pautam nosso encontro. Sim, porque uma coleção de livros, na mobilização de ideias e interrogações, autoras e autores, leitoras e leitores, é também a ocasião para encontros — quem sabe — perigosos: riscos, como aqueles de um ponto riscado, mapa que nos leva a lugares que ainda não são, a partir dessa encruzilhada em que nos posicionamos, reconhecemos e saltamos.

JOSÉ FERNANDO PEIXOTO DE AZEVEDO
Coordenador da coleção

Não vão nos matar agora
Jota Mombaça

Performances do tempo espiralar, poéticas do corpo-tela
Leda Maria Martins

Aimé Césaire, textos escolhidos: A tragédia do rei Christophe;
Discurso sobre o colonialismo; Discurso sobre a negritude
Aimé Césaire

Adinkra: Sabedoria em símbolos africanos
Elisa Larkin Nascimento e Luiz Carlos Gá (orgs.)

Homo modernus — Para uma ideia global de raça
Denise Ferreira da Silva

CIP-Brasil. Catalogação n-a Publicação
Sindicato Nacional dos Editores de Livros, RJ

S579h

Silva, Denise Ferreira da.

Homo modernus - para uma ideia global de raça / Denise Ferreira da Silva ; tradução Jess Oliveira, Pedro Daher. - 1. ed. - Rio de Janeiro : Cobogó, 2022.
480 p. ; 21 cm. (Encruzilhada)

Tradução de: Toward a global idea of race

ISBN 978-65-5691-085-7

1. Globalização - Aspectos sociais. 2. Relações raciais. I. Oliveira, Jess. II. Daher, Pedro. III. Título. IV. Série.

22-80055   CDD: 305.8
          CDU: 316.347

Meri Gleice Rodrigues de Souza - Bibliotecária - CRB-7/6439

© Editora de Livros Cobogó, 2022

Coordenador da coleção
José Fernando Peixoto de Azevedo

Editora-chefe
Isabel Diegues

Edição
Feiga Fiszon

Coordenação editorial
Aïcha Barat

Gerente de produção
Melina Bial

Tradução
Jess Oliveira e Pedro Daher

Revisão de tradução
Denise Ferreira da Silva

Tradução do texto de quarta capa
Julia Sobral Campos

Revisão final
Débora Donadel

Projeto gráfico e diagramação
Mari Taboada

Capa
Thiago Lacaz

Nenhuma parte desta obra pode ser reproduzida, adaptada, encenada, registrada em imagem e/ou som, ou transmitida de nenhuma forma ou por nenhum meio sem a permissão expressa e por escrito da Editora Cobogó.

Todos os direitos reservados à
Editora de Livros Cobogó Ltda.
Rua Gen. Dionísio, 53, Humaitá
Rio de Janeiro, RJ, Brasil — 22271-050
www.cobogo.com.br

2024

1ª reimpressão

Este livro foi composto em Calluna e Apercu Pro.
Impresso pela Gráfica Santa Marta,
sobre papel Offset 75g/m².